COEURS VAILLANTS

L'auteur et les éditeurs déclarent réserver leurs droits de traduction et de reproduction à l'étranger.

Cet ouvrage a été déposé au ministere de l'intérieur (section de la librairie) en novembre 1878.

PARIS. TYPOGRAPHIE E. PLON ET Cie, RUE GARANCIÈRE, 8.

RAOUL DE NAVERY

COEURS VAILLANTS

NOUVELLES HISTORIQUES

SABINE DE STEINBACH — GIANNINO, ROI DE FRANCE
LA MÉNESTRELLE DU ROI — LA FILLE DE L'IMAGIER
LE ROI SAR

OUVRAGE ILLUSTRÉ DE 50 GRAVURES SUR BOIS

DESSINS DE FLAMENG, LIX & GILBERT

PARIS
E. PLON ET Cie, IMPRIMEURS-ÉDITEURS
RUE GARANCIÈRE, 10
1879

Tous droits réservés.

E. PLON et Cie, Imprimeurs-Éditeurs, 10, rue Garancière, à Paris.

COEURS VAILLANTS

SABINE DE STEINBACH — GIANNINO, ROI DE FRANCE
LA FILLE DE L'IMAGIER — LA MÉNESTRELLE DU ROI
LE ROI SÄR

NOUVELLES HISTORIQUES

PAR

Raoul DE NAVERY

OUVRAGE ILLUSTRÉ DE 43 GRAVURES SUR BOIS

DESSINS DE FLAMENG, LIX & GILBERT

Il ne s'agit point dans cet ouvrage de coups d'épée ni de batailles. Les *Cœurs vaillants* sont des cœurs portant jusqu'à l'héroïsme le sentiment du devoir. Les actes de générosité et de courage que raconte l'auteur portent en eux non moins de grandeur que de satisfaction puissante.

Accoutumés à s'oublier pour autrui, les cœurs vaillants

puisent dans leur patience, leur sacrifice, un bonheur à part, ineffable récompense envoyée du ciel à celui qui s'oublie. Chacun de ceux dont Raoul de Navery a écrit l'histoire se meut dans un cadre divers et traverse une époque différente d'aspect et de civilisation.

Les questions d'art sont traitées par l'auteur en critique qui a visité tour à tour les grands musées et les cités glorieuses, et les pages renfermant le récit de faits historiques gardent la trace d'études sérieuses. Un chaud coloris, un mouvement qui tient sans cesse en suspens la curiosité du lecteur, et une couleur locale d'une exactitude scrupuleuse, donnent une grande valeur à ce volume.

Les drames dans lesquels se débattent les *Cœurs vaillants* nous montrent à la fois des figures vraies, touchantes, enthousiastes et saintes. Elles seraient assez grandes, assez héroïques pour remplir des poëmes, et restent assez simples pour demeurer la gloire et la joie du foyer domestique. L'histoire écrite de la sorte garde l'intérêt du récit d'imagination et la valeur d'une vivante résurrection du moyen âge.

A la plume de Raoul de Navery se sont joints des crayons habiles, ceux de Léopold Flameng, de F. Lix,

L'ENFANCE DE GIANNINO

de Gilbert des maîtres dont les œuvres furent toujours saluées par des succès, et qui ont le rare talent de rendre en savants et en archéologues les civilisations disparues, avec leur architecture, leurs mobiliers somptueux, leurs costumes.

Les *Cœurs vaillants* forment à la fois un volume instructif jetant une vive lumière sur certains points d'histoire, et un livre intéressant et touchant par ses côtés éminemment dramatiques.

Cet ouvrage forme un beau volume grand in-8° jésus, illustré de quarante-trois gravures sur bois.

PRIX : 10 FRANCS

Cartonné toile, tranche dorée, 13 fr.; demi-rel., tranche dorée, 14 fr.

PARIS. — TYPOGRAPHIE DE E. PLON ET Cie, 8 RUE GARANCIÈRE.

COEURS VAILLANTS

SABINE DE STEINBACH

Une animation singulière régnait au couvent d'Offenbourg, situé dans une des parties les plus ravissantes de l'Alsace. Sur la route allant de Strasbourg au monastère, se pressaient les litières élégantes, dont les rideaux à demi baissés permettaient de voir le pur profil d'une jeune fille ou la main blanche d'une noble dame. Les coursiers, richement caparaçonnés, couraient, naseaux ouverts, crins flottants, portant de joyeux et hardis cavaliers. Quelques femmes, montées sur des haquenées dociles, couvertes de grands voiles pour défendre leur parure de la poussière, s'abandonnaient au pas régulier de leur monture. Les pages et les valets suivaient en devisant. Parfois les groupes de cavaliers s'ouvraient avec respect devant un prince de l'Église ou un saint abbé, puis le sillon se refermait, et la cavalcade se reprenait à courir. Quelques pauvres moines, des religieux encapuchonnés, des clercs adolescents marchaient alertes sur la berge du chemin; puis venaient les bourgeois, le populaire, les serfs et les serves, tous se hâtant, tous craignant d'arriver trop tard au moustier d'Offenbourg.

On comprendra l'intérêt, l'empressement, la curiosité générale, quand on saura que, ce jour même, on devait y représenter pour la première fois une tragédie composée par l'abbesse saxonne Hroswitha.

A cette époque, la Saxe et l'Alsace semblaient des oasis littéraires, des cénacles de beaux-arts. A partir du dixième siècle, nous y voyons les couvents de femmes rivaliser entre eux, non pas seulement de sainteté, mais encore de travail et de science.

Le couvent d'Offenbourg avait depuis peu de temps pour abbesse Gerberge de Hasbruk, alliée à la maison de Saxe; elle se souvenait d'avoir vu pendant son enfance représenter en grande pompe des tragédies sacrées et des drames émouvants, dans un monastère dirigé par une de ses parentes. Appelée à son tour au gouvernement d'une communauté, Gerberge voulut non-seulement former ses religieuses à la perfection monastique, mais encore leur donner le goût des grandes œuvres et soutenir dans sa maison la renommée des Herrade et des Hroswitha, ses devancières. La tâche était digne d'un grand cœur.

Une des plus célèbres religieuses de l'Alsace fut, sans contredit, Herrade, dont les œuvres font encore aujourd'hui notre admiration. Herrade entra fort jeune dans un couvent fondé par Odile, cette aimable fille du duc Etichon, dont l'histoire est une des plus charmantes de la légende dorée. Dans le couvent d'Odile, trois abbesses cultivèrent successivement les lettres : Relinde, Herrade et sa sœur ou sa parente Ethelinde. Ce fut en 1107 que Herrade fut appelée à la direction de ce monastère. Le savant abbé Grandidier dit en parlant d'elle : « Les arts d'agrément, la peinture, la musique et la poésie charmèrent les loisirs de la savante abbesse. On a d'elle un recueil de poésies latines insérées dans un ouvrage qu'elle intitula : *Hortus deliciarum*. » Grandidier se proposait de les publier, et Busée les regarde comme un chef-d'œuvre d'émotion, d'élégance et de précision. Le manuscrit in-folio de l'abbesse Herrade compte presque autant de miniatures que de pages; la finesse des dessins, la hardiesse ou la grâce de la composition, la variété des sujets en font une merveille complète. L'abbesse d'Offenbourg avait admiré cette œuvre; l'émulation s'empara de son esprit; elle voulut que sa famille de novices se montrât l'égale des filles d'Hohenberg et de Grandersheim. Elle groupa autour d'elle les plus intelligentes héritières des nobles maisons, et bientôt le monastère d'Offenbourg devint une sorte d'académie. On y peignait des livres pieux, on y composait des vers, on y discutait de graves questions de science et de théologie. Gerberge réussit au delà de ses vœux. Elle comprenait que, pour la plupart des jeunes filles qui lui étaient confiées, le cloître était moins le résultat d'une vocation que la suite d'un arrangement de fortune. Quand les domaines revenaient de droit au fils aîné, les filles qui ne se trouvaient point pourvues, rebutées par la grossièreté des mœurs de cette époque, entraînées par l'exemple, se jetaient dans le cloître, comme dans le seul asile digne d'elles. Les veuves de souverains, les épouses royales répudiées, les âmes craintives, effrayées à l'avance du sort que leur ferait le monde, trouvaient dans les monastères tout ce qui pouvait satisfaire leur soif de tranquillité et répondre à la délicatesse de leurs instincts. Elles reconnaissaient dans leurs sœurs en religion des sœurs d'une naissance égale; l'amitié adoucissait la loi de l'obéissance, l'éducation jetait sur cette vie en commun un charme courtois.

Gerberge, dont la renommée grandissait en Alsace, résolut de frapper un grand coup et d'élever tout de suite sa maison au premier rang des communautés de femmes. Ses relations avec le couvent de Grandersheim lui firent obtenir la copie des drames de Hroswitha, et il fut décidé que l'une des deux pièces envoyées serait représentée un jour de grande fête, dans la salle du chapitre.

Disons en quelques mots ce que fut Hroswitha, à qui l'on est tenté de croire que Lope de Vega, Calderon et Corneille ont fait des emprunts importants. Ce fut au dixième siècle, en pleine féodalité, au milieu de la moins lettrée et de la plus obscure des époques de notre histoire, que fut élevé le monument le plus considérable et le moins imparfait du théâtre intermédiaire. Que l'on compare les drames de *Gallicanus* et de *Callimaque* aux *Vierges sages* et aux *Vierges folles*, espèce de *séquence* dialoguée, et l'on verra quelle perfection relative, quelle entente de la scène, quelles passions fortes Hroswitha introduisit dans ses œuvres. On sent, en les lisant, un auteur non-seulement nourri de l'Écriture, des Pères de l'Église, des agiographes, mais familier avec Plaute, Térence, Horace et Virgile. Il ne s'agit pas, dans les œuvres de Hroswitha, de monologues ou de dialogues écrits pour être récités du haut d'un jubé, ni de *sotties* d'un goût douteux : Hroswitha veut un théâtre, des acteurs, des actes réguliers, des scènes vives, des effets imprévus. On reste parfois effrayé de la hardiesse de ses conceptions. Ses maîtres lui ont appris que le génie peut tout faire accepter. Elle ose, dans *Callimaque*, plus qu'aucun écrivain ancien ou moderne. Elle peint tour à tour la fierté virginale de la fille de Constantin dans *Gallicanus;* la dignité de l'épouse fidèle dans la fière révolte de Drusiana contre l'audace de Callimaque; le repentir ardent de Thaïs dressant, sur la place publique, le bûcher qui consumera ses richesses, dans le drame de *Paphnuce*. Le nombre des ouvrages de Hroswitha est énorme : drames, légendes, elle aborde tous les sujets. Elle traite d'une façon remarquable la *Chute et conversion de Théophile, vidame et archidiacre d'Adone en Galice,* qui, plus tard, inspira au trouvère Rutbeuf le *Mystère de Théophile,* qui, transformé une dernière fois, deviendra le *Docteur Faust.*

Voici ce que Hroswitha dit d'elle-même dans une de ses préfaces :

« D'une part, je me réjouis au fond de l'âme de voir louer en moi Dieu, dont la grâce m'a faite ce que je suis ; d'autre part, je crains que l'on ne me croie plus grande que je ne suis ; car je sais qu'il est également blâmable, soit de nier les dons du ciel, soit de feindre qu'on les a reçus quand cela n'est point. Aussi je ne nie pas qu'aidée par la grâce du Créateur, je n'aie acquis quelque connaissance des arts par une puissance qu'il m'a prêtée, car je suis une créature capable d'instruction ; mais je confesse que je ne serais rien, livrée à mes propres forces... Je viens ici, inclinée comme un roseau, présenter à votre examen ce livre que j'avais composé dans cette intention, mais que jusqu'ici, à cause de son peu de mérite, j'avais mieux aimé cacher que mettre en lumière. »

D'après ce qui précède, on comprendra avec quel empressement le clergé, la noblesse, la bourgeoisie et le bas peuple des environs se hâtaient d'arriver à Offenbourg pour la représentation théâtrale.

Le monastère, construit en pierres rouges, tranchait vigoureusement sur les collines boisées ; sa lourde masse gardait la gaucherie, ou plutôt la simplicité romane. Mais, à l'intérieur, les longues arcades à voûtes cintrées, les cours spacieuses, les grands escaliers, les salles immenses lui donnaient une majesté recueillie.

La salle du chapitre, réservée d'ordinaire aux réunions de la communauté, avait été soigneusement aménagée pour la circonstance. Un somptueux rideau la séparait en deux ; la scène gardait un développement suffisant ; des siéges élevés étaient disposés pour les spectateurs ; leur luxe et les écussons peints sur le dossier indiquaient la condition de ceux qui les devaient occuper. Le plus haut, réservé pour l'évêque de Strasbourg, portait ses armes épiscopales ; de chaque côté une douzaine de places attendaient les abbés mitrés, venus de tous les points de l'Alsace, et des évêques de différents siéges. Les grands seigneurs, les nobles dames devaient prendre rang suivant l'ancienneté de leur origine et l'illustration de leur nom. Puis venaient les prêtres, les clercs, les savants, les hommes de lettres, les magistrats, les artistes; dans le bas de la salle, les tenanciers.

Gerberge accueillait ses hôtes avec une dignité affable. Son visage rayonnait d'intelligente douceur; son front pur, encadré d'étamine blanche, gardait une noblesse idéale; sa main, fine et longue, tenait avec grâce et

Le drame de *Sapience*.

majesté la lourde crosse abbatiale. Tout entière au bonheur de consacrer une fois de plus le génie d'une fille du cloître, elle s'associait au triomphe de Hroswitha, et comptait avec joie les admirateurs nouveaux qu'elle allait acquérir à sa mémoire.

Quand les spectateurs eurent pris place, quand Gerberge eut regagné sa stalle au milieu de son blanc troupeau, le signal fut donné, les rideaux cachant la scène s'écartèrent, et le drame commença.

On jouait *Sapience*.

Gerberge n'avait pas osé débuter par *Callimaque*, plus mouvementé et plus ardent; elle souhaitait faire, en quelque sorte, l'éducation dramatique des spectateurs. D'ailleurs, elle aimait trop l'exactitude et la vérité pour consentir à ce que les rôles de femmes fussent joués par des clercs; elle avait donc choisi celle des pièces de Hroswitha qui comptait le plus de rôles féminins, et dans laquelle l'empereur et le préfet ne gardaient que le second rang. Dans *Sapience*, la mère héroïque et ses trois filles : Foi, Espérance et Charité, dominent tout. Lorsque les trois jeunes vierges parurent, il y eut dans la salle un long murmure d'admiration. Tant de grâce, de candeur rayonnait sur le visage des novices, les noms qu'elles portaient dans la pièce seyaient si merveilleusement au caractère de leur beauté, à la chasteté de leur pose, que l'auditoire se trouvait déjà à demi conquis. Le drame de *Sapience* ressemble en ceci à l'épisode biblique des Macchabées : la princesse grecque, conduite devant Antiochus, préfet de Rome, avec ses trois filles, les voit expirer devant ses yeux; mais tandis que la mère des Macchabées assiste presque froidement au supplice de ses fils, Sapience ne trouve point pour ses enfants d'expressions assez tendres. Dans les magnifiques scènes du martyre, l'enthousiasme de la foi et les caresses maternelles se confondent; on ne sait qui admirer davantage, de la mère ou de la chrétienne. Sapience consent au trépas de ses enfants, mais en même temps elle baise leur front, elle les attire sur son sein; elle leur adoucit le moment du supplice, en leur montrant le ciel qui s'ouvre; elle les appelle ses *tendres filles bien-aimées*, elle fête leurs fiançailles dans le ciel, elle brave la fureur d'Adrien et sait qu'elle lassera ses bourreaux. Foi, Espérance, Charité sourient en regardant les instruments de torture. L'aînée, sur le point d'expirer, se tourne vers sa mère; elle demande un baiser comme suprême bénédiction; puis, appelant Charité et Espérance :

— O mes sœurs, sorties du même sein, donnez-moi le baiser de paix, et préparez-vous à soutenir le combat qui s'approche!

Sapience saisit dans ses mains la tête de Foi, et la regarde avec une telle expression qu'Antiochus demande :

— O Sapience, quelles paroles murmurez-vous, les yeux levés au ciel, près du corps inanimé de votre fille?

SAPIENCE. J'invoque le Créateur de l'univers pour qu'il accorde à Espérance autant de fermeté et de courage qu'à sa sœur.

Espérance souffre à son tour son martyre, et, souriante, murmure en expirant :

— O Charité! ma sœur bien-aimée, et maintenant unique, ne vous effrayez pas des menaces des tyrans.

Et Sapience, voyant le tourmenteur s'approcher, s'écrie :

— Le bourreau s'élance vers vous l'épée nue, ô Charité, ma sainte fille! aujourd'hui mon enfant unique; n'attristez pas votre mère qui attend une issue heureuse du combat que vous allez soutenir. Méprisez le bien présent pour parvenir à la vie éternelle, dans laquelle déjà vos sœurs resplendissent, couronnées de leur virginité sans tache.

CHARITÉ. Mère, soutenez-moi par vos saintes prières, jusqu'au moment où j'aurai mérité de partager la joie de mes sœurs...

La toile tomba sur cette scène de martyre, au moment où Sapience, debout entre les jeunes suppliciées, offrait, Hécate chrétienne, ce pur sacrifice au Seigneur. Quand le rideau se releva, le décor était le même; les amies de Sapience arrivaient lentement, portant des voiles et des parfums.

SAPIENCE. Venez, illustres matrones, et ensevelissez avec moi les restes mortels de mes filles.

LES MATRONES. Nous répandrons les aromates sur leurs corps délicats, et nous leur rendrons les honneurs funèbres.

SAPIENCE. O terre! je te confie ces tendres fleurs, mes filles chéries... Et toi, Christ, remplis leurs âmes des splendeurs célestes, et donne la paix à leurs ossements...

Sapience adresse au ciel une admirable prière. Elle a rempli sa mission et confessé sa foi : son martyre à elle fut le triple supplice de ses filles : elle demande à rejoindre Foi, Espérance et Charité; elle conjure le Seigneur de l'appeler dans sa gloire, et la prière expire sur ses lèvres en même temps que son souffle meurt dans sa poitrine... Elle a pu garder le courage de voir mourir ses filles, elle succombe au regret de les avoir perdues, et les matrones doivent agrandir le lit funèbre pour faire place à la mère qui ne saurait survivre à ses enfants.

Ce dénoûment plein de solennité et de grandeur, ce mélange de stoïcisme et de sensibilité, la force de cette Niobé chrétienne et la faiblesse de cette mère avaient tour à tour excité l'enthousiasme et l'attendrissement des spectateurs. Quand le drame s'acheva, les applaudissements éclatèrent : l'évêque, les abbés, les clercs rendaient une éclatante justice au talent de Hroswitha. L'abbesse d'Offenbourg reçut des félicitations unanimes pour avoir pris, en Alsace, l'initiative de ces représentations, capables d'élever à la fois l'esprit et le cœur de ceux qui y assistaient. Le comte de Hasbruck, frère de Gerberge, ne fut pas le dernier à la complimenter.

Au milieu des grands seigneurs et des nobles dames qui entouraient l'abbesse, se trouvait un homme d'environ quarante ans, de haute taille, portant avec aisance un riche vêtement. Son vaste front semblait plein de pensée, ses yeux s'emplissaient d'éclairs, sa bouche était grave. On sentait en le voyant qu'il n'était pas un homme ordinaire. Le génie l'avait touché de son aile, dans les mystérieuses nuits de l'inspiration. La foule le saluait avec déférence; il recevait cet hommage sans hauteur et sans fausse modestie. Une jeune fille de quatorze ans s'attachait à son bras, intimidée, et cependant souriante. Elle portait une robe collante moulant sa taille svelte et ses hanches minces. Une ceinture d'orfèvrerie soutenant son aumônière relevait un pan de sa robe d'azur sur une jupe grise. Ses cheveux blonds tressés pendaient sur son dos, et un petit chaperon de toile d'argent couvrait sa tête. On eût dit, en la voyant, la plus ravissante figure peinte dans le *Jardin des Délices* de Herrade, celle de la femme drapée de bleu assistant au baptême du Christ. Ce n'était plus une enfant, car son regard était recueilli, sa marche posée; ce n'était pas non plus une jeune fille, car dans ses yeux passaient tour à tour des étonnements naïfs et des gaietés malicieuses. Elle semblait un peu effarouchée des paroles de louange qu'elle entendait sur son passage, et s'appuyait fortement sur le bras de son père.

Celui-ci se fraya un passage jusqu'à l'abbesse et lui présenta sa fille. Gerberge la baisa au front avec une tendresse maternelle, tandis que l'évêque lui tendait son anneau pastoral, et échangeait quelques paroles avec son père.

Au nombre des invités qui remarquèrent la beauté précoce, la grâce incomparable de cette jeune fille, se trouvait un adolescent qui n'en pouvait détacher ses yeux. Pendant la représentation il était resté dans un angle éloigné de la salle, suivant avec un intérêt passionné le drame éloquent de Hroswitha; il allait sortir quand ses regards s'arrêtèrent sur la belle enfant que Gerberge embrassait. Certes, les novices qui venaient de jouer les rôles de Foi, Espérance et Charité étaient belles; mais quelle différence cependant entre elles et cette jeune fille! On eût dit une vision divine. On aurait voulu la voir peinte dans un missel, les mains étendues sur un clavier d'orgue, chantant des cantiques avec les anges, comme Cécile l'Inspirée, ou portant un agneau blanc dans ses bras, comme Agnès, ce type charmant de la virginité enfantine. Un rayon émanait d'elle; on cherchait à ses épaules des ailes absentes... Le jeune homme ne pouvait en détacher ses yeux. Dante dut ainsi regarder Béatrice quand il la vit

La Cathédrale de Strasbourg.

pour la première fois, habillée d'une robe pourpre. Il lui semblait qu'une âme nouvelle naissait en lui, et que cette âme se donnait spontanément à cette jeune fille. Ce fut un instinct, une divination, une attraction qu'il eût été impuissant à expliquer et à définir. Il la sentit seulement, et, saisissant le bras d'un de ses voisins, il lui demanda d'une voix tremblante :

— Quelle est donc cette enfant?

— Sabine, fille d'Erwin de Steinbach, lui fut-il répondu.

II

La place sur laquelle on voit aujourd'hui la cathédrale de Strasbourg présentait, en l'an de grâce 1290, un aspect bizarre. Le monument qui fait la gloire de l'Alsace, et partage avec le dôme de Cologne l'admiration des artistes, était à peine arrivé à la hauteur du grand portail. La tour ne dessinait pas encore dans le ciel son profil dentelé. L'œuvre grandissait lentement, merveille d'ensemble composée de merveilleux détails.

Elle s'élevait au centre d'un vaste espace occupé par d'énormes chantiers, et entouré de tentes de cuir ou de toile faisant ressembler cette partie de la ville à un campement d'armée. Des centaines d'ouvriers amenaient les blocs de granit brut sur les charrettes traînées par des bœufs; les piqueurs de pierre s'en emparaient et faisaient du soir au matin retomber l'outil au milieu d'un nuage de poussière suffocante et d'un bruit assourdissant. Ailleurs, des hommes charriaient le sable, préparaient la chaux. Chacun travaillait avec un zèle admirable. Chose étrange! aucun de ces ouvriers ne recevait de salaire. Dans les temps où les cathédrales gothiques germaient de terre comme une prière jaillit d'une âme, tous ceux qui travaillaient à la basilique lui donnaient une part de leur vie et souvent lui consacraient leur vie entière. De la fondation d'une église à la date de son achèvement, des générations se succédaient. L'aïeul et le petit-fils épousaient successivement la même pensée. Le dévouement se léguait comme un héritage. Les cathédrales n'étaient pas seulement enfantées par le génie de l'architecte, les matériaux n'en étaient pas seulement payés par les nobles seigneurs et les princes-évêques; elles restaient peut-être plus intimement l'œuvre du prolétaire. Pendant que l'artiste traduisait l'idée chrétienne, le peuple soulevait les fardeaux et accomplissait le gros œuvre. L'artiste serait payé en gloire humaine, en renommée; l'artisan besognait *pour l'amour de Dieu et les indulgences.* Jamais encouragement ne fut plus habile et ne produisit de meilleurs résultats. Point n'était besoin de stimuler le zèle de l'ouvrier, de gourmander sa paresse. Les soucis de la vie matérielle ne le préoccupaient point. Trois fois par jour des moines faisaient, au nom de l'évêque, des distributions de vivres dans les chantiers. Les femmes et les enfants des travailleurs quittaient alors les tentes et rejoignaient les maris et les pères dans l'enceinte des travaux. Souvent l'évêque Conrad profitait de ce moment pour visiter ces artisans, et Erwin allait, de groupe en groupe, inspecter le travail de chacun.

Erwin, né au village de Steinbach (margraviat de Bade), peu distant de la ville de Strasbourg, s'éprit de bonne heure des merveilles de l'art et leur voua sa vie. Il fit le projet de la tour et du portail de la cathédrale inachevée, qui, jusqu'à lui, semblait vouée aux sinistres de l'incendie. Commencée sous Clovis, continuée sous Pépin et Charlemagne, elle fut détruite en 807; le poëme d'Ermoldus, écrit en 826, à Strasbourg, fait déjà mention de cette église. Ermoldus l'avait vue avant sa destruction, et si quelque débris de l'édifice de Clovis a survécu à ces siècles, ce doit être la crypte, dont le caractère byzantin n'a pas sensiblement varié. On continua une reconstruction partielle au delà de 873, mais une seconde fois le bâtiment devint la proie des flammes. En 1045, l'évêque de Strasbourg, Werner de Hapsbourg, posa les fondements du second plan, c'est-à-dire du projet d'où sortit la nef actuelle; il est facile de comprendre que, dans ce travail de juxtaposition, le chœur et la croisée durent subir des changements notables. Cependant le style byzantin y domine encore, mais il se modifie suffisamment pour amener sans heurt les transitions de l'architecture gothique. La nef proprement dite, du douzième siècle, subit quatre incendies (1130, 1140, 1150, 1176), et, sans nul doute, ces catastrophes modifièrent le plan de l'évêque Werner. A la mort du prélat, la nef était avancée jusqu'à la toiture. Cependant l'architecture gothique que nous admirons, les ogives élevées, les verrières occupant presque la place des murailles, les arcs-boutants à clochetons, tout révèle une construction du treizième siècle, greffée en quelque sorte sur celle de Werner. Les côtés latéraux sont du même système; on peut constater pourtant les vestiges d'une époque plus reculée, et la seconde moitié des ailes paraît plus récente que la première.

Ce fut donc en 1275 qu'Erwin de Steinbach, sans se décourager par les sinistres précédents, fit le plan de la tour, celui du portail, et attacha son nom à l'œuvre admirable qu'il fit sienne, si bien que ce monument s'appelle *la cathédrale d'Erwin*.

Erwin était un homme convaincu, puissant, doué d'une âme honnête, d'un grand cœur et d'un vaste génie. Il partageait son existence entre deux préoccupations : la maison de Dieu qu'il voyait grandir, assise par assise, et sa famille composée d'un fils appelé Jean et d'une fille nommée Sabine, cette ravissante enfant que nous avons vue au couvent d'Offenbourg, le jour de la représentation de *Sapience*.

Erwin avait perdu de bonne heure sa compagne Husa ; une vieille femme, plus amie que servante, éleva Sabine et conserva dans la maison de l'architecte une sorte d'autorité affectueuse et dévouée. Elle commandait un peu, grondait beaucoup, chérissait encore mieux, refusait obstinément tout salaire, et trouvait son unique joie à redire qu'elle prierait un jour dans le temple que son maître élevait à la gloire du Très-Haut.

Pour accomplir son œuvre, Erwin n'avait pas eu besoin de recruter des travailleurs ; ils étaient venus d'eux-mêmes, et en si grand nombre que, le *fronhnhof* regorgeant d'hommes de corvée accourus du Brisgaw, de la Lorraine, de l'Alsace, Erwin fut obligé d'enrayer le zèle du peuple et d'annoncer qu'il ne recevrait plus d'ouvriers. Il résultait, du reste, de graves inconvénients de l'encombrement des ateliers, des chantiers et de la cour de corvée : les nationalités se heurtaient, les querelles survenaient. Dans une rixe, un ouvrier ayant été tué, cet accident prit à Strasbourg les proportions d'un événement ; l'évêque fit suspendre les travaux pendant neuf jours en expiation de ce meurtre, et Erwin déclara qu'il n'admettrait plus, en dehors des charrieurs de pierres qui allaient chercher le granit à Kronthac, près Masselone, que des hommes faisant partie de l'association des *maçons libres*.

A notre époque, où le maçon se donne pour ouvrier, l'ouvrier pour maître, le maître pour artiste, on demeure étonné de la modestie de ces hommes doués d'un incontestable talent, et qui signaient une statue, un groupe, un monument : *Un* TEL, *maître maçon*. Le *Christ au jardin des Oliviers* d'Offenbourg, cette page immense de sculpture, le calvaire de Guéhenno en Bretagne, qui ne compte pas moins de vingt-deux personnages, sont signés par des *maçons*. Erwin éleva son association assez haut pour que les membres qui la composaient eussent déjà presque le rang d'artistes. Le règlement austère imposé à ces hommes rapprochait leur vie de celle des moines. Ils se concentraient dans leur œuvre et ne s'en distrayaient ni par les festins ni par les causeries avec les *munster schwabe*, qu'un ordre des magistrats expulsa plus tard des chantiers, en 1521. Les maîtres maçons formaient l'âme vivante de l'œuvre ; elle devenait collective ; chacun était fier de la création commune ; le talent de celui-ci n'excitait point l'envie de celui-là : on travaillait *pour l'amour de Dieu et les indulgences.*

C'était un curieux spectacle de voir cette foule laborieuse, enthousiaste sous son apparente tranquillité, régulière dans ses mœurs et sincèrement croyante, agir avec un ensemble merveilleux et se courber sans faux orgueil sous les ordres d'un seul homme.

A midi, quand la cloche tintait l'*Angelus,* les ouvriers abandonnaient leurs outils, les familles venaient rejoindre le père ou l'époux, les moines distribuaient une nourriture saine et frugale, et l'évêque traversait les groupes, tandis qu'Erwin distribuait à chacun le blâme ou l'éloge.

Le lendemain de la représentation du drame de Hroswitha, l'adolescent qui, au couvent de Gerberge, avait suivi d'un long regard la fille bien-aimée de l'architecte, se présenta à l'entrée du *fronhnhof.* Il avait fait à pied le chemin qui sépare Offenbourg de Strasbourg, et ses modestes vêtements étaient blancs de poussière. Une vive rougeur colorait son front, mais on devait l'attribuer à l'émotion plutôt qu'à la fatigue.

Le jeune homme promena les yeux autour de lui, cherchant à reconnaître Erwin au milieu des travailleurs. Il l'aperçut enfin, secoua son front comme pour chasser les derniers vestiges de sa timidité, et marcha rapidement vers l'architecte.

— Que désirez-vous, mon ami? lui demanda Erwin avec bienveillance.

— Maître, répondit le jeune homme, je souhaiterais faire partie de *l'association des maçons libres.*

— Vous avez de l'ambition, dit Erwin.

— Beaucoup, et le cœur à la hauteur de cette ambition.

— Vous vous appelez...?

— Martyr.

— Un nom singulier.

— Un nom qui est une histoire.

— Mais, poursuivit Erwin après avoir enveloppé Martyr d'un regard où la bienveillance le disputait à la curiosité, pour faire partie des *maçons libres,* il faut fournir des preuves de savoir...

— J'ai beaucoup de bonne volonté et l'amour du beau.

— Cela ne suffit pas.

— On doit vite apprendre sous un maître comme vous.

— Mon enfant, dit Erwin, je souhaiterais vous accepter tout de suite et vous mettre au nombre de mes travailleurs ; mais nous avons un règlement que je suis tenu d'observer le premier, sous peine de le voir mépriser par les autres. Avant de devenir *maçon*, il faut signer de son nom une œuvre grande ou sévère, gracieuse ou sainte, mais qui indique une valeur personnelle. Votre démarche me touche. Votre âge, votre physionomie, tout intéresse en vous, jusqu'à ce nom bizarre et triste... mais je ne puis...

En ce moment, un grand mouvement s'opéra parmi les ouvriers, qui se levèrent; les hommes se découvrirent, les enfants s'agenouillèrent.

L'évêque Conrad entrait dans le chantier.

Erwin quitta Martyr en lui adressant un dernier mot de regret et d'adieu, et courut au-devant du docte prélat, qui lui prit le bras et se promena avec lui.

Conrad admirait les immenses fûts de colonnes couchés sur le sol comme des arbres déracinés ; il regardait avec complaisance les feuillages ceignant les chapiteaux et les fragments élégants des frises. S'il voyait un enfant un peu pâle, une femme maladive, il distribuait des secours. Si la mort semait le deuil dans une famille, il adoptait l'orphelin. Un ouvrier tué par sa tâche agonisait-il dans sa hutte, Conrad y courait, adressait au mourant des paroles de consolation chrétienne, et lui promettait des prières dans cette même cathédrale dont les pierres avaient bu sa sueur. Il encourageait les artistes que lui signalait Erwin, donnait, grâce à chacune de ses visites, un nouvel élan au travail et doublait la force morale des hommes chargés de cette œuvre gigantesque.

Quand l'architecte eut quitté Martyr pour aller recevoir l'évêque, Martyr s'assit découragé sur un bloc de granit et s'abandonna à un abattement profond. Qu'allait-il faire? que pouvait-il devenir? Depuis la veille, sa vie lui paraissait renouvelée, et cette vie, il aurait voulu la vouer à la grande œuvre du maître. Son génie s'éveillait, demandant à créer des anges aux ailes déployées ou des saints aux mains pieusement unies. A tout prix il voulait rester auprès d'Erwin et travailler sous ses ordres, dût-il pour cela se faire homme de corvée.

Tout à coup il aperçut à ses pieds un morceau de glaise. Sa prostration cessa comme par enchantement; à deux mains il en prit un bloc, et, le posant sur la pierre, il façonna avec une verve incroyable et une rapidité fiévreuse une maquette représentant l'évêque Conrad, la main étendue sur le front d'un enfant. Sans doute le temps lui avait manqué pour donner les finesses aux visages, mais l'ensemble était si noble, les vêtements dessinaient des plis si vrais, qu'on ne pouvait s'empêcher de rester charmé par cette improvisation.

La cloche rappelant les ouvriers à leur tâche termina la visite de l'évêque.

Alors Erwin se demanda ce qu'était devenu le jeune étranger, et quelque chose ressemblant à un regret lui traversa l'esprit.

— Je ne pouvais cependant pas! murmura-t-il.

Au même instant, une voix douce lui dit:

— Voyez ce que je viens de faire, maître; ce n'est rien, je le sais... Le temps m'a d'ailleurs fait défaut... Mais ne pouvant m'accepter comme *maçon*, si vous me preniez comme apprenti?

Et Martyr présentait sa statuette.

Erwin la regarda sans mot dire; l'adolescent tremblait.

— Ainsi, demanda Erwin, tu as monté cette esquisse pendant le temps de la promenade de Mgr Conrad?

— Oui, maître.

— Qui t'a donné des leçons?

— Personne.

— C'est juste. Les leçons n'enseignent point cette naïveté...; tu veux être sculpteur?

— Je le souhaite ardemment.

— Eh bien! Martyr, ce n'est point dans le chantier des maçons que tu travailleras, mais dans mon atelier, comme élève d'Erwin, et je ne m'inquiète pas de savoir si tu me feras honneur.

Une grosse larme, larme d'adolescent impressionnable, larme d'artiste fier d'être compris par un grand homme, roula sur la joue de Martyr; il balbutia un remercîment, et l'architecte lui tendit la main avec un sourire.

— Allons! dit-il; à demain chez moi.

Et le jeune homme reprit en courant la route d'Offenbourg.

III

Le logis de Martyr n'était ni une maison, ni une tourelle, ni un colombier; il était impossible de lui assigner une classification quelconque en architecture. On pouvait croire que la nature l'avait bâti seule, tant elle y mettait du sien. Deux noyers immenses, capables de rivaliser avec les colosses végétaux de la Californie, formaient le point d'appui de cette demeure. Les troncs gigantesques restaient à l'intérieur à l'état de colonnes ; la toiture, peu nécessaire en raison de l'épaisseur du feuillage, se composait de chaume tellement verdi par les mousses, fleuri de petites herbes fines comme des plumes, ceintes de corolles roses, de plantes molles, que la paille disparaissait sous ce tapis, et se confondait avec les feuilles lustrées des arbres. Un mur de pierres sèches enclosait la cabane ; la terre, en comblant les interstices, avait fait germer de petites fougères, des pariétaires, mille plantes que l'oiseau sème en volant ou que l'aile de la brise apporte. Martyr, dans son amour pour la nature, ne manqua pas de piquer en terre des tiges de lierre qui se cramponnèrent de leurs mille bras aux moindres arêtes, et consolidèrent la maison en l'égayant. Non, ce n'était pas une maison, mais un nid ! En été, les ouvertures des fenêtres bien enguirlandées laissaient entrer le jour et la lumière ; en hiver, un tissu rendu transparent permettait de travailler et défendait du froid. La porte fermait au loquet.

Au premier regard, on était charmé par l'aspect de cette cabane ; dès qu'on en franchissait le seuil, on s'arrêtait plein d'admiration.

La muraille disparaissait sous des bas-reliefs d'une naïveté charmante, représentant des sujets de la Bible. La cheminée, formée de deux chimères supportant une tablette, était chargée de statuettes, de coupes, de vases de bois d'une délicatesse exquise. Dans le milieu de la salle, une table à pieds tors était couverte de godets, de feuilles de vélin, de coquilles d'or, de carmin et d'azur, comme nous n'en trouvons plus. Des manuscrits ouverts sur des pupitres attendaient le copiste. Autour des troncs des noyers, quelques débris romains, des colliers, des piques, un casque, des chaussures de fer, un bouclier, formaient une panoplie pareille à celles que l'on suspendait jadis aux chênes dans les forêts d'Irminsul.

Près des deux croisées s'entassaient la glaise, les blocs de bois, de pierre attendant le ciseau. Une statuette inachevée se dressait sur la *selle,* et les ébauchoirs humides témoignaient qu'ils avaient servi depuis peu. Tout dans cette demeure annonçait un artiste, non pas un artiste façonné par les leçons d'un maître, mais un artiste dont le regard admirateur et curieux surprenait le secret de la nature et le traduisait avec une naïveté adorable.

L'inspiration animait les figures ; un souffle de génie passait sur ces œuvres. Seulement, çà et là, des inhabiletés, des gaucheries : l'ensemble séduisait ; l'inexpérience se trahissait dans le détail.

En rentrant dans son atelier rustique, Martyr jeta autour de lui un regard joyeux.

— Vous ne m'avez point trahi, figures que j'ai rêvées et pétries! s'é-cria-t-il; vous n'avez point menti à vos promesses, statues que le ciseau faisait jaillir du chêne au cœur dur. Je vous donne la vie, vous m'avez payé en espérance de bonheur et de gloire; je vous aime pour la joie dont vous m'enivrez aujourd'hui.

Martyr rangea les feuilles de vélin, jeta dans un coin la statuette ébauchée, et fit ses préparatifs de départ.

L'enfant trouvé.

Il ne possédait rien ou presque rien, cet enfant de la nature, cet artiste agreste, et encore était-ce un miracle qu'il eût gardé quelque chose, même la vie!

Un matin d'été, un paysan, longeant dans un champ la moisson presque mûre, entendit sortir près du sillon un cri plaintif. Ce n'était pas le vent soufflant dans les pailles qui gémissait de la sorte; ce n'était pas le susurrement de la sauterelle, le chant du grillon; il y avait de l'appel inconscient, de la prière d'instinct dans ce cri: l'humanité souffrait et demandait protection.

Le laboureur écarta les grands blés et aperçut un enfant âgé d'un an à peine, dont les yeux bleus s'emplissaient de larmes, et qui agitait ses petites mains au milieu des bluets et des coquelicots.

— Pauvre oiselet! dit Pierrel le laboureur, on t'a jeté hors du nid, la mère est partie...; mourras-tu donc sans qu'on vienne à ton aide? Non point! je t'emporte et je te garde, et je ferai de toi un homme, s'il plaît à Dieu.

Pierrel l'enleva dans ses bras et continua son chemin. En passant près d'un cerisier, il cueillit quelques fruits et en exprima le jus sur les lèvres de l'enfant. L'innocent se mit à sourire.

— Allons! dit le laboureur, tu veux bien que je t'adopte..., nous serons deux pour te soigner, moi et la grande Tine, une brave femme, grondeuse un brin, mais pas plus méchante qu'une bête à bon Dieu... Par ma foi! ce roitelet égayera notre vieille cage!

Pierrel arriva lestement à sa chaumière, masure chancelante, mal étayée, laissant tomber la pluie du ciel par le toit et monter la fumée du foyer par un trou circulaire. Quelques fagots dans un coin, de la fougère pour lit, une table boiteuse et un banc composaient tout le mobilier; un bœuf ruminait dans la seconde moitié de la chambre, et quelques moutons bêlaient doucement.

Une vieille femme préparait un repas frugal.

— Tine, dit Pierrel, j'ai trouvé cela dans le sillon. Est-il assez joli, ce chérubin? Comment peut-on abandonner si mignonne créature?

— L'allez-vous donc garder? demanda Tine.

— Eh! que veux-tu que j'en fasse? Dieu me l'a donné, j'y tiens.

— Pierrel, répliqua Tine, ce n'est point à nos âges qu'on s'embarrasse d'enfants à élever; mais vous êtes un bon maître, vous m'avez sauvé la vie, et, par grande tendresse pour vous, j'aimerai l'enfant.

— C'est bien, Tine; demain nous prierons l'aumônier du couvent d'Offenbourg de le baptiser.

Le lendemain, en effet, Tine, après avoir habillé l'enfant le plus proprement qu'elle put, se dirigea avec Pierrel vers le monastère de l'abbesse Gerberge.

L'aumônier loua la charité de Pierrel, ajouta deux pièces d'argent à ses éloges, et demanda au paysan quel nom il donnait à l'enfant.

— Appelez-le Martyr, répondit Pierrel; les chagrins ne lui manqueront pas.

Ce nom resta à l'orphelin.

Pierrel et Tine le remportèrent comme un trésor commun, et à partir de ce jour, l'enfant se sentit protégé par cette double tendresse. Il grandit vite, en plein air, au milieu des agneaux qu'il gardait et du grand chien blanc tacheté de fauve qui jouait avec lui dans les champs. Sa précoce intelligence éclatait sur sa figure délicate; ses yeux questionnaient toujours; il avait sans cesse un « Pourquoi ? » sur ses lèvres. Jamais il n'était las d'entendre Tine raconter les légendes du Rhin ou les vieilles chroniques sacrées. Il trouvait une grande joie à aller le dimanche au couvent d'Offenbourg écouter les religieuses chanter l'office d'une voix harmonieuse. Quoiqu'il fût ignorant, on sentait qu'il se faisait une instruction à lui. Un jour, Pierrel le trouva absorbé dans une contemplation telle qu'il n'osa l'en distraire; mais, le soir venu, il le questionna sur ce qu'il étudiait alors :

— J'écoutais ce que la grande mouche disait à la fleur, répondit Martyr.

— Et tu as compris ?

— Certes, père; et j'entends aussi les bruits des essaims et le langage des oiseaux; seulement je ne pourrai te le répéter : je le traduis seulement en moi-même.

Pierrel s'étonnait, secouait la tête, et répétait à Tine :

— Nous ne ferons jamais un laboureur de cet enfant !

— Est-ce un malheur, après tout ? demanda Tine. Je ne le crois pas. Quelle besogne que la vôtre! quelle rude tâche ! Voilà soixante ans que vous usez vos bras à labourer la terre, et vous lui arrachez à peine un morceau de pain. Quand vous avez payé vos droits au roi, au seigneur, pouvez-vous seulement mettre de côté un sou parisis par an pour faire dire une messe après votre mort ? Je ne conçois pire état que celui de laboureur; et si le Seigneur permet que l'enfant en choisisse un meilleur, c'est preuve qu'il le prend en miséricorde.

— Je sais, répondit Pierrel, que nous avons l'impôt, la taille, la gabelle; je sais que je ne possède rien, pas même un linceul, et que mon corps sera mis en terre, Dieu sait où. Cependant je ne me plains pas. Si mon dos se voûtait sur le sillon, mon âme planait en haut. La vue de la nature donne des ailes, comme le printemps aux chrysalides. Je plains l'ouvrier des villes plus que nous. Certes, je n'empêcherai point Martyr d'en faire à sa volonté, mais j'aimerais mieux lui voir prendre le manche de la charrue que quelque outil de travailleur.

— Patience! répliqua Tine, nous avons le temps de voir ce qui adviendra.

Sans doute Pierrel avait le temps. Martyr ne comptait pas dix ans; mais cet enfant devenait de plus en plus observateur et grave. Il riait cependant quelquefois d'un beau rire argentin et naïf, mais il retombait dans ses rêveries à propos d'un insecte, d'un nuage, d'un oiseau. Il paraissait surtout chercher à se rendre compte de la ligne, du contour des choses et de leurs rapports avec les couleurs. Il prenait un charbon dans l'âtre, un morceau de craie dans la muraille, ailleurs des débris de pierre rouge, et cherchait un espace plan afin d'y commencer ces bizarres pastels. Le sentiment du dessin dominait tout en lui. S'il voyait passer un enfant, gambader une chèvre, galoper un cheval, il cherchait tout de suite à rendre leur physionomie et leur allure.

Tine s'émerveillait, Pierrel s'attristait.

Il comprenait qu'une vocation irrésistible entraînait cet enfant; mais comment la développer? Que pouvaient pour Martyr deux paysans illettrés comprenant une prière dans l'Évangile : « Donnez-nous aujourd'hui notre pain quotidien », et une promesse : « Les premiers sont les derniers, et les derniers sont les premiers. » Leur impuissance les attristait plus que Martyr ne s'affligeait lui-même : il avait en lui cette féconde espérance qui s'appelle l'avenir, et qui console sans qu'on sache quelle signification précise on attache à ce mot.

Cependant un dimanche Pierrel prit Martyr par la main, à l'issue de la messe, et alla frapper à la porte de l'aumônier. Le prêtre embrassa l'enfant sur les deux joues.

— Êtes-vous content de votre fils adoptif, Pierrel? demanda-t-il.

— Si je suis content? Quasiment trop. Dieu ne veut pas en faire ni un berger ni un semeur de grain; l'enfant passe ses jours à dessiner son troupeau et à imaginer des figures... Je suis un pauvre homme,... je lui ai donné le pain du corps, il serait temps maintenant qu'un autre lui donnât la nourriture de l'âme.

— Mon enfant, dit l'aumônier en posant la main sur la tête de Martyr et en la renversant un peu en arrière pour mieux voir son visage, voudrais-tu devenir un savant clerc et apprendre le latin?

Les yeux de l'enfant étincelèrent, et ses mains se joignirent:

— Oh! j'apprendrai vite! Enseignez-moi le latin; il me semble que c'est la langue des anges.

— Eh bien! Martyr, sois ici demain à l'heure de la messe.

Pierrel se confondit en remercîments, et l'enfant se jeta dans les bras du prêtre.

Tine reçut cette nouvelle avec une extrême joie.

A partir de ce jour, Martyr apprit à lire, à écrire, étudia le latin, le peu de musique que l'on savait alors, s'appliqua à copier les figures de missels qu'il put se procurer ; et, comme ce genre de modèles lui manquait souvent, il reprit son couteau et continua de fouiller le bois.

L'abbesse Gerberge, à qui l'aumônier vanta son favori, lui confia quelques feuilles de vélin et des couleurs; Martyr fit des fleurs ravissantes et composa lui-même bientôt des tableaux charmants. Ses progrès furent rapides en toutes choses ; à quinze ans il écrivait bien, et savait le latin comme son maître.

A cette époque, Tine mourut. L'année suivante, Pierrel s'en alla à son tour.

Le laboureur adressa de tendres adieux à son fils adoptif, le recommanda de nouveau à l'aumônier, posa ses mains calleuses sur le front de Martyr, le bénit et rendit le dernier soupir.

Ce fut une grande douleur pour l'adolescent. A mesure qu'il croissait en âge, il appréciait davantage le dévouement du digne homme. Sans lui, que fût-il devenu? Sans lui, ne fût-il point mort dans le sillon, de faim et de misère? Ce pauvre avait adopté sa pauvreté, ce travailleur l'avait nourri ; plus que cela, il l'avait aimé ; et quand il comprit que Martyr témoignait des aptitudes élevées, loin de les comprimer et de lui demander à son tour de l'aider, il s'était oublié pour ne songer qu'au bonheur de l'enfant. Ame humble, mais âme d'or, et précieuse devant Dieu ! Martyr ne rougit pas de verser des larmes sur la tombe du pauvre corvéable ; pendant huit jours il négligea ses pinceaux et ses ébauches. Il errait dans les champs comme autrefois avec Pierrel, se souvenant de mille riens qui l'attendrissaient... C'est dans ce sillon qu'un matin le laboureur le trouva pleurant... Ici pour la première fois il lui confia deux moutons à garder... Là Pierrel et Martyr s'asseyaient à midi et prenaient ensemble leur repas, que Tine apportait bien chaud... Dans cette prairie il avait fait sa dernière promenade... Dans cet endroit il s'arrêta épuisé...

Lorsque l'adolescent eut achevé ce pèlerinage, il se dit que jamais il ne pourrait rentrer dans la cabane de Pierrel. Il demanda donc à l'aumônier l'autorisation de bâtir, dans un angle du champ dépendant de la communauté, une chaumine qui le rapprocherait de son maître. L'abbesse tenait trop à son intelligent copiste pour repousser une si modeste prière ; le jardinier du couvent vint aider à cette besogne, et au bout de huit jours la grosse bâtisse se trouvait terminée.

Martyr se fiait à lui pour l'ornementation. Nous avons vu qu'avec le temps cette pauvre demeure était devenue charmante. La nature, toujours prodigue de grâces, rivalisa avec l'artiste pour la décorer, et Martyr possédait un ermitage si recueilli que l'aumônier y venait de temps en temps se reposer, regarder les œuvres de Martyr, les louer souvent et aussi les critiquer. Il voyait bien que Martyr était né sculpteur. Il se reprochait peut-être en secret de ne point l'avoir déjà présenté à Erwin de Steinbach; mais il tenait à son élève, il l'aimait d'une façon un peu égoïste. Comment aurait-il remplacé ce calligraphe parfait, ce fin miniaturiste?

Le hasard, qui décide du sort des grands hommes et ne manque jamais de venir en aide aux artistes, servit Martyr au moment où, faute de recevoir de fortes leçons, il aurait sans doute rétrogradé. Le moment était venu pour lui de choisir une voie, de prendre un maître, sous peine de stériliser sa verve et de dépenser en menue monnaie son talent naissant.

Le jour de la représentation de *Sapience* fut la rénovation de la vie de Martyr. Ce jour-là, il vit Sabine.

Cette apparition le frappa comme une vision céleste; il ne comprit plus l'existence sans la possibilité de revoir souvent cette frêle et charmante créature. Mû par ce besoin de tendresse ingénue, il trouva le courage de se présenter lui-même chez l'architecte de la cathédrale de Strasbourg. L'œil d'Erwin devina la valeur de l'élève, et nous avons vu que Martyr fut autorisé à venir travailler dans l'atelier du maître de Steinbach.

Martyr raconta sa démarche à l'aumônier, sans oser lui en confier le mobile, promit de revenir souvent à Offenbourg, et, après avoir allègrement noué son modeste paquet, il marcha jusqu'à la maison d'Erwin, qui s'ouvrit hospitalière devant lui.

IV

Erwin présenta Martyr aux élèves de son atelier.

Trois occupaient le rang d'artiste : Jean, le fils de l'architecte, qui poursuivait l'achèvement de son chef-d'œuvre, la grande rosace de la cathédrale; Orso et Floris.

Orso possédait un incontestable talent; mais ce talent était railleur comme son esprit, jaloux comme son âme, féroce comme ses haines. A cette époque, on n'écrivait guère de pamphlets, la satire ne devait se révéler que dans certains fabliaux du moyen âge; le journalisme était inconnu; l'art seul gardait le monopole de la critique. Comme il manquait des ressources fournies par la plume : la transition, le correctif de l'expression par l'analyse, il se manifestait crûment, d'une façon impitoyable. A quelque rang, à quelque état qu'appartinssent les artistes, ils redressaient les abus ou tout au moins les flagellaient à l'aide du pinceau et du ciseau. L'abbesse Herrade, dont nous avons cité le manuscrit, ne se fit pas faute de s'ériger en justicière dans la grande page qu'elle consacra à la peinture de l'enfer; elle y représenta des moines chargés de sacs d'argent, des abbés, des évêques, la crosse d'or en main, harponnés par les démons chargés de châtier leurs vices.

Dans les bas-reliefs des églises, autour des portails, le long des frises se déroulaient d'audacieuses satires. Chose étrange! le clergé ne réclamait pas, ne se plaignait pas. De même que Dante plongea dans les cercles infernaux ses ennemis personnels, chaque artiste clouait à son pilori celui dont il avait à se plaindre. Nul n'était épargné : prélats, princes et moines, clercs et manants, bourgeois et serfs. L'imagination des sculpteurs se donnait carrière. On ferait une singulière et curieuse étude archéologique en relevant les étrangetés railleuses des sculpteurs de cette époque.

Orso appartenait à la classe des artistes toujours mécontents des autres, parce qu'ils sont mal satisfaits d'eux-mêmes. Ne trouvant en eux le germe d'aucune qualité noble, ils nient la grandeur chez autrui; leurs facultés morales dévient comme la taille de certains êtres. L'amertume chez eux est toujours à fleur des lèvres, et leur cœur ressemble à un vase rempli de fiel. Ils ne comprennent ni la bonté ni la mansuétude, ni même la beauté, reflet de Dieu, poésie extérieure des êtres.

Orso voyait laid; en toute chose naturellement il trouvait la caricature, et cela sans la chercher : d'instinct. Sa mythologie et sa théogonie ne lui montraient ni les dieux et les déesses antiques revêtus de leur éternelle jeunesse, ni les divines figures de l'Évangile, mais des ægypans velus, des titans monstrueux, des cyclopes difformes, des centaures indécis entre la nature humaine et la race chevaline, des hydres hurlantes, des harpies à visages grimaçants et à griffes d'aigles, des faces aboyantes comme celle de Cerbère ou pâles comme la figure de Méduse coiffée de serpents.

Ces formes hideuses, malsaines, heurtées, flottantes, ces hommes à demi bêtes et ces bêtes presque humaines l'attiraient plus par l'étrangeté de leurs formes que les lignes pures d'une plastique sœur des Panathénées et des œuvres de Praxitèle. Il avait le sens de la vue oblitéré et l'esprit maladivement enclin à mettre partout l'effrayant et l'horrible.

Dans la Bible, il ne vit jamais l'Éden souriant à la beauté d'Ève; sous les tentes des pasteurs, il ne regarda jamais entrer les anges voilés par l'humanité visible; près des margelles des puits ne s'assirent point pour lui Rebecca et les filles de Laban. La grâce d'Esther, la tragique beauté de Judith, l'enthousiasme de Débora, le charme virginal de Marie, la majesté de l'Enfant-Dieu le laissèrent sans inspiration. Mais il se plut à rendre le type de Caïn possédé par le démon du fratricide; à représenter ses fils, ces batteurs de fer; à rendre la mort d'Absalon, le rebelle. Il s'inspirait du type de Satan, le vaincu de la première bataille. Mais, loin de lui laisser sur le front, comme n'eût pas manqué de le faire un grand artiste, une trace indélébile de beauté rappelant Lucifer à l'aurore de sa création, il en fit un diable monstrueux, cornu, à pieds de bouc, à ailes de chauve-souris. Il se plut dans la combinaison des lignes heurtées; il fit une débauche de hideurs.

Personne ne représentait comme Orso une scène d'enfer ou de purgatoire.

Il inventait plus de supplices que Dante, Michel-Ange, Callot et Cousin n'en rêvèrent plus tard. Un bourreau eût pris de lui des leçons pour apprendre à varier ses tortures. Son imagination se complaisait dans ces représentations inouïes. On souffrait en regardant et en étudiant ces productions. On ne priait pas devant ces images, on tremblait. Il croyait, mais la foi ne le dilatait pas; et même, s'il croyait, il n'était pas sûr que, comme Job, il n'entrât pas en dispute avec le Seigneur.

Les prêtres, les moines s'arrêtaient terrifiés devant les bas-reliefs de cet homme qui allait dans ses frises plus loin qu'eux dans les sermons. Quelques-uns essayèrent un peu d'adoucir ce génie sauvage, de tempérer cette verve étrange, de mettre l'idée du pardon au-dessus de celle de la terreur; ce fut inutile. Orso essaya une fois, et pour s'accoutumer à rendre un visage placide, rayonnant, en opposition avec ses compositions ordinaires, il représenta saint Sébastien. Eh bien! sous son ciseau ce beau jeune soldat romain devint plus laid que le satyre Marsyas. La souffrance convulsait ses traits au même degré que la férocité changeait le visage de ses bourreaux.

Orso comprit lui-même qu'il ne réussirait jamais à rendre les sujets paisibles; il brisa cet essai avec une rage mêlée de joie:

— Dieu mit mon génie en enfer, dit-il; il y restera.

A partir de ce moment, ce qui avait été seulement un instinct, une préférence, devint sa vocation. Il s'y enferma et tira vanité de cet entêtement.

L'atelier d'Erwin.

Chose bizarre, sa sculpture laissait un reflet en lui. Son front se plissait parfois d'une façon satanique, ses yeux paraissaient rouges, ses cheveux se hérissaient; il devenait effrayant, lui que Dieu avait presque fait beau. Du reste, Orso ne paraissait chérir personne, hors Erwin; encore il ne l'aimait pas, il l'admirait. La puissance de ce grand génie le domptait; il comprenait qu'Erwin créait la merveille de plusieurs siècles, et il voulait y concourir.

Peut-être, si Erwin se fût trouvé en danger de mort, Orso l'eût-il sauvé au péril de sa vie, mais il n'eût rien fait pour lui épargner une fatigue, un chagrin, un ennui. Orso préférait l'art à toute chose. Il lui donnait sa jeunesse et se gardait à ce culte comme le religieux à sa madone. Il parlait peu; on sentait dans tous ses mots une raillerie sourde. Il se promenait seul, cherchant le secret de ses productions dans sa force intime. On ne pouvait ressentir pour lui de sympathie, on le redoutait.

Floris, le second élève de l'atelier d'Erwin, était un garçon de vingt-deux ans à peine, au visage doux, à l'œil bleu, aux cheveux blonds. Jamais physionomie ne fut plus intelligemment joyeuse. Le sourire errait presque toujours sur ses lèvres, quelque chose d'heureux petillait dans son regard; il chantait souvent, par exubérance de jeunesse; quoi? il ne le savait pas lui-même, et il est probable qu'il improvisait paroles et musique. Sa taille était svelte, son geste élégant, sa parole affable. Obligeant et toujours prêt à rendre service, il s'oubliait lui-même. Nature généreuse, rayonnant sur ce qui l'entourait, Floris avait parfois des mélancolies soudaines; mais, loin de nuire au charme de son caractère, elles y ajoutaient et complétaient cette nature artistique.

Car Floris était artiste, un véritable artiste. Seulement, ce qu'il préférait dans la nature, c'était la nature elle-même. A ceux qui lui en demandaient la raison, il répondait avec modestie:

— Je trouve trop difficile, pour ne pas dire impossible, de rendre sur le visage la trace des passions bonnes ou mauvaises; je me contente de reproduire les êtres doués d'instinct.

En effet, Floris ne sculptait que des plantes et des animaux.

Mais quelle justesse dans les attitudes! quelle grâce dans l'allure! quelle observation dans la physionomie! Comme ces bêtes étaient étudiées avec patience et groupées avec habileté! Avec quelle souplesse Floris enlaçait des branchages, les tordait en balcons, dessinait des guipures de trèfle, des rideaux de vigne, des enroulements de fraisier! Et quel monde dans ces masses de feuillage! avec quelle rapidité fuyaient les faons, avec quelle gravité passaient les licornes, avec quelle agilité sautaient les écureuils! Et les oiseaux, les mouches, les lézards, comme tout ce petit monde volait, bourdonnait, frétillait!

Floris ne travaillait que la moitié du jour ; il passait le reste dans les champs. Floris était digne d'avoir un ami ; il n'en avait pas choisi encore, mais ce bonheur lui manquait.

Erwin était trop imposant pour qu'il songeât à en faire un second frère, et Floris éprouvait de l'éloignement pour Orso.

Quand Martyr entra dans l'atelier, les sourcils d'Orso se froncèrent, les lèvres de Floris sourirent.

— Mon enfant, dit Erwin à Martyr, je ne te commande point de travail spécial; le génie ne se coule pas dans un moule uniforme; il n'est même le génie qu'à la condition de rester lui. Le temple que nous élevons à Dieu est une œuvre variée, multiple, du pied s'enracinant dans le sol, et du front portant son couronnement dans le ciel. Les grands arbres nous ont prêté l'élancement de leurs troncs pour nos colonnes; la nature, en les ornant de feuillage, inventa la première les chapiteaux. Si Dieu s'est donné la peine de faire le monde et s'est rendu la justice de dire que cela « était bien », pourquoi l'homme ne convoquerait-il pas les beautés de la terre à orner la maison divine? La religion contient des promesses et des menaces, une histoire austère et une légende dorée, le récit du passé et la vision de l'avenir... Choisis dans tout cela, mon enfant, selon tes sensations et ton caprice. Je me réserve de former ton goût, je ne veux pas le troubler. Regarde ici : Floris découpe des guirlandes de pierre dans lesquelles il semble que la brise se joue. Orso sculpte des démons difformes. Jean crée une rosace qui laissera passer toutes les splendeurs du prisme. Cette variété convient à notre œuvre, elle la complète, elle résume l'époque à laquelle nous vivons. Plus tard on viendra lire nos livres de pierre, comme on épèle les caractères gravés sur les stèles égyptiennes. Encore une fois, cherche, médite : la grande règle est de ne commencer que ce que l'on a longuement mûri.

— Je ferai de mon mieux, maître, répondit Martyr.

Erwin regarda le démon d'Orso avec une curiosité maligne:

— Il me semble, dit-il, reconnaître notre voisin Marburg?

Orso éclata d'un rire aigu.

— Maître, vous souvenez-vous qu'il y a deux ans il se moqua de mon Sébastien?

— Oui; eh bien?

— Je lui rends sa raillerie, voilà tout.

Erwin ne répondit rien, et se tourna vers Floris.

— C'est fort joli, ce que tu achèves là. Assouplis toujours ton ciseau, mon enfant : la souplesse est la poésie de la forme.

Le maître de Steinbach sortit.

Martyr resta un moment indécis.

Orso le regardait en dessous; Floris lui tendit la main :

— Courage, dit-il, nous vous aimerons.

— Vous, peut-être...

— Orso aussi ; il n'est pas méchant diable au fond.

Martyr prit de la glaise, se recueillit un moment, puis lentement se mit à modeler. Il cessa dès lors de voir Orso et Floris. L'art s'emparait de son âme; où prit-il la suave figure qu'il réalisa? dans quel coin du paradis vit-il cette tête idéale? La statuette représentait une jeune fille presque enfant encore, liée à un poteau, le regard levé vers le ciel.

Martyr travaillait avec une ardeur extrême; quand le jour baissa, l'esquisse était terminée. Alors le jeune homme secoua la tête et parut revenir au sentiment de ce qui se passait autour de lui.

Orso avait quitté son ébauchoir et, adossé à la muraille, regardait Martyr; Floris s'était approché tout près, haletant, charmé par le talent de son nouveau camarade.

— C'est bien beau! s'écria-t-il enfin.

— Qu'avez-vous donc représenté là? demanda Orso.

Une flamme monta au front de Martyr.

Il prit son outil et écrivit sur le socle : *Blandine*.

— Je vous disais bien que nous serions amis, dit Floris.

Jean s'avança à son tour :

— Mon père sera content, dit-il.

Le lendemain, Martyr commença une grande reproduction de la statuette de sainte Blandine.

A partir de ce jour, il donna un libre cours à son amour pour l'étude.

La nuit, il lisait et copiait des manuscrits ; le jour, il sculptait.

La fraîcheur de son imagination, l'ardeur de sa foi, l'élévation mystique de son esprit, tout, jusqu'à la pente amoureuse de sa rêverie, le portait à représenter de jeunes saintes, des anges planant au-dessus d'un berceau ou d'une tombe, des processions de jeunes filles chastes comme les lis qu'elles balançaient dans leurs mains ; des reines s'inclinant vers les mendiants pour leur faire l'aumône et les touchant pour les guérir.

Il voyait plus haut que ce monde, et peut-être ne cherchait-il de la sorte la vision céleste que pour arriver un jour à représenter, au sein de quelque assomption glorieuse, une figure entrevue et toujours présente.

— Monseigneur, disait un jour Erwin, en faisant visiter son atelier à l'évêque Conrad, vous voyez ici trois hommes qui se sont partagé le monde visible et le monde invisible :

Orso est descendu dans l'enfer ;

Floris garde la terre ;

Martyr a conquis le ciel.

— Il a choisi la meilleure part, répondit l'évêque en souriant.

V

L'intérieur d'Erwin de Steinbach répondait complétement à l'idée que nous nous formons de la demeure des artistes de ce temps : quelque chose de patriarcal et de claustral tout ensemble ; la simplicité des pasteurs et le recueillement des moines. Jadis on ne se croyait pas artiste pour avoir élevé une statue ; on créait un monde, ou plutôt on commençait ce monde, sachant qu'on userait sa vie sans l'achever. Dans la famille d'Erwin, l'œuvre commune, la grande œuvre, c'était la cathédrale.

Le maître, les enfants, les élèves l'avaient pour préoccupation unique.

Jean, le fils d'Erwin, avait grandi, ayant sous les yeux les admirables plans de la tour du portail ; Sabine comptait ses années par les progrès d la merveille architecturale.

A l'époque où Sabine et Jean ne comprenaient encore d'autre langage que celui des caresses, la femme d'Erwin, la blonde Husa, mourut, laissant deux orphelins ; Sabine dut sans doute à cette douleur première une gravité précoce ; elle s'occupa de choses sérieuses à l'heure où elle aurait dû ne songer qu'à ses jouets. Erwin, distrait par ses grands travaux, ne s'aperçut pas d'abord que l'enfant assumait un lourd fardeau sur elle ; quand il le comprit, trouvant qu'elle s'acquittait admirablement de ses devoirs, il la laissa faire. Plus tendre de cœur que son frère, Sabine devint la préférée d'Erwin, et Jean ne s'en montra pas jaloux. Quand elle eut douze ans, l'architecte exigea qu'elle passât un an au monastère d'Offenbourg, afin d'y apprendre les travaux de femme en usage dans ce temps-là. Sabine obéit et revint dans la maison paternelle, au bout d'une année, plus accomplie et plus charmante que jamais. L'abbesse Gerberge ne se dissimulait point que cette jeune fille eût été pour le couvent une acquisition précieuse, mais elle comprenait en même temps qu'Erwin ne pouvait se passer de Sabine, et elle ne chercha pas à influencer sa vocation. La vie du cloître laissa dans l'âme de la jeune fille une trace ineffaçable, douce comme le parfum de l'encens, voilée comme l'autel dans les jours de deuil. Elle sentait que si un grand malheur la brisait, elle courrait dans les bras de Gerberge; mais Erwin lui faisait la vie si douce qu'elle ne put rien demander au ciel que la continuation de son bonheur présent.

Elle prit de jour en jour un goût plus vif pour les arts; d'année en année elle porta un intérêt plus grand à l'œuvre paternelle.

Il n'était pas rare qu'à l'heure des repas elle accompagnât son père dans la visite qu'il faisait aux maçons. Avec la grâce d'une femme et la simplicité d'une enfant, elle distribuait des secours aux familles nécessiteuses. D'autres fois elle entrait dans l'atelier, souriant aux œuvres poétiques de Floris, passant rapidement devant les hideuses créations d'Orso.

— Père, dit-elle un jour à Erwin, qui lui reprochait sa roideur à l'égard de l'artiste, il doit être méchant, il voit tout hideux... Floris, qui est bon, sculpte des branches de fleurs que l'on voudrait respirer; des oiseaux si vivants qu'on s'arrête pour écouter s'ils chantent; des biches si peureuses qu'on marche doucement pour ne point les effaroucher.

Un jour, après le départ des élèves, Erwin mena sa fille devant la statuette de Blandine esquissée par Martyr, et lui demanda ce qu'elle en pensait.

— Cela donne envie de prier, d'aimer et de souffrir, dit Sabine.
— C'est l'œuvre de mon nouvel élève.
— Ce jeune homme rêveur et triste que j'ai aperçu l'autre soir?
— Oui, ma fille.
— Et il s'appelle...?
— Martyr.
— Un nom de prédestiné; Dieu veuille changer sa palme douloureuse en une couronne de gloire.

Les semaines, les mois s'écoulèrent. Peu à peu Martyr fut adopté par la famille de l'architecte. Ses progrès rapides charmaient et surprenaient Erwin. La modestie de Martyr le servait mieux que n'eût fait la vanité. Loin de s'enorgueillir de sa facilité de composition, il s'en défiait. Porté par son goût et entraîné par cette faculté, il était toujours tenté de produire, mais il se gardait de gaspiller ses forces et se bornait à façonner sa main aux secrets du métier. Dieu lui avait donné ce qui ne s'apprend pas : l'inspiration ; il devait acquérir l'habileté. La précision désespérante du contour sculptural rend l'à peu près impossible. La couleur ne rachète pas l'inhabileté de la ligne ; il n'y a point de repentir avec la pierre et le marbre. Martyr savait cela ; quelque tentation qu'éprouvât l'artiste, l'ouvrier en triomphait. Il réussit même tellement à s'imposer l'obligation de ne rien abandonner à son imagination pendant un certain temps, qu'Erwin, le voyant travailler sans relâche à des études, à des copies, en vint à se demander s'il n'avait pas élevé trop haut ce jeune homme dans son esprit. Mais ce doute n'enleva rien à l'amitié du maître ; la ponctualité de Martyr au travail, la régularité de sa vie, la serviabilité aimable de son caractère forçaient à le chérir.

Il paraissait prendre si peu de place qu'on éprouvait toujours le besoin de le mettre davantage à son aise. D'ailleurs, en dehors des heures d'atelier, on avait fréquemment besoin de lui. — Jean le consultait souvent sur un point d'histoire ; Sabine désirait un modèle de tapisserie ; Erwin le chargeait d'une commission délicate. Martyr paraissait toujours heureux d'obliger ; mais à peine avait-il réussi, qu'il disparaissait, et il fallait le chercher pour le remercier.

Sabine le raillait quelquefois de ce qu'elle appelait sa sauvagerie ; elle l'accusait d'ingratitude ; à ce reproche, un jour, les yeux de Martyr se levèrent sur elle si doux et si tristes qu'elle baissa la tête et n'ajouta rien.

Floris se réjouissait d'avoir Martyr pour compagnon ; Orso portait au jeune homme une sourde haine.

— En vérité, disait-il, le jour de l'arrivée de Martyr parmi nous, on eût dit qu'il voulait achever le dôme tout seul. Et cependant, qu'a-t-il fait depuis ce jour? Il nous aide à composer des ornements et copie servilement des figurines.

— Ne le méprisez pas tant, Orso, répondit Floris ; c'est une grande force que de savoir réfréner les caprices de son imagination.

— Erwin en fait une sorte de valet qu'il charge de messages pour l'évêque ; c'est à ce titre qu'il doit son intimité dans la famille du maître.

— Il la mérite à tous égards, Orso, ajouta Floris.

— Un lâche intrigant !

Floris posa ses outils sur la table et dit avec calme :

— Vous n'aimez pas Martyr, camarade, et la bienveillance ne se commande pas... Mais il faut se garder d'accuser légèrement de lâcheté ceux qui ne sont pas là pour se défendre; car si vous insistiez, je me ferais le champion de Martyr, comme s'il était mon frère. Que vous a-t-il fait pour que vous le haïssiez? Prenez garde que je fouille trop au fond de votre pensée et que j'en arrache le secret dont vous vous croyez si bien maître.

Orso bondit sur Floris, les poings fermés.

— Tout beau! fit celui-ci en se tenant sur la défensive; on ne m'attaque pas sans que je riposte; Martyr vaut mieux que nous deux, et je l'aime; tâchez de le supporter.

Orso recula comme une bête traquée. A partir de cette heure, son front se rembrunit davantage; quand il regardait Martyr, des éclairs de haine jaillissaient de ses yeux; il murmurait des mots pareils à des menaces, et celui qui l'aurait écouté attentivement eût distingué le nom de Sabine.

Oui, ce monstre moral, ce damné de la vie, cet être qui enlaidissait la création, s'était pris d'un fol amour pour la chaste beauté de Sabine. Ce Satan aimait cette Ève blonde. Cet homme, qui haïssait tout, eût commis un crime pour la conquérir. Cet amour, loin d'être pour lui un feu purificateur et sacré, n'ennoblissait, ne grandissait rien dans son âme. Il gardait son orgueil, ses haines, sa jalousie. Il souhaitait Sabine pour femme comme les anges en révolte convoitaient le trône de Jéhovah. Sa passion le brûlait comme les flammes de l'enfer dévorent les maudits. Quand l'amour n'élève pas, il abaisse; quand il n'adoucit pas, il corrode. Une jalousie dévorante rongeait le cœur d'Orso. Sans doute, il ne croyait pas qu'on lui préférât Martyr, il le jugeait trop pauvre et trop nul pour mériter le choix de Sabine; mais il s'irritait de le voir admis à la table du maître. Quand Erwin gardait pendant la soirée Orso, Martyr et Floris, ce dernier causait avec entrain; mais Orso, gêné, maladroit, troublé, répondait à peine quelques monosyllabes et finissait par quitter la salle sous un prétexte futile; il s'en allait alors seul à travers la campagne, se maudissant lui-même et maudissant les autres...

— Il faudra bien que cette odieuse vie finisse, disait-il; il le faudra bien!

— Après son départ, on respirait plus librement, Martyr et Sabine paraissaient délivrés, Floris et Jean riaient avec plus d'entrain.

Le dimanche, l'architecte et ses enfants se rendaient ensemble à l'office; chaque élève y allait à son heure.

Martyr arrivait toujours le premier. Il restait près du bénitier, silencieux, les bras croisés, la tête haute, le front recueilli. Lorsque paraissait Sabine, Martyr trempait ses doigts dans le bénitier et présentait l'eau sainte à la jeune fille. Familiarité charmante, chaste caresse que Dieu voyait et dont n'avaient pas à rougir les anges.

Un sourire de Sabine remerciait le jeune homme; elle montait prendre sa place à son banc sculpté, Martyr l'attendait sur le seuil.

Orso venait tard, fendait hardiment la foule et se dissimulait à demi

A l'église.

derrière un pilier. De là il voyait Sabine; ce fut ainsi que Méphistophélès regarda Marguerite pour tuer dans son âme l'espérance et la foi.

Mais Sabine ne voyait pas Orso. Les yeux clos par le recueillement, elle songeait à sa mère Husa, demandait de la gloire pour son père, du bonheur pour Jean..... Peut-être un soupir parlait-il à Dieu d'une autre tendresse.

Tandis que Sabine priait de la sorte, Martyr nommait une créature bien chère : de quelle ardente tendresse l'orphelin se sentait le cœur pris pour

Sabine! avec quelle joie il se fût immolé à sa félicité! comme elle devenait le but unique de son ambition! comme il la voyait devant lui, pareille à un prix glorieux!

Cet amour, il l'enfouissait dans son cœur comme un trésor; il croyait que Sabine l'ignorait; que Jean ne le soupçonnait pas. Ne fallait-il pas que la fille de Steinbach ne pût se douter de l'audace de Martyr? Qu'eût-il pensé de cet enfant à demi élevé par la bonté de son père, et qui osait lever les yeux sur elle? Elle l'aurait accusé d'ambition, elle l'aurait repoussé, méprisé, et la mort eût mieux valu que le mépris de Sabine.

La jeune fille atteignait sa dix-huitième année. Sa beauté était dans tout son éclat; son intelligence égalait sa beauté.

Toute la matinée, elle s'occupait des soins de la maison; lorsque la vieille servante avait reçu ses ordres, elle s'asseyait à son métier. Après le repas, elle lisait; à huit heures du soir, elle montait chez elle. Quand Erwin et Jean venaient à s'endormir, Sabine quittait furtivement sa chambre, et, dissimulant avec la main la clarté de sa lampe, qui aurait pu la trahir, elle descendait à l'atelier.

Elle regardait le travail poursuivi pendant le jour; puis, à son tour, prenant la glaise et les ébauchoirs, elle travaillait, tantôt copiant un modèle qui lui plaisait, tantôt s'abandonnant à son imagination. Afin d'avoir la facilité de cacher ses maquettes, ses ébauches, elle ne reproduisait que de petites choses ou réduisait les grandes; mais elle rendait tout avec une finesse exquise et ne quittait une œuvre qu'après lui avoir donné la perfection dont elle était susceptible.

Sabine n'osait pas avouer à son père qu'un irrésistible penchant l'entraînait vers l'art. Trop modeste pour rechercher la louange, elle craignait de paraître l'ambitionner. Cependant elle subissait la loi de famille : elle sentait en elle la flamme sacrée qui animait Jean et Erwin; elle voulait mettre sa pierre immortelle à l'œuvre du père. Elle travaillait, le hasard ferait le reste.

Sa vie se partageait en deux parts : celle qu'elle donnait aux soins domestiques, celle qu'elle réservait pour la sculpture.

Dans le silence des nuits, appliquée, recueillie, elle modelait, se disant qu'un jour Erwin serait fier de cette élève qu'il formait sans le savoir. Sabine ne recevait de leçons que celles que l'on donnait devant elle à l'atelier. Elle les recueillait avidement; une fois seule, elle les mettait en pratique.

Combien Martyr eût été heureux et fier, s'il avait su que Sabine copiait ses œuvres de préférence à toutes les autres! Comme il aurait gardé foi dans l'avenir, s'il avait compris que l'âme d'artiste de Sabine l'avait compris avant que l'âme de la femme s'éveillât en elle !

Depuis quatre ans Sabine sculptait dans le silence des nuits, depuis quatre ans elle s'efforçait d'acquérir assez de talent pour se faire pardonner ce qu'elle appelait son audace, quand la paisible maison de l'architecte fut troublée par un événement inattendu.

VI

Un matin, le comte Mathias d'Hasbruck, frère de l'abbesse Gerberge, se présenta chez Erwin et lui demanda un entretien particulier.

Le comte Mathias était un des seigneurs les plus considérables de l'Alsace, riche comme un duc régnant, généreux comme un roi et brave comme son épée. On pouvait lui reprocher une certaine rudesse, exagération de sa franchise. Il s'était même montré, disait-on, justicier sévère, mais il n'avait jamais châtié sans motif, et plus d'une fois la bonté de son cœur lui fit adoucir la rigueur d'un premier arrêt. Dans aucun fief, les gens de terre ne se sentaient aussi protégés, aussi aimés. Si on le redoutait un peu, on le chérissait davantage. Puis, outre l'affection personnelle que le peuple éprouvait pour le comte d'Hasbruck, il reportait sur le frère un peu de la vénération inspirée par la sœur. Le comte avait quarante-cinq ans, une beauté mâle, le visage ouvert, l'œil perçant, mais capable de refléter une bonté profonde, la lèvre franche et l'allure martiale.

Erwin avait rencontré plusieurs fois le comte d'Hasbruck au parloir du couvent, lorsque Sabine était l'élève préférée de l'abbesse Gerberge, et il crut que le gentilhomme venait lui transmettre quelque message de sa noble sœur.

Quand Erwin questionna le comte à ce sujet, le sire d'Hasbruck secoua la tête :

— Ma sœur connaît le motif qui m'amène près de vous, mais elle ne m'envoie pas... Je viens en mon nom et en qualité de solliciteur.

— Vous pouvez ordonner, seigneur comte.

— Erwin de Steinbach, poursuivit le gentilhomme, traitons franchement tous deux la grave question qui m'amène. Je ne connais aucun homme au monde doué de plus de génie et plus riche que vous de vertus et d'honneur; j'espère que vous faites estime de moi. Je ne parle pas de mon nom, il est héréditaire; de ma fortune, on me l'a léguée; mais de ma vie loyale et brave, que j'ai faite moi-même. Vous allez décider du bonheur de cette même vie : j'aime votre fille, et je viens vous la demander pour femme.

— Vous, monseigneur?

— Qu'y a-t-il d'étrange à cela, maître? Ne vous montrez pas trop orgueilleux en me refusant. Je sais quelle différence les siècles futurs établiront entre le grand sculpteur et le comte d'Hasbruck; dans cinquante ans, je dormirai ignoré sous quelque dalle de la basilique, qui bravera les siècles et forcera les générations futures à vous admirer; gentilhomme, je veux en mariage la fille d'un roi; mais j'aime Sabine, et si vous me la refusez, j'aurai le courage d'insister.

— Vous aimez Sabine, monseigneur? Où l'avez-vous donc vue?

— Partout, dans les jardins d'Offenbourg, avec ma sœur au parloir; plus tard, dans l'église où elle vous accompagnait... Où j'ai vu Sabine? Chez les pauvres, dans tous les chemins fréquentés par les anges. Je lui ai voué un sentiment profond, protecteur et tendre; j'ai juré de la rendre heureuse, et si elle y consent, j'y réussirai.

— Monseigneur, répondit Erwin d'une voix pénétrée, je suis aussi touché que confus; je ne m'attendais pas à l'honneur que vous me faites, je vous remercie, et je vous promets de transmettre votre demande à Sabine.

— Un mot seulement, maître : jusqu'à cette heure, elle est libre?

— Complétement libre.

— Me serez-vous favorable?

— S'il ne dépendait que de moi, monseigneur, je vous engagerais ma parole, mais je laisse à Sabine le soin de régler sa destinée; elle seule donnera donc la réponse que je vous transmettrai.

— J'attendrai, répondit le comte.

Mathias serra la main du sculpteur et sortit.

Le hasard voulut qu'il rencontrât Sabine en sortant de l'atelier de son père. Sabine rougit et salua gracieusement; le comte s'inclina avec un respect profond et la suivit d'un long regard.

Sabine apportait à son père une nouvelle miniature de Martyr.

Pour la première fois, l'architecte repoussa, sans y jeter les yeux, un travail de son élève.

Il saisit les mains de sa fille, et la faisant asseoir près de lui :

— Comme tu ressembles à ta mère! dit-il; ce sont les mêmes yeux, la même expression de visage; Husa manquait de je ne sais quel rayonnement qui te rend parfois si belle... Oh! je comprends bien qu'on t'admire et qu'on t'aime.

— On m'admire? on m'aime? répéta Sabine.

— Oui, reprit Erwin; mais moi, que deviendrais-je, si tu me quittais?...

— Mais qu'avez-vous donc, mon père? demanda Sabine; que signifient ces mots? Est-ce que je pourrais vous quitter, moi? Vous ne songez pas à partir?...

— Tout cela veut dire, mon enfant, que l'on te demande en mariage...

— Ah! dit Sabine en baissant la tête.

— Tu n'ajoutes rien?

— Je n'en ai pas le droit.

— Tu ne demandes pas le nom?

— J'ai deviné peut-être...

— Tu viens de voir le comte d'Hasbruck, c'est lui...

— Lui? murmura Sabine. O mon Dieu!

— Il te trouve belle; la noble Gerberge lui a si souvent fait ton éloge qu'il te sait bonne. Il m'a demandé ta main en termes si affectueux que je me suis senti remué... Tu n'as plus de mère, Sabine, et je vieillis... Si je mourais, ton frère ne te serait pas un appui suffisant. Réfléchis; le comte d'Hasbruck n'est point un homme à dédaigner et à repousser.

— Je ne le dédaigne point, mon père; mais je ne l'aime pas... Il m'a remarquée; je n'ai jamais fait attention à lui... Et puis, vous le dirai-je? il y aurait mésalliance... de mon côté, et la famille du comte me regarderait peut-être cependant avec dédain... Le comte ne peut répondre que de ses propres sentiments... Je me trouverais quelque jour exposée à des humiliations... Je vous ai souvent entendu dire que les artistes devaient s'unir entre eux et former une sorte de race sacerdotale. Oh! combien le château d'Hasbruck me semblerait morne et froid à côté de cet atelier peuplé de chefs-d'œuvre... à moi qui vis près de cette cathédrale, votre univers aux figures divines! La noble châtelaine ne respirerait plus le souffle brûlant et sacré de l'inspiration... Non! non! Sabine ne contractera pas une union intéressée et ne donnera pas sa main à qui n'aurait point son cœur!...

— Je t'en conjure, ne prends aucune détermination précipitée, garde le temps de réfléchir...

— J'y consens pour vous... Dans un an, le comte d'Hasbruck aura ma réponse ; mais je ne m'engage à rien, je ne promets rien. Ce mariage vous plairait donc beaucoup, mon père ?

— Beaucoup, je l'avoue.

La jeune fille se jeta dans les bras d'Erwin et l'embrassa avec effusion.

Un instant elle pensa à lui avouer son secret, mais le courage lui manqua, et elle sortit sans rien ajouter.

Elle venait de quitter le maître de Steinbach quand Orso pénétra dans l'atelier. Le visage du jeune homme était d'une pâleur livide ; ses lèvres tremblaient ; l'angoisse troublait son regard.

Erwin, quoiqu'il ne s'aveuglât pas sur les défauts de son élève, en faisait cependant grand cas. Ce talent étrange, tourmenté, avait des éclairs de génie. Il était le côté obscur de l'œuvre, mais cette ombre était indispensable à l'ensemble. Dans la trinité des genres qui s'unissent pour former le tout de la sculpture du moyen âge, Orso gardait une grande place. Ses créations lugubres, fantastiques, terrifiantes, répondaient aux croyances vengeresses du dogme. La foi ne nous montre pas seulement le paradis peuplé de saints, de martyrs et d'anges ; elle a l'enfer habité par les maudits. Si Erwin n'affectionnait pas l'homme, il tenait à l'artiste. L'altération du visage d'Orso le frappa.

— Qu'as-tu donc ce matin ? lui demanda-t-il.

— Ce matin ? répondit Orso avec amertume. Vous vous apercevez seulement ce matin que mes yeux se cavent et que mes joues pâlissent ! Vous vous doutez vaguement que j'ai dans l'âme l'enfer dont je représente les victimes ?... Eh bien, oui, je souffre comme un damné ; je souffre à crier, moi qui ai caché jusqu'à cette heure ma plaie saignante... Voyez et touchez la blessure... Il faut que je meure ou que je ressuscite... Je deviens fou si vous ne me laissez devenir l'époux de Sabine...

— Sabine à toi ?

— Oui, je sais, la colombe à l'autour, l'agnelle au loup, l'ange au démon ! Voilà ce que vous allez me répondre... Cet amour me dévore depuis quatre années, il m'étouffe et me torture ; il me sauverait peut-être si on ne le rebutait pas.

— Orso, ce matin même on m'a demandé la main de Sabine.

— Qu'avez-vous répondu ?

— Sabine choisira seule son mari, et Sabine veut réfléchir.

— Combien de temps ?

— Une année.

— J'attendrai donc.

Brusquement et sans remercier le maître, il le quitta en fermant la porte avec violence.

VII

Erwin se promenait dans la salle à grands pas; la liberté d'esprit lui manquait pour travailler. Il pensa qu'une visite au chantier le distrairait, et, rencontrant Martyr, il lui prit le bras amicalement.

— Allons au *fronhnhof*, dit-il.

— Maître, dit Martyr en franchissant l'enceinte des huttes et des tentes, quels souvenirs cet endroit me rappelle! Je n'y reviens jamais sans une émotion profonde. Qu'étais-je quand vous m'avez recueilli? Un enfant ingénieux peut-être, mais ignorant, à coup sûr; que de bonté vous m'avez prodiguée!

— Tu me l'as rendue en reconnaissance et en dévouement, Martyr; j'ai trouvé en toi plus qu'un élève : un ami, un second fils. Si j'avais besoin d'une preuve d'amitié, je te la demanderais; si j'éprouvais un chagrin, je te le confierais...

— Vous n'en avez pas, maître? demanda Martyr, frappé de l'accent d'Erwin.

— Une inquiétude, tout au plus... La paternité n'est pas seulement une joie, mon enfant; elle inspire des devoirs souvent difficiles... Dieu sait si j'aime ma Sabine! Eh bien, l'avenir de Sabine m'alarme; elle est pauvre, moi aussi; comme tous ces hommes de labeur, je travaille *pour l'amour de Dieu et des indulgences*...

— Et la gloire, maître.

— Une richesse qui ne remplit aucun coffre... Si je mourais, qui s'occuperait de Sabine? Jean se mariera, ma fille serait isolée... Il faut que je lui donne un protecteur sûr et fidèle, et, au moment de choisir, j'hésite.

— Maître Erwin, dit Martyr, dont le cœur battait avec violence, ne savez-vous pas quels sentiments d'abnégation, d'admiration doit inspirer votre fille? Donnez-lui pour mari un homme capable de la comprendre, de la défendre; un homme qui vous vénère comme un père et lui ait voué un culte comme à une sainte...

— Oui, je pense à cela, depuis ce matin surtout... Je puis faire de toi mon confident, Martyr. Aujourd'hui, deux hommes de conditions diverses m'ont demandé la main de ma fille : Orso et le comte d'Hasbruck.

Martyr étouffa un cri d'angoisse.

— Que penses-tu de ces deux prétendants?

— Maître, répondit Martyr en affermissant sa voix, le comte Mathias a grande renommée d'honneur et de générosité; il ferait Sabine riche; mais le comte est presque vieux et n'a aucune des habitudes, aucun des goûts de votre fille. Ce mariage, éblouissant au premier aspect, ne tarderait pas à la rendre malheureuse...

— C'est ce qu'elle me disait ce matin.

— Ah! elle vous disait cela?... Quant à Orso, mon camarade, il ne m'appartient pas de le dénigrer; il possède du talent, mais sa jalousie, l'âpreté de son caractère tortureraient Sabine.

— Peut-être...

— Que vous a dit votre fille?

— Elle ne connaît encore que la demande du comte Mathias et souhaite y réfléchir.

— Oh! oui, qu'elle réfléchisse bien avant de donner sa vie! Laissez-la libre, maître; l'amour est un oiseau divin dont il ne faut pas attacher les ailes.

— Eh bien! Martyr, j'attends de toi un service; je ne veux que le bonheur de Sabine, mais je le veux complet. Elle a confiance en toi; elle te regarde comme un frère; interroge-la, au nom de ton affection. Saisis la première occasion où tu la trouveras seule, et tu m'apprendras ensuite ce qu'elle t'aura confié.

— Maître, je ne puis accepter cette tâche, dit Martyr; je me troublerais, je tremblerais... Demander à Sabine si elle aime quelqu'un! Y songez-vous?... Et si elle allait me répondre qu'elle en aime un autre...

— Un autre?... répéta Erwin en regardant fixement Martyr.

Le jeune homme s'appuya chancelant contre un bloc de pierre et attendit l'explosion de la colère de l'architecte.

— Toi aussi? dit Erwin doucement.

— Oh! moi avant tous, plus que tous. Moi tout prêt à sacrifier ma vie pour vous et pour elle.

— Écoute, Martyr, répondit Erwin; je n'ai point de reproche à t'adresser; sans doute ton caractère et ton cœur te permettront de rendre Sabine heureuse, mais tu manques de l'une des garanties offertes par Orso et le

Le chantier.

comte d'Hasbruck : une immense fortune et un talent éprouvé... Jusqu'à ce moment, tu t'es montré appliqué, utile, intelligent ; mais tu n'as point produit de grande œuvre, et la vie de ma fille ne serait pas assurée par ton talent. Celui d'Orso est malsain, mais il demeure incontestable.

— Une grande œuvre! Ne demandez-vous que cela, maître?

— Je ne demande rien, moi, tu le sais; tout dépend de Sabine.

— Dois-je toujours l'interroger?

— Plus que jamais, maintenant... Nous avons assez parlé de nous, occupons-nous des autres.

Le maître et l'élève entrèrent dans l'intérieur du chantier.

L'année précédente, les ouvriers avaient fait une grande perte : Conrad II était mort; son successeur n'avait pas encore eu le temps de devenir populaire, et toute l'amitié des travailleurs s'était reportée sur Martyr, qu'ils regardaient comme le fils adoptif d'Erwin.

La visite de l'architecte fut longue. Quand il revint chez lui, il s'enferma dans son atelier privé.

Martyr essaya de terminer une statuette, mais il ne trouva aucun outil commode, brisa l'œuvre commencée, prit de la glaise, essaya autre chose et ne réussit à rien.

Orso sifflait entre ses dents, Floris chantonnait, Martyr sentait les pleurs lui monter aux yeux.

N'en pouvant plus d'inquiétude et de douleur, il s'enfuit au jardin.

C'était un lieu plein de mystère et d'ombre, animé par des bustes et des statues. Des volées d'oiseaux en remuaient les branchages, de grandes lianes y formaient des dômes feuillus étoilés de fleurs.

Souvent Martyr y était venu à midi chercher le repos et le silence, car la nature a cela d'admirable que ses bruits mêmes portent le caractère du calme et ne troublent pas le silence intérieur de l'homme. Plus d'une fois aussi Martyr y rencontra Sabine donnant du grain à ses oiseaux et cueillant des gerbes de fleurs. Ils échangeaient alors des mots timides, lui pâlissant devant elle, elle devenant rouge devant lui. Leurs yeux se baissaient d'instinct; quand ils les levaient l'un sur l'autre, il en jaillissait de pures flammes, mais les mots s'arrêtaient sur leurs lèvres.

Ce jour-là, Martyr ne se promenait pas dans le jardin pour y caresser une douce chimère : il regardait chaque arbre, chaque arbuste, chaque touffe fleurie de ce regard mouillé qu'on jette à ce qu'on ne verra plus. Il y avait de l'adieu et du désespoir dans la façon dont il contemplait le banc de bois rustique, le bassin sur lequel flottait un cygne, la svelte statue de nymphe bocagère tenant des bouquets dénoués dans le pan de sa tunique.

C'est que Martyr, depuis son entretien avec Erwin, songeait à quitter Strasbourg. Le maître n'avait-il pas réduit à néant ses espérances en lui disant presque qu'il s'était trompé sur son compte et que sa jeunesse ne tenait pas toutes les promesses de son adolescence? Ne lui avait-il point préféré Orso? Le pauvre Martyr n'avait-il pas compris que le maître de Steinbach ne daignait pas le compter au nombre des prétendants de sa fille?... S'il n'avait plus l'espoir de devenir le mari de Sabine, quel but gardait-il dans la vie? Il ne lui restait qu'à s'ensevelir sous une robe de moine et à mourir lentement de sa douleur. Il s'en irait en Italie, abandonnant l'œuvre à laquelle il avait sacrifié une part de son âme; il n'aurait jamais le courage de voir Sabine mariée à un autre... Il comprenait que Sabine ne pouvait descendre jusqu'à lui; il conservait l'ambition de monter jusqu'à elle... Et cependant, quel riche parti que le comte Mathias! Certes, ce gentilhomme avait une valeur personnelle en dehors de son rang, tandis qu'Orso...

Si Martyr s'avouait vaincu par la haute situation du comte d'Hasbruck, il se redressait de toute sa grandeur en face d'Orso; Martyr gardait la conscience de sa supériorité morale, de son talent artistique. Meilleur par l'âme, il se savait aussi plus habile.

Mais à quoi bon son talent, si d'un mot on lui coupait les ailes?

Martyr avait entendu son arrêt de la bouche d'Erwin; il voulut aussi l'entendre de celle de Sabine, espérant mourir de ce dernier coup.

Martyr s'assit sur un banc, appuya ses deux bras sur le dossier, posa sa tête sur ses bras et resta immobile, plongé dans l'amertume de ses pensées.

Il n'entendit pas venir Sabine, qui, une corbeille à la main, jetait la provende à ses oiseaux.

En apercevant Martyr si absorbé, en voyant à l'abandon de tout son être l'excès de sa souffrance, Sabine sentit son cœur se serrer. Tant de pensées se heurtaient depuis le matin dans sa tête qu'elle était prête à pleurer aussi.

Posant sa corbeille à terre, elle appuya sa petite main sur l'épaule du sculpteur.

— A quelle création rêvez-vous si profondément? demanda-t-elle.

Martyr releva lentement la tête.

— A une statue de la douleur, dit-il; non pas d'une douleur bruyante, mais d'une de ces douleurs qui tuent sans cris, qui mettent tout en ruine autour de nous et dépeuplent l'avenir de songes dorés.

— Ah! les songes! soupira Sabine. Qui n'en a pas fait de beaux, de doux, de rayonnants? Dans quel azur ils battaient des ailes! De quels concerts nous enivrait leur voix! Mais la vie positive nous enlève de semblables songes... Pour parler de la sorte de la douleur, Martyr, il faut que vous souffriez... Qu'avez-vous? Ne pouvez-vous me le dire?... Notre amitié n'autorise-t-elle pas la confiance?... Vous baissez la tête... vous refusez de parler... vous en serez puni! Je vous donnerai l'exemple de l'abandon... Je n'ai pas de mère, l'abbesse Gerberge ne me comprendrait pas, mon père est prévenu, Jean est absent, et j'ai besoin d'un conseil; voulez-vous me le donner, vous, qui êtes le plus dévoué de mes amis?

— Le plus dévoué de vos amis! répéta le jeune homme.

— Je vais vous ouvrir mon cœur; ce que vous me direz de faire, je le ferai : car moi, j'ai confiance en vous...

Sabine prit place sur le banc, auprès de Martyr.

— Ce matin, reprit la jeune fille, mon père m'a transmis la demande en mariage du comte d'Hasbruck. Cette union plaît à mon père... Lui qui vécut pauvre avec ma mère Husa rêve pour moi le luxe et les titres. Dieu sait si je vénère mon père, mais Dieu sait aussi combien pareille union me rendrait malheureuse! Mon ambition est plus haute: Je veux plus et mieux; je ne changerai point ma façon de vivre; je ne quitterai point les ateliers des sculpteurs, je ne renierai point l'art divin qui fait ma joie. Fille d'artiste, je veux un artiste pour époux!

Martyr songea à Orso et pâlit davantage.

— Vous ne répondez pas, Martyr; que pensez-vous?

— J'enviais, dit-il, la félicité d'Orso...

— Ai-je dit ce nom?

— Vous l'avez étouffé par pudeur; mais lui aussi, Orso, a demandé ce matin votre main à votre père.

— Il a osé...

— Vous aimer... oui, Sabine; et c'est un grand crime d'oser lever les yeux sur vous quand vous ne l'avez pas permis... Mais le moyen de ne pas aimer la fleur parce qu'elle embaume, l'étoile parce qu'elle rayonne, et vous parce que vous êtes plus qu'un ange... Ils vous ont aimée tous deux: lui, le grand seigneur, et lui, l'imagier. Chacun apportait sa dot : or sonnant et sculpture. Pouvez-vous empêcher ces choses? Vous repoussez Orso, vous éloignez Mathias; pour deux que vous connaissez, combien souffrent en silence!... Votre rêve était beau, Sabine : devenir la compagne d'un grand artiste, le soutenir dans sa lutte courageuse, l'inspirer de votre présence, tout cela était digne de vous. Ce que vous voulez, vous le trouverez; Dieu vous doit le bonheur... Si loin que je sois alors, si j'apprends que vous êtes heureuse, je m'en réjouirai...

— Si loin que vous soyez...
— Je partirai prochainement, sans doute.
— Avez-vous parlé de ce projet à mon père?
— Il le connaîtra demain.
— M'en avouerez-vous le motif?
— Je n'ai pas de motif, Sabine.

Dans le jardin.

— Pour mentir si fort, voilez donc votre visage, répondit la jeune fille ; affermissez votre voix et séchez vos yeux... Faut-il donc ajouter votre confession à la mienne? Pauvre Martyr! le bien nommé, vous laisserez-vous mourir sans prononcer le mot qui sauve?
— Sabine, le savez-vous donc, ce mot?...
— Ami, poursuivit-elle d'une voix douce, restez ici, restez, quand ce ne serait que par dévouement pour moi... Vous vouliez sculpter une statue de la Douleur, je vous demande une statue de l'Espérance. Martyr, quand on a l'avenir devant soi, il faut le gagner... Martyr, quand on a

dans le cœur une tendresse profonde, il faut la garder comme un trésor... Martyr, quand on aime, il ne faut pas renier l'amour.

— Le renier? dit Martyr éperdu, non; mais en mourir.

— En vivre.

— Savez-vous ce que m'a dit votre père ce matin, Sabine?

— Non.

— Il m'a dit que le présent mentait au passé, que je manquais de talent, que le souffle me faisait défaut pour créer une œuvre. Il m'a dépouillé de l'avenir; il m'a réduit au rôle d'ornemaniste et de praticien; et s'il a deviné les rêves fous de mon âme, il les a étouffés dans ma nullité et mon impuissance.

— Et qui vous empêche de lui prouver qu'il se trompe?...

— Le courage me manque; d'ailleurs, qui sait s'il n'a pas raison?

— Non, Martyr, non; il ne l'a pas. Ses reproches sont vrais par un côté : jusqu'à ce moment, vous n'avez pas donné la mesure de vos forces; l'heure est venue de vous révéler, non pas seulement pour mon père, mais aux yeux de tous... On met au concours le projet du monument à élever à l'évêque Conrad. Concourez et remportez le prix...

— Sabine! Sabine! que voulez-vous dire?

— Je veux dire que j'ai une année pour choisir un époux, que le comte Mathias a promis de patienter, qu'Orso attendra... et que si ma main est le prix du plus noble, du plus habile, Martyr a le temps de se révéler par une grande œuvre.

— Je crois faire un rêve, murmura Martyr.

— Un rêve du ciel, au moins.

— Vous voulez que je concoure, que je...

— Que vous soyez le premier pour la foule, comme vous êtes le premier pour moi...

— Ah! vous l'avez bien dit, voilà le mot qui sauve!

Sabine n'en voulut pas entendre davantage; elle s'enfuit du jardin, laissant Martyr si plein de joie, si jeune, si inspiré, si enthousiaste, que, rentrant dans l'atelier et y trouvant Floris seul, il se jeta dans ses bras.

— Ah! tu l'aimes bien, dit Floris.

— Quoi! tu sais...

— Ce que tu laisses voir, malheureux. Mais je fais plus qu'excuser l'entraînement de ton cœur, je te comprends... Vous êtes au même niveau tous deux... Moi, je la trouve trop parfaite pour moi, et je me contente de l'admirer.

VIII

Huit jours après, Erwin, à qui Sabine avait laissé voir ce qui se passait dans son âme, appelait à la fois chez lui Orso et Martyr.

— Tous deux, leur dit-il, vous souhaitez obtenir la main de Sabine ; j'ai laissé à ma fille assez de liberté pour donner elle-même une décision. Sabine, recherchée à la fois par un grand seigneur et par deux artistes, préfère l'homme qui lutte, travaille et produit à celui qui jouit sans effort d'une fortune héréditaire. Mais, vous le savez, la carrière artistique offre plus de dangers et d'incertitudes que toute autre ; un grand talent suffit à peine pour faire face aux dépenses d'une maison, d'une famille. Je permettrai donc à Sabine d'épouser un artiste, à la condition que cet homme fournira une preuve suffisante de talent. Vous êtes deux rivaux, également jeunes ; travaillez, progressez, la fille d'Erwin de Steinbach deviendra la femme de celui qui, au bout d'une année, aura terminé la meilleure statue.

Martyr leva sur Erwin un regard plein de reconnaissance.

Orso ne répondit rien. L'idée de lutter avec Martyr l'humiliait à l'avance.

— Maître, dit Martyr, ne trouvez-vous pas que ce concours devrait être mystérieux pour chacun de nous? Je souhaite faire ma statue dans le repos et la solitude.

— Vous prendrez pour atelier le petit bâtiment de la cour ; Orso se contentera de la salle basse, dans laquelle sont mes derniers modèles.

— Merci, maître, dit Martyr d'une voix émue.

— Dans une année, à pareil jour, ma statue sera faite et me donnera, je l'espère, le droit d'entrer dans votre famille, dit Orso.

— D'ordinaire les rivaux se mesurent sur le terrain, reprit Erwin ; ici, vous battrez à coups de chefs-d'œuvre.

Erwin serra les mains des deux jeunes gens ; tous deux se retirèrent : Martyr, le front haut, le sourire aux lèvres ; Orso, le cœur plein de rage contre le piètre rival qui lui était imposé.

A partir de ce jour, les deux jeunes gens s'isolèrent. Chacun travaillait à part à son œuvre. De temps en temps, le soir, les jeunes gens passaient quelques instants chez maître Erwin; le dimanche, ils se retrouvaient à l'église aux heures accoutumées.

Sabine semblait, elle aussi, cloîtrée dans un réduit qu'elle pria son père de lui faire arranger au fond du jardin.

Erwin se prêta à cette fantaisie, et la jeune fille put dès lors consacrer à la sculpture le double du temps qu'elle lui donnait jadis.

La moitié de ses nuits ne lui suffisait plus, elle y déployait une partie de ses journées.

Erwin crut que Sabine cachait une douleur au fond de son âme; il pensa que sa préférence pour Martyr lui faisait redouter le succès de l'épreuve; il n'eut garde de troubler la solitude de sa fille, et Sabine profita de la latitude qui lui était laissée pour entreprendre une grande œuvre.

Quand elle rencontrait Martyr, elle lui demandait:

— Espérez-vous?

Et Martyr répondait:

— Oui, Sabine, j'espère.

Pour se conformer au souhait de la jeune fille, Martyr fit l'esquisse d'un projet de monument pour Conrad II; il ne signa pas cette œuvre, l'envoya avec grand mystère, et attendit impatiemment le résultat de ce concours.

Par une coïncidence bizarre, la date fixée par les examinateurs se trouva la même que celle indiquée par Erwin pour juger les statues des deux artistes.

Les mois se traînèrent lentement; Martyr semblait perdre un peu de sa confiance à mesure que le terme prescrit approchait; Orso, au contraire, affectait plus de gaieté qu'on ne lui en avait jamais vu. Il avait, sans nu doute, achevé son œuvre bien avant le jour où il devait la soumettre à Erwin, car il rentra dans l'atelier commun et se montra très-familier avec Floris.

On lisait sur le front d'Orso la certitude de la victoire. Quand il regardait Sabine, au lieu de baisser les yeux devant elle, il la regardait bien en face, comme une créature qui serait sienne, une jeune fille dont il ferait sa femme.

Mais ce qui le surprenait fort et ne laissait pas de l'inquiéter, c'est que Sabine, malgré sa douceur et sa modestie, paraissait défier cet orgueil de la victoire anticipée.

Sa fierté grandissait en même temps que l'outrecuidante vanité d'Orso. Si un espoir était en lui, une force vivait en elle. Il attendait, elle croyait. Il devinait, elle savait.

Quant à Martyr, il devenait invisible. A l'église seulement, ou dans les allées sombres du jardin, on le voyait passer pareil à une ombre. Il recueillait à la fois son esprit et son cœur : son cœur pour la joie, son esprit pour le travail.

Depuis qu'il avait la certitude d'être préféré par Sabine, il la cherchait moins. A quoi bon la suivre et la voir? elle ne le quittait jamais. Martyr logeait dans une chambre étroite comme une cellule, placée sous les toits; cette chambre, ce grenier, il l'aimait pour le voisinage. Quand il ouvrait sa fenêtre rétrécie et qu'il regardait en haut, il apercevait quelqu'un logé plus haut que lui : la cigogne.

Strasbourg est la cité des cigognes. Pas une maison qui ne porte sur le toit une roue dans laquelle l'oiseau bâtira plus facilement son nid. La cigogne domestique, si familière, partage avec les hirondelles le privilége de porter bonheur. Ces oiseaux ont la reconnaissance de l'hospitalité. L'hirondelle, plus leste, plus pimpante, citoyenne de toutes les villes et de presque toutes les campagnes, est connue de tous. La cigogne est habitante de peu de cités. Les enfants la connaissent dans les livres d'images et raillent volontiers son œil pensif et sa marche réfléchie. Et cependant la cigogne est peut-être l'oiseau qui possède le plus de vertus, non pas domestiques, mais morales. Les naturalistes la désignent sous le nom d'*échassier*, et ils ont tout dit. Saint Basile n'a pas dédaigné de louer les cigognes. A Strasbourg, elles restent ce que les oies étaient au Capitole : des gardiennes sacrées. Martyr aimait la cigogne blanche et grise qui logeait près de lui ; elle le connaissait et voisinait parfois; lui mettant sa tête à la lucarne, elle descendait du nid sur le toit jusqu'à la gouttière. Elle restait là, debout sur une patte, le bec dans les plumes de la poitrine, l'œil demi-clos, le regardant.

Lorsque Martyr quittait son grenier, il allait dans son petit atelier à lui, atelier qu'il occupait seul depuis qu'Erwin avait ouvert le concours des chefs-d'œuvre entre les deux prétendants à la main de sa fille. Tandis que la confiance d'Orso grandissait à mesure qu'approchait le terme fixé, celle de Martyr décroissait. Le pauvre sculpteur devenait inquiet et pâle ; la fièvre de la composition dissipée, l'angoisse de l'incertitude le prenait.

Qui pouvait dire si Orso ne venait pas de réaliser une grande chose?

Martyr fuyait Sabine comme si déjà le talent et la destinée l'avaient trahi à la fois. Il sentait l'avenir lui manquer, comme le patineur qui, lancé sur une rivière gelée, entend le craquement sourd de la glace et comprend que l'abîme est sous ses pieds.

Sabine restait seule calme et sereine au milieu de ces passions et de ces angoisses. L'avenir ne l'inquiétait pas. Elle attendait l'époque fixée par son père avec une joie paisible.

Elle vint enfin, cette date redoutée, espérée, elle vint.

Dès la veille, l'atelier du maître fut mis à la disposition d'Orso et de Martyr.

Erwin se trouvait, du reste, obligé de passer à la ville une partie de la journée; une commission qu'il présidait devait décerner le prix au meilleur projet de monument pour le tombeau de Conrad II, et l'architecte avait annoncé qu'à son retour il jugerait ce concours, plus sérieux pour lui, entre les deux statues d'Orso et de Martyr.

— C'est bien, maître, dit fièrement Orso.

L'atelier d'Erwin fut séparé en deux par un immense rideau de serge verte.

Derrière ce rideau devaient être placées les œuvres rivales; on l'écarterait devant Erwin et sa fille, et les lutteurs de l'art attendraient leur arrêt.

Immédiatement après le départ du maître, Orso manda les porteurs. Ils allèrent prendre dans l'atelier du jeune homme la statue de pierre qu'il venait d'animer de tout le souffle de son âme orageuse. Il n'avait pas songé un seul instant à renoncer au génie spécial dans lequel il se faisait une place à part; sa supériorité artistique consistant à représenter des êtres au-dessous ou en dehors de la nature, il rêva de créer un Satan foudroyé, lançant vers le ciel son dernier blasphème. Certes, l'œuvre qu'il entreprenait était difficile; il s'en tira avec une extrême habileté. Le corps de son Satan, modelé avec une grande puissance, indiquait une science anatomique plus avancée que ne le comportait cette époque. Si les pieds se terminaient en griffes, si la tête frappée de la foudre perdait de sa grâce, l'énergie sauvage du regard, la méprisante torsion de la lèvre, les plis du front, le hérissement des cheveux se trouvaient rendus avec une furie véritablement infernale.

Orso résumait dans ce Satan toutes les qualités qui lui étaient personnelles, et l'on ne pouvait passer devant son œuvre sans l'admirer avec une secrète horreur.

Orso lui-même frissonnait devant elle.

Quand elle fut en place, le jeune homme quitta l'atelier d'Erwin et sortit par la porte donnant sur le jardin.

Il voulait attendre que la statue de Martyr se trouvât en face de la sienne, pour la voir le premier, avant Erwin de Steinbach lui-même. Les hommes qui venaient de transporter le Satan d'Orso allèrent chercher la statue de Martyr.

Sans que les artistes se fussent entendus pour le choix de leur sujet, le caractère spécial de leur talent les avait portés à sculpter l'une une créature déchue, l'autre un ange triomphant; le même hasard voulut que leurs œuvres rapprochées formassent un groupe complet : le Satan foudroyé sur sa roche semblait terrassé par l'épée flamboyante de l'archange créé par Martyr. Les yeux célestes épouvantaient le regard du maudit. Michel l'emportait sur Lucifer. Jamais rayonnement plus fier n'avait embelli un visage; jamais geste plus imposant et plus noble ne rejeta dans la fange une créature déchue. On sentait une puissance divine dans cet ange aux ailes déployées, gonflées par un souffle de victoire.

Jamais Michel n'apparut si beau dans les visions de l'empyrée, et sans le savoir, sans en garder conscience, Martyr avait donné à l'ange quelques-uns des traits de Sabine.

Quand les porteurs eurent placé l'ange près du démon et que Martyr vit le céleste vainqueur dominant Satan, un peu de courage lui revint.

Les manœuvres qui venaient de transporter sa statue ne purent s'empêcher, en la voyant en pleine lumière, de s'écrier :

— C'est beau!

Le contraste de l'œuvre la faisait ressortir. Satan servait de repoussoir à Michel. Orso avait travaillé au triomphe de son rival.

Martyr eut une seule pensée : chercher Sabine, avoir son opinion avant de connaître celle de son père.

Le jeune homme s'élança hors de l'atelier et se mit à la recherche de la jeune fille. Il était à peine sorti qu'Orso rentrait furtivement dans l'atelier pour juger le travail de Martyr.

A la vue du saint Michel, il laissa échapper un cri de rage :

— Oh! fit-il, je tuerai Martyr! Sans cela, Sabine deviendrait sa femme. L'orgueilleux a fait un ange, et cet ange paraît terrasser mon démon! Ne chante pas si haut victoire, jeune présomptueux! Satan peut se relever de sa roche et mettre en lambeaux tes deux ailes de colombe! Il peut prendre sa revanche, et, dussent tes tonnerres l'écraser, il faudra bien qu'il l'emporte sur ce bienheureux à visage de femme! Il me reste un jour, j'ai le temps.

Orso n'en put dire davantage; il entendit des pas dans le corridor et des voix qui parlaient doucement. Il allait fuir quand la porte s'ouvrit; il eut à peine le temps de se cacher dans le coin le plus obscur de l'atelier d'Erwin.

Martyr et Sabine entrèrent.

— J'attends mon arrêt, dit Martyr; si vous me condamnez, je suis perdu.

Sabine considéra longuement les deux statues. Elle se taisait, sa poitrine palpitait, ses yeux s'humectaient de larmes heureuses.

Martyr étouffait d'impatience.

— Eh bien? demanda-t-il.

— Tu m'as conquise, dit Sabine, ne crains rien.

— Vous jugez ainsi, Sabine?

— Je juge de plus haut; il me semble qu'à cette heure je pense ce que pensera la postérité. Viens, Martyr, je puis maintenant m'appuyer sur ton bras, car je sais que c'est pour la vie.

— Ah! dit Martyr, vous m'ouvrez le ciel.

Sabine et Martyr quittèrent l'atelier. Orso abandonna sa cachette.

Il était en proie à une effrayante colère :

— Ah! s'écria-t-il, tu l'as conquise! tu as conquis Sabine! Misérable mendiant! Oh! non pas! je ne cède pas si vite ma proie; allons donc! Tout à l'heure je pensais à assassiner l'homme : folie! Sabine pleurerait ce faiseur de madones! C'est l'artiste qu'il s'agit de tuer. Morte l'œuvre, morte la rivalité entre nous. Ton Michel tombera broyé sous les griffes de mon Satan! Sabine m'appartiendra! Oh! comme l'enfer va rire! Demande donc la fille de Steinbach en mariage, quand tu lui apporteras en dot d'informes et inutiles débris! Allons, meurs, ange de lumière! tombez, ailes célestes! brise-toi, épée de flamme! roule à terre, figure déifiée! Démon, je fais œuvre de démon.

Et, ivre de fureur, Orso, la masse en main, brisa, broya, anéantit sous des coups multipliés l'œuvre splendide de Martyr; et un instant après, dans l'amas de débris gisant aux pieds de Lucifer, il eût été impossible de deviner la triomphante statue qui venait d'exciter l'admiration de Sabine.

IX

Comme si les coups qui atteignaient sa statue le frappaient au cœur, Martyr, qui venait de gagner la grande salle avec Sabine, s'arrêta brusquement en portant la main à sa poitrine.

— Qu'as-tu? demanda Sabine.

— Ce bruit? d'où vient ce bruit? que signifie ce fracas? Mais il vient de l'atelier d'Erwin, ce bruit... Oh! ma statue! ma statue!

Martyr se frappa le front et s'enfuit.

A peine fut-il sur le seuil de l'atelier du maître de Steinbach qu'il comprit l'étendue du désastre; en même temps il en devina la cause.

— Orso! dit-il.

Et, comme foudroyé, il s'affaissa près du socle de sa statue.

Le *Satan* et le *Saint Jean*.

— Frappé au cœur!... oui, au cœur! L'ange mort, le Satan reste. Ma gloire, ma vie, mon âme, tout était dans cette œuvre, et cette figure est brisée, anéantie!... Rien, plus rien! A la place de cette chose rayonnante, de cette pierre qui palpitait, le néant! Quand la gloire m'eût payé cette statue de ses éternelles louanges, quand Sabine en était le prix, Sabine qui vaut toutes les immortalités de ce misérable monde!... Que dire? que faire?... Rien! Orso niera! Qui l'a vu? Ne peut-il objecter que le sentiment de mon impuissance m'a porté à briser moi-même cette statue! Ah! je suis perdu, bien perdu! Sabine! oh! Sabine!...

— Eh bien! fit la jeune fille en accourant, d'où vient ce désespoir?

— Voyez! dit Martyr en montrant les débris informes.

— Oh! cela est infâme! s'écria Sabine.

— Infâme et mortel, murmura le jeune homme.

— Mortel, non pas. Avez-vous confiance en moi, Martyr?

— Je vous aime, Sabine.

— Jurez-vous de m'obéir?

— Comme à Dieu.

— Alors, rien n'est perdu, Martyr, car Sabine vous reste.

— Qu'espérez-vous? demanda le jeune homme.

— Ce que j'espère? Unir devant Dieu la main que je vous tends à celle que je presse à cette heure... Martyr, laissez-moi seule... j'ai besoin de prier, besoin de me recueillir... Montez dans votre humble grenier, attendez... Quand Erwin rentrera, je vous ferai prévenir.

— Je n'oserais paraître devant lui maintenant.

— Vous oserez ce que je vous commanderai; vous avez promis...

— J'obéirai, dit Martyr.

L'artiste baisa la main de Sabine et la quitta. Demeurée seule, la jeune fille resta un moment indécise.

Tout à coup, elle sourit; puis, allant rapidement à l'atelier, elle dit à Floris :

— Venez, j'ai besoin de vous.

Et elle l'entraîna.

Erwin rentra peu de temps après. Il n'était pas seul : le comte Mathias d'Hasbruck l'accompagnait. Il allait enfin connaître la réponse de Sabine à la demande en mariage qu'il avait faite l'année précédente.

— Vous aussi, monseigneur, lui dit Ervin, vous serez juge. Je laisse à ma fille toute liberté : deux sculpteurs, deux de mes élèves, se sont mis au rang des prétendants; celui qui aura fait la meilleure œuvre restera votre rival. Je n'influence en rien la décision de mon enfant... Passons à l'atelier.

Un instant après, Floris, Orso et Martyr étaient mandés; Erwin voulut même l'avis des élèves moins habiles, et tous les jeunes gens qui travaillaient chez le maître se groupèrent dans la vaste salle. Orso arriva le front haut, le sourire aux lèvres; Martyr baissait la tête comme un vaincu ou un coupable; Sabine dissimulait avec peine son inquiétude.

— Noble tournoi et lutte grandiose que celle-ci, dit Erwin : on a pour armes l'ébauchoir, le ciseau, la masse; pour prix la gloire, et plus encore peut-être. Allons, chacun, je l'espère, a fait vaillamment et honorablement son devoir, et nul ne sera humilié, pas même le vaincu.

Erwin fit un signe, et Floris tira le rideau.

Deux statues apparurent devant le maître de Steinbach, l'une représentant Satan, l'autre une figure de Jean l'Évangéliste, d'une expression pleine d'inspiration et de poésie.

En les voyant toutes deux, Orso laissa échapper un cri de surprise.

Erwin s'approcha lentement, regarda, contempla, analysa les œuvres; Floris l'imita. Le comte Mathias se mêla au groupe.

— Que signifie?... dit Martyr à Sabine.

— Cela signifie qu'il faut garder le silence si tu tiens à ne pas me perdre.

— Point de signature, dit Erwin, point de chiffre... Je juge donc d'une façon impartiale... Orso a fait une de ces statues... Martyr est l'auteur de l'autre... Qui a sculpté le saint Jean? qui a créé le Satan? Je l'ignore. Ma conscience d'artiste parle seule... Or, cette conscience ne balance même pas. Le saint Jean est deux fois plus beau que le Satan, et l'auteur du saint Jean l'emporte dans la lutte. N'est-ce pas votre avis à vous tous?

— Oui! oui! s'écrièrent Floris et les élèves.

— Qui a fait le Satan? ajouta Erwin

— Moi, dit Orso d'une voix sombre.

— Et le saint Jean?

— Martyr! s'écria Sabine.

— Mensonge! dit Orso les lèvres blêmes, mensonge! mensonge!

— Qui ose accuser ma fille de trahir la vérité? dit Erwin.

— Moi! dit Orso; moi qu'on trompe et qu'on raille, moi qui ai gagné le prix de cette lutte, car le saint Jean n'est pas de Martyr... Sa statue, mal échafaudée sur son piédestal, est tombée en débris sur le sol... Je l'ai vue broyée, anéantie... ses restes informes ne sauraient être loin. Martyr a des complices de fraude, mais Erwin ne souffrira pas qu'on l'oblige à mentir à la parole donnée.

— Martyr, demanda Erwin en touchant l'épaule du jeune homme, ce saint Jean est-il vraiment ton œuvre?

— Maître! maître! grâce et pitié! dit Martyr en tombant à genoux. Il a été commis un crime ici. On a brisé ma statue. Ne pouvant m'assassiner, un misérable a tué mon œuvre... Elle est là, broyée, morte, anéantie ; mais elle était belle et vivante. Pitié et justice ! pitié pour moi ! Justice !...

— Contre qui ? demanda Erwin.

— Contre lui ! répondit Martyr en désignant Orso.

Le maître de Steinbach promena autour de lui un regard calme.

Il comprit que Martyr ne mentait pas.

— Où sont les restes de ton œuvre, Martyr ?

— Là ! fit le jeune homme en désignant un angle de l'atelier.

Erwin prit un de ces débris, une main, une main admirable.

En se baissant pour la saisir, il ne s'aperçut pas qu'il laissait tomber un rouleau de parchemin.

Martyr le releva et le tendait à l'architecte, quand ses yeux se portèrent sur le premier feuillet :

— Mon projet de tombeau ! s'écria-t-il.

Erwin cessa de regarder la main du saint Michel pour considérer le parchemin.

— Ton projet de tombeau, à toi ?

— J'en ai le double, dit Martyr en tirant une feuille de vélin de son pourpoint.

— Ah ! ah ! ceci est de toi, et cette admirable main aussi, n'est-ce pas ? Cela me suffit... Dans la chute de ta statue, je veux voir un malheur... peut-être en cherchant mieux trouverait-on un crime... Il est des crimes de tant de sortes ! Tu as remporté à la ville le prix pour le monument de Conrad II ; cette main seule atteste plus de mérite que le Satan tout entier... Est-ce votre avis à tous ?

— Oui, maître, répondirent ensemble les témoins de cette scène.

— Maintenant, Sabine, prononce.

— Monseigneur, dit la jeune fille en s'adressant au comte d'Hasbruck, la fille du sculpteur ferait une triste grande dame ; laissez-la choisir pour mari un artiste comme son père.

Sabine tendit la main à Martyr.

— Mais enfin, dit Erwin, dans ceci tout ne me semble pas expliqué : Martyr a fait une statue, et cette statue est brisée... Ce Satan est l'œuvre d'Orso... De qui est ce saint Jean ?... Je veux le savoir. Ce saint Jean est une grande chose, et je mettrai cette statue à une place d'honneur dans ma cathédrale.

— Vrai, père ? demanda Sabine rayonnante.

Alors la jeune fille prit un outil, et d'une main ferme elle grava sur la banderole que tenait l'évangéliste :

GRATIÆ DIVINÆ PIETATIS ADESTO SABINÆ,
DE PETRA DURA
PER QUAM SUM FACTA FIGURA.

— Ma fille! s'écria Erwim, le cœur gonflé de joie; cette statue est de ma fille!

— Et voilà mon secret depuis quatre années, père. Bon sang ne pouvait mentir. Ce que je vous cachais par timidité, ma tendresse pour Martyr me l'a fait révéler. Floris s'est chargé de faire placer ici ma statue à la place de l'archange. Désormais, entre son mari et son père, Sabine n'aura plus besoin de dissimuler sa vocation ; comme lui, comme vous, elle ajoutera ses œuvres à la grande œuvre; et quand plus tard on considérera en l'admirant la cathédrale de Strasbourg, la plus grande gloire de Sabine sera d'y avoir ajouté sa pierre et d'y avoir gravé son nom [1].

---

[1] L'inscription que nous venons de citer se trouve encore sur la statue de saint Jean, placée entre les deux portes.

GIANNINO, ROI DE FRANCE

I

L'ANNEAU DE MARIAGE

Le château de Cressy, longtemps silencieux après la mort du haut et puissant seigneur Picard de Cressy, sortait enfin de son deuil et reprenait sa vie bruyante. Les fils du sire défunt, Pierre et Janocte, après avoir passé de longs mois à consoler leur mère de son veuvage et à terminer leurs études sous la direction d'un docte moine, revenaient à leurs distractions habituelles, la chasse à l'oiseau, la chasse à courre et les exercices équestres.

La dame Éliabel, enveloppée dans ses voiles de deuil et creusant chaque jour davantage l'abîme de sa douleur, s'affligea d'abord de voir ses fils reprendre leurs occupations, leurs plaisirs; mais frère Jordan, son confesseur, plaida la cause des jeunes gens, et assura qu'il leur deviendrait préjudiciable de vivre dans une complète solitude; leur santé, leur caractère en souffriraient; d'ailleurs, au retour des parties de chasse, des fêtes, ils retrouvaient leur mère avec une joie réelle, et les dissipations du dehors n'altéraient point leur tendresse.

— Je veux vous croire, répondait Éliabel, mais il n'importe! ma fille sait mieux m'aimer... On dirait parfois que Pierre et Janocte me préfèrent leur ami Guccio, et Marie n'a pas dans le cœur une seule pensée qui ne soit pour sa mère.

Quand Éliabel avait de semblables entretiens avec frère Jordan, en présence de Marie, celle-ci venait bien souvent payer d'un baiser l'affectueuse reconnaissance de sa mère, mais une vive rougeur lui montait au front, et si, au lieu de la serrer dans ses bras, la dame de Cressy l'eût regardée, elle se fût demandé pourquoi Marie devenait confuse et troublée...

L'heure des repas réunissait la famille. Éliabel paraissait alors revivre; mais si ses regards se portaient sur le haut fauteuil dans lequel s'asseyait jadis son époux, elle retombait dans sa morne tristesse.

Le caractère de ses fils s'harmonisait mal avec le sien. Pierre, hautain et dur, exagérait la fierté du sire de Cressy; Janocte, avide de plaisirs, ne savait point, comme son père, en faire la diversion d'une occupation sérieuse; tous deux semblaient avoir pris un des côtés du caractère de Picard de Cressy, sans l'atténuer par la raison et l'adoucir par l'urbanité. Janocte valait mieux que Pierre. Celui-ci, en qualité d'aîné, puis par suite de l'énergie de sa nature, imposait son vouloir à Janocte. Loin de son frère, Janocte, léger, impressionnable, se fût abandonné à des élans de sensibilité; en présence de Pierre, il se croyait obligé de montrer de l'obstination à l'égard de sa mère et du despotisme envers Marie. Dans l'opinion de ses frères, la jeune fille avait le droit d'aller à la messe, de broder des tapisseries, de composer des élixirs pour les malades; mais elle ne pouvait disposer d'elle-même, et il appartenait aux sires de Cressy de fixer sa destinée.

Un châtelain voisin, dont la jeunesse avait été batailleuse, et qui s'était mêlé à plus d'une ténébreuse affaire politique, obtint, en considération de l'estime dans laquelle le tenait Philippe, comte de Poitou, une solennelle promesse de mariage. Pierre de Cressy devait annoncer cette nouvelle à sa sœur quand elle atteindrait sa seizième année ; jusqu'à cette époque, le comte Hugues d'Apreval aurait ses entrées au château en qualité de commensal et d'ami, sans le titre officiel de fiancé.

La fortune des Cressy était médiocre; Pierre et Janocte comptaient la doubler en obtenant une charge à la cour, et le mariage de Marie avec le favori d'un frère du roi les pousserait rapidement dans la voie des honneurs.

Ils ne s'inquiétaient point de la froideur de Marie pour le comte d'Apreval : eux, les aînés de la famille, les représentants de la race, voulaient cette union, elle se conclurait.

Pendant que Pierre et Janocte préparaient son avenir, Marie poursuivait son rêve.

Elle avait un rêve, et si elle le gardait encore au fond de son âme, c'est qu'Éliabel, absorbée dans sa douleur de veuve, oubliait d'interroger le cœur de son enfant.

Le manoir de Nofl-le-Vieil, dont les tours s'élevaient fraternellement près de celles de Cressy, était alors occupé par un jeune gentilhomme siennois appelé Guccio Mino Baglioni, parent de Spinelli Tolomei. Guccio avait été chargé par son oncle de négocier avec la cour un énorme emprunt motivé par l'amour désordonné des princes pour le luxe et les fêtes. Leurs cassettes se trouvant vides, l'État obéré, le peuple commençant à se plaindre des impôts, il devint indispensable de se créer de nouvelles ressources. Les Tolomei étaient en Italie les rois de la finance, et, ce qui ajoutait à leur prestige et facilitait avec eux les transactions, ils étaient nobles comme des croisés et chrétiens comme des moines. La haine que l'on ressentait pour les juifs doublait l'influence des Tolomei. On pouvait leur demander la solde d'une armée, le prix d'une flotte, la valeur d'une province, les fonds ne leur manquaient jamais. Assez intelligents pour croire avec les Génois que le commerce n'est point une dérogation à la noblesse, ils partageaient les plaisirs des princes, dont ils remplissaient les coffres à des intérêts modérés, et les meilleurs gentilshommes de France s'honoraient de leur amitié.

De tous les membres de cette famille, Guccio était celui qui réunissait le plus de qualités indispensables pour réussir dans les négociations commencées. Tolomei l'envoya donc en France, autant dans l'intérêt de sa maison que pour procurer au jeune homme l'occasion de voir cette cour de France élégante et joyeuse, dont il entendait vanter l'urbanité, la vaillance et aussi la passion pour le plaisir sous quelque forme qu'il se présente. Guccio avait vingt ans. Il possédait cette forme sculpturale et presque parfaite des Italiens que Dieu fit beaux. La régularité de ses traits ne semblait jamais froide, tant ses yeux bleus rayonnaient, tant sa parole avait de prestige et son sourire de fine raillerie. Sa gaieté devenait irrésistible, et ses mélancolies, car il en avait quelquefois, ajoutaient encore à sa distinction. Il s'habillait avec une rare élégance, possédait une chasse princière, une meute enviée de tous ses voisins. Beau joueur, habile cavalier, sachant jouer du luth comme un ménestrel, et chantant d'une voix harmonieuse les canzone de son pays, Guccio ne tarda pas, aussitôt son installation à Nofl-le-Vieil, à se lier avec les jeunes seigneurs des environs et surtout avec Pierre et Janocte de Cressy.

La dame Éliabel lui fit un accueil glacial, non point pour l'offenser personnellement, mais parce que sa douleur la rapprochait davantage des morts que des vivants. Guccio, avec sa finesse italienne, comprit vite les mécomptes anciens et les ambitions récentes des gentilshommes de Cressy; il ressentait une sorte de dédain pour ces petitesses, et cependant il eût accompli des prodiges pour se rendre utile, indispensable aux deux frères. C'est que, tantôt à travers la fenêtre losangée de plomb, tantôt à la chapelle des ermites de Saint-Augustin, parfois même sur sa haquenée blanche, Guccio apercevait Marie, et Marie l'attirait comme la goutte de rosée attire le rayon du soleil. Il la voyait pâle, frêle, triste, entre une mère frappée mortellement et des frères prêts à la sacrifier aux intérêts de leur fortune future. Guccio, jeune, brave et d'aventureuse humeur, s'éprit de cette enfant opprimée et délaissée; il l'aima d'une telle puissance qu'elle le devina même avant l'aveu; mais quand Guccio lui fit cet aveu, Marie fondit en larmes :

— Hélas! répondit-elle, que vais-je devenir entre votre tendresse, ma seule espérance, et la volonté de Pierre, qui a promis ma main au sire d'Apreval? Ma mère me défendra mal contre mes frères.

— Ne pouvez-vous vous garder vous-même? demanda Guccio. Vos frères me répètent chaque jour que je suis leur meilleur ami; je leur parlerai franchement.

— Gardez-vous-en bien! Ils vous aiment, comme ils peuvent aimer; vous leur plaisez, voilà tout! Mais de cette affection dont la frivolité de Janocte tire profit, où l'orgueil de Pierre trouve son compte, à une tendresse fraternelle, il existe un abîme. Vous êtes étranger, Guccio; votre mission terminée, vous retournerez à Sienne. Ce qu'il faut à mes frères, c'est un protecteur puissant, acheté à n'importe quel prix.

— M'aimez-vous? demanda le jeune homme.

— Plus que ma vie, plus que mon salut.

— Non, Marie, non; votre salut m'est aussi cher que le mien; votre réputation ne doit point subir de tache. Je vous veux pour femme au pied de l'autel, enveloppée de voiles blancs, pure comme une neige de fleur printanière; ne baissez donc pas les yeux, ne tremblez pas, Marie. Affermissez, au contraire, votre cœur; mettez-le aussi haut, aussi fier que le danger est grand et prochain, et demain, à la messe de l'aube, trouvez-vous à la chapelle des frères ermites de Saint-Augustin.

— A la chapelle, Guccio, avec vous?

— Avec moi, Marie; frère Jordan, en qui vous avez toute confiance, recevra nos serments devant Dieu.

— Sans le consentement de ma mère?

— Vous le donnerait-elle, Marie ?

— Sans la présence de mes frères ?

— Vous venez de me dire qu'ils désiraient vous unir à un autre.

— C'est vrai, murmura Marie ; cependant, avant de prendre une détermination si grave, j'essayerai, je tenterai ; ce n'est pas jusqu'à demain que je vous demande, il me faut huit jours.

— Faites votre volonté avant la mienne, Marie !

Les deux jeunes gens se séparèrent ; Guccio, Pierre et Janocte allaient à la chasse ; Marie seule resta avec sa mère.

La veuve semblait ce jour-là plus que jamais absorbée dans ses souvenirs. Marie la trouva debout près d'un grand coffre, regardant plusieurs objets ayant appartenu à Picard de Cressy. Sa fille s'étant approchée, Éliabel lui dit :

— Baise ce collier d'or, ma fille ; ton père ne le quittait jamais.

— Oh ! comme vous l'aimiez ! s'écria Marie en se jetant dans les bras d'Éliabel.

— Trop ! bien trop, sans doute, puisque le Seigneur me l'a enlevé... Jamais il n'est permis de préférer la créature au Créateur, et je l'ai fait ; j'ai été châtiée, cruellement châtiée... Je ne te souhaite donc pas de mettre toute ton âme dans une tendresse terrestre... Tu chériras ton mari, tu gouverneras sagement ta maison, tu feras respecter le nom qui deviendra le tien, et tu ne connaîtras pas le désespoir qui mine mes jours et finira par les dévorer...

— Ne parlez pas ainsi, s'écria Marie, c'est un blasphème. Je veux aimer mon époux comme vous avez chéri le vôtre.

— Je ne croyais pas le sire d'Apreval capable d'inspirer de tels sentiments, dit Éliabel, et je t'aurais voulue à l'abri des peines qu'ils entraînent.

— Ma mère, fit Marie en se jetant à genoux, ce n'est pas le seigneur d'Apreval qui remplit ma pensée, ce n'est pas lui que je désire épouser...

Éliabel regarda sa fille avec plus d'étonnement que de colère.

— Ne dis jamais pareille chose devant Pierre et Janocte, mon enfant... Leur parole est donnée, elle doit s'accomplir...

— Même au prix de mon bonheur ?

— Qui compte le bonheur des femmes pour quelque chose, quand il s'agit d'ambition ?

— Même au prix de mon âme ?

— Heureuse ou brisée, une âme est à Dieu!

— Et vous ne me défendrez pas contre mes frères?

— Quand je te protégerais contre eux, te défendrais-je contre ta propre destinée?

— Vous avez raison, ma mère, répliqua Marie, n'en parlons plus... Le passé vous occupe seul; il vous obsède, il vous dévore; c'est à moi de faire mon présent.

— Que veux-tu dire? demanda la mère.

— Je suis une Cressy; ce mot doit vous suffire.

Le lendemain, Marie fit demander frère Jordan au confessionnal.

Frère Jordan, originaire d'Espagne, et appartenant à l'ordre des ermites de Saint-Augustin, habitait un couvent caché dans une vallée ombreuse, et placé entre les manoirs de Cressy et de Nofl-le-Vieil, qui dominaient deux collines jumelles.

A cette époque, frère Jordan approchait de la quarantième année. C'était un excellent homme, à l'esprit poltron, au cœur brave, facile à apitoyer, assez prompt même à l'enthousiasme, capable de dévouements sublimes dans une minute d'entraînement; mais à ces heures d'abnégation irréfléchie et de témérité charitable succédaient de larges retours de faiblesse et de crainte. Frère Jordan pouvait regretter avec amertume une belle action, quand la réflexion la lui montrait désavantageuse aux besoins de son ordre. L'existence et le caractère de frère Jordan se ressentaient perpétuellement de cette lutte et l'engageaient dans des conflits étranges, pleins de fatigues, de soucis et d'anxiétés. Orgueilleux, il s'était jeté dans l'humilité du cloître; sensuel, il acceptait les rigueurs de la pénitence; sa passion se concentrait dans son monastère. Il avait fait vœu de pauvreté, mais il mendiait sans honte des ornements somptueux et des calices d'or pour son église; il portait une robe de bure rapiécée, mais il aimait les fines nappes de toile de Flandre pour les autels. Il obéissait à son supérieur, mais il eût souhaité que le roi de France baisât les sandales du fondateur de son ordre.

Frère Jordan allait fréquemment au manoir de Cressy. Depuis la mort du seigneur Picard, la veuve doublait la somme de ses exercices de piété et de ses fondations pieuses.

Le moine s'intéressait à Marie, et voyant dans quelle sujétion la tenaient ses frères, il lui insinuait parfois qu'elle serait plus heureuse de prendre le voile. La jeune fille ressentait pour frère Jordan une confiance sans bornes ainsi que la plus vive sympathie; aussi, quand elle se trouva subitement placée entre Éliabel, ses frères et Guccio, résolut-elle de se fier au seul homme capable de la sauver.

Marie voulut mettre son secret sous l'inviolable sceau de la confession, et prosternée aux pieds de frère Jordan, dans la chapelle du monastère, elle lui demanda :

— Puis-je, sans crime, épouser le sire d'Apreval, que je hais ; recevoir

La famille de Cressy.

un sacrement de l'Église l'âme pleine de douleur et de fiel, et promettre affection et fidélité à un homme pour qui je ressens le plus profond dédain?... Ne vaut-il pas mieux prononcer d'autres vœux?

— Sans nul doute, ma fille, répondit frère Jordan ; le mariage est saint devant Dieu, et le recevoir sans être convaincu de sa dignité et de sa grandeur, ce serait le profaner.

— Je vous remercie, mon père, fit Marie : je refuserai donc d'épouser le comte d'Apreval, et je deviendrai la compagne de Guccio...

— La femme du seigneur Guccio !... Vos frères n'y consentiront jamais... J'ai cru, en vous entendant parler de votre répugnance pour ce mariage, que vous songiez à entrer dans un cloître...

— Non, mon père, je serai la femme de Guccio, et j'attends de votre main la bénédiction nuptiale... Ne me refusez pas... Si vous repoussez ma prière, un désespoir me ferait commettre une irrémédiable faute... Mais non! vous ne le voudrez pas. Dans trois jours, Guccio et moi, nous nous agenouillerons devant cet autel, vous recevrez nos serments, et j'attendrai, pour déclarer ce mariage, qu'une heure propice ait sonné... Je sais que votre esprit se révolte; je sais qu'ami de ma mère Éliabel, vous tremblez de la trahir; mais je sais aussi que, prêtre, vous voyez avant tout mon salut éternel, et que vous sacrifieriez votre existence pour empêcher une créature de commettre une faute mortelle. Pour la première fois de ma vie, j'ai une volonté, et je la manifeste; il dépend de vous qu'elle reste innocente ou qu'elle devienne coupable!

— Vous me laissez le choix d'un malheur ou d'un crime; fasse le ciel que le châtiment tombe sur moi seul!

Ce soir-là, le moine dormit mal.

Marie ne ferma pas les yeux. Pendant toute la nuit elle s'entretint de Guccio avec Amalec, sa fidèle suivante. Amalec s'était mariée à Cressy, et on lui eût ordonné de choisir entre Jacqueline, sa fille, et Marie, sa jeune maîtresse, il est presque sûr qu'elle eût préféré cette dernière.

Guccio, prévenu par Amalec, se trouva le troisième jour dans la chapelle des ermites. Les fiancés, tremblants de joie, échangèrent leurs promesses et leurs anneaux; frère Jordan rédigea leur acte de mariage, en remit une copie à chacun d'eux, les bénit et versa des larmes en les quittant.

— Dieu vous garde! répéta-t-il par deux fois, Dieu vous garde!

Alors commença pour les époux une vie de bonheur mêlée d'angoisses. Amalec garda le secret de Marie de Cressy, et protégea les rares et dangereuses entrevues de la jeune femme et de Guccio.

Cependant Pierre et Janocte regardaient parfois leur sœur avec une expression de défiance visible; la parole s'arrêtait sur leurs lèvres; ils craignaient de hasarder une question, et brûlaient d'entamer un entretien nécessaire. Éliabel ne s'apercevait ni de la langueur de Marie ni de l'agitation de ses fils, et ce fut à elle pourtant que les sires de Cressy résolurent de s'adresser.

Un jour, tous deux entrèrent dans sa chambre et trouvèrent leur mère plongée dans l'apathique et morne douleur qui lui était habituelle.

En voyant s'avancer ses fils, l'œil menaçant, le sourcil froncé, Éliabel, prise d'effroi, s'écria :

— Grand Dieu! quelle colère vous agite, et que venez-vous demander à la veuve de votre père?

— Assez de larmes sur sa tombe, s'écria Pierre. Vous veillez trop sur un cercueil, et vous oubliez trop les vivants, ma mère! Vous regardez trop dans la crypte du monastère, et vous ne veillez pas assez à votre foyer! Qu'avez-vous fait de l'honneur de notre maison?

— Vous vous oubliez étrangement, mes fils, répondit Éliabel; la lame de votre dague n'est pas plus franche que ne le fut ma fidélité à mes devoirs.

— Vous savez bien que ce n'est pas de vous que nous parlons, ma mère, mais de Marie.

— Votre sœur! ma fille!

En ce moment, Marie, attirée par le bruit, souleva les tapisseries de la portière et, pâle comme une morte, vint tomber aux genoux d'Éliabel en s'écriant :

— Pardonnez-moi! pardonnez-moi!

— Malheureuse! fit Pierre, tu avoues donc ton crime?

— Je demande pardon à ma mère d'avoir disposé de ma vie sans son consentement, reprit Marie avec une soudaine fermeté et se tournant vers ses frères; je n'ai point d'excuses à vous adresser, à vous... Si vous m'avez flétrie d'un soupçon, retirez vite cette injure... Voici ma bague de noces et l'acte de mon mariage...

Pierre leva son poignard sur Marie... Éliabel se plaça devant sa fille, prit l'anneau et le parchemin, et lut l'acte signé du frère Jordan.

— Guccio! s'écria Janocte, Guccio l'époux de l'héritière des Cressy! un marchand d'or allié à l'une des meilleures maisons de France!

— Vous le trouviez digne d'être votre ami, dit Marie; je l'ai trouvé digne de devenir votre frère.

— Je le tuerai! fit Pierre.

— Vous ne toucherez pas à un seul de ses cheveux, dit Éliabel; car, malgré vous et moi, il fait partie de la famille... C'est ma faute! vous l'avez dit, j'ai négligé de veiller sur Marie... C'est votre faute aussi, à vous, qui ne deviez pas contraindre sa volonté, et surtout rapprocher d'elle un homme tel que Guccio... Si nous devons punir la faiblesse d'un enfant et la témérité de celui qui est aujourd'hui son époux, que cela ne soit pas d'une façon trop sévère...

— Ah! vous m'aimez encore, vous! s'écria Marie.

Pierre et Janocte firent seller leurs chevaux et coururent à Nofl-le-Vieil. A l'expression de leur visage, Guccio devina tout.

— J'aime Marie et je la rendrai assez heureuse pour me faire pardonner, leur dit le jeune Siennois.

— Te pardonner, nous! jamais! s'écria Pierre. La dame de Cressy nous a défendu de te tuer, nous lui obéissons; mais elle exige que tu sois châtié, et tu le seras... Sans un jour, sans une minute de retard, tu quitteras Nofl, la France, et jamais, jamais tu ne reverras ta femme!

— Et vous dites que vous ne me tuez pas! s'écria Guccio désespéré.

— Quitte Nofl, quitte la France! répéta Janocte; sans cela rien ne te protégerait, pas même la prière d'Éliabel.

Les deux frères sortirent. Guccio, comprenant que la fureur des châtelains de Cressy ne s'apaiserait qu'avec le temps, pressé de fuir par un billet de Marie que lui remit la fidèle Amalec, alla serrer dans ses bras frère Jordan, devenu inconsolable, et sous une robe empruntée au digne moine il abandonnait le soir même le château de Nofl-le-Vieil.

En même temps, une litière emmenait dans un couvent de Paris, dont la sœur d'Éliabel était l'abbesse, la jeune femme que sa mère n'avait pas eu l'énergie de défendre contre cet emprisonnement déguisé.

II

DEUX JEUNES MÈRES

Les terreurs dont Marie avait l'âme atteinte au sujet de Guccio l'empêchèrent de se révolter ouvertement contre la violence dont elle était victime. Il fallait avant tout assurer le salut de son mari; une fois qu'elle le saurait hors de l'atteinte de ses frères, la jeune femme saurait bien défendre ses droits. Aussi se laissa-t-elle entraîner sans résistance et franchit-elle sans pâlir le seuil du couvent. L'abbesse la reçut avec une froideur glaciale, lui désigna pour appartement une vaste chambre aux murailles nues et dont un christ sculpté avec une sorte de furie douloureuse augmentait encore la tristesse. La suivante de la jeune femme occupait un cabinet voisin. Il y avait loin de cette cellule aux magnificences de Cressy. Marie n'y songea même pas. Elle se préoccupait de Guccio, et quand, vers la fin de la semaine, elle apprit qu'il ne courait plus aucun danger, elle résolut de travailler à sa propre délivrance et de réunir quelques protecteurs autour du berceau de son enfant.

Pierre et Janocte n'avaient pas manqué de défendre à Marie toute correspondance avec le dehors. Amalec ne devait jamais quitter le monastère. Marie comptait sur un seul protecteur : frère Jordan. Sans doute le moine, en présence de la douleur d'Éliabel et de la colère de ses fils, regrettait d'avoir béni un imprudent mariage ; mais, cette faute commise, il ne pouvait abandonner la jeune femme si elle réclamait son secours. D'un autre côté, quelque répugnance que ressentît l'abbesse à mettre Marie en rapport avec une personne étrangère à la communauté, elle n'osait étendre la mesure prise par les sires de Cressy à un membre influent du clergé, élevé depuis quelques jours à la charge de directeur de la reine Clémence de Hongrie, veuve de Louis X le Hutin. L'abbesse essaya de déterminer Marie à choisir une autre confesseur ; la recluse fut inébranlable, et un messager partit de Paris avec ordre de remettre un billet à frère Jordan. Fort inquiet des suites de cette affaire, désolé du sort réservé à Marie, tremblant de pitié et de terreur, le moine se rendit à la prière de la jeune femme. Il croyait la trouver en larmes, et la vit calme, digne, prête à raisonner la situation qui lui était faite.

— Mon père, dit-elle, je dois à cette heure regarder mes frères comme mes plus cruels ennemis. Mon devoir est de chercher à sortir de ce monastère, où ils m'ont jetée au mépris des plus saintes lois de la nature. J'ai un mari, Dieu me donnera un enfant ; je me dois à ces deux êtres. Mais je ne puis agir seule. On me garde ici prisonnière. Ma tentative d'évasion serait peut-être un signal de mort. Mes frères ont tout intérêt à dissimuler mon union clandestine ; ils en demanderont au pape l'annulation. Si le pape refuse de briser ce lien, Pierre et Janocte me feront veuve, afin de me marier ensuite au comte d'Apreval. Ne vous révoltez pas à cette idée dans l'honnêteté de votre conscience, ils le feraient. Et mon enfant, direz-vous ?... Mon enfant disparaîtra. Et l'aveu que ma loyauté de femme m'obligerait à faire au comte d'Apreval ?... Ils l'étoufferont sous les menaces, pensent-ils. Les ambitieux ne reculent devant aucun moyen. Pour éviter une série de malheurs et de crimes, il faut que mon mariage soit connu, prouvé, que la naissance du fils de Guccio ne soit jamais un mystère. N'ayant pas à rougir devant Dieu ou devant moi, il ne me convient pas de baisser la tête devant les hommes. Vous devez faire respecter l'indissoluble loi d'un mariage que vous avez béni; vous devez me protéger contre mes bourreaux; je supplie, et au besoin je somme l'Église de se placer entre mes frères et moi.

— Ah! mon enfant! mon enfant! s'écria le moine, dans quels embarras vous plongez un pauvre religieux!

— Je le sais, et je vous en demande pardon; mais à quoi se réduit votre rôle, cependant! A vous rendre près de l'évêque de Paris pour lui tout révéler et obtenir qu'il me prenne sous sa sauvegarde.

— Non, non, s'écria frère Jordan; l'évêque ne pourra qu'une chose: reconnaître votre mariage, et je n'ai nulle crainte à ce sujet. Ce qu'il vous faut, c'est plus que l'autorisation de quitter cette cellule. Ce que j'exige pour vous, c'est une protection efficace, contre laquelle échoueront les persécutions de vos frères; et ce qu'il vous faut, ma fille, je l'ai trouvé par l'inspiration du Seigneur.

— Ne puis-je savoir? demanda Marie.

— Attendez que j'aie réussi: mais espérez, espérez beaucoup. Vous serez sauvée, et je vous donnerai pour amie la plus puissante dame du royaume.

Frère Jordan quitta Marie et prit au grand trot la route du château du Bois.

La reine Clémence y résidait encore. Plongée dans la douleur depuis la mort du roi Louis, minée par la fièvre, rebelle aux ordonnances des mires et repoussant toute consolation, la reine, enveloppée de ses longs habits blancs, attendait avec la résignation des martyrs la naissance de l'enfant qui ne devait jamais recevoir le baiser paternel. Le rapide retour de Philippe comte de Poitou, son beau-frère, les visites fréquentes de Charles, comte de Valois, ne pouvaient la distraire de ses souffrances.

Elle ne se dissimulait point, d'ailleurs, que les affectations des frères du feu roi cachaient des ambitions rivales. Ils convoitaient l'héritage de Louis, ils méditaient de posséder sa veuve et fixaient d'avance à quel âge ils remettraient le pouvoir dans les mains de l'enfant de Clémence, en supposant qu'elle devînt mère d'un fils, et que ce fils vécût. Pauvre reine! elle pleurait sur la perte de Louis quand on lui venait prédire la mort de son enfant, cet enfant qui seul aurait pu essuyer ses larmes. Il fallut prendre une résolution et préparer à tout événement une royauté ou une régence.

Le comte de Poitou vint à Paris, prit possession du palais, dont il fit fermer toutes les portes, à l'exception d'une seule; les barons du royaume s'assemblèrent, et il fut décidé que Philippe garderait le gouvernement de l'État, en toucherait les revenus et remettrait à la reine son douaire, ultérieurement fixé à vingt mille livres de revenu sur Lorris, Beaugency, Montargis et Fontainebleau. Lors de sa quatorzième année, l'héritier de Louis X monterait sur le trône, et Philippe lui rendrait obéissance comme à son souverain seigneur.

Si la reine Clémence donnait le jour à une fille, Philippe, proclamé roi, pourvoirait à sa dot, suivant la coutume.

Ces arrangements pris entre les princes et les barons, ceux-ci reconnurent pour régent du royaume le comte du Poitou, à l'exception du duc de Bourgogne.

Philippe ne se préoccupait pas seul de la naissance de l'enfant posthume de Louis le Hutin. Mahaut, comtesse d'Artois, dont il avait épousé la fille Jeanne, convoitait pour celle-ci la couronne de France; si la reine avait un fils, cet ambitieux espoir s'écroulait. Aussi, soit quelle méditât un plan mystérieux, soit que l'état maladif de Clémence lui inspirât des craintes sérieuses, la comtesse d'Artois ne cessait de répéter aux personnes de son entourage:

« L'enfant de la reine ne vivra pas. »

Plus d'une fois la jeune veuve entendit ces prédictions sinistres, et pour la soutenir, la fortifier, la consoler, elle ne trouvait pas une amie. Charles de Valois l'aimait à la vérité plus que ses frères, mais il était réduit à une sorte d'impuissance par la volonté de Philippe et les intrigues de la comtesse d'Artois. Ce fut le prince Charles lui-même qui, se trouvant sans influence sur l'esprit de Clémence de Hongrie, lui adressa frère Jordan, dont l'onction pénétrante aurait, croyait-il, le pouvoir de calmer sa douleur. Jamais l'humble frère des ermites ne s'était trouvé en face d'une telle dame; cette reine sans royaume, cette femme sans époux, cette mère qui tremblait à l'avance pour la vie de son enfant, lui inspirèrent un dévouement absolu mêlé de respect, de pitié, d'enthousiasme. Frère Jordan pria beaucoup avec la veuve, réveilla dans son âme d'ardents sentiments de piété, et bientôt soutenue par la parole de ce prêtre qui lui prédisait la paix et lui commandait l'espérance, la jeune femme se sentit presque consolée. Mais frère Jordan n'était pas toujours là; les jours et les soirs paraissaient longs à la malade; elle eût souhaité garder à toute heure près d'elle une confidente, presque une sœur mais; à qui pouvait-elle se fier? à qui pouvait-elle ouvrir son cœur sans crainte de voir trahir sa confiance?

Quand frère Jordan promit à Marie de Cressy la protection d'une haute et puissante dame, il songeait à cette jeune reine enveloppée de ses blancs voiles de deuil. Aussi, quand il entra au château du Bois et se trouva en face de Clémence, avait-il sur le visage une expression presque joyeuse.

Il commença l'entretien par raconter à la reine l'histoire de la femme de Guccio. Il la représenta isolée entre une mère indifférente et des frères ambitieux ; il avoua son imprudent mariage, puis termina en peignant sous les couleurs les plus vives les terreurs de Marie au sujet de son enfant.

— Pauvre créature ! s'écria la reine. Elle aussi voit des ennemis autour d'un berceau vide encore.

Jordan offrit alors à la reine de placer près d'elle la femme de Guccio. Il faudrait une nourrice pour le nouveau-né, la dame de Cressy trouverait à la fois honneur et sauvegarde à être choisie pour élever le royal enfant.

— O mon père ! s'écria Clémence, vous avez le génie de la charité ; je protégerai cette infortunée, elle me consolera en partageant mes regrets. Courez au couvent de Marie, amenez-la-moi ; on connaît toujours trop tard ses amis.

— Dans l'intérêt de votre protégée, il est indispensable d'attendre, reprit frère Jordan. Nul ne doit soupçonner à cette heure que la dame de Cressy a trouvé un asile et une amie. La mander près de vous en ce moment éloignerait le but que nous nous proposons d'atteindre.

— Je vous laisse le maître de régler tout ceci, dit la reine, et vous prie seulement de répéter à la pauvre femme que Dieu lui garde encore de meilleurs jours.

Frère Jordan reporta au monastère ces paroles d'espérance, sans les appuyer d'aucune confidence ; mais la parole du moine avait l'autorité d'une page d'Évangile pour Marie, et, à partir de ce jour, sa résignation fut éclairée de quelques rayons de joie.

La saison devenait froide, le palais du Bois perdait les dernières feuilles de sa couronne de verdure, Clémence ne pouvait habiter plus longtemps le morne château de Vincennes ; elle revint au Louvre et s'y tint enfermée, voyant à peine la jeune régente et sa mère, la comtesse d'Artois. Clémence n'éprouvait contre Jeanne aucun sentiment de haine ou de jalousie ; elle était presque tentée de l'aimer, et Jeanne, cédant à l'attraction de la beauté angélique de la veuve et de son inaltérable douceur, l'eût peut-être franchement serrée dans ses bras, si la comtesse Mahaut ne s'était sans trêve placée entre les deux jeunes femmes. L'ambitieuse et vindicative pairesse du royaume haïssait dans la veuve la mère du roi futur, et pour que rien n'entravât plus tard ses projets et ses menées, elle ne voulait pas que l'amitié de Jeanne pour Clémence lui devînt un obstacle.

Pour éviter toute fraude, et jusqu'au soupçon d'une substitution avantageuse à la veuve de Louis le Hutin, on choisit parmi les femmes des plus hauts seigneurs de la cour celles qui devaient veiller sur la mère et l'enfant qui allait naître. Mais, si dans chacune de ces dames d'honneur Clémence trouvait une humble sujette, elle cherchait vainement une âme sympathique et dévouée, et attendait Marie de Cressy afin d'avoir quelqu'un à aimer.

Pendant une nuit de cruelles angoisses, le dix-septième jour des calendes

La naissance de Jean le Posthume.

de décembre, à l'heure où les cloches sonnaient le premier office du dimanche, la reine mit au monde un fils. Elle voulut retrouver dans ses traits indécis le visage de Louis; elle chercha à remplir son cœur de cette nouvelle tendresse, et le montrant avec orgueil à frère Jordan:

— S'il vit, je vivrai, dit-elle.

Pendant ce temps, la comtesse d'Artois enveloppait de langes l'enfant royal et disait à la régente, assez haut pour que Clémence l'entendit:

— Cette mièvre créature n'a que le souffle.

Le moine s'avança vers Mahaut:

10

— Que Dieu vous pardonne ces paroles, madame, lui dit-il ; la reine vient de s'évanouir en les écoutant ; un mot de plus, et vous la tueriez...

Mahaut regarda fixement le prêtre, mais elle ne soutint pas l'interrogation muette qu'elle trouva dans ses yeux, et rejoignit sa fille auprès du lit de la reine.

Les dames de la cour s'inquiétaient vivement du choix de la nourrice du petit prince. Aucune disposition n'avait été prise à cet égard ; elles s'en étonnaient, et chacune d'elles désignait une amie, une parente, et l'appuyait de son crédit.

Enfin la comtesse Mahaut elle-même, s'adressant à Clémence de Hongrie, la pressa de fixer son choix.

— Il est fait, madame, répondit la reine. Je prie les barons de Nanteuil et de Croisex de se rendre au couvent des Filles-Dieu et de demander à l'abbesse la dame Marie de Cressy. C'est elle que j'ai désignée pour la nourrice de Jean de France, et je souhaite qu'à l'instant même elle me soit amenée.

Mahaut devina dans l'esprit de la reine un sentiment de défiance, mais elle n'osa rien objecter.

III

L'ÉPINGLE DE LA COMTESSE MAHAUT

Quand les sires de Nanteuil et de Croysex frappèrent à la porte du couvent, une vieille sœur tourière ouvrit à demi un guichet treillagé de fer et, d'un air à la fois inquiet et dur, leur demanda ce qu'ils voulaient.

— Voir dame Marie de Cressy, répondit le baron de Nanteuil.

— Cette sainte maison renferme des filles du Seigneur, et non point des femmes mondaines, répliqua la tourière.

— Écoutez, ajouta Croysex, nous n'avons pas le temps de discuter avec vous ; prévenez madame l'abbesse que deux barons du royaume se présentent ici de la part de madame la Reine.

Le guichet se referma vivement, les gonds de la porte grincèrent, et les gentilshommes furent introduits dans le parloir, où, quelques moments après, l'abbesse entrait à son tour d'un air hautain.

— Je ne puis croire, leur dit-elle, que la pieuse reine Clémence ordonne à ses chevaliers de forcer les portes d'un cloître; mais je lui témoigne mon profond respect en condescendant à vous recevoir malgré les statuts de notre ordre.

— Madame, dit vivement Nanteuil, nous n'avons nulle intention mauvaise à votre endroit; en aidant à l'accomplissement d'un nouveau bienfait de la reine, nous croyons, au contraire, remplir votre cœur d'une joie chrétienne. Sa Majesté vient de donner naissance à un fils qui sera notre roi; elle appelle pour le nourrir dame Marie de Cressy, mère elle-même d'un enfant depuis quelques jours...

Le visage de l'abbesse se couvrit de pâleur, et ce fut d'une voix assourdie par une intime colère qu'elle répondit:

— Je pourrais vous demander raison de l'outrage que vous adressez à ce monastère, messeigneurs! Le prenez-vous pour un asile de pécheresses, que vous y venez réclamer des Madeleines?...

— Vous parlez de la bonne renommée de votre nièce, reprit le baron de Croysex; y portons-nous atteinte? Si nous l'appelons encore dame de Cressy, c'est pour nous faire mieux comprendre; nul n'ignore qu'elle est devenue la femme du seigneur Guccio...

— Et n'est-ce point un déshonneur pour la famille? demanda impétueusement l'abbesse; une pareille union ne souille-t-elle pas sa race? Oui, cette malheureuse est venue ici pleurer sa désobéissance; elle y ensevelira sa vie, elle y cachera son enfant; à force de repentir, elle méritera l'indulgence du ciel et le pardon de ses frères.

— Ses frères, madame, ce sont eux qui l'ont amenée dans ce cloître. Si, comme vous le dites, la dame de Cressy avait volontairement enseveli sa douleur, ses larmes et sa maternité dans cet asile, loin de nous la pensée de la troubler; mais une prison, une tombe s'est fermée sur elle; nous voulons les clefs de la prison, et nous lèverons la pierre de la tombe...

— Je cède à la violence, fit l'abbesse, car vous causeriez un inutile scandale; suivez-moi donc, et si cette malheureuse consent à vous suivre, qu'elle aille ailleurs étaler sa honte! J'aurais espéré davantage des barons de Nanteuil et de Croysex!

— Eh! madame, s'écria Nanteuil, aucune loi salique n'exclut les femmes du droit au bonheur!

L'abbesse n'ajouta pas un mot; froide et rigide, elle passa devant les gentilshommes, ouvrit une petite porte, et d'un pas automatique monta plusieurs escaliers aboutissant à un couloir sur lequel s'ouvrit la cellule de la recluse.

Au bruit qu'elle entendait dans le corridor, Marie dressa la tête ; elle distingua une marche pesante, des bruissements d'armures, des voix d'hommes ; elle crut que ses frères venaient pour lui ravir son enfant. D'un mouvement plein de tendresse passionnée, elle le serra dans ses bras, se recula dans un angle de la chambre et attendit anxieuse, tandis qu'Amalec, à genoux, le pressait contre elle en pleurant.

Une chandelle de cire éclairait mal la cellule. La porte s'ouvrit, Marie distingua vaguement l'acier des cuirasses, la sombre figure de l'abbesse, et d'une voix entrecoupée de sanglots elle s'écria :

— Laissez-moi mon enfant ! laissez-moi mon enfant !

— Oserez-vous soutenir que cette jeune femme reste volontairement ici ? demanda Nanteuil à l'abbesse.

Ces paroles, le son de cette voix rassurèrent Marie, et avec un accent craintif encore, mais plein de douceur, elle ajouta :

— Vous n'êtes pas des persécuteurs de Guccio ? vous n'êtes pas des ennemis de sa femme ?

— Nous sommes, madame, répondit Croysex, les envoyés de la reine Clémence, et nous venons vous chercher de sa part pour vous conduire au Louvre...

— Pardonnez-moi ! pardonnez-moi, messire ! reprit la recluse d'une voix tremblante ; on m'a si cuellement atteinte dans mes affections, que je me défie même du bien... Au Louvre, moi ! la pauvre prisonnière mandée par la reine ! La liberté pour moi, le salut de mon enfant ! Cela est si beau, après de telles tortures, que mon esprit refuse d'y croire, si mon cœur a besoin de l'espérer...

— Ne vous souvenez-vous plus de la promesse de frère Jordan, madame, et sa signature au bas de cet écrit suffira-t-elle pour vous rassurer ?

Marie porta la lettre du moine aux lèvres de son enfant.

— Sauvé ! lui dit-elle, te voilà sauvé ! Je vous suis, messeigneurs... Hélas ! dans ma misère, je n'ai point à faire de préparatifs ; mon fils dans mes bras, je possède tous mes trésors... Viens, Amalec ! Adieu, madame ma tante ; j'ai tant de joie et de reconnaissance au fond de mon âme que je ne saurais garder rancune de vos duretés !

Marie Guccio s'entoura la tête d'un long voile qui servit en même temps à garantir l'enfant du froid ; puis, appuyée sur le bras de Nanteuil et suivie

'Amalec, elle descendit les escaliers, franchit la porte claustrale et respira avec avidité l'air froid du soir, l'air de la liberté.

Quand elle arriva au Louvre, il y régnait un grand mouvement. Depuis naissance du Dauphin, les seigneurs se ralliaient un peu du côté de Clémence, ou du moins ne cessaient de l'assurer de leur dévouement. La eine, assise dans un grand fauteuil et tenant sur ses genoux l'enfant royal,

Les deux mères.

couvait d'un regard plein de tendresses passionnées et craintives. Dans foule des dames qui l'entouraient, elle apercevait la sombre figure de la mtesse Mahaut et ne pouvait s'empêcher de frémir sous son regard, tant le y sentait de haine. Tout entière à l'immense joie de tenir sur son sein vivante image de Louis, elle n'avait point consenti jusqu'à ce moment ce qu'une femme, pas même la régente Jeanne, prit un seul moment le ince Jean dans ses bras. Affaiblie par la souffrance, Clémence échangeait rares paroles avec frère Jordan. Tout à coup la porte s'ouvrit, et l'on t s'avancer entre les barons de Croysex et de Nanteuil Marie Guccio vêtue d'une simple robe d'étoffe noire, et dont le visage pâle s'encadrait comme celui de son enfant sous un voile semblable. Ce groupe était si touchant et si beau qu'un murmure s'éleva dans la foule remplissant la chambre de la reine; Marie s'approcha de Clémence et plia les genoux. En ce moment les fronts des deux enfants se touchèrent, et par une sympathie spontanée, ardente, les deux mères en se regardant sentirent leurs yeux se remplir de larmes...

— Ah! madame! madame! s'écria Marie Guccio, vous êtes bonne comme un ange!

— J'ai besoin d'être aimée! dit la reine.

— J'ai besoin que l'on protége mon fils! répondit Marie.

— Ils sont beaux, innocents et malheureux tous deux, ajouta Clémence. Dieu veuille qu'ils se chérissent un jour comme deux frères; il me semble trouver en vous une sœur...

Et la reine, quoique faible jusqu'à la défaillance, prit un instant l'enfant de Guccio sur ses genoux. Quelques minutes après, Clémence témoignait le désir de rester seule avec la nourrice du prince Jean, frère Jordan et Amalec. Les dames d'honneur se retirèrent vivement froissées par la faveur dont Marie Guccio venait de recevoir les preuves, et Mahaut, qui s'éloignait au bras de sa fille Jeanne, répéta d'une voix aigre :

— Nous porterons le deuil du roi Jean avant d'avoir fini de porter le deuil du roi Louis.

— Tu entends, tu entends, Marie Guccio, s'écria la reine Clémence en cachant son visage dans ses mains, ils défendent à mon enfant de vivre; ils appellent, au fond de leur cœur, la mort sur son berceau... Jure, jure par tes chagrins, par ton ardente tendresse pour ton fils, de protéger, de défendre, même au péril de tes jours, l'enfant de ton roi mort et de ta reine désespérée... Jure-le, Marie Guccio, sur ton éternel salut et sur ton unique amour en ce monde...

— Madame, dit Marie, en reconnaissance de vos bienfaits, devant Dieu qui me voit, aux pieds de son ministre, je fais le serment de me dévouer à votre fils aux dépens de mon propre bonheur.

Clémence serra les mains de Marie.

— Comment s'appelle ton fils? demanda-t-elle.

— Giannino, madame.

— Tant mieux! ce sera un lien de plus entre eux que ces noms semblables. Rappelle-toi, Marie, qu'il faut te défier ici de tout le monde et voir un piége en toute chose... Je suis de trop à cette cour de France... Cet enfant renverse d'ambitieuses espérances... Jeanne, sur le point de devenir mère à son tour, songe que ce petit être vole la couronne sur laquelle s'étend la main de Philippe... Ne laisse jamais la comtesse Mahaut seule auprès de Jean de France... Ne permets jamais qu'une autre que toi le tienne dans ses bras... Quelle cour que la nôtre, Marie! et quels mystères s'y cachent, depuis ceux que les filles de Bourgogne ensevelissaient dans les tours de Nesle, jusqu'aux ténébreux complots de la princesse d'Artois! Ta chambre communique à la mienne, une draperie seule l'en sépare; Amalec élèvera ton enfant près de toi, près de nous : ce n'est pas moi qui t'enlèverai la joie de voir grandir Giannino...

Une heure plus tard, deux enfants reposaient dans la chambre de Marie Guccio; le berceau de l'un portait une couronne royale d'où retombaient les rideaux fleurdelisés; le petit lit de l'autre, drapé de noir, n'avait aucun ornement. Assise entre les deux berceaux, Marie Guccio veillait; de temps en temps, d'un pas assourdi, elle allait jusqu'au seuil de la chambre de Clémence de Hongrie, et, la voyant sommeiller paisiblement, elle bénissait Dieu du fond du cœur.

Plusieurs jours se passèrent dans une tranquillité dont la veuve de Louis X avait grand besoin. Charmée de la douceur et de la grâce de Marie, elle s'attachait profondément à cette jeune femme brisée si vite dans les luttes de la vie. Avec elle Clémence pensait tout haut; près d'elle elle pouvait pleurer. L'écho des ambitions de la cour, des prédictions sinistres, n'arrivait plus jusqu'à la chambre de Clémence. Sans leur donner l'ordre de s'éloigner, elle écartait ses dames d'honneur par sa froideur et surtout par la préférence accordée à la fille d'Éliabel. Clémence respirait à son aise et commençait à espérer quelque chose de l'avenir. Quand elle perdit son époux, elle supplia Dieu de l'appeler dans la même tombe; depuis la naissance de Jean, elle aspirait à la vie. C'est elle qui demandait maintenant les conseils des mires, et prenait en souriant les breuvages qu'elle repoussait quelques mois avant. Mais si Clémence, en faisant le vide autour d'elle, en concentrant sa vie dans son enfant, recouvrait le calme et presque la santé, ses ennemis, c'est-à-dire tous les ambitieux, ne cessaient point d'agir, soit ouvertement, soit au moyen de sourdes menées. La comtesse d'Artois parlait plus que jamais de l'état maladif du petit prince. Si bien que le peuple de Paris, qui s'était réjoui de voir naître un successeur de Louis le Hutin, s'affligeait à l'avance en entendant répéter qu'il n'était pas né viable. Les sympathies générales étaient pour la reine Clémence. Philippe ne possédait aucune des qualités qui rendent un roi populaire. On s'effrayait assez de vivre sous sa régence pendant quatorze années, pour souhaiter de ne point le voir devenir maître absolu. Plus que lui encore on détestait l'orgueilleuse comtesse d'Artois, dont l'influence était grande sur son gendre. Si le fils de Clémence mourait, on pouvait s'attendre à voir bien des misères s'abattre sur le peuple, pressurer le plat pays et ruiner à jamais la campagne. Dans son incertitude au sujet de la santé de l'enfant royal, le peuple se pressait journellement aux portes du Louvre, s'inquiétant de la reine et du prince Jean. Parfois de longues acclamations, mêlées de souhaits de bonheur, montaient en rumeurs confuses jusqu'à la chambre où se tenait la reine. Elle y trouvait un heureux présage et appelait Marie pour qu'elle les entendît à son tour. Les nouvelles rassurantes que l'on transmettait au peuple ne le satisfaisaient qu'à moitié. Il souhaitait juger par lui-même de la force vitale de son petit roi. Comme il n'était point possible de faire défiler dans les appartements royaux tous ceux qui s'intéressaient à la vie de Jean Ier, il fut décidé par le régent qu'on le montrerait au peuple d'un balcon du Louvre lors de la cérémonie de son baptême, qui devait être célébré douze jours après sa naissance. Il y eut à cette occasion de grandes réjouissances dans la capitale; les seigneurs rivalisèrent de luxe, les dames de parure; l'allégresse était véritablement générale, du moins dans la population parisienne. On n'avait pu refuser à la comtesse d'Artois l'honneur de tenir le roi sur les fonts du baptême; elle affecta pour son royal filleul une tendresse dont rougissait la régente et dont la reine Clémence s'effrayait. Celle-ci, encore languissante, n'avait pu quitter son appartement. Assise près de Marie Guccio, dont l'enfant sommeillait dans son berceau, elle attendait, avec une impatience allant jusqu'aux larmes, le retour du cortége qui devait lui rendre son fils. Il lui semblait que cette cérémonie ne finirait jamais. Quand elle entendit le bruit de la foule et ses acclamations, elle pressa la main de sa compagne.

— Une heure de plus, et je mourais d'angoisse! dit-elle.

Enfin les princes, la régente, la comtesse Mahaut apportent à la reine le fils qu'elle attend. La joie de Clémence est si grande qu'elle oublie la famille qui l'entoure, la cour qui la regarde. Son fils est pâle, il souffre; le poids de la couronne dont on a entouré son front lui fait mal peut-être... Clémence débarrasse Jean de ses langes, de ses hochets royaux, et le met sur les genoux de sa nourrice; puis elle rentre dans la salle et rejoint Philippe, Charles et Louis, ses beaux-frères. Cependant la foule qui a suivi la cour ne se tient pas pour satisfaite. On lui a promis qu'elle verrait le fils de Louis X; elle l'appelle, le demande, l'exige. L'amour du peuple pour le fragile héritier de ses maîtres devient tyrannique. Des

L'épingle de la comtesse de Mahaut.

cris timides d'abord, impérieux ensuite, s'élèvent à plusieurs reprises.
— Le roi! le roi! Jean Ier, Jean de France!
— Il faut satisfaire à ce vœu légitime, madame, dit la comtesse Mahaut

d'une voix douce; permettez-moi de le prendre dans mes bras et de le montrer à ce peuple dont un jour il fera le bonheur.

— Cela devient indispensable, ajoute le régent. Qui sait si un revirement contraire au prince, à vous, à l'État, ne se ferait point dans l'esprit du peuple, à qui vous refuseriez une faveur si juste?

Clémence hésitait sans se rendre compte de son hésitation.

— Il le faut, répéta la comtesse d'Artois, d'une voix plus accentuée; vous ne serez donc jamais qu'une femme et jamais une reine!...

— Hélas! je suis une veuve et une mère... répliqua Clémence.

En ce moment s'approchèrent les sires de Nanteuil et de Croysex. Clémence les interrogea du regard.

— Jean de France! Le roi! Nous voulons voir le roi, répétait la foule.

— Madame, dit avec respect le baron de Nanteuil, nous permettez-vous d'agir?

— Faites, messires, dit la reine.

Les deux gentilshommes s'élancèrent dans la chambre de Marie Guccio, prirent un enfant dans leurs bras, et l'enveloppèrent des langes à fleurs de lis.

— Messires..., cria Marie.

— Dieu sauve la maison de France, madame!... fit Croysex, en plaçant la couronne sur le front de la frêle créature.

Avec une rapidité justifiée sans doute par l'impatience populaire, les barons remirent l'enfant dans les bras de la comtesse Mahaut, qui gagna la grande salle. Son balcon plus vaste convenait mieux pour la solennité de la présentation du petit prince aux Parisiens.

Tandis que la comtesse d'Artois traversait la pièce immense, dont les pages ouvraient les fenêtres, Mahaut tira de ses cheveux une épingle d'or.

— Quelque chose s'est dérangé dans votre parure? lui demanda Jeanne.

— Rien! répondit la comtesse.

En ce moment, un douloureux cri d'enfant se fit entendre.

— Le prince s'est piqué, dit la régente en se penchant vers le prince.

— Silence! répliqua Mahaut, je viens de te faire reine de France [1].

---

[1] « Quelques-uns ont dit qu'on l'avait fait mourir en lui enfonçant une aiguille dans la tête pour qu'on ne s'aperçût pas de sa mort. » (Brianville, *Abrégé méthodique de l'Histoire de France.*)

« ... Hæc arbitrata se manibus regem tenere, id effecit ut sequenti die moratur; sunt qui dicunt violenter strinxisse tempora, alii acutissimo acu transfixisse... » (Chiffet, *Ex lumine.*)

« ... La sera del giorno inteso in cui il bambino si mori. O perche quella signora glia forosse con un ago. » (Gigli, *Diario Sanese.*)

La comtesse d'Artois s'avança sur le balcon, tenant dans ses bras tendus l'héritier de Louis X le Hutin.

La foule pressée sur les quais applaudit avec ivresse et frénésie ; Philippe et Charles prodiguèrent les largesses. Les cris de *Noël! Vivat rex! Los à Jean I*^{er}*! Longue vie à l'Enfant de France!* se prolongèrent avec un indescriptible enthousiasme... L'enfant pleurait toujours. Il faisait froid, on ne pouvait davantage laisser exposée à l'air de décembre la frêle créature ; une dernière fois on la montra au peuple, puis les fenêtres se refermèrent, et les barons de Croysex et de Nanteuil se hâtèrent de porter le prince dans la chambre de la nourrice.

Marie Guccio bondit au-devant d'eux, dévorant le nourrisson du regard ; puis, fondant en larmes, elle le couvrit de caresses et le cacha dans ses bras comme si elle craignait qu'on ravît de nouveau ce cher dépôt à sa garde.

IV

LES DROITS DU PÈRE

Une tranquillité morne régnait au manoir de Cressy. A de rares intervalles résonnaient les hallalis de la chasse. Pierre et Janocte faisaient à Paris de fréquents voyages, et, chose singulière, si l'on se souvient de la hauteur dédaigneuse avec laquelle Jacques de Nanteuil et Arthur de Croysex s'étaient exprimés sur le compte des deux frères, ceux-ci n'avaient point à la cour de plus zélés protecteurs. Leur influence pesait-elle sur les sires de Cressy? Les fils d'Éliabel tenaient-ils à leur situation plus qu'à leur haine? Toujours est-il que leur réconciliation avec Marie paraissait franche, et que la jeune femme commandait en souveraine maîtresse au manoir paternel, où elle était revenue. Elle n'était plus l'ardente jeune fille de seize ans, imprévoyante dans sa tendresse pour Guccio ; elle n'était plus la jeune femme confiante que nous avons vue assise près de la reine Clémence ; la jeunesse même semblait s'être envolée de ce front de vingt ans, et dans ses yeux bleus se lisait un tel désenchantement de toute chose que ses plus fidèles amis perdaient l'espoir de la consoler. Pensait-elle encore à Guccio? Plus que jamais. L'aimait-elle comme aux premiers jours? Oui, si la tendresse prend sa source dans la douleur qui la fortifie et la fait sainte. Marie ne désespérait même pas de revoir son époux; à des intervalles éloignés, mais réguliers, il lui écrivait et parlait de revenir en France; cette fois il userait de ses droits et l'emmènerait avec lui en Italie. Alors, entre sa femme adorée et Giannino son fils... Mais quand Marie lisait ces promesses de Guccio, loin de s'éveiller à l'espoir et de rêver dans l'avenir une félicité vainement poursuivie, elle s'arrêtait pensive, les yeux fixés sur la phrase où Guccio parlait de son enfant... Combien il l'aimait avant de le connaître, ce fils dont Marie lui avait si longuement parlé dans ses missives datées du Louvre, alors qu'enivrée des joies de la maternité, elle voulait les faire partager à Guccio!... Maintenant serait-elle jalouse de son enfant? Craint-elle que son mari lui préfère Giannino? Ces deux amours créent-ils une rivalité dont son cœur s'alarme? On serait tenté de le croire... Souvent la dame de Cressy regarde le bel enfant qui joue à ses pieds avec une sorte d'amertume. Quand elle le serre dans ses bras, c'est avec désespoir; elle laisse sur son front moins de baisers que de larmes. Mais, en opposition avec l'indifférence inexplicable qu'elle semble parfois ressentir pour lui, de quels soins elle l'entoure! avec quelle sollicitude elle veille sur sa santé! combien de nuits passées près de son berceau!

Pierre et Janocte, s'ils ont fait leur paix avec Marie, ne témoignent pas une hypocrite tendresse à Giannino; ils le supportent, voilà tout. Cette preuve vivante de la mésalliance de leur sœur amène sur leur front, dans leurs yeux et dans leurs paroles des signes de colère. Ils n'osent manifester tout leur mauvais vouloir à l'égard de Giannino, dans la crainte de s'aliéner la bienveillance de Jacques de Nanteuil et d'Arthur de Croysex. En effet, ces gentilshommes éprouvent pour l'enfant une affection ardente, comme un culte. Chaque fois qu'ils font une visite à Cressy, ils apportent à Giannino des jouets merveilleux, des armures à sa taille. Un jour ils lui amenèrent un cheval à peine de la hauteur d'un bélier, venu à grands frais de l'Angleterre. Giannino n'exprimait jamais un vœu sans le voir exaucé par ceux qu'il nommait ses grands amis.

— Nous donnerez-vous toujours ce titre? demanda un jour Nanteuil à l'enfant.

— Je serai fier que vous me le permettiez, répondit Giannino.

Les deux barons se regardèrent en échangeant un sourire rempli de complicité mystérieuse.

Pierre et Janocte s'expliquaient mal les assiduités de Nanteuil et de Croysex. Pendant quelques mois ils s'imaginèrent que l'un d'eux était

L'enfance de Giannino.

pris de leur sœur et comptait demander sa main après avoir fait rompre son mariage. Mais rien dans la façon d'agir des deux barons ne vint justifier ce soupçon. Ils arrivaient ensemble au château; ils en sortaient ensemble.

Jamais aucun d'eux ne demanda un entretien particulier à la dame de Cressy. Ils la traitaient avec un égal respect, et leur dévouement paraissait avoir son fils pour objet plutôt qu'elle-même. Les deux frères questionnèrent vainement Marie; elle se borna à leur répondre:

— La reine Clémence m'aimait, ils m'aiment par dévouement pour elle.

Chose étrange! Marie, qui devait beaucoup à la veuve de Louis le Hutin, prononçait son nom avec peine. Jamais depuis son retour à Cressy elle n'avait songé à l'aller voir au Louvre. Craignait-elle de réveiller dans l'âme de Clémence une douleur mal endormie? Évitait-elle de montrer à le mère la nourrice de l'enfant royal, parce que cet enfant était mort?... Le soir même du jour où la comtesse Mahaut le montra aux Parisiens, le fils posthume de Louis le Hutin avait rendu le dernier soupir dans les bras de Marie de Cressy, sous les yeux de la reine Clémence... Ah! sans doute Marie chérissait profondément la veuve de Louis, car il eût été impossible de dire laquelle de ces deux femmes répandit les larmes les plus amères. Bien des seigneurs affirmèrent même que le désespoir de la dame de Cressy dépassa celui de Clémence. Mais tandis que la reine cherchait Marie pour pleurer avec elle, Marie fuyait la reine pour s'ensevelir seule dans une farouche douleur. Quand Amalec lui présentait Giannino, elle tressaillait, détournait la vue, et comme s'il lui rappelait le nourrisson dont le Seigneur venait de faire un ange, elle le repoussait, obéissant à un instinct plus fort que sa raison. Elle assista malgré son état de faiblesse aux funérailles royales que l'on fit à Jean Ier; et si jamais, après avoir quitté la cour de France, Marie ne visita sa royale amie, elle alla souvent à l'abbaye de Saint-Denis se prosterner devant la tombe de Louis le Hutin. Les frères du roi défunt, Philippe et Charles, commandèrent une statue de Jean Ier, que l'on coucha aux pieds de celle de son père; elle était de marbre blanc, d'un travail fin et délicat, et pour ne pas charger ce jeune front d'un poids inutile et dérisoire, une simple bandelette retenait ses cheveux [1]. Au retour de ces pèlerinages, Marie rentrait à Cressy plus abattue, et rarement Amalec lui amenait ce soir-là Giannino...

Clémence de Hongrie accusa dans le fond de son cœur la femme de Guccio d'ingratitude, et de son côté Marie ne parla jamais sans amertume de son séjour à la cour de France. Quand elle entendait Pierre ambitionner la faveur de Philippe, devenu roi après la mort de Jean, elle secouait la tête:

---

[1] *Histoire de l'abbaye de Saint-Denis,* par dom Félibien.

— Vous saurez plus tard, disait-elle, que l'affection des souverains est fatale. Malheur à qui les aime! malheur même à qui en est aimé!...

Quelques années se passèrent. Giannino était un enfant beau, robuste pour son âge, habile à tous les exercice du corps, aimant avec passion les divertissements favoris du gentilhomme. Il élevait des faucons et des gerfauts, montait comme un écuyer son petit cheval à longue crinière, maniait dextrement un arc proportionné à sa taille ; en même temps, il écoutait docilement les leçons de frère Jordan, et promettait de devenir un clerc habile. Son caractère franc et gai n'était pas exempt d'obstination ; sa voix commandait, son geste avait une sorte de fierté enfantine. Toute femme, même une reine, pouvait être fière d'un tel enfant. Jacques de Nanteuil et son ami le remarquaient avec une joie sincère, et chaque fois qu'ils découvraient en Giannino une qualité nouvelle, ils en paraissaient reconnaissants à Marie de Cressy.

La bienveillance des barons de Croysex et de Nanteuil, soutenue par les prières de Marie, venait d'obtenir du roi Philippe une mission pour Pierre et Janocte de Cressy ; le roi les chargeait d'inspecter quelques bonnes villes dont l'attachement à Sa Majesté paraissait un peu douteux. Cette première faveur pouvait mettre les talents des deux frères en relief, et si leur tendresse pour Marie ne s'augmentait point en raison des jouissances de leur orgueil, ils lui témoignaient du moins une déférence inusitée et affectaient de la consulter sur les meilleurs moyens à employer pour réunir une grosse somme d'argent sans trop pressurer leurs vassaux. Certes, le problème était difficile à résoudre ; les pauvres gens de Cressy, ruinés par les précédentes guerres, ne gardaient pas un denier dans leurs chaumières dévastées. Pour la première fois Marie s'adressa directement à Nanteuil, et en obtint pour ses frères de telles avances de frais de voyages que les orgueilleux gentilshommes purent se promettre d'étaler un luxe capable de rehausser l'honneur de leur mission.

Ils achevaient leurs préparatifs de départ, quand Marie reçut une lettre de Guccio annonçant un rapprochement prochain, immédiat. Guccio, le cœur rempli d'un double amour, revenait en France, avide de presser dans ses bras sa femme et son fils... Sa femme, il l'aimait de toute la puissance du souvenir ; son fils, il l'aimait avec toute la passion qui pressent des félicités mystérieuses. Sans doute le nom de Marie revenait à chaque ligne, mais la pensée de l'enfant dominait celle de la mère... A la lecture de cette lettre, la dame de Cressy ne put contenir l'explosion d'une étrange douleur. Elle se jeta à genoux devant son crucifix, implorant la force et le courage; elle fit mander frère Jordan, et le supplia de la consoler, sans consentir à lui confier sa peine; elle se fit amener Giannino et le renvoya presque brutalement avec Amalec.

— Ah! fit-elle enfin, quand elle se retrouva seule, les forces humaines ont leurs limites, et je me sens à bout... Dieu lui-même me commande de prendre une décision énergique... Dût l'âme de Guccio se tromper au sentiment qui me presse..., dût son âme se briser sans retour comme la mienne..., il faut qu'il sache! Il saura...

Marie prit fiévreusement une feuille de parchemin et se mit à écrire. Ses doigts couraient sur la feuille blanche; quand elle s'arrêtait, c'est que ses yeux voilés de larmes ne lui laissaient plus distinguer les caractères. Sans doute ce qu'elle racontait lui coûtait beaucoup... On eût dit qu'elle s'accusait parfois, à voir de quelle façon elle plongeait sa tête dans ses mains... Craignait-elle de garder une place trop petite dans le souvenir de son mari? On l'aurait pu croire en lisant cette dernière phrase:

« Guccio! Guccio! tu le vois, si tu ne reviens que pour ton fils, reste à jamais en Italie... »

Son âme se brisait tandis que sa main traçait ces lignes, et quand elle entendit Amalec ouvrir la porte, la dame de Cressy cacha sous un Évangile enluminé sa lettre inachevée.

— Que veux-tu? demanda Marie à sa servante.

— Messire Janocte vous prie de vouloir bien descendre dans la grande salle pour régler avec vous une affaire importante.

— Je te suis, Amalec.

Marie rangea ses cheveux sous sa coiffe de velours noir, essuya la trace de ses larmes et rejoignit ses frères.

Les sires de Cressy lui voulaient dire adieu. Les montures attendaient dans la cour, les pages se tenaient en selle, les écuyers terminaient les derniers préparatifs de départ. Entre les seigneurs Picard de Cressy et la femme de Guccio, il n'y eut point d'épanchement de tendresse; mais en ce moment Marie se sentait l'âme si cruellement navrée, elle venait de renoncer d'elle-même et pour toujours peut-être à des joies si grandes, qu'oubliant les torts de ses frères, et se rappelant seulement que comme elle ils étaient les enfants d'Éliabel, descendue depuis si longtemps dans la tombe, elle ressentit, en les voyant partir, un déchirement qui raviva ses anciennes douleurs.

Le signal fut donné, Pierre et Janocte lui firent de la main un dernier signe d'adieu, les couleurs vives de la bannière aux armes de Cressy s'éteignirent dans la pénombre du soir, les sons de la trompe s'affaiblirent, et Marie se trouva seule, toute seule sur la terrasse du château. En ce moment le tintement d'une cloche résonna doux comme une hymne; en même temps aussi, semblable à une étoile nouvelle allumée au firmament, une lumière brilla du côté de Nofl-le-Vieil.

— Hélas! pensa Marie, jadis c'était un signal...

Puis elle ajouta:

Le retour de Guccio.

— Le manoir est désert depuis tant d'années qu'on pourrait le croire hanté par des fantômes... le fantôme du passé, sans doute.

Longtemps elle regarda la lumière incertaine et pâle, longtemps elle écouta la cloche sainte; quand elle rentra, elle oublia sa lettre commencée, et Giannino s'endormit sans son baiser. A l'aube, la cloche sonnait encore; Marie se leva rapidement et courut au monastère des frères ermites. Frère Jordan officiait à cette heure, et Marie se croyait mieux entendue de Dieu quand sa prière montait vers le ciel en même temps que celle du bon religieux.

Pendant que Marie assistait à la messe, une scène inattendue se passait au château.

Accourant de Nofl-le-Vieil au galop de son cheval, un jeune homme s'arrêta dans la cour de Cressy, puis, sans daigner répondre au serviteur qui l'interrogeait, il monta le grand escalier, traversa plusieurs pièces et se trouva dans une chambre au milieu de laquelle s'ébattait un bel enfant rieur.

Amalec filait paisiblement dans l'embrasure de la haute fenêtre.

— Amalec, cria l'étranger, Amalec, ne me reconnais-tu pas?

— Seigneur Guccio! vous! vous en France! Ah! que madame Marie sera joyeuse!

— Amalec, poursuivit Guccio, tremblant d'une crainte mêlée de joie, quel est cet enfant?

— Giannino! votre bambino, seigneur! votre doux Giannino, à vous et à madame Marie!

Alors Guccio enleva l'enfant dans ses bras, le prit sur ses genoux, le dévora de baisers, l'appela des noms les plus tendres, adoucissant encore, pour lui parler, la langue si douce de sa patrie.

— Ma joie! mon trésor! répétait-il, mon Giannino, enfant béni! Tes yeux ressemblent à ceux de Marie, et je crois revoir son sourire sur tes lèvres! Quelle folie que l'amour d'un père! Je t'aime depuis six ans. Je t'aime depuis que je sais que tu m'as été envoyé pour effacer mes misères et mes larmes... Tu ne sais pas, tu ne peux pas savoir combien tu vas rafraîchir mon cœur desséché par la lutte avec les hommes et les choses... Tu es beau! ton âme est celle d'un ange! M'aimeras-tu, Gianni? Veux-tu me laisser t'aimer, Giannino?

L'enfant, un peu étourdi de cette explosion de tendresse à laquelle Marie de Cressy ne l'avait pas habitué, se prêta doucement et avec grâce aux démonstrations de Guccio. Il s'assit sur ses genoux, s'émerveilla de la beauté de ses armes, et, jouant avec le collier de Guccio, voulut à son tour le mettre à son cou.

— Je te le donne, dit Guccio.

— A moi?

— Mais je te donnerais ma vie, si tu me la demandais, petite tête blonde qui ne songe à rien encore!

En ce moment Marie parut.

Son premier mouvement fut de se jeter dans les bras de son mari. On eût dit qu'elle en écartait Giannino avec jalousie.

— Crains-tu donc qu'il te prenne jamais ta part de tendresse, Marie?

demanda le jeune homme; oh! ne redoute rien de pareil, et si tu voulais augmenter encore une affection à laquelle tu sembles attacher du prix, le meilleur moyen de la doubler, n'était-ce pas de me donner Giannino?

— Tu l'aimes donc bien? demanda Marie avec une sorte d'inquiétude.

— Si je l'aime? demande-moi pourquoi je suis revenu.

— Ah! fit Marie d'une voix défaillante.

Elle resta une minute immobile, hésitante, l'œil morne et baissé, la poitrine haletante, pâle comme une condamnée... Puis elle se dirigea vers la table, et regardant son mari et l'enfant qu'il dévorait de caresses, elle alluma un flambeau de cire et brûla la lettre commencée la veille.

— Il souffrirait trop, murmura-t-elle.

Tout le jour Guccio vécut dans une fête de cœur complète. Il était, pour la première fois, libre à Cressy. Nul témoin ne l'épiait; la bonne Amalec lui était dévouée comme à sa maîtresse; Giannino, avec la gracieuse amabilité de son âge, se prêtait à ses caresses et paraissait prêt à les lui rendre. Marie, soucieuse d'abord, retrouvait quelque chose des joies perdues.

— Nous quitterons la France, lui répétait Guccio, tu me suivras en Italie; nous vivrons à Sienne d'une douce vie, et mon vieux père t'aimera comme Éliabel ne t'a jamais aimée. Sous le ciel de mon pays, ciel d'azur que les fleurs embaument, tu trouveras l'éclat de ta printanière beauté. La tristesse t'a pâlie; à force de me pleurer, tu as désappris le sourire. Le bonheur te le rendra, ce sourire...

— Ai-je assez de force pour vivre désormais? demanda Marie; la souffrance a plus ravagé mon cœur que mes traits... Je ne doute pas de toi, Guccio, je me défie de la destinée. Elle a tant promis jadis, pour tenir si peu!

— Et l'enfant, le bambino bien-aimé, tu l'oublies donc?

— Ah! oui, l'enfant! toujours l'enfant! répéta Marie d'une voix troublée; il me prendra tout...

— Chère jalouse! s'écria Guccio, oui, sans doute, il deviendra un peu ton rival dans ma tendresse, mais d'ordinaire les mères se réjouissent de l'amour du père au lieu de s'en effrayer... Tiens, maintenant je n'oserai plus t'adresser la prière que j'avais sur les lèvres.

— Parle, dit Marie; n'es-tu pas sûr de moi?

— Eh bien! demain je pars pour Paris; il s'agit d'une absence de quelques jours, pendant laquelle je négocierai un nouveau système d'abaissement de la monnaie au profit de Sa Majesté... Dans une semaine je serai de retour à Nofl-le-Vieil... Laisse-moi emmener notre fils... laisse-moi le posséder à moi seul pendant nos heures de solitude... Depuis six ans tu veilles sur Giannino, permets-moi de m'en faire aimer à mon tour, de le garder, de le protéger... Je te le demande au nom de ton affection, au nom de mes droits sur cette chère créature...

— Emmène-le, Guccio, répondit tranquillement Marie; promets-moi seulement de revenir vite, bien vite...

Le lendemain, Giannino, heureux de faire un voyage, suivait sans regret Guccio. Le jeune père ne cessait de lui prodiguer une tendresse à laquelle Marie ne l'avait pas accoutumé.

L'affaire relative à l'abaissement des monnaies traîna en longueur; Guccio se vit obligé de repartir pour Sienne le plus rapidement possible, afin de préparer avec Tolomei un traité qui permît à Philippe de lever une armée si les hostilités recommençaient avec l'Angleterre. Guccio devait revenir à Paris pour la conclusion de l'emprunt.

Le mari de la dame de Cressy hésita sur ce qu'il devait faire; retournerait-il au château pour remettre Giannino dans les bras de sa mère, ou l'emmènerait-il avec lui? Il s'agissait, après tout, d'une absence de quelques semaines. Lors de son départ de Sienne, Guccio laisserait l'enfant chez son aïeul et prendrait ensuite Marie à Cressy. En demandant à la jeune femme la permission de garder Giannino, il s'exposait à un refus. Mieux valait agir, Marie pardonnerait toujours.

Guccio quitta Paris... Mais depuis l'an de grâce 1326, on ne revit à Cressy ni l'époux de dame Marie, ni le blond enfant qui s'appelait Giannino.

V

LES SAUVEURS DU ROI

Marie attendit... elle attendit des mois, des années... Elle cessa enfin d'espérer. Jamais le nom de Guccio ne sortit de ses lèvres; elle ne prononça pas davantage celui de Giannino. Seulement elle rendit plus fréquents les pieux pèlerinages qu'elle faisait à Saint-Denis, et il ne se passait guère de semaine sans qu'on la vît prosternée dans le chœur de l'église, du côté de l'Évangile. Un jour, tandis qu'elle priait le front appuyé sur les pieds de la statue de marbre de Jean Ier, une femme prit place à côté d'elle, et, comme elle, cette femme pleura et pria longtemps. Quand elles se levèrent toutes deux et se trouvèrent en face l'une de l'autre, un double cri leur échappa :

— La reine Clémence !
— Marie de Cressy !

Aux tombeaux de Saint-Denis.

— Ah ! dit la reine, si vous m'avez quittée malgré mon désir, vous n'en êtes pas moins, je le sais, restée fidèle à votre parole, et vous avez gardé souvenir de celui qui dort là...

— J'en meurs ! répondit Marie d'une voix sombre.

— Ne puis-je rien pour vous, moi qui voudrais, non pas vous payer cette loyale amitié, mais vous prouver que je n'ai rien oublié non plus ?

— Non, madame, fit Marie en secouant la tête... Vous ne pouvez rien...

— Et votre mari ? demanda la reine

— Je ne l'ai plus revu.

— Et votre enfant?

— Je ne le reverrai jamais! jamais!

Clémence serra les deux mains de la dame de Cressy.

— Veuve! sans fils! comme moi! Alors pourquoi nous séparer, Marie? Revenez dans ma solitude, vous m'y fermerez les yeux... Je sens se tarir en moi les sources de l'existence... Voyez-vous, Marie, j'avais placé trop d'espoir sur un fragile berceau... L'ange parti, la mère n'a plus qu'à le suivre... Mon enfant! mon beau petit enfant! Dire que je l'ai tenu dans mes bras, rose et souriant, et que devant mes yeux je ne trouve plus qu'un marbre glacé...

— Un marbre glacé! répéta Marie comme un écho.

— Ah! poursuivit Clémence, il faut bien que Dieu réserve le ciel pour prix de nos douleurs : si la foi ne nous obligeait point à y croire, l'excès de nos maux nous le ferait inventer. Ma vie n'a été qu'une longue suite d'épreuves; j'aimais mon mari d'une tendresse exclusive; lui, dans un repli caché de son âme, gardait un souvenir persistant à la fille de Robert II. Il s'en voulait de la puissance qu'exerçait encore sur lui cette femme qui, après l'avoir trahi, torturé pendant sa vie, le poursuivait du fond de sa tombe... Mais, quoi qu'il fît, Louis revoyait Marguerite de Bourgogne dans sa pensée, tantôt éblouissante de parure dans son palais du Louvre, tantôt suppliante dans sa prison de Château-Gaillard... Moi, j'étais une enfant timide, arrivant d'un pays presque sauvage. Je manquais d'éloquence pour m'exprimer, et peut-être la profondeur même du sentiment que je ressentais le rendait-il muet... Louis ne sut jamais combien il m'était cher... Je le perdis, et tu sais, Marie, l'excès de mon désespoir... J'attendais mon fils, et je ne mourus pas; mon fils vint, et je me repris d'un amour exalté pour l'existence. Marie! Marie! pourquoi Dieu me l'a-t-il enlevé? Bientôt on couchera aussi ma statue dans le chœur de cette église; alors tu te diras en t'agenouillant ici pour y prier : C'est la mort de l'enfant qui attira la mère dans sa tombe...

— Sa tombe! sa tombe! répéta la dame de Cressy, quoi! pour cette frêle créature vous languissez et vous mourez... Un miracle du ciel pourrait vous le rendre; cet enfant, une voix pourrait lui crier : « Sors de ton linceul, Jean Ier, roi de France. » Et quand je vous vois sanglotante et navrée, je suis tentée de vous dire...

Mais une voix l'interrompit.

— Priez, dit-elle, madame la reine; un ange recueille vos prières pour les remettre aux pieds de Dieu.

C'était le sire de Nanteuil, qui, appuyant sa main sur l'épaule de Marie, ajouta d'une voix base :

— La comtesse Mahaut revit dans Jeanne, sa fille !

Marie courba la tête et se tut. Quelques instants après, la reine prenait le chemin du Louvre, et Marie suivait la route de Cressy.

La rencontre de Clémence de Hongrie laissa dans l'esprit de la femme de Guccio de profondes tristesses. Sa santé, de plus en plus ébranlée, lui permit moins fréquemment de retourner à Saint-Denis. Un temps vint même où Marie de Cressy fut incapable de quitter son fauteuil, et passa de longues journées regardant d'un œil vague la flèche du monastère des ermites, qui lui rappelait de pieuses pensées, et les tourelles de Nofl-le-Vieil, qui réveillaient les souvenirs de sa jeunesse.

Marie ne redoutait point la mort ; elle l'appelait, au contraire. Un à un se détachaient les liens qui la retenaient à la terre ; elle pouvait aller chercher dans le sein de Dieu le repos qui l'avait fuie en ce monde. Certes, Marie de Cressy rendrait au Seigneur une âme pure de faute grave ; rien ne l'avait entachée, pas même son amour, purifié d'ailleurs par la souffrance. Cependant elle mandait souvent frère Jordan, elle lui répétait qu'elle sentait le besoin de faire une confession générale, afin de n'emporter dans la mort nul secret capable de la troubler. En vain son directeur lui répétait-il qu'elle pouvait sans crainte paraître au tribunal suprême, Marie ne paraissait pas convaincue.

— Non ! non ! disait-elle, il faut que je parle bientôt, demain s'il se peut, aujourd'hui si j'en sentais le courage... Mes souffrances étouffées m'absoudront-elles de mon mensonge ? Car le mensonge peut être dans le silence comme dans la parole... J'ai tant souffert, tant pleuré, que j'ai le droit de compter sur la céleste miséricorde.

Un soir, dévorée par la fièvre et sentant le délire envahir son cerveau, Marie dit à son confesseur :

— L'heure est venue, écoutez-moi ; devant l'éternité qui s'ouvre, je jure que la vérité seule sortira de ma bouche ; si extraordinaires qu'elles paraissent, croyez à mes révélations. Hélas ! j'aurais dû les faire plus tôt peut-être... Clémence de Hongrie ne fût pas morte !

— Ma fille ! ma fille ! revenez à vous, n'allez point vous accuser de fautes imaginaires.

— Des faits, mon père, je raconterai des faits seuls. Vous vous souvenez de la nuit pendant laquelle la veuve de Louis X mit un fils au monde... Vous vous souvenez de cette parente qui sans trêve répétait :

« L'enfant royal ne peut vivre ! »

Marie poursuivit :

— Vous vous rappelez Giannino? Ah! ces noms : le Louvre, Guccio, mon enfant, la reine, la comtesse d'Artois, bourdonnent dans ma tête affaiblie... Mahaut détestait Clémence ; elle souhaitait la couronne pour l'enfant de Jeanne, au besoin elle l'eût volée... Pareille à une louve guettant sa proie, elle attendait l'occasion d'un péril ou méditait un crime ; les moyens lui importaient peu. Mahaut n'avait pas de conscience, peut-être ne croyait-elle pas en Dieu... Vous me portiez intérêt, vous crûtes me sauver en m'appelant à la cour... Mon père ! mon père ! vous m'avez perdue ! Sans vous Giannino vivrait, sans vous je ne mourrais pas désespérée. Mahaut voulait tuer le fils de Louis le Hutin, elle le voulait, et les princes, les barons la surveillaient. Ils avaient aimé Louis et protégeaient sa veuve. Quand la comtesse d'Artois voulut, après le baptême de Jean, le montrer au peuple, les amis de la reine, par une intuition subite, comprirent que l'enfant de France courait un grand danger... Je vous l'ai dit, Mahaut est un monstre... Elle insistait toujours pour présenter l'enfant à la foule ; plus elle insistait, plus les barons de Nanteuil et de Croysex se défiaient. Enfin, pressés, n'osant se soustraire davantage à la demande de Mahaut, aux exigences du peuple, ils entrent dans la chambre des enfants. Jean de France reposait dans son berceau ; j'avais jeté sur lui les langes brodés de fleurs de lis dont on le para pour le baptême. Guccio était sur mes genoux. Nanteuil saisit mon enfant, vous comprenez, Giannino, mon fils à moi, pose sur sa tête la couronne de Jean, l'entoure des langes royaux et va sortir quand je me précipite au-devant de lui.

— « Qu'allez-vous faire ? » demandai-je.

— « Sauvons le fils du roi ! » me répondit-il.

— Mon père, j'avais juré devant vous, devant la reine, de sacrifier mon bonheur, mon avenir à son enfant, mon maître et mon roi. Je ne répliquai rien, et, plus froide qu'une morte, je restai immobile, pétrifiée, regardant la comtesse d'Artois qui enlevait brusquement Giannino. De loin je distinguai de longues acclamations, puis le baron de Nanteuil me rapporta mon enfant. Giannino pleurait. Il souffrait ; qu'avait-il donc ? J'enlevai les ornements mensongers dont on l'avait paré, sa couronne dérisoire ; je l'embrassai pour le calmer, je le pressai sur mon sein. Hélas ! mon père, tout fut inutile ; quelques heures après il expirait dans mes bras ; il mourait assassiné par la comtesse d'Artois ! il mourait à la place de Jean Ier, son seigneur ! Ah ! je n'accuse pas sans preuve, mon père. Si vous voulez voir l'instrument qui frappa Giannino, le voici.

Marie tira d'un coffret une longue épingle d'or.

— Mahaut l'avait enfoncée dans la tête de mon enfant, reprit Marie d'une voix saccadée; les barons, en substituant Giannino au roi Jean Ier, avaient eu raison de le dire, ils sauvaient la maison de France. Ils sauvaient le fils de Clémence de Hongrie pour laisser assassiner à sa place le fils de Guccio. Rappelez-vous mes larmes, mon désespoir, dont rien ne paraissait justifier la violence. Rappelez-vous, mon père, la folie de douleur qui s'empara de moi.

— « Comme la dame de Cressy aimait son nourrisson ! » répétait la cour.

— Et je devais, surveillée par les sires de Nanteuil et de Croysex, étouffer le bruit de ma souffrance; je devais, fidèle jusqu'au martyre, garder la parole donnée d'immoler mon bonheur pour le salut de Jean Ier. Je quittai le Louvre, laissant dans les larmes une reine que j'aimais et que d'un mot j'aurais pu consoler. Sa tendresse l'aurait trahie, la substitution de l'enfant se fût découverte, et la comtesse d'Artois vivait encore. J'emmenai à Cressy le fils légitime de Louis X le Hutin; je le fis passer pour Giannino, l'enfant de Guccio; je l'aimai le plus qu'il me fut possible, mais je ne le regardai jamais sans me souvenir de ce que me coûtait sa vie. Mon enfant à moi reposait à Saint-Denis, couché aux pieds du dernier roi. Un jour, la tentation me vint de tout révéler à la reine... J'allais trahir le secret de l'existence de Jean le Posthume, quand Jacques de Nanteuil me rappela ma parole. Lors du voyage de Guccio en France, la force me manqua pour révéler à mon époux que Giannino n'était pas son fils. Vous savez comment l'enfant me fut enlevé. Vous savez que Guccio ne m'a jamais, depuis cette heure, donné de ses nouvelles. J'ignore ce qu'est devenu le fils de Clémence de Hongrie; je le quittai enfant; s'il existe encore, il est d'âge à comprendre ses droits, à les faire valoir, à réclamer le trône de son père, à redemander à Jean II l'héritage de Louis X. J'ai consigné tous les faits relatifs à sa naissance dans un mémoire dont vous ferez tel usage que vous croirez utile. Les sires de Nanteuil et de Croysex ont relaté les mêmes faits dans leur testament; le premier confia ses volontés dernières à l'évêque de Paris, le second à l'abbé de Saint-Denis. Tous deux rapportent exactement ce qui concerne la substitution de mon fils à l'enfant royal; tous deux ont vu sur le crâne du véritable Giannino l'épingle d'or de la comtesse d'Artois, avec laquelle j'attache ces feuillets.

13

Frère Jordan prit le mémoire des mains de la dame de Cressy. Épuisée par ces révélations, Marie resta un moment immobile, les yeux clos, pâle comme une trépassée. Elle rassembla ses dernières forces pour ajouter :

— Je ne mourrai pas en paix si vous ne me donnez pas l'assurance qu'il sera fait à l'égard de Jean Ier comme le souhaitaient ses protecteurs. Je n'ai point agi dans un but d'intérêt personnel, je me suis sacrifiée ; mon immolation doit porter ses fruits. Promettez-moi, mon père, de remplir la mission que je vous confie au moment de descendre dans la tombe. Promettez-moi de partir pour l'Italie, de vous mettre à la recherche de Guccio et de Giannino, puisque l'héritier du trône de France est connu sous ce nom. La famille de mon mari était originaire de Sienne, vous ne pouvez dans cette ville manquer de renseignements et de lumières. Dites à celui que j'ai tenu si longtemps sur mes genoux qu'il n'a pas dépendu de moi de faire sa destinée plus heureuse... et, s'il se souvient de Marie de Cressy, priez-le de faire célébrer des messes pour le repos de son âme.

— Pauvre femme ! s'écria le moine, vous avez suivi la voie douloureuse ; l'heure de la récompense arrive pour vous, partez sans crainte, entrez dans le repos éternel.

— Vous n'avez pas juré, mon père, dit Marie avec angoisse.

— Ma fille, croyez-vous le roi plus heureux que le moindre de ses sujets ? Giannino vivant de la vie commune a-t-il quelque chose à envier au roi Jean ?

— Peu importe ! dit Marie, nous devons lui révéler ce qu'il est. Se taire maintenant serait une faute, une injustice ; nous n'avons pas le droit de disposer de sa destinée.

— Et que peut un pauvre moine dans les moyens tortueux de la politique ? Nous appartient-il de faire et de défaire les rois ?

— Voulez-vous me voir mourir désespérée ? demanda Marie de Cressy ; voulez-vous que j'expire un blasphème aux lèvres ?... Vous m'avez soutenue, consolée pendant ma jeunesse ; m'abandonnerez-vous à l'heure de l'agonie ?

— Vous me comprenez mal, dit le moine.

— Jurez ! jurez ! répéta Marie de Cressy.

— Eh bien ! ma fille, je vous fais devant Dieu la promesse d'employer tous mes soins à rétablir sur le trône de France son légitime roi Jean Ier le Posthume.

— Je meurs tranquille, dit Marie ; je vais là-haut retrouver mon enfant.

VI

NECCA

On était au printemps, la terrasse de la maison du vieux Guccio de Mino Baglioni enchantait le regard par ses corbeilles fleuries, tandis que les orangers et les lauriers-roses, les grenadiers et les daphnés formaient un escalier de haies odorantes descendant jusqu'aux vastes jardins peuplés de nymphes de marbre demi-voilées par les ombrages ou ruisselantes de l'eau des fontaines. La maison, triste au regard des passants et fermée du côté de la rue, étalait ses sculptures sur la façade de la terrasse. Au dehors, garnie de grilles en fer, cloutée d'acier, munie de guichets, de cadenas, de heurtoirs, elle paraissait plus rébarbative qu'hospitalière, et ressemblait de loin à quelque prison mystérieuse. Mais à peine en franchissait-on le seuil, que tout s'éclairait, brillait et rayonnait à miracle. Le corridor dallé de faïences fleuries, les niches remplies de vases de bronze, d'émail et d'albâtre, les escaliers à larges rampes, au fond en perspective la terrasse et le jardin, tout contribuait à séduire le regard et à persuader que l'heureux habitant de cette demeure possédait une baguette enchantée. Si un étranger demandait à Sienne : « Quel est le propriétaire de cette maison? » on saluait en répondant : « Guccio de Mino Baglioni, le patriarche de la finance. »

Le vieillard comptait plus de quatre-vingts ans. Il en portait allègrement le poids. Si la chevelure était blanche, l'œil restait vif, la bouche souriait avec la franchise de la jeunesse, et le vieux Mino Baglioni continuait à se lever avec l'aube et travaillait sans relâche jusqu'à la nuit. De grands chagrins l'avaient éprouvé sans parvenir à le rendre haineux ou défiant. Il gardait pour toute famille son petit-fils Giannino, dont le père, Guccio, était mort depuis de longues années. Le jeune homme ressentait pour son aïeul une vive tendresse. Il savait à ce vieillard un gré infini d'avoir rajeuni sa maison, ses goûts, et permis à l'adolescent les plaisirs de son âge.

Mino Baglioni, concentrant toutes ses espérances sur son petit-fils, se préoccupait avant toutes choses de son bonheur, et, s'il persistait dans un labeur ardu, c'était dans le but d'augmenter sa fortune.

Giannino, d'une nature ardente, capricieuse, avait plus d'une fois inquiété son aïeul. Mino eût souhaité que Giannino se mariât de bonne heure et lui rendît ainsi une famille que des morts successives avaient fauchée. Mais le jeune homme remit de mois en mois, d'année en année, redoutant toute chaîne capable de gêner son humeur vagabonde. Il ne rencontrait nulle part, disait-il, la compagne rêvée, et reculait devant un mariage de raison. D'autres fois il objectait la médiocrité de sa situation présente ou le peu de beauté de la jeune fille dont Mino voulait faire sa fiancée. Giannino atteignit de la sorte l'âge où l'homme devient sérieux en dépit de lui-même; il comprit le côté sérieux de l'existence, il sentit le besoin de se reposer dans une grave et chaste affection, il voulut aussi donner à son aïeul la joie longtemps refusée de l'entourer d'êtres chers à son cœur, et, comme on se décide à renouveler son genre de vie, il prit la résolution de se marier. Ce premier point arrêté, il consulta Mino Baglioni sur le choix qu'il devait faire.

— Mon enfant, lui répondit le vieillard, quand je regarde autour de moi, cherchant quelle femme réunit assez de qualités pour satisfaire à la fois ton orgueil, ton bonheur et tes intérêts, mes yeux s'arrêtent sur Necca Vanni Agazza. Son père est un des plus riches négociants de Sienne et comptera une grosse dot à son gendre. Necca est aussi jolie que bonne. Elle refuse depuis longtemps de nobles et opulentes alliances, et je ne sais quel pressentiment m'affirme qu'elle ne te repousserait pas.

— Est-ce que jamais...?

— Non, Giannino; quelques mots échappés à son père, mon ancien ami, presque mon parent, me le laissent supposer, voilà tout. Il n'est point naturel que Necca, jeune, belle, intelligente, atteigne ses vingt ans sans que son cœur ait battu. Parfois, quand elle accompagne ici Vanni Agazza, je l'ai entendue parler du bonheur comme d'un rêve dont elle n'attendait pas la réalisation, et soupirer quand je lui montrais une réalité prochaine. On a même parlé pendant plusieurs mois de son entrée au couvent. Alors, Giannino, tu faisais à Sienne de bruyantes folies. Depuis, Necca revient plus souvent ici; elle aime le vieillard, dont elle réjouit les yeux; mais qui sait si elle ne l'aime pas pour l'amour de Giannino lui-même?

— Cette espérance me comblerait de joie. Necca est si belle, si douce! Je redoute seulement qu'elle soit trop parfaite pour moi.

— Ce qui me peine, moi, mon enfant, c'est de ne pouvoir te donner en te mariant une fortune royale. Hélas! Giannino, notre maison est déchue de sa prospérité européenne. Le temps n'est plus où les Tolomei prêtaient de l'argent aux rois, lançaient des flottes sur les mers et disposaient du commerce de Gênes, de Sienne, de Naples et de Rome. Alors notre crédit n'avait pas de limite, notre parole était tenue pour un traité, notre signature valait de l'or. Je t'aurais offert les richesses d'un doge, et Necca, la fille adoptive de ma vieillesse, eût trouvé les diamants d'une reine dans son coffre de mariage... Les guerres ont épuisé l'argent; les royaumes,

La bénédiction.

divisés, déchirés, ruinés, n'offrent plus de garanties; la famille Tolomei, nombreuse comme une tribu de patriarches, s'est presque éteinte; j'ai perdu ton père, dont les capacités soutenaient notre maison, et qui négociait les affaires de banque en France et en Angleterre; tu vas rester seul; cette villa, une aisance modeste, voilà tout l'héritage de ton aïeul, qui te devait une fortune de prince, puisqu'il l'avait reçue de son père.

— Ah! s'écria Giannino, pouvez-vous parler ainsi? Qu'avez-vous négligé pour ma prospérité, pour mon bonheur? J'ai joui de tous les plaisirs d'un gentilhomme, j'ai vécu à Sienne dans une liberté dont j'abusais trop, et que jamais vous ne m'avez reprochée. Vous me gâtiez, vous m'aimiez, et c'est vous qui poursuiviez le labeur dont les fruits m'étaient destinés... Oh! pour moi, grand-père, ne gardez ni regrets du passé ni souci de l'avenir; si ce que je possède ne satisfait pas encore toutes mes ambitions, je l'augmenterai, soyez-en certain. Pourquoi les Tolomei, de banquiers qu'ils étaient, ne deviendraient-ils pas hommes politiques? Cettte voie me séduirait plus que l'autre, je l'avoue, et je me crois moins propre aux affaires de finances qu'aux négociations de la diplomatie et du gouvernement des villes et du peuple. Le chemin que j'ai parcouru me laisse l'espoir d'atteindre plus haut. Ma situation est florissante, je veux la rendre enviable. Ne suis-je pas déjà trésorier général de la république de Sienne? On m'a nommé recteur de la maison de la Miséricorde. A la prochaine élection des Douze, mon nom, j'en suis certain, sortira de l'urne. Je serai magistrat pour quelques mois, influent à Sienne, et dès lors en situation de vouloir et d'obtenir davantage. Vous ne me saviez pas ambitieux, grand-père; je le suis en dépit de la légèreté de ma conduite pendant ma première jeunesse.

Vous souriez... Eh bien! souvent je me suis dit que l'étourneau que vous connaissez cachait un oiseau de race, aigle ou vautour. Et si j'avais, comme mon père, été chargé d'une mission pour la France, il me semble qu'elle eût retenti du bruit de mes aventures de guerre et d'amour...

— Ton pauvre père! je crois l'entendre en t'écoutant. Des aventures? nul n'en eut plus que Guccio! Des amours? les siennes eurent une issue fatale. Ne te souviens-tu donc pas, quand tu étais enfant, de la jeune femme qui te berçait sur ses genoux?

— Elle était triste et pâle, m'embrassait peu, et ne réalisa jamais pour moi ce que l'on raconte de l'amour maternel. Les étrangers m'aimaient davantage, et je retrouve plus distinct dans mon souvenir le visage de deux gentilshommes que celui de Marie de Cressy.

— Tous sont morts, Giannino; j'ai vu l'une après l'autre se fermer leurs tombes. On prépare la mienne, j'attends de toi que la fin de ma vie ressemble à celle d'une splendide journée.

— Voici le matin qui entre! dit Giannino.

En effet, une jeune fille parut dans la salle, et sa beauté rayonnait de tant de grâce que le vieillard et le jeune homme en restèrent éblouis.

Necca, troublée par la persistance du regard de Giannino, courut au banquier et lui présenta son front. Puis, attirant un siége bas, elle s'assit à ses pieds.

— Ai-je donc dans ma personne quelque chose d'inaccoutumé? demanda-t-elle en riant à Mino de Baglioni.

— Non, chère fille, répondit le vieillard; seulement vous devez avoir remarqué ceci : quand nous avons vivement désiré un bijou, une perle, un diamant, à l'heure où nous tenons l'objet convoité en notre possession, il nous paraît mille fois plus précieux encore; l'homme est essentiellement avare et jaloux de son bien; en même temps il en est orgueilleux. Eh bien, Necca, la perle de Sienne, me paraît aujourd'hui plus belle, plus tendre et meilleure, parce que...

— Eh bien? demanda Necca d'une voix légèrement altérée.

Giannino s'avança, plia le genou et lui prit la main.

— Parce que, si vous le voulez, Necca, dès ce jour vous deviendrez la femme de Giannino, la fille bien-aimée de son aïeul... Vous accueillerez ma tendresse et vous lui payerez la sienne. Vous me rendrez heureux et vous remplirez son âme de la plus grande joie qu'il ait ambitionnée. Voilà, Necca, pourquoi mon grand-père sourit en vous regardant, et pourquoi, vous suppliant de devenir mienne, je sens monter des larmes dans mes yeux.

Necca pressa l'une des mains du vieillard, et, d'un geste charmant, posa l'autre sur son jeune front.

— Bénissez-moi, lui dit-elle, comme je sens à cette heure que Dieu me bénit et me protége.

— Est-ce une promesse, Necca?

— C'est un serment, répondit la jeune fille, en levant sur Giannino des yeux remplis d'une joie pure.

— Je ne me trompais donc pas, demanda Mino de Baglioni, quand je disais à Giannino : Necca cache un secret au fond de sa pensée.

— Non, Mino, non, mon vénéré père! Vous lisez mieux dans mon âme qu'il ne le pouvait faire, je me sentais moins timide avec vous... Je parlais si souvent de Giannino, d'ailleurs, que vous avez dû me comprendre tout de suite; je n'avouais pas, mais je ne dissimulais rien... Et à cette heure, maintenant qu'il me prie de l'aimer, pourquoi dissimulerais-je? J'aime Giannino et je l'ai toujours aimé; je n'ai point compris que cette tendresse naissait en moi, je l'ai toujours sentie... A partir de cette heure je lui donne toute ma vie. Heureuse ou misérable, sa destinée sera la mienne. Si, même après avoir juré de m'aimer au pied de l'autel, Giannino devenait infidèle, je ne me croirais point dégagée de ma parole.

— Chère et adorable créature! s'écria Giannino, tu veux donc me faire craindre de ne pas t'aimer assez?

— Jamais vous ne m'aimerez assez, Giannino, car vous avez à compenser le temps perdu!

— Necca, je jure...

— Ne jurez rien! Mino, je veux désormais que vous m'appeliez votre fille. J'aurai de la sorte le droit de vous entourer de soins et de tendresse. Vous rappelez-vous, Giannino, qu'un jour je faillis me noyer en tombant dans le grand bassin?... Je crois bien vous être redevable de la vie.

— Ah! Necca, vous m'avez sauvé d'un danger bien plus grand, J'ai des défauts... Je vous les sacrifierai tous. J'étais joueur, et sur un coup de dé jadis je risquai une somme, une grosse somme. Je la perdis. Avouer ma faute à mon grand-père me semblait impossible... Alors, avec votre cœur d'enfant, vous fîtes une chose charmante; rassemblant vos bijoux et les diamants de votre mère, vous les apportâtes à mon aïeul en lui demandant de vous prêter sur ce gage tout ce qu'il pourrait... Et comme il vous répondit que les Tolomei ne connaissaient pas ce genre de commerce, vous tombâtes à ses pieds en répétant:

— « Si vous me refusez, qui payera donc la dette de jeu de Giannino? »

Mon grand-père vous embrassa, et jamais il ne m'a grondé.

— Certes, Giannino, nous avons déjà de bons et lointains souvenirs... Oubliez-vous notre promenade un soir dans la campagne de Rome? Vanni Agazza marchait à côté de Mino de Baglioni. Nous courions... Pourquoi? Pour courir, sans doute. Tout à coup, une vieille femme, drapée dans ses haillons bizarres, se dressa devant nous en murmurant une prière. Je vidai ma bourse entre ses mains, et comme sa misère était grande, sa reconnaissance fut sincère; elle me regarda attentivement, obstinément même, et me répéta :

— « N'espère pas échapper à ta destinée, tu seras la femme d'un roi! »

Elle disparut comme par enchantement, et je restai muette de surprise. Vous, Giannino, vous sembliez sérieux, inquiet, et la rencontre de la sorcière des Abruzzes vous fit beaucoup réfléchir... Maintenant je comprends le sens de cette prédiction : oui. je serai la compagne d'un roi! car vous êtes le maître de ma destinée, mon seul et souverain seigneur.

— Cela est bizarre, bien bizarre, répéta Giannino. Le souvenir de cette aventure s'était complétement effacé de mon esprit. Et voyez quels rapports dans nos existences! L'autre soir, un inconnu m'aborde proche du cou-

Rienzi.

vent de fra Bartholomeo, et, dans un entretien rempli de mystérieuses réticences et de révélations mêlées de questions presque indiscrètes, il m'a répété ce que vous avait annoncé la sorcière des Abruzzes. Il a trouvé sur mon front des signes de royauté, il m'a promis un trône, il m'a promis...

Giannino s'arrêta, et son regard devint vague comme s'il se fixait sur un objet lointain. Necca l'observait avec une sorte de tristesse.

— Quelle folie! s'écria enfin Giannino. Notre couronne, c'est notre jeunesse; notre royaume, cette chère et vieille maison; nos sujets, de loyaux serviteurs et les pauvres nombreux dont tu soulages les misères. L'avenir, le splendide avenir qui m'attend, Necca, c'est ton amour de vierge et ta beauté de femme, c'est la joie de vivre avec toi, entre le fauteuil de mon aïeul et les berceaux des enfants que tu berceras dans tes bras... Unissons sans crainte ta couronne chimérique à mes fantastiques États : nous sommes sûrs de ne rien risquer, et nous gagnons ce qui dépend de nous seuls et de Dieu.

Necca plaça ses mains dans les mains de Giannino.

Mino de Baglioni se leva, ouvrit une cassette, y prit un anneau, en tira un second de son doigt, et les remettant tous deux à son petit-fils :

— Prenez les bagues de noces de Guccio et de sa femme, dit-il; qu'elles soient le gage d'une tendresse aussi vive, mais moins vite brisée.

Giannino reçut les anneaux; il allait en passer un à la petite main de Necca, quand fra Bartholomeo, traversant rapidement la salle, se plaça entre les deux jeunes gens.

— Que faites-vous, mon père? demanda le vieux banquier au moine; ces enfants réalisent mon vœu le plus cher en échangeant les anneaux de fiançailles.

— Des fiançailles entre eux? Je le défends! s'écria fra Bartholomeo.

Puis, tirant de son sein une large lettre scellée qu'il remit au jeune homme :

— Lisez! dit-il; c'est un message de Rienzi.

VII

LE TRIBUN DE LA LIBERTÉ, DE LA PAIX ET DE LA JUSTICE

Rienzi, dont une lettre rompait les fiançailles de Giannino, était alors le maître de Rome et presque de l'Italie ; son père se nommait Lorenzo ; par abréviation, les paysans d'Anagni l'appelaient Rienzo ; sa mère était une robuste lavandière. Nicolas Rienzi témoigna de bonne heure le goût des lettres. Il étudia la grammaire, la rhétorique, la philosophie, l'histoire, les livres sacrés, et sa passion pour les œuvres d'art de l'antiquité ne fut peut-être pas étrangère à son désir de rétablir la république en Italie. A l'époque où il atteignit l'âge viril, des réformes devenaient indispensables ; la ville de Rome, divisée par le schisme, abandonnée par le pape, ensanglantée par les factions, avait besoin d'être gouvernée par un homme énergique. Rienzi, après s'y être marié, y prit une charge de notaire, et, sous l'apparence paisible d'un légiste, il dissimula ses projets. Une occasion de les dévoiler se présenta subitement. Un de ses frères ayant été assassiné par un membre de la bourgeoisie, Rienzi demanda justice de ce meurtre sans pouvoir l'obtenir. Il jura de châtier le criminel, dût-il pour cela changer la constitution de la cité ; Rienzi plaidait une cause sacrée, il fut éloquent, groupa autour de lui tous les mécontents de la ville, puis prenant le titre de *Consul des orphelins, des veuves et des pauvres,* il s'empara du pouvoir après avoir chassé les gouvernants et les magistrats. L'approbation du peuple ne lui paraissait pas une sanction satisfaisante, Rienzi se rendit à Avignon à la tête d'une députation du parti guelfe, afin d'éclairer le pape Clément VI sur les méfaits de la noblesse romaine. Le cardinal Jean Colonna défendit les sénateurs, et la disgrâce de Rienzi eût été complète si Pétrarque n'avait plaidé sa cause ; le consul des pauvres rentra dans Rome en qualité de *notaire de la chambre urbaine.* A partir de ce moment, il ouvrit un tribunal public où, chaque jour, il proposait et développait des projets de réforme. Les magistrats et les barons, après l'avoir traité de brouillon et de fou, s'alarmèrent de son éloquence imagée, prophétique, d'autant plus facilement comprise qu'elle rappelait l'Évangile par sa forme concise et ses préceptes d'égalité. Les circonstances hâtèrent l'exécution des projets de Rienzi, la disette acheva de mettre aux abois le peuple écrasé d'impôts. Dans l'excès de son malheur, il se sentait disposé à regarder comme ses ennemis ceux qui ne le sauvaient ni de la famine ni de la mort; Rienzi frappa un grand coup : le 2 mai 1347, il réunit tous les citoyens de Rome au Capitole, abrogea les anciennes lois, en proposa treize nouvelles, et le *buono stato* fut voté par acclamation et suivi de la déchéance des sénateurs, qui s'enfuirent de la ville sans essayer de tenir tête à l'orage. Rienzi, revêtu d'un pouvoir dictatorial, l'accepta sous la dénomination de *tribun de la liberté, de la paix et de la justice*. La milice urbaine fut créée, la paix se rétablit dans la cité, les finances s'équilibrèrent, les mœurs s'épurèrent, et le gouvernement de Rienzi mérita de tels éloges que le pape le reconnut et l'affermit. A partir de ce moment, la vanité entra dans le cerveau de Rienzi; non content d'être le médiateur des rois, il les cita à sa barre. Du moment où le révolutionnaire voulut devenir souverain, le peuple l'abandonna; vaincu dans sa lutte avec les grands, Rienzi plia sous la tempête et attendit dans un couvent des Apennins que l'heure de rentrer à Rome fût venue. Une accusation portée contre le roi Charles faillit lui coûter la vie; pour la seconde fois Pétrarque sauva son ami. Innocent VI ayant succédé à Clément, le nouveau pape, résolu d'en finir avec les troubles de l'Italie, y envoya le cardinal Albomoz; celui-ci échoua dans ses tentatives; Rienzi fut rappelé, reçu avec acclamation par le peuple et rétabli par le saint-siége dans ses anciens honneurs. Mais, instruit par l'expérience, et ne trouvant plus assez solide l'appui de la faveur populaire, Rienzi rechercha l'alliance des souverains; fort de l'amitié du pape, de celle des rois de Bohême et de Hongrie, il travaillait à se ménager des intelligences en France, quand le hasard lui en fournit le moyen.

Un franciscain se fit un jour annoncer chez lui.

— J'ai demandé une audience au sénateur de Rome, dit le moine, j'ai oublié de dire qu'elle serait longue.

— Parlez, mon père, je vous écoute.

— Je suis né à Sienne et j'y habite d'ordinaire; une mission de mon supérieur m'appela dernièrement à Porto-Venere. Je m'y trouvais depuis quelques jours, quand un malade me fit demander. En m'apercevant, il me tendit les bras.

— Dieu soit loué! dit-il, c'est un ami qui vient... Nous nous sommes rencontrés pour la première fois au tombeau des Saints-Apôtres, j'espère que vous ne m'avez pas oublié...

— Antoine! m'écriai-je, frère Antoine!...

— Un pécheur qui va rendre compte à Dieu de sa vie, un mandataire qui doit, avant d'expirer, remplir un devoir dont dépend le salut d'une âme.

— Comptez sur moi comme sur vous-même, répondis-je.

— Il y a un mois, reprit mon ami, frère Jordan, sur le point de mourir, s'accusa d'avoir manqué à une promesse sacrée... Une noble dame, Marie de Cressy, femme de Guccio Mino de Baglioni, s'était rendue en France complice d'une substitution d'enfant, afin de sauver les jours de Jean le Posthume... Prête à rendre le dernier soupir, Marie de Cressy remit à son confesseur les papiers relatifs au fils de Louis X, et lui fit jurer de partir pour l'Italie, où l'enfant avait été emmené, de le chercher à Sienne, où il devait vivre sous le nom de Giannino Guccio Mino de Baglioni, et d'aider à le rétablir dans ses droits... Jordan promit; mais quand la dame de Cressy fut morte, les difficultés de l'entreprise l'effrayèrent; bientôt après la maladie le cloua sur son lit de douleur; il vit dans ses souffrances un châtiment du ciel, s'humilia, pria, pleura; puis, troublé par les remords, hanté de visions funèbres, il chargea l'un de ses frères d'accomplir sa mission... J'acceptai le legs de ce mourant. Arrivé à Porto-Venere, pris d'un mal subit et craignant de manquer à ma parole, je voulais à mon tour transmettre ce secret... Je bénis Dieu qu'il vous ait envoyé à moi...

Je pris les papiers que me tendait frère Antoine, et je partis... Je viens vous dire à vous, sénateur de Rome, tribun des orphelins et des pauvres: «Le fils de Louis X, poursuivi, menacé par sa famille, ne doit rien attendre que des étrangers... Son père est mort, Clémence de Hongrie l'a suivi dans la tombe, mais son frère est votre ami, et, fussiez-vous seul pour le soutenir, vous êtes Rienzi!...»

Rienzi, penché vers le moine, l'écoutait avec une agitation fiévreuse. Quand fra Bartholomeo eut terminé ses révélations, le tribun prit les papiers et les parcourut.

— Tout ceci porte, dit-il, le cachet de la vérité. Il faut que je voie ce jeune homme, que je confère avec lui... Il est à Sienne, vous le connaissez... Je vais lui expédier un messager chargé de le mander ici... Restez près de moi, vous me serez utile.

Rienzi envoya un de ses serviteurs à Giannino, mais le langage de cet homme fut trop peu explicite. Giannino ne comprit rien à ses demi-confidences et le renvoya. En apprenant le mauvais succès de son ambassade, le tribun résolut d'écrire à Giannino et chargea cette fois fra Bartholomeo de lui remettre sa lettre et de la commenter au besoin.

Nous reprenons maintenant notre récit.

Giannino avait saisi la lettre d'une main tremblante; il en brisa les sceaux et lut :

« Au Capitole, le 18 septembre 1354.

« *Au noble et sage* GIANNINO DE GUCCIO DE MINO, *notre cher ami, citoyen de Sienne.*

« Nous avons chargé nos messagers de découvrir le lieu où vous êtes et de vous demander, de notre part, s'il ne vous plairait pas de vous rendre à Rome, auprès de nous. Il nous a été rapporté par notre serviteur que, vous ayant rencontré à Sienne, il s'est acquitté de notre commission, mais que, n'étant porteur d'aucun écrit émané de nous, vous n'aviez point cru à ses paroles. Dans l'ignorance où nous étions du lieu et du moment où il pourrait vous trouver, nous ne lui avions point confié nos lettres. Maintenant que nous savons où vous êtes, nous vous demandons qu'il vous plaise, au vu des présentes, de venir près de nous, à Rome, sans aucun retard et dans le plus grand secret. Nous vous écrivons cette lettre, à laquelle nous avons fait apposer notre sceau, pour que vous ajoutiez foi à ce que le messager vous dira de notre part.

« Donné au Capitole, le dix-huitième jour de septembre 1354.

« NICOLAS,

« Chevalier du peuple romain par l'autorité du saint-siége apostolique, sénateur illustre, syndic, capitaine et défenseur de la sainte cité. »

Pendant qu'il dévorait cette lettre du regard, Giannino sentait s'ouvrir pour lui les perspectives d'ambitions inconnues; Necca l'observait en silence, et le banquier demandait au franciscain quel magique pouvoir exerçait cette missive sur la destinée de Giannino.

— Magique! vous avez raison, répondit le moine; rien de ce que vous avez rêvé pour ce jeune homme n'atteindrait le sommet où Rienzi le placera.

Necca se prosterna devant Baglioni :

— Vous me regarderez toujours comme votre fille? demanda-t-elle.

— Accuses-tu donc Giannino d'ingratitude?

— Mon père, il garde tous les droits, il est aimé... Il faut, d'ailleurs, une bien impérieuse raison pour que fra Bartholomeo apporte le doute et l'angoisse dans cette hospitalière demeure. Je me soumets en chrétienne; je me résigne en femme soucieuse de sa dignité... Bannie du cœur de Giannino, la fille de Vanni Agazza ne sera pas chassée du vôtre.

— Si mon enfant est capable de cette infamie, dit le vieillard, je le maudis!

— Vous n'en avez pas le droit, objecta le moine d'une voie ferme; laissez s'accomplir les desseins du ciel.

— J'en mourrai..., murmura Mino de Baglioni.

— Consolez-vous, dit Giannino au banquier; un retard dans la réalisation de vos projets doit-il vous émouvoir à ce point? Necca ne peut-elle attendre?...

— Que le bonheur de Necca n'entrave pas votre avenir, Giannino, répondit la jeune fille avec une fierté triste.

— Je vous jure qu'à mon retour de Rome...

— Vous le voyez bien, vous partez!

— Ne suis-je pas allé déjà dans la capitale du monde chrétien, lors du jubilé solennel de 1350?

— Vos affaires vous y appelaient.

— Nullement; mes plaisirs tout au plus... Cette fois j'obéis à la prière d'un homme puissant, généreux... Ce serait mal vous chérir, Necca, que de refuser l'occasion de vous offrir un sort digne de vous.

— Si vous ne voyiez que moi seule, Gianni, vous répondriez à Rienzi ce que le Christ disait à Satan : « Retire-toi, tentateur! » Mais non; tandis que je vous parle, vous changez de visage, et déjà vous avez hâte d'abandonner cette maison...

— Je vous prouverai..., dit encore Giannino.

Necca se détourna pour essuyer une larme :

— C'est la dernière! dit-elle au vieillard.

Les préparatifs du jeune homme furent courts; il les abrégea fiévreusement, ainsi que ses adieux; il brûlait d'arriver à Rome et d'apprendre le secret de sa destinée. Pour obéir aux prescriptions de Rienzi, il se procura un habit de soldat, et, sous ce costume, à la nuit tombante, il abandonna la maison du banquier, où le matin même il avait dit, en voyant apparaitre Necca rayonnante :

— Voici l'aurore, voici l'amour!

Le trajet s'acheva rapidement; Giannino et le franciscain arrivèrent à

Rome le 2 octobre. La ville était en fête; Rienzi, qui n'avait rien perdu de son amour pour le luxe et les manifestations bruyantes, faisait célébrer dans la capitale son retour et sa nouvelle faveur. Il avait un double but en agissant de la sorte, et son penchant naturel se doublait d'une précaution politique. Les Colonna conspiraient toujours contre lui, il le savait; cette famille, décimée sous les murs de Rome, se sentait assez forte encore pour lutter contre le tribun. Elle disposait de la noblesse, et Rienzi tentait d'attirer dans son parti les chevaliers romains, en multipliant les joutes, les courses, les bruyants plaisirs qui permettent à la jeunesse oisive d'étaler son opulence et de faire briller sa bravoure. Giannino, masqué par la visière de son casque, prit part aux cavalcades du champ de Flore, et remporta le prix de l'une des joutes. Puis il fit annoncer à Rienzi son arrivée et lui demanda audience.

Le tribun en fixa le jour au 4 octobre.

Giannino, sous l'empire d'une profonde émotion, se rendit au Capitole. Il croyait trouver dans Rienzi l'homme ardent, enthousiaste, qu'on lui avait dépeint, ou tout au moins le confident empressé, dévoué, que faisait pressentir sa lettre. Il vit dans le tribun, malgré son urbanité, un magistrat impassible, questionnant avec calme de la voix et du regard, et demandant à Giannino le secret de sa vie sans lui rien donner en échange. Rienzi insista beaucoup sur l'enfance de Giannino, son séjour à Cressy, ses visites à l'abbaye de Saint-Denis, la froideur mal déguisée de la dame de Cressy. Il exigea que le jeune homme rappelât tous ses souvenirs relatifs aux sires de Croysex et de Nanteuil. Aucun détail, si minime qu'il fût, ne semblait inutile à Rienzi. Tout en écoutant Giannino, il traçait des chiffres, prenait des notes, et cherchait des concordances de faits et de dates. Après un long interrogatoire, le tribun se leva, et, prenant la main de Giannino, il la baisa:

— Votre Majesté me pardonnera, je l'espère, ces précautions indispensables et ces questions multipliées... Voici le testament de dame Marie de Cressy, dont vous vous êtes cru le fils; la confession de frère Jordan, des ermites de Saint-Augustin; les notes de voyage de frère Antoine, du même couvent, qui remit ces documents à fra Bartholomeo, de qui je les tiens moi-même. De ces mémoires, de ces attestations ressort la preuve que, dans l'intérêt de votre vie, menacée par la comtesse d'Artois, pairesse du royaume, on vous substitua, le jour même de votre baptême, l'enfant de dame Marie de Cressy, nourrice de Jean Ier le Posthume...

— Quoi! s'écria Giannino, je serais...

— Le fils légitime de Louis X le Hutin, roi de France, et de Clémence de Hongrie, sa femme.

— C'est un rêve! murmura Giannino, un rêve éblouissant... Roi! moi? Roi! celui qui se croyait le petit-fils d'un banquier de Sienne! Et roi de quelle patrie? de la France, ce pays si beau que, s'il n'y avait point le ciel, Dieu le voudrait pour empire... Je n'ose croire encore à un destin pareil.

— J'y crois, moi, répondit Rienzi d'une voix vibrante. Je suis tellement

Entrevue de Rienzi et de Giannino.

convaincu de la validité de vos droits et du succès de votre entreprise que je voue à votre service le peu de forces qui me restent et le crédit dont je dispose... Ne vous exagérez pas cette offre, Sire... Je vous offre ma protection, et j'ignore si je ne devrais pas me protéger moi-même. J'ai pris en main une cause juste, mais fatale; elle tua Arteveld; Étienne Marcel succombera sous son poids. Mais qu'importe à Rienzi? Ce qu'il faut pour sa gloire, ce qui suffira pour lui donner des titres devant la postérité, ce sera d'avoir rendu sa patrie au bourgeois de Sienne, son nom à l'enfant adoptif de Guccio Baglioni, sa couronne à l'héritier spolié.

—Ah! s'écria Giannino, ma reconnaissance...

— La reconnaissance, répondit Rienzi, non sans amertume, est une dette que chacun reconnaît et que Dieu seul acquitte. J'ai vécu plus que vous, monseigneur... Voici, outre les papiers qui vous concernent, une *charte* écrite tout entière de ma main, scellée de mon sceau ; elle renferme le détail des événements qui vous concernent, depuis le mariage de Marie de Cressy avec Guccio Mino de Baglioni jusqu'au jour où Bartholomeo me remit les papiers de frère Antoine... Si quelque malheur fondait sur moi, faites état de cette pièce, par laquelle je vous reconnais solennellement pour l'héritier de Louis X; et maintenant, prince, muni de ces documents, rendez-vous auprès du cardinal d'Espagne, légat d'Italie; obtenez son appui d'abord. Nous nous adresserons ensuite au roi de Hongrie, votre oncle, puis au pape... Cette marche est lente, mais sûre... En songeant à vos intérêts, daignez vous souvenir des miens. Moi fort dans Rome, je reste un allié puissant; vaincu, je vous nuis au lieu de vous servir...

— Vous l'avez dit, répliqua Giannino, nos intérêts sont les mêmes.

— Que le ciel favorise Votre Majesté! dit le tribun.

Rienzi fit ouvrir à deux battants les portes de son appartement, donna ordre de rassembler dans la cour d'honneur la garde du Capitole; puis, présentant Giannino aux chevaliers, aux chefs, aux soldats, il déclara, par droit de succession, Giannino légitime héritier de la couronne de France. Alors éclatèrent les fanfares de trompettes, les roulements sourds des tambours et des acclamations unanimes pour le fils de Louis X.

Le soir même, tandis que Giannino s'entretenait de ses projets avec fra Bartholomeo, un serviteur lui remit un billet. Giannino le lut, fit un signe d'acquiescement, puis le cacha dans sa poitrine.

— Ne puis-je savoir? demanda le religieux.

— Secret d'État, répondit en riant Giannino.

— Déjà! s'écria le moine.

Quelques minutes après, Giannino, avide, disait-il, de respirer l'air frais du Tibre, s'engageait dans les rues de Rome et gagnait, non pas les bords du fleuve, mais l'église renfermant les tombeaux des saints apôtres.

Au moment où il allait s'agenouiller, une femme, portant le costume des pèlerines, s'approcha de lui :

— Giannino, roi de France, dit-elle, les Colonna, instruits de ce qui s'est aujourd'hui passé au Capitole, t'enveloppent déjà dans leur haine pour Rienzi... Ton signalement est donné; au coin de chaque rue tu peux trouver un assassin... Fuis cette ville, dont pour toi le séjour serait mortel... Fuis, non pas dans deux jours, dans une heure, à l'instant... Cache tes habits de soldat sous cette robe de bure, et que Dieu te garde, roi Giannino !

— Qui donc es-tu pour me connaître si bien ? demanda le jeune homme ; que puis-je faire pour te prouver ma reconnaissance ?

— Sois heureux ! répondit la pèlerine.

Giannino voulut questionner sa mystérieuse conseillère, mais elle disparut dans les ombres de la nef. Alors le prétendant devint sérieux, et un soupir s'échappa de sa poitrine.

Un moment après, un moine franciscain quittait la chapelle des Saints-Apôtres.

VIII

LE BUCHER D'ORTIES

Giannino avait à peine quitté Rome pour se rendre près du légat, que le tribun regretta son départ. Les menées des Colonna, pour le renverser, prirent de telles proportions qu'il devenait indispensable de les déjouer. Il fallait des hommes, et de l'argent pour payer ces hommes. Le cardinal d'Espagne promettait un concours efficace ; la prudence ordonnait de l'employer sans retard. Le temps des illusions était passé pour Rienzi ; sa première défaite l'avait vu condamner à mort, la seconde sonnerait l'heure de son supplice, et cette fois Pétrarque ne serait pas là pour obtenir sa grâce. Toute l'énergie du tribun se réveilla pour la lutte suprême. Pendant trois jours il rassembla ses partisans, emprunta aux juifs de l'argent pour subvenir aux premières dépenses, puis il songea de nouveau à Giannino. Où trouver alors le prétendant ? Quelle route avait-il suivie ? Rienzi l'ignorait.

Il venait d'achever sa lettre à l'héritier de Louis X ; il sonna, et un valet parut :

— Fais-moi chercher, dit le tribun, un homme capable de faire rapidement un voyage ; prends-le jeune et fidèle, si tu le peux.

— Monseigneur, répondit le valet, depuis trois jours un pâtre des environs se tient sur les marches du palais, attendant, dit-il, des ordres que vous ne manquerez pas de lui donner.

— Qu'il vienne, dit Rienzi.

Un moment après, le pâtre entra. Il paraissait âgé de seize ans; ses cheveux noirs bouclaient sur son cou, que le soleil n'avait point hâlé. Il portait, avec une élégance native, un costume pittoresque. La franchise brillait dans son regard, et la tristesse creusait un pli sur son jeune front.

— Qui es-tu, toi qui prétends attendre mes ordres? demanda Rienzi en examinant l'adolescent.

— Un pauvre gardeur de chèvres dans les temps ordinaires, monseigneur; à cette heure un homme prêt à se faire tuer pour votre service. Quant à mon nom, il vous importe peu. Qu'est-ce qu'un nom? Un assemblage de syllabes; ce qu'il vous faut, c'est un cœur vaillant: je tais le nom, j'offre le cœur.

— Prends donc, dit le tribun en tendant une lettre à l'enfant; j'ai confiance, la jeunesse ne sait pas trahir. Je te remets un secret terrible, je te confie une mission dangereuse... La suscription de cette missive te prouve mon ignorance du lieu où se trouve actuellement l'homme à qui tu dois la remettre. Il est sans doute chez le cardinal d'Espagne, à Montefiascone; mais il se peut qu'il n'ait pas quitté Arezzo, Orvietto, que sais-je?... Pars, chaque minute vaut un siècle.

— Seigneur, dit le pâtre, si vous ne me voyez pas revenir, c'est que je serai mort, mort au service de Giannino, roi de France...

L'enfant sortit rapidement et marcha dans la campagne jusqu'à ce que la fatigue et la faim l'obligeassent à prendre un peu de repos dans une auberge. Il se renseigna sur la route de Montefiascone, et, pendant la fraîcheur de la nuit, il poursuivit son chemin. Quand il se sentait trop las, il tirait de son sein la lettre de Rienzi, la portait à ses lèvres et en relisait la suscription mystérieuse :

A JEAN DE GUCCIO, officier de notre maison, à présent à Montefiascone, à Orvietto ou à Arezzo, très-excellent prince, roi très-excellent, supérieur à tous les autres rois de la chrétienté, connu de Dieu seul et inconnu au monde à cause des malversations commises envers vous, au moment de votre naissance, par ceux qui auraient tenu de vous l'honneur et l'existence, s'il leur avait été donné de connaître la vérité.

Il s'informa de Giannino à Orvietto, à Arezzo, sans trouver aucun renseignement positif. En effet, Giannino, abandonnant les grandes routes dans la crainte d'être poursuivi, avait gagné Montefiascone par des chemins détournés. L'accueil du légat fut chaleureux. Il promit au prétendant de soutenir ses droits ; en même temps il s'occupa de venir en aide à Rienzi, sans croire cependant le danger imminent. On ne pouvait, du reste, improviser les secours dont il avait besoin. Une levée de mercenaires demandait au moins quelques jours, et une semaine se passa avant que la troupe, équipée et payée d'avance de la solde d'un mois, fût prête à marcher sous le commandement de Giannino.

Le prétendant au trône de France recevait, dans le cabinet du cardinal, ses dernières instructions, quand le pâtre, messager de Rienzi, se fit annoncer comme porteur d'importantes nouvelles.

Le légat le fit introduire, et l'enfant remit à Giannino la missive, datée du 7 octobre.

Voici ce qu'elle contenait [1] :

« Au Capitole.

« Très-noble prince,

« Nous vous avons envoyé près de M. le légat, notre ami, afin que vous demeurassiez inconnu, et aussi pour que vous pussiez venir à notre aide, en lui demandant d'envoyer son armée contre les rebelles de la sainte Église, au peuple romain et à l'autorité que Dieu a mise entre nos mains contre les ennemis de la sainte Église, du peuple de Rome et de la dignité que nous tenons de la main de Dieu. Nous vous adressons cette lettre comme à une personne de notre naissance, afin que tout le monde ignore que vous traitez avec M. le légat pour qu'il nous envoie le secours que nous lui avons demandé ; car nous savons que de nombreuses intrigues s'ourdissent à Rome contre la sainte Église, le peuple romain et notre propre autorité. Nous vous avons envoyé des lettres qui en contenaient le détail, pour que vous les présentassiez à M. le légat, et que nous voyions ainsi ce que vous aurez pu obtenir de lui. Nous apprenons à l'instant que des menées si audacieuses sont dirigées contre nous, au dedans de Rome, qu'il nous paraît certain qu'il n'y a point de salut à espérer pour nous, le secours de la sainte Église tardant trop à nous parvenir. Nous vous prions néanmoins de ne chercher aucunement à vous rapprocher, quant à présent, de notre personne ; retirez-vous, au contraire, dans un lieu sûr, jusqu'à ce que vous ayez reçu de nous un avis qui pourrait vous y déterminer.

---

[1] Cette lettre, comme la précédente, comme la charte de Rienzi, fait partie de la collection des pièces conservées dans la bibliothèque de Sienne.

Nous vous prions de demeurer en paix et de ne vous épouvanter de rien de ce qui pourrait arriver; car, avec la permission de Dieu, vous serez bientôt rétabli dans votre dignité royale, et j'ai la ferme confiance que Dieu enverra au-devant de vous quelqu'un qui vous remplacera dans votre seigneurie. Si nous ne vous écrivons pas aussi honorablement qu'il conviendrait, dans la suscription de cette lettre, pardonnez-nous-le; les circonstances, qui ne permettent pas que vous soyez connu, seront notre excuse, car notre but principal est d'assurer votre tranquillité; et voyant que nous ne pouvons espérer de sauver notre personne, nous vous écrivons ce que plus tard nous croyions pouvoir vous manifester nous-même, à savoir : que vous êtes véritablement roi de France et le fils légitime du roi Louis, premier-né du roi Philippe le Bel, et que votre mère a été la reine Clémence, fille de Charles-Martel; vous avez reçu, avec les eaux du baptême, le nom de Jean. Ne perdez pas courage, car, dans peu de temps, vous serez certainement seigneur et roi de France ; et, je l'affirme, tout habitant de ce royaume deviendra votre sujet.

« Donné au Capitole, le septième jour d'octobre 1354.

« NICOLAS,

« Chevalier du peuple romain par l'autorité du saint-siége apostolique, sénateur illustre, syndic et capitaine de la sainte cité. »

— Monsieur le légat, s'écria Giannino en achevant la lecture de cette lettre, c'est à l'instant même qu'il faut partir; une minute de retard peut être fatale à Rienzi; voyez ce qu'il écrit.

— Oui, le danger est grand, répliqua le cardinal en rendant à Giannino la lettre du tribun; envoyez des hommes, des chevaux, de l'argent; ne vous exposez pas vous-même, Rienzi vous le conseille en termes affectueux et prudents.

— Eh! qu'importe après tout? dit Giannino; pour connaître depuis quelques jours mes droits à la couronne de France, vais-je devenir ingrat et lâche? Alors le peuple sur lequel j'aspire à régner aurait raison de me regarder comme un fourbe, car jamais prince ne s'y dispensa d'être chevalier.

— Prince, reprit le légat, les souverains se doivent à leurs peuples, et vous n'avez pas le droit...

— Béni soit le ciel alors que l'onction sainte n'ait pas touché mon front! Le bourgeois de Sienne peut encore payer la dette du roi de France.

Puis Giannino, se tournant vers le pâtre :

—Prends ce collier, lui dit-il; ta course fut longue, et tu te soutiens à peine, pauvre enfant.

— J'accepte le remercîment, répondit le pâtre; le collier d'or, je le refuse, ne vendant pas mes services, même à un roi.

— Alors ta main, et merci! Et maintenant, monsieur le légat, Dieu et saint Denis me soient en aide; je saute sur mon cheval et je cours ventre à terre au secours de Rienzi! En selle, vous tous! cria Giannino en ouvrant la fenêtre, dague au poing et casque en tête! En avant! en avant! Il s'agit de protéger l'Église et de sauver le tribun du peuple!

— Le tribun est mort! cria d'une voix rauque un homme couvert de poussière et harassé de fatigue, qui pénétra dans la chambre, à travers le groupe de valets qui lui fermait le passage.

Le cardinal se leva brusquement:

— Mort! dis-tu, mort Rienzi?

— Oui, messire, et de quelle mort! Jamais la haine ne trouva plus abominable supplice, jamais créature vivante ne souffrit dans son âme et dans son corps ce qu'endura le tribun du peuple.

— Parle, parle! dit Giannino d'une voix fiévreuse.

— Le chevalier de Rome ne se méprenait pas au calme apparent des Colonna; leur rancune datait de loin: le premier ennemi que Rienzi compta dans cette famille fut le cardinal Jean Colonna, qui l'accusa devant le pape; quatre Colonna tués sous les murs de Rome léguèrent la vengeance à leurs héritiers; ceux-ci n'ont pas cessé une heure de la poursuivre. Plus Rienzi multipliait d'efforts pour pacifier l'Italie, plus les barons fomentaient la révolte. Leur or payait le mécontentement, il allait soudoyer l'émeute. Le 8 de ce mois, dès l'aube, il fut facile de prévoir des événements graves… On rencontrait dans les rues des gens affairés, mystérieux, s'interrogeant et se répondant par des signes, se groupant près des carrefours, se réunissant près des églises. Peu à peu, la foule s'amassa près du Capitole, le cerna et demanda à grands cris qu'on lui livrât Rienzi. Le tribun parut à la première sommation du peuple. Tant de fois il avait soulevé la colère ou refréné la haine qu'il se fiait à son éloquence pour le dompter encore… Mais à sa vue la foule hurla plus fort: A mort! à mort! On ne permit pas à Rienzi de prononcer une parole; l'insulte était dans toutes les bouches, la menace dans tous les yeux… Les gens des Colonna soutenaient la fureur générale; les chefs attendaient dans leur palais que la victime fût sacrifiée. Rienzi, voyant que personne ne répondait à son appel, essaya de se soustraire à l'orage… A quoi bon lutter? Bête féroce, le peuple était déchaîné…

Rienzi emprunta l'habit d'un jardinier et tenta de s'évader du Capitole... On le reconnut... Alors s'épuisa sur cet homme sans armes tout ce que peut inventer la barbarie. Il n'est pas de tortures qu'on ne lui ait infligées... Sanglant, pantelant, brisé, on le traîna de rue en rue, multipliant les coups, les blessures, et, quand Rienzi ne fut plus qu'un cadavre, on s'acharna sur ce cadavre défiguré! Ce ne fut pas tout ; le peuple ne brise pas à demi ses idoles, la poussière même du tribun devait disparaître : on amoncela des orties en bûcher, et pour le rendre plus infamant, on chargea les juifs d'y mettre le feu... Les cendres de Rienzi sont au fond du Tibre. Moi qui lui devais le pain de ma famille et qui n'ai pu le sauver, je suis accouru à Montefiascone, sachant que Mgr le légat était son ami, afin de le prévenir et de venger s'il se peut le consul des pauvres...

Longtemps le silence régna dans la salle après le récit du paysan ; le cardinal, accablé de douleur, restait immobile, le front caché dans ses mains ; Giannino, les poings crispés, la lèvre enfiévrée, le pâtre pleurant silencieusement, le front collé contre les vitraux de la fenêtre.

Le jour même, la troupe des mercenaires fut licenciée.

Privé de Rienzi, le cardinal d'Espagne ne possédait pas assez de crédit pour faire reconnaître les droits du prétendant. Du reste, Giannino, étourdi par le coup imprévu qui le frappait, sentit défaillir son énergie.

— L'heure n'est pas venu, dit-il au légat ; j'attendrai qu'elle sonne... Le premier événement grave qui surviendra dans le royaume de France me donnera le signal d'agir.

Il prit donc congé du cardinal ; au moment de partir, il aperçut le jeune messager de Rienzi.

— Veux-tu partager ma fortune, bonne ou mauvaise? lui demanda-t-il.

— Je refuserais la bonne, répondit l'enfant ; quant à la mauvaise, j'en prendrai ma part sans que vous me l'offriez...

— Singulier enfant! murmura Giannino.

Il appela le pâtre de nouveau, mais celui-ci s'en allait à grands pas, chantant une ballade commençant par ce vers :

Rondinella pellegrina...

— Je suis fou, pensa Giannino ; cette voix... mais non! je vis dans un monde de visions fantastiques... Pourtant cette chanson... Ah! j'ai hâte de me retrouver dans la maison de Mino de Baglioni... Mon père! mon père véritable par la tendresse... Qu'il ignore toujours le secret de ma naissance, et qu'en mourant, il croie bénir un fils!... J'abjure mon ambition, je renonce à mes droits... Depuis quinze jours j'ai la fièvre, je souffre... je vis au milieu de complots, d'assassins! Pauvre maison de Sienne, tu me garderas mieux qu'un palais.

Le souvenir de Necca revint à sa pensée, plus vif et plus tendre.

— Elle me pardonnera, pensa-t-il, je me repens; nous célébrerons nos

Giannino et la pèlerine.

fiançailles, non plus devant Baglioni seulement, mais en présence de tous nos amis!

Giannino rentra un soir dans la ville de Sienne; la maison du banquier semblait extérieurement plus sombre que jamais. Les serviteurs poussèrent un cri de joie en reconnaissant leur maître, et le jeune homme alla se jeter dans les bras du vieillard, qui, tout tremblant, s'était levé en reconnaissant sa voix.

— Toi! toi! s'écria-t-il, ah! le Seigneur est bon! j'ai cru te perdre à jamais!

— Je reviens, mon père, et pour toujours...

16

— Vrai! et tu me diras plus tard ce qui faillit m'enlever mon enfant... ce que voulait dire Bartholoméo... ce que signifiait la lettre de Rienzi...

— Rienzi est mort!... Bartholomeo est rentré dans son couvent!... la lettre fatale est brûlée!... Reprenons la vie où elle était le jour de mon départ.

— Hélas! j'avais alors deux enfants.

— Necca? fit Giannino avec un cri d'angoisse.

— A disparu de Sienne, laissant à Vanni Agazza une lettre d'adieu... On croit qu'elle s'est réfugiée dans un monastère...

Cette nouvelle porta un coup violent à Giannino. On attribua à la perte de Necca la solitude dans laquelle il vécut sans prendre part à aucun des plaisirs de son âge. Fra Bartholomeo parvenait mal à réveiller ses ambitions endormies.

Mino de Baglioni s'éteignit cette même année, laissant à Giannino tous ses biens. Le jeune homme, remis du premier choc de cette douleur, s'occupa plus activement que jamais des intérêts de la république de Sienne. Le conseil général et public de la ville devant s'assembler pour la réélection de trois de ses membres, Giannino se présenta et reçut des bourgeois notables des promesses formelles.

C'en était fait sans nul doute des rêves pompeux du prétendant; il allait limiter son existence, s'accommoder de sa vie et de sa fortune, quand éclata la nouvelle de la défaite de Poitiers, arrivée le 17 septembre 1356.

Jean II prisonnier des Anglais; la régence de France abandonnée au duc de Normandie, prince vaniteux, malingre, débauché, incapable de se défendre contre Charles de Navarre autrement que par la trahison; Paris soulevé pour réclamer ses franchises; l'étranger aux portes de la capitale: tout se réunissait pour rendre facile au prétendant la revendication de ses droits.

Bartholomeo devint immédiatement à Sienne le héraut, le messager, le ministre de Jean I*er* le Posthume; il porta en plein conseil la charte, les lettres de Rienzi, les *Mémoires* de Marie de Cressy et ceux du frère Jordan; en même temps il annonça que la situation désespérée où se trouvait la France nécessitait la présence du prince; celui-ci venait d'écrire à son oncle le roi de Hongrie pour lui demander sa protection. Le conseil répondit que si le roi de Hongrie reconnaissait Giannino pour son neveu, il s'empresserait de rendre au prétendant tous les services qu'il pourrait. Giannino reçut par le retour du courrier la réponse de son parent; celui-ci s'attendrissait sur le sort de la reine Clémence, sur les malheurs de son enfant, s'accusait de ne pouvoir en ce moment lui envoyer de l'argent et des hommes, et priait la ville de Sienne de lui venir en aide.

Le 28 octobre 1358, le conseil était rassemblé pour la réélection de trois de ses membres; le nom de Giannino Guccio de Mino de Baglioni venait de sortir de l'urne, quand la lettre du roi de Hongrie fut remise au prétendant.

Il la passa au podestat, qui, après en avoir fait lecture à haute voix, cassa l'élection de Giannino, bourgeois de Sienne, comme membre du conseil général de la république, et le salua roi de France. A ce titre, on lui alloua sur l'heure des revenus, des gardes lui furent données, et le podestat choisit parmi les plus notables habitants de la ville ceux qui devaient composer le conseil privé de Giannino, roi de France.

IX

DANIEL LE RENÉGAT

La plus sombre boutique du Ghetto appartenait à un juif converti, flétri par ses coreligionnaires du surnom de *Daniel le Renégat*. C'était un homme dont la vieillesse atteignait les limites de l'impossible, et qui, dépositaire des richesses de quinze générations, possédait à lui seul de quoi payer la moitié des palais de Venise. Aussi, à quelque heure du jour ou de la nuit que l'on traversât son obscur quartier, était-on certain de voir dans le logis de Daniel des marchands de pierreries, des emprunteurs sur gages appartenant aux classes les plus diverses de la société. Daniel n'en portait pas moins une houppelande verdâtre rapiécée aux coudes, garnie d'une fourrure dont le poil s'envolait par larges places, un bonnet graisseux et des chaussures béantes.

La boutique elle-même suintait la pauvreté : des loques pendaient aux murailles, des bêtes empaillées descendaient du plafond, des instruments de physique allongeaient leurs cous dans les angles; les tables, les escabeaux boitaient; les balances elles-mêmes oubliaient de garder l'équilibre de leurs plateaux.

Les pauvres gens ayant affaire à Daniel traitaient avec lui dans la boutique; les riches clients grimpaient un tortueux escalier et se trouvaient subitement dans une pièce où s'entassaient les merveilles du tissage et de l'orfévrerie. L'argent remplissait des coffres de cèdre; un meuble à tiroirs contenait les diamants démontés, les parures complètes.

Daniel vivait seul, sans famille, sans serviteur : l'âge le courbait sans parvenir à le vaincre, et quelque besoin qu'il ressentit parfois d'avoir un aide auprès de lui, il remettait de jour en jour à en choisir un. Cependant sa main devenait tremblante, sa vue se troublait. Un jour il se vit dans l'impossibilité de tenir ses comptes, et dut s'occuper de trouver un scribe.

Un matin, un jeune adolescent se présenta. Sa mise était modeste, son air timide. Il se proposa pour tenir les écritures du banquier prêteur.

— Tu es trop jeune, répondit Daniel.

— Si j'étais plus âgé, je demanderais des gages.

— Tu n'en veux donc pas?

— Non, pour commencer.

Le juif le regarda avec défiance.

— Tu ne saurais me convenir; celui qui ne cherche pas à gagner de l'argent le plus vite et le plus possible manque du génie du commerce.

— C'est si bien une vocation pour moi que je me trouve rémunéré par vos leçons. Vous me nourrirez... Je mange peu... Mes habits dureront au moins une année... Vous m'initierez à la banque; vous m'apprendrez la valeur des pièces; puis, quand vous le jugerez opportun, vous rétribuerez mon zèle... Quant à mon savoir, donnez-moi un de vos livres que j'épure le compte d'un de vos clients.

Daniel ne répondit pas encore. L'adolescent, intimidé, attendait, les yeux fixés à terre. Tout à coup ses yeux distinguèrent sur le carreau un petit diamant égaré; il se baissa, le releva et le tendit au juif en lui disant avec un sourire:

— Je suis incapable d'avoir de telles distractions.

Puis, saisissant une plume, il se mit à tracer des caractères et des chiffres si nets que les petits yeux du juif pétillèrent de joie.

— Mais je n'ai pas où te loger, dit-il.

— Bah! je coucherai sur cette table, avec un manteau pour couverture et pour oreiller.

— Quand commences-tu ta besogne?

— Moi? je ne vous quitte plus.

— Et comment te nomme-t-on?

— Ah! oui; on m'appelle... Zucco.

Une heure après, Zucco était de la maison. En quelques jours il se mit au courant des affaires et transforma l'intérieur du juif.

La boutique parut rajeunir, et jamais la salle du premier étage n'avait paru si brillante. Zucco ne se plaignait de rien, mangeait comme un oiseau, dormait à peine et travaillait une partie de la nuit. Daniel se réjouissait de son acquisition, et sa confiance dans Zucco grandit d'une façon aussi rapide qu'imprévue.

Daniel le Renégat.

Tandis que le juif et l'enfant nettoyaient un jour des parures de prix, Zucco, s'arrêtant, regarda Daniel en face:

— N'avez-vous jamais, lui demanda-t-il, rêvé plus que la fortune? Votre ambition n'a-t-elle pas atteint les sommets de la puissance? Vous régnez dans votre boutique, ne préféreriez-vous pas gouverner des provinces?

— Railles-tu? demanda le juif. Qui donc, en Italie, vendrait ses États à Daniel le Renégat?

— Et qui vous parle de l'Italie? Le domaine de la race juive, c'est le monde. Dieu dit aux fils d'Abraham : «Multipliez-vous comme les étoiles...» Leur patrie s'appelle la terre.

— Que veux-tu dire? demanda le juif.

— Maître Daniel, un seul mot : remettez demain au jeune homme qui se présentera dans votre boutique votre or monnayé et vos diamants, sans réserve aucune, sans crainte... Voilà le seul conseil que je puisse actuellement vous donner.

— Tu es fou!

— A votre aise. Mais la nuit descend, et mes yeux ne distinguent plus un rubis d'une perle; vous me permettrez donc d'aller regarder les pigeons de la république et de voir si l'on jette beaucoup de dénonciations dans la gueule du lion de Venise.

— Mais m'expliqueras-tu?...

— A demain, maître! A demain!

Zucco sortit.

Après avoir longtemps erré dans le Ghetto, il pénétra dans un petit jardin d'où l'on ne le vit pas sortir. Et si Daniel avait eu la tentation de contempler aussi, lui, la place Saint-Marc au clair de lune, il aurait été fort surpris de n'y point apercevoir son scribe. Une pèlerine assise sur les marches d'un escalier de marbre s'y trouvait seule en ce moment. Elle se leva rapidement en voyant s'avancer un jeune homme de bonne mine qui cherchait évidemment quelqu'un, car ses regards fouillaient de tous côtés. La pèlerine le rejoignit.

— Je suis celle que vous attendez, et voici les renseignements que je dois vous transmettre. Allez demain au Ghetto chez Daniel le Renégat; demandez-lui assez d'or pour lever une armée, des joyaux dignes de votre condition... Il vous prêtera tout cela sur un traité avantageux en cas de réussite dans vos projets...

— Mes projets? Je suis à Venise depuis deux jours, et tu sais?...

— Je sais que, reconnu pour légitime roi de France par le podestat de Sienne et ses amis, vous vous êtes trouvé subitement avoir pour ennemis les bourgeois de la ville, peu désireux de vous constituer des revenus, de solder votre garde et de défrayer votre maison... Vous commencez votre tour d'Europe et vous manquez de tout... Prenez d'abord mon conseil; il est bon, et puis je le donne pour rien.

— Est-ce donc le premier? demanda le jeune voyageur. Crois-tu que je ne reconnais pas en toi la pèlerine qui me facilita le moyen de quitter

Rome quand les Colonna voulaient me comprendre dans la proscription de Rienzi?

— Si vous me reconnaissez, reprit la pèlerine, obéissez-moi comme vous l'avez fait déjà : vous n'aurez pas lieu de vous en repentir.

— Soit. Demain au Ghetto, chez maître Daniel.

— Adieu jusqu'alors, Sire...

— Tu ne m'échapperas pas de la sorte ! s'écria Giannino en saisissant le poignet de la pèlerine. Je saurai, je veux savoir quel bon ange s'attache à moi pour défendre ma vie, mes intérêts, et préparer ma destinée... Ta main est frêle et douce, ta voix harmonieuse ; tu es jeune et belle... Pour te dévouer de la sorte à Jean le Posthume, et presque Jean Sans terre, réponds, qui es-tu?

— Je n'ai pas mérité l'insulte de votre curiosité, Sire ; respectez en moi l'amie qui ne faillira jamais, et jurez, oui, jurez sur votre mère de ne pas même chercher à savoir de quel côté je dirigerai mes pas.

— L'unique moyen de te revoir est-il d'obéir?

— Le seul, monseigneur.

— Je te le jure donc, dit Giannino avec l'accent du regret.

Et, fidèle à sa parole, le jeune homme n'essaya pas de savoir dans quelle rue pleine d'ombre se perdait la robe flottante de la pèlerine.

Il dormit mal pendant la nuit. Dès l'aube il s'informa du quartier du juif, reconnut vite la boutique de Daniel et aperçut derrière les petits vitraux de la fenêtre un adolescent blond qui le regardait. Giannino s'avança vers la porte, et Zucco l'ouvrit avant que le prétendant eût mis la main sur la poignée de cuivre.

— Maître Daniel? demanda le prétendant.

Zucco s'élança vers l'escalier en spirale et introduisit le prétendant près du juif.

Giannino commença par étaler devant Daniel ses titres : la charte de Rienzi, la lettre du roi de Hongrie; puis il dit au renégat, en accentuant chaque mot :

— Je suis légitime roi de France; mais ce royaume reste à l'état de rêve et de fiction si je ne puis m'en rendre maître... Tout me manque en ce moment : le luxe d'un prince, l'armée d'un prétendant, l'argent d'un maître des monnaies... Je te céderai deux provinces de France en cas de réussite... si tu m'avances les sommes dont j'ai besoin pour marcher sur Paris et les joyaux nécessaires pour que le fils de Clémence de Hongrie fasse figure à la cour de son oncle Louis... Le traité est prêt; ma signature y est apposée; ton nom au bas, et encore quelques mois, tu seras comte ou duc dans ma patrie.

Daniel hésita, refusa, revint sur son refus, tour à tour mordu par l'ambition et tourmenté par l'avarice. Les provinces de Giannino étaient loin, les diamants et l'or se trouvaient là sous la main... Jamais peut-être il n'apercevrait la moindre tourelle d'un de ses châteaux, et il baignait à loisir ses doigts dans les pierreries. Cependant le désir de régner sur des hommes, de se faire l'égal des plus grands seigneurs de France, l'emporta sur ses appréhensions. Daniel signa, vida ses coffres, remplit une cassette de pierreries et cacha l'acte de cession dans son sein.

Quand il descendit, ses yeux gris flamboyaient.

Zucco devina le résultat de l'entretien. Il ferma le livre sur lequel il écrivait, posa sa plume sur la table, secoua son pourpoint et quitta sa place.

— Où vas-tu? demanda Daniel.

— En Hongrie, répondit le scribe.

— Tu m'abandonnes, ingrat?

— Non pas : j'accompagne vos joyaux pour les protéger.

— Au fait, murmura le juif, il a peut-être raison.

Il ne fut pas difficile de persuader à Giannino de prendre avec lui le scribe de Daniel. Avant la fin du jour, Zucco changeait son modeste costume pour un brillant habit de page et chevauchait à côté de son maître.

Dès que le roi de Hongrie apprit l'arrivée de son neveu, il ordonna des réjouissances publiques.

Le jeune prétendant charma tout le monde par sa grâce affable, son esprit chevaleresque; il se montra si adroit dans les jeux de guerre, entretint les dames d'une si galante façon, que les sujets du roi Louis devinrent des partisans fanatiques de sa cause. Giannino se prêta sans affectation de rigorisme aux plaisirs multipliés pour lui complaire; mais il ne négligea pas le côté positif de son voyage en Hongrie, demanda des lettres pour tous les princes voisins, recruta parmi les gentilshommes un groupe de chevaliers résolus à s'attacher à sa fortune; puis, sans retarder davantage l'exécution de ses projets, il quitta le roi de Hongrie et se dirigea vers Bude.

Il en était à mi-chemin environ, quand la vue d'une sorte de camp attira son regard. Piqué par la curiosité, Giannino s'avança vers les tentes dressées au milieu d'un large espace vide; des soldats diversement armés préparaient un souper homérique. Des peaux de bœuf et de chèvre saignantes, suspendues à des branches d'arbres, témoignaient de la qualité et de la quantité des mets. Le feu flambait sous des vases de cuivre d'une contenance fabuleuse. Tandis qu'un groupe d'hommes achevait les apprêts du repas, un autre réparait les lances, les arcs, rajustait les courroies et passait en revue le ferrage des chevaux.

Les gens du camp, voyant s'approcher Giannino et sa troupe, poussèrent un cri d'alarme, et, un moment après, le prétendant et ses amis furent environnés de gens d'armes plus rébarbatifs que courtois.

— Que voulez-vous? demanda l'un des soudards à Giannino.

— Rien de vous, manant! répondit le jeune homme; mais je veux voir votre chef pour lui dire que votre façon d'interroger les voyageurs ressemble fort à celle des détrousseurs de grands chemins.

Attiré par le bruit de l'altercation, qui menaçait de se terminer par une querelle, le chef de la bande parut. C'était un homme robuste, haut de taille, assez beau de visage, à la chevelure rousse comme sa barbe. Sa voix rude gardait un accent anglais très-prononcé.

Sans doute la mine de Giannino et de ses compagnons lui inspira confiance, car il devint aussi courtois que ses hommes s'étaient montrés grossiers. Il essaya de les excuser en se plaignant de la curiosité malveillante des paysans et de la méchante humeur des magnats, qui mettaient sur le compte de ses hommes la moindre déprédation commise dans le pays.

— En signe que vous leur pardonnez, ajouta le capitaine, acceptez une tranche de rôti et une coupe de vin sous ma tente... Je me nomme Jean de Vernay, tout au service de Votre Seigneurie.

— Je me nomme dans le présent Giannino, répondit à son tour le prétendant; dans l'avenir je m'appellerai Jean Ier, roi de France.

Après le repas, le capitaine de Vernay eut avec son hôte un entretien dont le résultat fut que la bande de l'aventurier anglais passa sous le commandement absolu du prétendant, qui garda Jean de Vernay attaché à sa personne en qualité de lieutenant général du royaume de France [1].

A partir de ce jour, la grande compagnie, conduite par Giannino, se recruta dans les villes, les campagnes, jusqu'à prendre les proportions d'une armée. Elle se rendit à Bude, rançonna Vicence et Godre, pénétra en Lombardie, ravagea l'Étrurie, et se rendit si redoutable que toute l'Italie dut se mettre sur la défensive. Riche de butin et redoutant une coalition des princes, Giannino résolut de partir pour Avignon. Une

---

[1] Lettre du pape Innocent III au roi Louis et à la reine Jeanne de Sicile (*Thesaurus novus anecdotorum*, a D. Martinio, editus 1771); Matteo Villani, lib. IX; Muratori, t. XIV, p. 566.

flottille reçut ses troupes; un étendard fleurdelisé décora la poupe du canot dans lequel se tenaient Jean de Vernay, le prétendant, le page et quelques officiers.

Zucco, depuis son départ de Venise, n'avait pas quitté son maître. Pendant tous les combats, Giannino le trouvait à ses côtés, non plus sous un costume de page, mais couvert d'une armure à sa taille, se battant comme un lion et veillant sans relâche à la sûreté de son seigneur. Plus d'une fois Giannino témoigna par des paroles sincères la reconnaissance que lui inspirait ce dévouement. Alors Zucco changeait de visage, cherchait à diminuer le mérite de ses actes et s'éloignait de Giannino.

Un jour, dans une rencontre, Zucco fut blessé sous l'aisselle, et le sang teignit de pourpre le justaucorps bleu de l'enfant. Si résolu qu'il fût, Zucco chancela sur son cheval; Giannino s'en aperçut, le jeta en travers du sien, et d'un élan courut le déposer au pied d'un arbre. Puis, s'agenouillant sur l'herbe, il voulut délacer l'armure. Zucco, presque évanoui de douleur, revint à lui brusquement. D'une main il ferma sa blessure pour en arrêter le sang; de l'autre il repoussa Giannino avec une sorte de terreur.

— Laissez-moi! s'écria-t-il avec angoisse, par pitié, laissez-moi seul!...

— Mais ta blessure est grave, malheureux enfant!... Ton sang coule!... Tu m'as assez souvent défendu pour accepter mes soins.

— Si vous me touchez, je meurs! s'écria Zucco, les lèvres blêmes, le regard fixe, la poitrine soulevée par un effort suprême.

— Enfant obstiné, je te sauverai malgré toi!

Zucco saisit la dague du prétendant.

— Voulez-vous que je me tue sous vos yeux? demanda-t-il.

— C'est de la folie ou de la haine! s'écria Giannino en se reculant.

— Oui, de la folie, mon maître! répéta Zucco d'une voix subitement adoucie; puis, prenant la main de Giannino, il la baisa. Retournez vous battre, lui dit-il, je me panserai seul.

Zucco souffrit horriblement pendant huit jours sans permettre qu'on visitât sa blessure. Dès qu'il fut guéri, sa gaieté lui revint, une sorte de gaieté mélancolique à laquelle son maître trouvait un grand charme, car il préférait l'entretien de Zucco à celui de Jean de Vernay.

Tandis que le vent poussait les aventuriers vers la France, le jeune écuyer, assis à l'avant de la barque royale, suivait du regard les oiseaux descendant des plaines azurées pour baigner leurs ailes dans l'eau transparente. Comme cela lui était assez ordinaire, sa pensée se formulait en chansons d'un rhythme plaintif dont nul n'aurait pu citer le musicien ni le poëte ; puis tout à coup, et comme si ce refrain résumait toute sa rêverie, il chanta d'une voix douce en regardant les hirondelles tracer de grands cercles au-dessus de son front :

> Rondinella pellegrina...

Il commençait à peine le second vers que Giannino le rejoignait.

— Continue, Zucco, lui dit-il ; j'aime cette chanson, elle ravive au fond de mon âme le plus pur des souvenirs, et, dans mon existence aventureuse, c'est encore un souffle de bise caressant mon front enfiévré.

— Ah ! fit Zucco sans cesser de regarder les hirondelles, vous connaissez cet air ?... On vous l'a chanté au cœur plus qu'à l'oreille, peut-être... une noble dame...

— Zucco, c'était une chaste enfant dont la tombe se cache aujourd'hui sous l'herbe haute d'un cimetière.

— Vous l'aimiez ? demanda le page en penchant vers l'eau son visage.

— Je l'aimais trop peu, car je la sacrifiai... Elle m'aimait trop bien, car mon abandon l'a tuée... Comprends-tu pourquoi j'aime t'entendre dire la chanson de l'hirondelle ?

Zucco releva son front incliné, porta ses deux mains à sa poitrine, puis debout sur l'avant de la barque, se retenant d'un bras à la hampe du canot, il lança comme un chant de triomphe la mélodie qu'il murmurait auparavant.

— Merci ! merci ! lui dit Giannino ; et pour me prouver, ami, encore ton affection, prends cette bague et porte-la par amour pour moi.

— Oui, seigneur, dit Zucco, par amour pour vous.

La traversée fut heureuse. A peine débarquée, la troupe de Giannino débuta par un coup de fortune. Il existait sur les rives du Rhône un château fort auquel la nature prêtait l'appui de ses murailles rocheuses, mais dont la petite garnison négligeait complétement la défense. Codelecte[1] présentait aux regards des terrasses, des contre-forts de granit, des trous béants prêts à encadrer des gueules de bombardes, des meurtrières disposées pour les sarbacanes et tout l'attirail de défense des forteresses du moyen âge. Mais le comtat d'Avignon jouissait d'une paix si grande, surtout depuis que le pape l'avait acquis de Jeanne de Naples, que l'idée d'avoir à repousser une attaque ne pouvait venir au capitaine chargé de le

---

[1] Actuellement Codelet, département du Gard.

garder. Giannino comprit la valeur du manoir de Codelecte, et un habile coup de main l'en rendit maître. La garnison surprise fut passée au fil de l'épée, et il n'échappa pas même au massacre le messager qui, depuis les Thermopyles, est chargé de porter les mauvaises nouvelles. A partir de ce moment, Giannino fit de Codelecte son quartier général. Des troupes en partaient pour un ou plusieurs jours, parcourant et rançonnant la campagne, rentrant la nuit suivies de troupeaux de bœufs et de chèvres, de chariots remplis de butin provenant indifféremment des cabanes, des manoirs ou des chapelles. Il ne fallut pas un mois à la grande bande pour devenir la terreur du pays. Giannino expédia sa compagnie franche à Urgan, de là à Saint-Remy. Le château de Silione, propriété de Raymond de Montalban, ayant paru propre à la sûreté des troupes, l'assaut fut donné, et Giannino y pénétra en vainqueur, faisant grâce de la vie aux hommes d'armes qui s'enrôlaient dans sa troupe.

L'effroi se répandit dans toute la Provence. Jamais compagnie de routiers et d'écorcheurs n'avait semé terreur pareille. Et ce qui doublait le danger de la présence de Giannino dans le Midi, c'est que le prétendant ne manquait jamais de réclamer ses impôts comme un tribut légitime levé sur des sujets obéissant à l'usurpateur. Le régent de France s'effraya. Il connaissait mieux que personne la sinistre légende de la comtesse d'Artois. Si mystérieuse qu'eût été la confidence suprême de Jacques de Nanteuil et de Hugues de Croysex, le bruit courait sourdement que l'enfant de Clémence de Hongrie ne reposait point dans les caveaux de Saint-Denis. L'impopularité du régent venait en aide aux réclamations de Giannino. Le peuple avide de nouveauté prenait parti pour le prétendant. Si l'on racontait les courses aventureuses, les pillages de ses troupes, on pouvait leur donner pour excuse que les seigneurs français agissaient de la sorte et peut-être d'une façon pire. Le Midi tremblait devant l'armée de Giannino, mais les exactions de la noblesse de France avaient enfanté la jacquerie et devaient noyer dans le sang les fils de Jacques Bonhomme.

Le régent expédia en Provence des espions chargés de le renseigner sur la personne et les vues de Giannino. Ceux qui aperçurent le prétendant demeurèrent frappés de sa ressemblance avec le roi Louis X. Du reste, chaque démarche, chaque complot du régent contre Giannino échouait fatalement. Le prince Charles de Navarre, qui gardait rancune au Dauphin de la trahison de Rouen et de sa captivité au château d'Arleux, paraissait disposé à traiter Giannino en allié, sinon en parent. Cependant le duc de Normandie écrivit au pape pour le supplier de mettre sur pied toutes ses troupes, afin de tailler en pièces la Grande-Bande; mais, préoccupé de sa sûreté personnelle, le pape songeait bien davantage à se fortifier dans

Le collier.

Avignon. Alors le sénéchal de Provence leva des hommes, se mit en campagne et offrit le combat aux soldats du prétendant, à Saint-Étienne (ancienne Provence, arrondissement de Nice). La bataille fut terrible, elle dura de l'aube à la nuit. Vernay multiplia d'inutiles prodiges de valeur. Blessé en deux endroits, cerné par l'ennemi, il tenta de se percer de son épée, fut pris, chargé de fers et conduit en prison.

Giannino réussit cette fois encore à sauver sa liberté, sa vie. Il s'enfuit à Codelecte; mais faute de vivres, avide d'ailleurs de prendre une éclatante revanche de la défaite de Saint-Étienne, il accepta le combat sous les murs mêmes de Codelecte. Malgré son courage et l'habileté de ses dispositions, Giannino fut écrasé par cette force brutale qui s'appelle le nombre.

Entouré de cadavres, brisé de fatigue, blessé à la tête, il fut pris et conduit dans la même prison que Jean de Vernay. Au moment où croulaient toutes ses espérances, son regard chercha le seul être qu'il pût croire son ami : Zucco! Mais Zucco avait disparu, il était mort aussi, peut-être, et le prétendant sentit ses yeux humides à la pensée que cet enfant n'était plus.

La citadelle dans laquelle fut enfermé le prétendant dépendait du comté de Provence, c'est-à-dire du domaine de la reine Jeanne de Naples. A la sollicitation d'Innocent VI, on lui interdit toute communication avec le dehors. Sa nourriture fut si mauvaise, l'air de son cachot était si infect, que cet homme, accoutumé à l'air libre de la forêt ou de la plaine, tomba sérieusement malade.

L'opinion publique s'émut en sa faveur, on le plaignit tout haut; ses malheurs intéressaient déjà, sa mort prochaine le couronnait d'avance d'une auréole de martyr. Le geôlier lui-même s'adoucit. Un soir un moine pieds nus, suivi d'un jeune clerc portant une croix d'argent, demanda l'autorisation d'administrer les sacrements à celui qui allait mourir. Le geôlier le laissa entrer, ouvrit lui-même la porte du cachot, et se promena de long en large dans le corridor sombre, tandis que le religieux fortifiait le malheureux agonisant. A partir de cette heure, Giannino se trouva soulagé. Il demanda des livres pieux, et passa de longues heures à s'entretenir avec le moine qu'accompagnait toujours le jeune clerc. Les visites devinrent journalières sans exciter de défiance, quoique Giannino eût complétement recouvré la santé. Un matin, quelle ne fut pas la stupéfaction du geôlier en trouvant le religieux seul dans le cachot:

— Vous m'avez trahi! s'écria-t-il, Giannino s'est évadé.

— J'ai servi la cause du roi de France, répliqua le moine.

Si habilement qu'elle eût été combinée, cette évasion ne devait pas avoir de grands résultats. Giannino, suivi de Zucco, trouva un asile dans une cabane de paysans. Il apprit alors de son page comment celui-ci, échappé par miracle à la meurtrière bataille de Codelecte, n'avait cessé de se préoccuper de rendre la liberté à son maître.

Quinze jours après, Zucco vendit la bague que Giannino lui avait donnée, et, possesseur d'une barque, il forma le projet de gagner, avec son maître, le territoire italien.

Tous deux montèrent dans la coquille de noix, et sans compagnons, car tout étranger pouvait être un traître, ils s'en remirent à la grâce de Dieu.

Dieu ne les protégea pas. L'éveil fut donné sur la côte; leur barque, signalée, devint l'objet d'une ardente poursuite. Giannino rama jusqu'à ce que ses forces fussent à bout; puis, désespérant de son étoile comme de sa vie, il se laissa prendre par ceux qui le poursuivaient.

— Je vous quitte! lui dit Zucco, je ne vous abandonne point.

Deux jours après, Giannino, enfermé dans une prison plus étroite, attendait que l'on fixât le jour de son supplice.

X

LE CHANTEUR DU RHONE

La cour la plus élégante d'Europe séjournait alors dans la cité papale d'Avignon. Les jeunes et magnifiques souverains de Naples et de Sicile donnaient leurs fêtes non loin du palais sombre, dont les murailles nous font encore rêver aujourd'hui. La fleur de la chevalerie, les troubadours célèbres, tout ce qui possédait des trésors de jeunesse, d'inspiration et d'amour se donnait rendez-vous dans la ville d'Innocent VI. Le parfum de poésie et de tendresse laissé par Pétrarque ne s'était pas encore évaporé.

Mais comment s'étonner de ces passions poétiques, de cette recherche de l'esprit et de ses jeux divers, quand on savait quelle femme régnait dans Avignon, par sa beauté, ses grâces irrésistibles, son éloquence même, si l'on oubliait la double couronne dont elle ceignait ses blonds cheveux ?

Jeanne de Naples était alors dans tout l'éclat de cette beauté fascinatrice à laquelle elle dut les malheurs de sa vie. — Dans l'histoire, plus tard, elle eut une sœur belle et fatale comme elle-même : Marie-Stuart ! — Jeanne possédait tous les dons que d'ordinaire le ciel répartit entre les femmes d'une main avare ; elle était si belle qu'on aurait cru sa parole avant qu'elle eût ouvert ses lèvres, et fût-on sûr qu'elle mentait, on aurait voulu la croire encore ! Il fallait que son charme s'exerçât sur tous d'une façon bien puissante, car il y avait eu dans la vie de Jeanne une page sombre, et dans sa chambre un cadavre ; mais quand elle comprit l'accusation portée contre elle, loin de baisser la tête, elle la releva ; au lieu d'attendre qu'on lui fît un procès, elle demanda des juges, et, dédaignant qu'un autre prît en main sa défense, elle-même se justifia ! Se justifia-t-elle ? Toujours est-il qu'elle vainquit ses ennemis et fut absoute par les cardinaux du meurtre d'André, son premier mari.

Forte de la protection du Pape, peu désireuse de rentrer à Naples dont la Hongrie était trop voisine, Jeanne se fixa dans Avignon avec Louis de Tarente, son second mari. Il était son cousin, et sa tendresse pour Jeanne précéda son mariage avec André. Loin de s'effrayer de l'amour de la reine pour le plaisir, il ne cessait de lui créer des distractions nouvelles, de payer à grands frais des parures venues de lointains pays, et de lui permettre de satisfaire les plus coûteuses fantaisies. Jeanne partageait-elle la passion de Louis de Tarente ? Se dévouait-elle à lui comme il s'était sacrifié à la destinée de cette femme accusée d'un crime devant toute l'Europe ? — Non, Jeanne de Naples était de la race immortelle des ingrats. Jeanne s'était faite déesse pour ne pas être obligée de se montrer femme. Mais Louis de Tarente l'aimait trop pour chercher au delà de l'apparence. Elle voyait peu son mari dans l'intimité ; pour la reine de Naples, il n'existait pas de vie intime. Les carrousels, les promenades sur le fleuve, les cours d'amour occupaient toutes ses heures ; mais elle rayonnait si bien sous ses parures, elle souriait si doucement, cette Médée caressante, elle tendait si bien ses doigts roses aux lèvres de Louis que le prince se trouvait heureux.

Aucune réputation de talent ne pouvait s'établir dans le gentil pays de France sans avoir reçu d'Avignon sa consécration. Aussi la ville et ses environs étaient-ils souvent traversés par les trouvères du Nord, les poëtes du Midi, voire même les Minnesingers de l'Empire. Obtenir de réciter ses vers à la cour de Jeanne était une faveur enviée ; un luth manquait de sa corde d'or quand la reine n'avait pas applaudi ses airs gais ou mélancoliques.

Cependant, depuis plusieurs semaines, un jeune chanteur habitait dans

Avignon une demeure isolée sur les bords du Rhône, et rien dans sa façon de vivre ne semblait indiquer qu'il briguât dans le présent ou dans l'avenir les suffrages de la cour. Manquait-il de talent? Non certes! Les promeneurs qui entendirent les premiers ses doux accents sortir de la maisonnette cachée sous les saules, affirmèrent que jamais voix plus fraîche n'avait frappé leurs oreilles; bientôt le bruit des talents de l'étranger se répandit si bien dans la ville que chaque soir, à l'heure où le ménestrel accordait sa viole, des barques remplies d'une foule élégante se pressaient sur le Rhône. Quand le chanteur préludait, les rames restaient immobiles, les cavaliers se penchaient pour mieux entendre, et les jeunes femmes rêveuses demeuraient les regards fixés sur la berge fleurie, dominée par la cabane. Plus d'une fois des pluies de bouquets, des cris d'enthousiasme récompensèrent l'artiste; mais rien ne put l'arracher de sa solitude; il ne souhaita pas voir les beaux yeux qu'il humectait de larmes, il ne tendit pas ses deux mains pour recevoir des couronnes de jasmins et de roses.

Cette modestie persistante, cette indifférence du succès piqua plus la curiosité et doubla plus vite l'engouement des habitants d'Avignon pour le ménestrel, que ne l'eussent fait des menées savantes.

Il se cachait, on voulut le voir; il dédaignait la louange, on résolut de le rendre célèbre.

La reine Jeanne ne fut pas la dernière instruite de la science et de la bizarrerie de l'étranger; plus femme que toute autre, elle fit préparer une gondole dorée qui lui rappelait en France son Italie; puis assise sur des carreaux de velours, la main appuyée sur des tapis frangés qui recouvraient le bordage de l'embarcation, belle comme Cléopâtre et songeant elle aussi à fondre une perle dans sa coupe, Jeanne ordonna de ramer directement et sans bruit, et de s'arrêter en face de la maison des saules.

Exact comme l'étoile du soir, le ménestrel commença bientôt ce concert quotidien auquel la cour se conviait malgré lui. Jamais les hymnes à Dieu, les chants de guerre et les plaintes d'amour ne s'étaient succédé avec plus d'inspiration. L'admiration prenait dans l'auditoire les proportions d'une enthousiaste folie.

— Ah! s'écria la reine, je veux posséder à ma cour ce merveilleux chanteur, cet admirable poëte! Ne me parlez plus des accords de Loys de Cabestan, ne me vantez plus les vers de l'auteur de Pierre de Provence, ce poëte est plus poëte qu'eux tous! Ce musicien est le premier artiste du monde! Sire, ajouta la reine en se tournant vers Louis de Tarente, j'espère que vous exaucerez ce vœu.

— Hélas! ma dame et mie bien-aimée, le Pape, éprouvant le même désir, a complétement échoué!... Il voulait attacher ce chanteur à sa chapelle.

— Raison de plus pour que je souhaite l'avoir : ah! rappelez-le-vous, Sire, je n'écouterai une autre musique que d'une oreille distraite.

— Même la mienne, Jeanne?

— Cela pourrait bien être... En tout cas, Aymon, quittez la barque, prenez ce collier d'or et de pierreries, attachez-le à la porte de cette maison... le présent est assez royal pour n'avoir point besoin de signature.

Le page sauta de la barque à terre. Arrivé en face de la chaumière, il lia le collier au loquet de bois, et rejoignit sa noble maîtresse.

La reine s'attendait, en guise de remerciment, à une ballade, à une canzone nouvelle; mais la viole resta silencieuse, et aucune lumière ne s'alluma dans l'intérieur de la maison. Il fallut regagner la ville; mais pendant le trajet Jeanne ne cessa de s'entretenir du musicien mystérieux.

Le lendemain, malgré sa promesse de ne prêter nulle attention aux divertissements habituels, Jeanne présidait une fête magnifique dont elle paraissait elle-même la plus éclatante merveille. La soirée s'avançait, les groupes se formaient, on devisait des questions graves de l'époque, de la fidélité des chevaliers et de la beauté des dames, quand une rumeur d'étonnement courut dans les pièces précédant la salle où se trouvait la reine. Un tumulte suivit ce bruit, mais l'empressement des invités semblait si rempli de surprise, de joie, qu'une cause heureuse pouvait seule la faire naître. Les groupes refluant vers la porte s'ouvrirent, et l'on vit s'avancer un adolescent, vêtu d'un costume de soie taillé à la mode italienne, et tenant une viole suspendue à son cou par une chaîne de pierreries.

— Le chanteur du Rhône! le musicien de la maison des saules, murmura-t-on de tous côtés.

Personne n'avait vu l'adolescent jusqu'à cette heure, tout le monde le reconnut.

Le jeune homme traversait les salles d'un pas lent, rhythmé, élégant comme toute sa personne; sans hésitation il marcha droit à la reine, et, pliant le genou devant elle :

— Plaise à la plus belle dame du monde d'écouter les chansons du poëte pèlerin, dit-il.

Jeanne de Naples, toute à la joie de voir ses vœux satisfaits, oubliait de relever l'adolescent; quand elle s'aperçut qu'il restait devant elle dans l'attitude d'un fidèle aux pieds de la madone, elle lui tendit sa blanche main.

— Lève-toi! mon ménestrel et mon poëte, et prends dès ce jour, si tu veux, place à ma table et dans ma maison.

— Je vous rends d'abord, madame la reine, ce collier de pierreries... Quand vous l'avez attaché à ma porte, je n'avais encore rien fait pour votre service; soyez rassurée, je demanderai le prix de mes vers et de mes accords.

Puis, sans attendre la réponse de Jeanne de Naples, le chanteur jeta le collier dans une coupe, accorda son luth et commença une villanelle. Ce qu'elle célébrait, c'était le printemps embaumé, le ciel plein d'étoiles, le renouveau de la nature et des cœurs! Les auditeurs émerveillés, n'osant applaudir avant la reine, se penchaient pour ne perdre aucune note de ce concert, et Jeanne, quand il eut fini, se leva avec l'entraînement de son caractère et courut au chanteur :

— Tu es un sublime artiste, lui dit-elle ; que demandes-tu de moi ?

— La rose de votre corsage, répondit le musicien.

La reine l'arracha et la tendit au ménestrel.

— Puis, ajouta l'adolescent, je veux qu'une royale parole s'attache à ce don octroyé... Jurez, madame, qu'à toute heure que ce soit, fortunée ou fatale, quand je vous présenterai cette fleur qu'une de vos larmes a mouillée, vous exaucerez le vœu formé par moi.

La reine parut hésiter, puis elle répondit :

— En tout lieu comme à toute heure, cette fleur et même sa poussière te sera un talisman.

L'adolescent sourit et la mit à son pourpoint, puis avec une grâce charmante il répondit aux courtois éloges des chevaliers et aux flatteries discrètes des femmes.

A partir de cette soirée, Isoletto fut l'hôte de cette cour charmante, et la reine s'ennuyait dès que le chanteur manquait au milieu du groupe de ses intimes.

— Eh bien, lui demande-t-elle un jour, poëte aventureux, qu'avez-vous fait de cette journée pendant laquelle on ne vous a pas vu?

— J'ai buissonné quelques rimes, causé avec des pêcheurs du Rhône et fait l'aumône pendant deux heures.

— Votre escarcelle est donc bien riche?

— Je l'aurais retournée sans qu'il en tombât un seul agnel; chanteur, j'ai donné mes chansons.

— A d'autres qu'à moi?

— De préférence à vous, madame la reine, car ma voix est brisée ce soir, parce que j'ai pleuré ce matin.

— Pleuré! demanda Jeanne, et pourquoi?

— On m'a raconté des histoires lugubres, madame..., on m'a montré des murailles redoutables..., et j'avoue, moi le chantre des cieux et des anges, comprendre mal que vous, si belle, ne soyez pas miséricordieuse... et qu'à l'heure où vous souriez il y ait des infortunés qui gémissent au fond de vos cachots...

— Ces prisonniers sont des coupables, Isoletto : tu ne peux haïr la justice.

— Non! non! madame la reine, tous n'ont pas offensé les lois ; il en est qui sont seulement malheureux.

— Cite-les-moi...

— Un seul, Giannino...

— Cet aventurier batailleur, ce prétendant, ce capitaine d'une grande compagnie?

— Pardon, madame la reine, que savez-vous s'il n'est pas le légitime héritier de Louis X?... J'ai rencontré près de la porte de sa prison un moine franciscain nommé Bartholomeo Mino; j'ai eu un long entretien avec lui : né à Sienne, il y vit grandir Giannino; il assure que ce jeune homme est chevaleresque et bon ; il a vu les pièces signées de Rienzi, les lettres du roi de Hongrie ; il jure sur son âme que le captif peut, devant les hommes et devant Dieu, revendiquer son royaume..., et c'est pour distraire ce malheureux, à qui sa véritable patrie n'a donné qu'une prison, que j'ai chanté ce matin, madame, et que je pleure encore...

En effet, de grosses larmes roulaient dans les yeux d'Isoletto.

— Mais que faire? demanda la reine.

— L'a-t-on entendu, jugé, condamné pour le traiter avec cette barbarie ? et avant que les magistrats et les tortionnaires franchissent le seuil de son cachot, ne vous appartenait-il point de l'illuminer par votre présence?

— Tu dis vrai! s'écria la reine, je pourrais...

— Vous devriez!... il souffre et se lamente, qu'attendez-vous?

— J'attends qu'il fasse nuit pour dissimuler cet acte de charité ou de folie à tous les regards, Isoletto... tu m'accompagneras seul.

Quand les ombres se furent épaissies sur la ville, la reine Jeanne, enveloppée d'un manteau noir et soigneusement voilée, suivit, avec le ménestrel, la route de la prison.

Arrivée dans la première cour, elle se nomma, le geôlier prit ses clefs et la précéda en silence. Il fallut descendre de tortueux escaliers avant d'arriver à l'humide fosse dans laquelle languissait le vaincu de Codolecte. Isoletto s'assit sur la dernière marche afin d'attendre la reine, le geôlier remonta après avoir reçu ordre de rester en haut de la spirale sombre, et Jeanne, prenant la lampe de terre, pénétra seule dans le cachot.

Jeanne de Naples et Necca.

Giannino dormait. Étendu sur la paille amincie, pâle, le visage à demi voilé de ses cheveux, serrant de sa main un sachet pendu à son cou, il oubliait l'angoisse présente et les dangers du lendemain. Jeanne le regarda longtemps ; un soupir du prisonnier l'avertit de son réveil, elle posa la lampe sur une pierre et attendit.

Giannino se crut le jouet d'un rêve en apercevant cette femme éblouissante de beauté, et il se souleva sur sa couche.

— Que me voulez-vous? demanda-t-il.

— T'interroger, t'entendre, te sauver peut-être.

Puis Jeanne questionna minutieusement Giannino sur les événements de sa vie, le jugea convaincu de ses droits, innocent de tout subterfuge, coupable seulement de crédulité. Quant à sa bande de routiers, elle devenait indispensable, du moment qu'il s'agissait pour lui de réclamer son héritage. Certaine de l'innocence de Giannino, Jeanne cacha soigneusement ses pensées; seulement elle encouragea le prisonnier à la patience et lui promit de le protéger.

— Vous reviendrez donc?'demanda le jeune homme.

— Je reviendrai..., répondit Jeanne, oui, je reviendrai.

Quand la reine quitta le cachot, elle rejoignit le ménestrel.

Le lendemain elle parut distraite, le chanteur la trouvait absorbée et la regardait curieusement. Quand le soir fut venu, la reine lui glissa ces mots :

— Là-bas, comme hier.

En effet, comme la veille, Jeanne de Naples s'enferma dans le cachot du prisonnier, le forçant à recommencer le même récit, l'écoutant, le regard perdu, la tête penchée.

Cette nuit-là, Giannino fut transporté dans un cachot salubre après le départ de sa visiteuse.

Jeanne revint encore, accompagnée ou seule... Elle vit assez souvent Giannino pour s'intéresser à ce jeune homme poursuivi par une fatale destinée. Elle rêva de lui rendre la vie telle que Dieu, jadis, la prépara pour lui... Elle rêva ce que rêvent les âmes ambitieuses quand rien ne les fait reculer devant un désir, pas même... Elle se dit bien que pour réaliser le plan audacieux formé par elle il faudrait renverser de nombreux obstacles... Mais qu'étaient-ce que les obstacles pour Jeanne? D'où pouvaient-ils venir? De la cour de France? Mais le Navarrais s'intéressait au prétendant, le roi de Hongrie le protégerait... Ce nom la fit tressaillir, ce roi de Hongrie était son beau-frère, il avait sur elle vengé la mort d'André... L'occasion était belle de se faire pardonner le soupçon d'un homicide en sauvant le fils de Clémence ! Louis de Tarente vivait, sans doute ! Mais si Jeanne avait cédé presque pour rien au pape la ville d'Avignon, afin de le gagner à sa cause, elle vendrait ou donnerait la Provence pour obtenir son divorce avec Louis de Tarente..., il était son cousin..., elle évoquerait des scrupules de conscience... on briserait ce mariage, et, devenue libre, elle pourrait...

Sous l'empire de cette espérance, de cette folie, Jeanne se rendit à la prison.

Elle trouva Giannino ranimé par l'espoir. Elle s'assit près de lui, non loin de la fenêtre grillée.

— Vois, lui dit-elle, la ville baignée de soleil, le fleuve rapide, les campagnes couvertes d'oliviers au feuillage argenté, les coteaux chargés de vignes, tout cela, de même que Dieu fit hommage de l'Éden à Adam, je voudrais te le donner.

— Vous êtes reine, répondit Giannino.

Jeanne s'arrêta un moment, puis tout à coup :

— Pour Giannino l'aventurier, dit-elle, je ne puis rien ; pour le prétendant, je puis tout !

— Expliquez-vous, madame, s'écria le prisonnier.

— Crois-tu, reprit Jeanne, que la double couronne de Naples et de Sicile puisse suffire à mon orgueil? Non, j'ai rêvé plus, je puis avec toi réaliser davantage... Si tu es libre et si tu me laisses la disposition de ta vie, j'achèterai mon divorce, puis, libre moi-même, je te donne mes sujets et mon armée pour reconquérir le trône de Louis X, et ce trône, j'y monterai avec toi...

— Un tel destin !

— Acceptes-tu ? demanda Jeanne.

— J'accepte, madame ; en travaillant pour moi, vous n'agirez plus que pour vous.

Jeanne de Naples rentra, et la gaieté sous laquelle se cachèrent ses préoccupations trompa tout le monde, excepté Isoletto. Depuis quelque temps il observait la reine avec défiance. Elle lui parlait moins de Giannino, elle allait le voir plus souvent et ne l'emmenait plus avec elle. Une terreur secrète s'emparait par degrés de l'esprit de l'adolescent. Le caractère de Jeanne l'effrayait; il le savait trop profond pour ne pas renfermer des abîmes. Quelle comédie ou quel drame jouait-elle dans le cachot de Giannino ? Toutes ces pensées troublaient l'âme du chanteur du Rhône ; aussi, lorsque le lendemain la reine le chargea d'un message avec ordre de le remettre dans les mains du prétendant, éprouva-t-il un tel élan de joie que la rougeur envahit son visage.

— Va, lui dit la reine, le conseil auquel je dois assister occupera l'heure que j'espérais donner au prisonnier ; dis-lui... non, ne lui dis rien, cette lettre suffira.

Isoletto courut à la prison. En demandant Giannino, il parlait d'une voix à peine distincte, il trébucha en montant dans la tourelle qu'il habitait. Au moment où le gardien allait ouvrir la porte, Isoletto posa la main sur la clef.

— Va, dit-il.

Le geôlier le laissa seul. Quand le bruit de ses pas s'éteignit, Isoletto tourna la clef, doucement, lentement, comme ferait une mère craignant de réveiller son enfant... Il entre-bâilla la porte et aperçut Giannino occupé à compulser les documents de Rienzi.

Le chanteur s'avança, Giannino ne le voyait, ne l'entendait pas ; du reste, le jour baissait, et l'adolescent prit soin de se placer un peu dans l'ombre. Il tendit à Giannino une lettre que celui-ci dévora du regard, puis l'éleva vers le ciel comme un trophée de triomphe.

— Sauvé ! s'écria-t-il, sauvé !

— Le crois-tu ? demanda Isoletto d'une voix sombre.

— Elle me le dit, elle me le jure, cela doit être, cela est !

— Celle qui t'écrit s'appelle Jeanne de Naples.

— Elle m'arrache à ce cachot, elle sacrifie son existence à la réussite de mes projets.

— Seigneur, poursuivit le page, ne te courrouce point si je te parle comme me parle ma conscience et si je crie : — Giannino, roi de France, connais-tu cette femme pour lui promettre la moitié de ta couronne et ton cœur tout entier... ? Dis, qu'a-t-elle fait d'André, son premier mari ? Quand elle eut épuisé cette tendresse adolescente, elle regarda autour d'elle pour chercher qui la débarrasserait de son époux... On l'étrangla pendant une nuit de fête... Jeanne épousa Louis de Tarente ensuite, et voilà que Louis de Tarente la gêne et qu'elle te dit : — Veux-tu mon aide » pour devenir roi ? » Mais avant de réaliser ce plan, ne sais-tu pas, Giannino, qu'il faut faire disparaître un homme ?... Jeanne fit étrangler André pour s'unir à Louis de Tarente ; tu devras poignarder Louis de Tarente avant de prendre sa place.

— Tais-toi ! s'écria Giannino.

— Jeanne t'a peut-être déjà fasciné et corrompu... Il te restait au fond de ta prison, dans l'abîme de tes misères, un secours, une consolation ; il faut que Jeanne fasse d'une dague la clef de ton cachot... tue ou meurs... Elle le pense, elle le dira ! Giannino, tu seras alors perdu sans ressource... le monde et le ciel se fermeront !... Ah ! par pitié, par grâce, au nom de tout ce que tu aimais, si tu as aimé, Giannino, fuis la honte, le crime, la damnation, tout cela s'appelle Jeanne de Naples.

— Tu deviens fou, Isoletto, tu calomnies ta bienfaitrice !

— Et quels bienfaits lui dois-je ? Moi ! son obligé ! je n'ai même pas vidé sa coupe de vin de Sicile ! Je suis son chanteur, mais aussi son espion et son ombre. Je veille, j'épie pour toi, Giannino, pour toi seul... Ah! s'il faut te prier, je prie! s'il faut enlacer tes genoux, je suis à tes pieds... Fuis Jeanne! fuis Jeanne! Hélas! mon seigneur et mon maître, une seule femme...

Le prétendant bondit de son siége, renversa en arrière le front du chanteur du Rhône, et éperdu, fou de terreur, de surprise :

— Necca! Necca! s'écria-t-il.

Mais au même moment une femme les sépara violemment.

— La reine Jeanne! s'écria Giannino.

— J'ai tout entendu, dit la reine, et pour ne point séparer des amants tels que vous, j'aurai soin de vous réunir dans le même supplice!

Giannino garda le silence, Necca répondit :

— Non, vous ne savez pas tout, reine de Naples..., vous ignorez que nous fûmes fiancés, que nous avons grandi ensemble... Vous ne savez pas que, lui parti pour Rome, je l'ai servi de loin sous l'habit d'une pèlerine, qu'à Venise je conseillai à Daniel de lui remettre sa fortune! J'ai pris part à toutes les batailles livrées, j'ai eu faim et froid roulée dans mon manteau de guerre! J'ai reçu trois blessures dont le sang a coulé, j'en garde une dont il ne tombe que des larmes!... Et vous osez me disputer Giannino? Baglioni l'a fait honnête homme, le hasard l'a fait roi! Vous allez en faire un assassin! Choisis donc, Giannino! Devant la mort dont elle nous menace, il est temps encore; une prière, et elle te pardonne; un reproche, et nous sommes condamnés.

Giannino était un être faible; il éclata en sanglots :

— Necca! Necca! répéta-t-il avec un gémissement.

— Un soldat, un geôlier, un sbire! cria la reine folle de rage et d'humiliation; la mort pour ces deux misérables, et la plus cruelle des tortures!

Trois hommes d'armes allaient s'emparer de Giannino, quand la jeune fille, tombant aux pieds de la reine :

— Grâce pour lui, dit Necca; je suis seule coupable! Moi seule vous ai insultée, moi seule j'ai mérité le châtiment; je m'y soumets, je l'accepte, je l'implore... Il ne m'aime pas, il ne m'a jamais aimée, et ma folie à le poursuivre de ma tendresse doit avoir augmenté son dédain... Sauvez-le, vous êtes reine! faites Giannino grand, puissant, heureux; vous serez vengée.

Assez, fit Giannino, assez d'humiliations, de larmes et de honte, Necca! Debout, chère âme, et s'il faut aller au supplice, nous y marcherons appuyés l'un sur l'autre!

— Tu me braves aussi? s'écria la reine.
— Je rends à cette enfant une tardive justice.
— Que la mienne suive donc son cours !

Necca tira de son sein une rose desséchée :

— La reconnaissez-vous? demanda-t-elle. Vous avez juré sur cette fleur, vous la reine, de m'octroyer ce que je demanderais au jour, à l'heure où je voudrais une grâce... j'use de mon droit, je l'ai payé ! la grâce de Giannino ! sa grâce !

Jeanne frissonna de la tête aux pieds ; si tentée qu'elle fût de se parjurer, elle ne l'osa point d'une façon complète, et jeta, en sortant, ces mots :

— L'exil..., la prison éternelle !

LA PRÉDICTION DE LA SORCIÈRE

Un effroyable orage se préparait : des nuées noires violemment chassées par un vent furieux se succédaient dans le ciel sombre. Les arbres de la côte craquaient sous l'effort de la tourmente, le sable volait en tourbillons épais, et de sourds roulements répétés par l'écho s'unissaient au tumulte des vagues ; parfois une lueur frangeait de rouge les nuages effarés, éclairait d'une façon livide le paysage et s'éteignait subitement au sein d'opaques ténèbres. Les éclairs ne tardèrent pas à se multiplier, le fracas du tonnerre parut ébranler le sol de l'île, et l'on eût dit que la mer furieuse battait pour la saper et l'engloutir la ceinture de rocs qui montaient jusqu'aux terrasses du château fort. En dépit de la pluie, de la rafale et de la foudre, un homme veillait sur la plate-forme et plongeait un regard inquiet aussi loin que le lui permettaient la nuit et la tempête.

— Par saint Janvier ! marmotta-t-il entre ses dents, je suis fou d'attendre un voyageur par un temps pareil ; les poissons mêmes doivent trembler ce soir, et pas un bâtiment ne se hasarderait à aborder la côte... Cependant l'ordre est précis... et mal m'en prendrait sans doute de ne pas rester à mon poste... Allumons même le petit phare.

Le veilleur grimpa un escalier vacillant, et un moment après, une vive lueur se projetait dans un rayonnement assez vaste. Presque aussitôt l'homme crut distinguer le bruit prolongé d'un sifflet; il prêta l'oreille; mais le vent mugissait trop fort pour lui laisser une certitude. Un quart d'heure se passa, pendant lequel, attentif, anxieux, il suspendit sa promenade pour épier ce qui se passait sur la mer. Cette fois encore il entendit le même son, mais plus près, plus distinct, et convaincu de l'arrivée d'une embarcation, il saisit une lanterne, une gaffe, un paquet de cordes, et descendit l'escalier de roches jusqu'à la dernière marche.

— Par ici! cria-t-il, par ici!

— Qui êtes-vous? demanda une voix paraissant venir des profondeurs de la mer.

— Le geôlier du château de l'OEuf.

— Jetez l'amarre, nous pouvons la prendre!

Le gardien de la prison lança un paquet de cordes, dont l'extrémité fut saisie par une main vigoureuse, et une minute après un homme sautait à terre.

— Chien de temps! fit-il, la barque disloquée fait eau, malgré le secours de l'écope; nous n'avions pas un quart d'heure à vivre, si au lieu de nous trouver en face de votre crique nous eussions été en pleine mer.

— Et le voyageur?

— Il est là, solidement enchaîné et à demi mort de fatigue.

Le soldat qui venait d'échanger ces paroles avec le geôlier tira à lui la barque à l'aide du croc de fer de la gaffe; le bordage toucha la roche, et, soutenu par deux marins, le prisonnier gravit péniblement l'escalier rocheux conduisant au château. Ses pieds entravés rendaient son pas hésitant; ses mains enchaînées soulevaient avec peine le poids des anneaux de fer; sa tête s'inclinait sur sa poitrine. Quand il parvint aux derniers degrés de la terrasse, son regard morne embrassa l'horizon, un soupir douloureux gonfla sa poitrine, sa lèvre s'ouvrit pour murmurer un nom... On l'entraîna dans l'intérieur de la prison, la porte bardée de fer se referma sur lui et sur son escorte. On l'introduisit dans une salle enfumée, et tandis que, brisé de fatigue, il tombait sur un escabeau, un soldat dit au geôlier :

— Comment prouverez-vous que le prisonnier vous a été remis?

— Le capitaine va vous donner un reçu, répondit le geôlier. Attendez-moi.

Il sortit et rentra tenant à la main un parchemin signé et scellé.

Le capitaine ordonna d'introduire le prisonnier; puis il lui demanda d'une voix brève :

— Votre nom?

— Giannino, roi de France.

— Allons, pensa le capitaine, je croyais avoir affaire à un chef de routiers, et c'est un fou que l'on m'envoie.

Puis faisant un signe au geôlier :

— Le cachot de la tour du Nord.

Giannino suivit le gardien en silence. Jusqu'à cette phase de sa vie, il avait au milieu de ses épreuves, de ses souffrances, gardé l'esprit et le courage; maintenant tout lui faisait défaut. Il ne rêvait pas, comme du fond de sa prison d'Avignon, voir s'ouvrir les portes de cette tombe anticipée; il désirait qu'elles pesassent sur lui de façon à l'écraser. Las de la vie, il aspirait à la mort sans avoir le courage d'aller au-devant d'elle. D'ailleurs, trop de tortures physiques et morales s'étaient succédé depuis le jour où Jeanne de Naples découvrit le secret de Necca pour que l'infortuné ne sentît pas son cerveau troublé, son âme noyée. Le chaos se faisait dans son esprit, dans ses sentiments. La tempête de la nuit l'avait transpercé, brisé, anéanti, et si dure que fût sa couche de paille, si rude que fût la pièce de bois qui devait lui servir de chevet, il s'endormit dans le cachot dont le geôlier enleva toute lumière. Où se trouvait-il? Giannino l'ignorait. On lui avait fait descendre un si grand nombre de marches qu'il devait être dans les profondeurs de la terre. Aurait-il une fenêtre d'où son regard pût embrasser la mer, ou seulement le ciel? le priverait-on de la clarté d'une lampe? Il se demanda cela rapidement, et ses dernières terreurs se confondirent avec ses songes. Quand il s'éveilla, la nuit durait encore... Cependant il avait dû dormir longtemps. Assis sur la paille, écrasé du poids de ses chaînes, il épiait un bruit extérieur; aucun n'arrivait jusqu'à lui. Un moment il se dit qu'on le laisserait mourir de faim. Mais alors à quoi bon l'enfermer au château de l'OEuf, s'il s'agissait seulement de le faire disparaître? On aurait pu, une fois au large, le précipiter dans la mer.

Enfin le geôlier apporta une cruche d'eau, du pain, une lampe. La lumière réjouit plus Giannino que la vue des aliments. Il questionna le geôlier sur la situation de son cachot, et lui demanda s'il ne respirerait jamais plus l'air vif de la mer.

— On avait cloué les volets de la fenêtre pour le prisonnier qui est mort dans ce cachot, répondit le gardien; on les déclouera; le soupirail est à fleur d'eau.

— On ne me laissera pas mourir de faim, se dit le captif, mais à la première tempête je serai noyé.

Contrairement à l'habitude des captifs, Giannino ne remarqua point la date de son entrée au château de l'OEuf, il ne compta pas les jours, il ne s'ingénia pas pour trouver le couteau, le clou nécessaire pour préparer une

Le mariage.

évasion. Il demeura dans sa prison comme un cadavre dans sa bière. Pendant plusieurs jours il resta étendu sur son lit sans se préoccuper de la fenêtre étroite à travers laquelle l'eau dessinait une ligne bleue. Il s'absorbait dans le sentiment de sa captivité comme s'il espérait être étouffé par cette pensée. Quelques semaines se passèrent de la sorte sans amener aucun changement dans son attitude et dans son esprit.

Mais si le cachot restait aussi morne pour Giannino, en revanche la geôle et son gardien avaient subitement changé d'aspect. Une maladie de deux jours l'ayant cloué sur son lit, le gardien manda un moine et une servante : le premier, pour mettre ordre aux affaires de son âme ; la seconde, pour s'occuper de sa cuisine.

Le geôlier attendait une vieille femme de l'île ; ce fut une jeune fille qui se présenta.

Le geôlier la jugea bien frêle, mais au bout de deux jours il fut obligé d'avouer que jamais une autre servante n'eût monté et descendu si allègrement les escaliers, ni réalisé les prodiges d'activité de cette enfant.

En outre, elle se montra réservée, silencieuse, et ne semblait nullement se préoccuper du prisonnier. Cependant, une fois sur pied, le geôlier songea à congédier la servante ; mais elle lui raconta d'une façon si touchante qu'elle était sans parents, sans amis au monde, que le geôlier, moitié pour garder une aide utile, moitié en souvenir de sa fille morte à dix-sept ans, consentit à la garder.

Peu à peu la confiance du gardien augmentant, il l'emmena dans ses tournées quotidiennes. Bientôt la jeune fille connut tous les prisonniers, sauf un seul.

Un soir, c'était le jour de la fête de saint Janvier, pour honorer le patron de son maître, elle prépara un repas recherché et plaça sur la table des bouteilles de vins vieux capables de troubler l'esprit d'un cénobite. Elle en versa de pleines rasades au vieillard, et, toujours en l'honneur du protecteur de la ville de Naples, le grisa d'une façon complète. Judith n'en usa pas autrement avec Holopherne ; seulement la servante se contenta de prendre au chevet de son maître une clef au lieu d'y saisir un glaive. Puis, une lanterne à la main, non moins tremblante de terreur que de joie, elle descendit, descendit encore et toujours jusqu'à ce qu'elle trouvât le sol sous ses pieds. Alors, élevant la lumière, elle chercha une porte, une issue. Enfin elle aperçut une porte de fer... elle essaya la clef, elle ouvrit...

Mais, au lieu d'avancer rapidement, elle assourdit ses pas ; au lieu de projeter dans l'intérieur du cachot toute la clarté de la lanterne, elle la tamisa de la main, s'approcha du captif, s'agenouilla, puis, inclinée vers lui, d'une voix faible comme un souffle, elle murmura :

Rondinella pellegrina...

Le prisonnier se souleva sur sa couche.

— Encore ce rêve ! dit-il.

Tout à coup ses yeux s'agrandirent, ses bras se levèrent.

— Necca! dit-il en sanglotant, Necca... toi toujours! toi jusqu'à l'agonie, toi jusqu'au ciel...

— En as-tu douté, Gianni? Depuis plus de trois mois je suis prisonnière avec toi, comme toi dans cette île, entre ces murailles... et si je ne puis parvenir à t'en arracher, j'ai fait vœu d'y mourir.

— Ensemble! oui, ensemble! répéta-t-il.

Pendant une partie de la nuit, Necca resta dans le cachot du prisonnier, le consolant, ranimant son courage; elle le quitta quand l'aube éclaira les vagues de la mer.

— Au revoir! dit-elle.

— Quand reviendras-tu?

— Bientôt, dit-elle.

La porte se referma, et Necca regagna la salle où le geôlier dormait du même sommeil. Mais avant de remettre la clef sous le chevet de son maître, elle eut soin d'en prendre l'empreinte.

Sous le prétexte d'une fête dans l'île, Necca quitta la prison pendant une demi-journée. Si on ne la vit pas à la danse, on eût pu la rencontrer dans une chapelle s'entretenant avec un moine, puis dans la boutique d'un serrurier.

La nuit suivante elle gagnait le cachot de Giannino sans avoir besoin d'emprunter la clef du gardien.

— Giannino, demanda la jeune fille en s'asseyant près de lui, es-tu bien convaincu que jamais cette prison ne s'ouvrira pour toi?

— J'en suis sûr!

— Ne gardes-tu ni ambitions mal éteintes, ni souvenirs d'un autre amour?

— Je suis un captif dont Jeanne est le bourreau.

— Alors, écoute... Jadis un conspirateur échoua dans ses plans; il convoitait une couronne et trouva la défaite, et ne voulant pas affronter le supplice, lui-même mit le feu à sa demeure, laissant croire qu'il s'ensevelissait sous les décombres de son palais... Des souterrains ignorés de tous le cachèrent aux yeux des hommes; une seule créature en savait la route, sa femme! Échappant à la surveillance de sa famille, elle venait chaque nuit adoucir la captivité du prisonnier et lui rendre sinon l'espoir, du moins la patience... Elle l'aima prisonnier, vaincu, condamné. Elle l'aima, non pas l'espace d'une année, mais assez pour élever dans les souterrains deux enfants, gages de cette tendresse fidèle. L'histoire ajoute qu'ils moururent le même jour et du même supplice, car ni le ciel ni les hommes ne firent grâce à tant d'amour et de vertu.

— Hélas! murmura Giannino.

— Eh bien, je suis venue te dire : Necca devient ton épouse. Necca s'enferme dans ta tombe... Necca attend dans ce cachot le prêtre qui la fera ta femme.

— Joies du ciel! fit Giannino, vous n'êtes donc pas un rêve?

— Dieu soit loué, Gianni, tu pourras vivre!

Pendant la troisième nuit qui suivit cette visite de Necca, Bartholomeo Mino, qui attendait dans l'île le signal de la jeune fille, pénétra dans le cachot du prisonnier. Loin de chercher à retarder l'union tardive de ces êtres réprouvés, il la hâtait de tous ses vœux, et quand ses mains se posèrent sur les fronts inclinés devant lui, il murmura : — La bénédiction divine soit sur vous! Et puisse le ciel me pardonner si je me trompai jadis!...

Jamais le visage de Necca n'avait rayonné de plus sainte allégresse. Elle avait payé cher le droit de se sacrifier, elle eût souhaité avoir souffert davantage pour l'amour de celui qu'elle nommait son époux.

Fra Bartholomeo les laissa seuls, et le captif souriant avec mélancolie :

— Necca, t'en souvient-il? dit-il, la sorcière des Abruzzes t'avait prédit que tu serais reine.

Le bonheur rendit un peu de force et de vie à Giannino. Il ne souhaitait plus mourir, puisqu'il était aimé; il fit plus et voulut que l'histoire gardât son souvenir, comme ses fils hériteraient de ses droits.

Le prisonnier commença le récit détaillé de ses aventures depuis ses premières années passées au château de Cressy, jusqu'au jour où, plongé dans les cachots du château de l'OEuf, il s'était vu dépossédé d'une partie de ses papiers et des joyaux de Daniel le Rénégat. Giannino, historien et poëte, écrivait le dialecte siennois avec une rare élégance, et la *Historia del Re Giannino* serait encore aujourd'hui un modèle de ce genre.

Mais les forces du prisonnier, pareilles à la flamme d'une lampe subitement ravivée au moment de s'éteindre, ne tardèrent pas à décliner de nouveau au bout de sa première année de captivité. Il ne formait plus que deux souhaits, ce roi dépossédé : bénir l'enfant dont Necca allait devenir mère, et terminer le récit de ses malheurs.

Necca devait, semblable à Éponine, présenter à son époux un nouveau-né destiné, comme les fils de Sabinus, à être élevé dans cette tombe. Le geôlier, vaincu par les larmes et le courage de la fille de Vanni Agazza, lui permit de garder son enfant, et, le cœur rempli d'une joie amère, le captif mit un baiser au front de cet être innocent qui, lui aussi, devait porter la peine de l'ambition de la comtesse Mahaut.

Necca fut admirable d'héroïsme : elle refoula sa douleur pour garder

La mort de Giannino.

l'espoir au proscrit. Elle fit plus. Un jour, son fils dans les bras, elle quitta le château de l'Œuf et partit pour Naples.

En arrivant au palais, elle demanda une audience à Louis de Tarente, et lui raconta toute sa vie, tout, jusqu'à la scène terrible du château d'Avignon.

Le roi n'en était plus à croire en Jeanne de Naples ; le bandeau tombé de ses yeux lui permettait de voir clair dans le passé et de sonder l'avenir.

— Après tout, pensa-t-il, en épousant cette jeune fille, Giannino m'a peut-être sauvé la vie ! Qu'il soit libre ! Et, sans consulter la reine, Louis signa un ordre de grâce.

Necca, folle de joie, revint à la forteresse. Quand elle en franchit le seuil, le geôlier la regarda avec une telle expression de pitié qu'elle s'arrêta bouleversée.

— Sa grâce ! murmura-t-elle, j'ai sa grâce !

— Signée du roi, mais non ratifiée par Dieu ! dit fra Bartholomeo d'une voix triste.

La nuit suivante vit l'agonie de Giannino Ier. Son dernier regard fut pour Necca, l'admirable compagne de sa vie d'aventures et de souffrances.

Son dernier mot fut pour son enfant :

— Gabriel, roi de France, dit-il en exhalant son dernier soupir.

Après avoir rendu les suprêmes devoirs à cette chère dépouille, Necca revint à Sienne ; elle y apportait deux trésors : son enfant et la *Historia del Re Giannino* inachevée.

Thomas Agazzano, son parent, termina le manuscrit, aidé dans cette tâche par Salomone Piccolomini, et l'œuvre terminée fut déposée plus tard à la bibliothèque *Barberine*.

Necca vécut et mourut dans l'ombre et le silence ; des dates funèbres nous renseignent seules sur la destinée de cette famille infortunée qui s'éteignit en 1530, en la personne de Camille, petit-fils du Gabriel qui vit le jour dans la prison du château de l'OEuf.

Le LIVRE NOIR de la sacristie de Saint-Dominique, à Sienne, mentionne que les descendants de *Giannino Ier roi de France*, au moment où on les déposait dans le cercueil, portaient sur l'épaule une croix de drap d'argent, en signe qu'ils appartenaient à la lignée légitime de saint Louis.

LA MÉNESTRELLE DU ROI

I

GRACIOSA ALLEGRE

Une activité inusitée régnait dans la maison du gardien de la porte Saint-Germain. Guyonne, la servante, apportait un soin spécial aux préparatifs du souper, aidée et stimulée par une jeune fille d'environ dix-sept ans, dont la beauté éclairait la grande salle basse ; le vieux Leclerc, assis dans un fauteuil de cuir, suivait d'un regard attendri chaque mouvement de la charmante créature. Tout en elle trahissait une race étrangère : son teint mat et doré, la grâce rhythmée de ses mouvements, ses cheveux noirs frisés aux tempes, et la langueur particulière aux yeux des femmes de l'Orient. La fantaisie égayait pour elle le costume un peu claustral des bourgeoises de ce temps ; sa robe, gracieusement échancrée, laissait voir un collier de pièces d'or ; sa coiffe de velours rouge enrichie de perles et sa ceinture d'orfévrerie auraient convenu à plus d'une riche damoiselle.

— Prends garde, Graciosa, dit le vieillard avec une douce malice, tu vas outre-passer les règlements de notre sire le roi, et je te soupçonne d'ajouter un plat au dîner réglementaire.

— Et quand ce serait, père, y aurait-il grand crime à cela ?

— Crime, non ; mais délit, suivi d'amende.

— Bon ! je la payerai ; d'ailleurs, il s'agirait de s'entendre : vous avez droit à un seul plat comme bourgeois ; j'apporte le mien en qualité de ménestrelle du roi attachée à la cour.

— Comme on voit bien que Perrinet dine ici ce soir ! ajouta le vieillard.

Graciosa rougit légèrement :

— N'est-il pas naturel que je m'occupe du bien-être, de la joie de mon frère?... Me ferez-vous un reproche de lui vouer une affection profonde? Il est si bon, si loyal, si généreux !

— Je ne le conteste pas.

— Son amour du travail lui vaut une situation honorable ; son commerce de potier d'étain est lucratif; l'influence exercée dans son quartier par votre fils l'a fait nommer quartenier, et nul ne sait où sa louable ambition peut le conduire.

— Tu l'aimes bien, chère fille !

— Pas plus que vous, mon père ; mais je ne saurais oublier que je dus à sa prière mon adoption dans votre famille.

La jeune fille qui répondait au nom harmonieux de Graciosa Allegre avait une touchante et dramatique histoire. Aussi loin que remontaient ses souvenirs, elle se voyait dans un pays dont le ciel est plus bleu que le ciel de France ; les lauriers-roses y croissent près de l'oranger ; les palais en sont magnifiques ; les habitants gardent dans leurs costumes les splendeurs de l'Orient. Graciosa avait grandi sur toutes les routes d'Espagne et ne se rappelait point avoir habité de maison. Sa mère, fille d'un Maugrabin et d'une Espagnole, vivait de ses chansons, et, toute petite, Graciosa Allegre effleura une guitare de ses doigts mignons et répéta les refrains qu'elle entendait. Cette vie nomade plaisait à la Maugrabine et à l'enfant. Les portes des châteaux et celles des chaumières s'ouvraient tour à tour devant les voyageuses ; leur escarcelle s'emplissait, leur esprit restait en joie, et jamais Graciosa ne vit pleurer sa mère avant le jour où un homme puissant s'inquiéta de savoir si la belle Maugrabine était baptisée. On jeta dans un cachot l'enfant et la mère ; celle-ci, placée entre l'abjuration de sa foi et la mort de Graciosa, se fit chrétienne pour racheter sa fille, puis quitta la ville et se dirigea vers la France. Elle chantait encore, elle chantait toujours, la Maugrabine au gôsier sonore, mais elle savait désormais ce que c'est que la crainte, la terreur du supplice, et la croix de cuivre suspendue à son cou ne lui paraissait pas toujours un talisman suffisant. La couleur de son teint, sa beauté bizarre, dénonçaient son origine et lui faisaient sans cesse redouter l'outrage et la menace. Les deux exilées mirent trois ans à venir des Pyrénées à Paris ; Graciosa comptait alors huit ans et promettait d'être le vivant portrait de la Maugrabine. Lasses de leur longue route de la veille, les voyageuses se dirigeaient du côté de la rue affectée aux ménétriers et aux jongleurs, quand, traversant la place de Grève, elles furent arrêtées par des groupes nombreux affluant de tous côtés, se heurtant, comme s'il se fût agi de la représentation d'un mystère, dont chacun avait soif de voir les acteurs. La Maugrabine, ne sachant de quel côté diriger ses pas pour gagner

La poursuite.

rapidement la rue de Saint-Julien des Ménétriers, s'adressa à un bourgeois qui, poussé par les uns et refoulé par les autres, se donnait grand'peine pour arriver au premier rang.

— Je vois ce que c'est, dit l'homme à la voyageuse ; vous voulez montrer ce spectacle à l'enfant ! Donnez, je la tiendrai dans mes bras ; elle verra le cortége, le condamné, le bûcher, tout...

— Le bûcher ! répéta la Maugrabine. Que va-t-il donc se passer sur cette place ?

— On va brûler deux juifs.

— Ma fille! rendez-moi ma fille! répéta la voyageuse en arrachant Graciosa des bras de l'homme qui l'avait enlevée de terre.

A peine la Maugrabine eut-elle caché Graciosa contre sa poitrine, qu'elle fit d'inutiles efforts pour quitter la place et se frayer un chemin à travers la foule devenue de plus en plus compacte.

Cette hâte de fuir, son cri étouffé, l'horreur qu'elle témoignait pour l'exécution de deux juifs alarmèrent l'orthodoxe bourgeois, qui posa la main sur l'épaule de la jeune femme.

— Là, dit-il, vous me paraissez sentir le fagot et porter peu de révérence aux décrets de messire Jacques de Morey, *inquisiteur sur les hérétiques* [1].

— Je suis baptisée, dit la voyageuse, laissez-moi passer.

La Maugrabine porta la main à la croix de cuivre suspendue à son cou, et profita de l'indécision du bourgeois pour lui échapper. Mais celui-ci tenait à prouver son zèle, et il cria d'une voix retentissante :

— C'est une mécréante, arrêtez-la!

La Maugrabine, qui se souvenait des cachots d'Espagne, fit un effort désespéré et parvint à fendre les masses des spectateurs; mais son persécuteur la cherchait, suivi par un groupe de curieux; peu à peu, sans savoir de quoi cette malheureuse était accusée, une centaine de personnes s'acharnèrent à sa poursuite en proférant contre elle de terribles menaces. Malheureusement l'étrangeté de son costume la faisait aisément reconnaître. Elle allait devant elle, courant au hasard dans les rues tortueuses, inconnues, et une multitude forcenée la traquait, criant, hurlant, s'armant de couteaux et de pierres pour sacrifier cette misérable créature dont personne ne savait le nom. La Maugrabine fuyait échevelée, folle d'angoisse. Graciosa restait immobile dans ses bras, cramponnée des deux mains à son épaule, la figure tournée du côté de la foule menaçante. L'enfant était pâle, mais elle se taisait. Ses grands yeux noirs lançaient des flammes; elle mesurait le peu de distance qui séparait sa mère des hommes et des femmes lancés sur sa trace. Elle devinait le danger, mais elle gardait son sang-froid, et ses dents serrées ne laissaient passer aucun cri.

— A mort! à mort! hurlait la foule, c'est une maudite!

— Elle blâme les arrêts de Mgr de Morey!

— Au feu la Maugrabine!

Les pierres pleuvaient. L'une d'elles atteignit l'enfant au front; Graciosa

---

[1] Jacques de Morey, jacobin, *inquisiteur sur les hérétiques,* instruisit le procès de Hugues Aubriot. T. IV des *Chroniques de Saint-Denis.*

essuya le sang avec les cheveux de sa mère et se cramponna plus fort à son épaule. Les forces de la Maugrabine s'épuisaient. Elle ne voyait plus; dans ses oreilles bourdonnaient des bruits confus; ses jambes se roidissaient; elle serrait Graciosa à la meurtrir... Tout à coup un des hommes qui la suivaient jeta en avant son bâton, la femme trébucha et tomba... Quand elle se releva, une pierre la blessa au flanc, une seconde meurtrit sa tête échevelée; elle se sentit perdue, serra plus fort sa fille dans ses bras et ferma les yeux.

La Maugrabine se trouvait alors à l'entrée du Petit-Pont, proche la boutique d'un marchand de fer et d'étain; celui-ci sortit, attiré par le bruit, et voyant qu'une meute sanguinaire s'acharnait contre deux êtres sans défense, il saisit une barre de fer sur son établi, et, lui faisant décrire un moulinet formidable, il se plaça entre la Maugrabine gisant sur le sol et les hommes qui la menaçaient du poing et du couteau.

La malheureuse, qui attendait le coup de grâce, devinant l'intervention d'un homme généreux, leva le front, vit le potier d'étain, et comprenant que celui-là ne saurait la trahir, elle rassembla ses dernières forces, et lui tendit Graciosa. Le marchand de fer accepta le legs de la mourante, et sans cesser de menacer de sa terrible barre les ennemis de la Maugrabine, il saisit l'enfant et s'écria:

— Qui touche à l'une d'elles est mort.

Les plus hardis reculèrent devant le regard et l'attitude du potier, mais le bourgeois qui avait donné le signal de la chasse à la Maugrabine n'abandonna pas aisément sa proie.

— Prenez garde, dit-il, de protéger des ennemis de l'Église.

— Vous ne craignez pas, vous, d'attenter à la vie des créatures de Dieu.

— Le nom de leur race est écrit sur leur figure, ajouta une voix.

— Et moi, fit le potier, je jure par mon baptême que cette femme est chrétienne! Qui le nie ose s'attaquer à moi!

Il mit l'enfant en sûreté dans sa maison, et la Maugrabine, rassemblant ses forces, se releva.

Cependant, malgré ses huées et ses menaces, la foule s'était prudemment reculée devant cet homme et cette barre de fer, et le bourgeois lui-même, cause de tout ce tapage, s'était contenté de lui dire:

— Du moment que vous connaissez ces aventurières...

— Oui, fit le potier, je les connais, et toi aussi, Yeroix, le boucher du parvis Notre-Dame. Je t'engage même à ne plus te retrouver sur mon chemin si tu ne veux faire connaissance avec une barre bien trempée!

L'écorcheur poussa une sorte de grognement farouche, puis il s'éloigna de la boutique dont la porte venait de se refermer. Le populaire qui l'avait suivi sans trop savoir pourquoi, regrettant d'avoir inutilement perdu son temps, reprit le chemin de la place de Grève afin d'y voir brûler les derniers fagots.

Leclerc, le marchand de fer et d'étain, se trouva donc seul dans sa boutique avec la Maugrabine, Graciosa et un enfant de quatorze ans environ, portant le tablier des apprentis et ressemblant d'une façon frappante au potier. Cet enfant s'empressa auprès de Graciosa, tandis que Leclerc présentait un cordial à la Maugrabine, et la petite fille, regardant l'adolescent avec douceur :

— Merci, dit-elle ; tu es bon, toi... Mais la peur ne m'a point fait évanouir... C'est ma tête qui saigne, à cause du coup de pierre... Donne-moi un peu d'eau, je te prie.

Perrinet en remplit une tasse, s'agenouilla devant Graciosa, écarta ses cheveux, lava sa blessure ; puis, certain qu'elle ne présentait aucune gravité, il serra affectueusement les mains de la petite fille.

La Maugrabine, dont la faiblesse augmentait de minute en minute, fut déposée sur un lit. Perrinet courut chercher un mire habile ; mais celui-ci secoua la tête. La mère comprit l'arrêt porté contre elle ; ses yeux cherchèrent sa fille, qui vint s'asseoir sur le lit, et toutes deux échangèrent de suprêmes confidences dans une langue étrangère à leurs hôtes. Certes, Leclerc aurait pu conduire la Maugrabine chez les Filles-Dieu ; il n'y songea pas, et se promit de la garder jusqu'à ce que la Providence eût rendu son arrêt. Il fut terrible : pendant deux jours la pauvre mère lutta contre la mort... Enfin les battements de son pouls se ralentirent, la pâleur envahit son visage, l'agonie en arrêta les rigides contours, un dernier cri sortit de la bouche blémie de la voyageuse : Graciosa! puis le souffle s'éteignit, les prunelles se voilèrent, le corps se roidit, l'âme s'envola...

Graciosa embrassait le cadavre, lui parlait, tentait de le réchauffer ; quand elle comprit l'inutilité de ses efforts, elle s'abandonna à un horrible désespoir. Leclerc laissa passer cette crise de sanglots ; il espérait que cette douleur s'apaiserait par son excès même ; mais Graciosa comprenait trop la perte qu'elle venait de faire pour se consoler. Elle se voyait seule dans cette ville où dès son premier pas on avait voulu la lapider, et dans un mouvement plein d'enfantine confiance, elle se jeta dans les bras de Perrinet en s'écriant:

— Tu me défendras, toi!

Le fils du potier s'agenouilla avec l'orpheline près du lit de la morte, et récita des prières chrétiennes, tandis que Graciosa psalmodiait un chant bizarre dans une langue gutturale.

Au matin la Maugrabine fut placée dans une bière, la croix de cuivre de la pauvre femme défendit son cercueil des profanations. Leclerc, Perrinet, Graciosa et deux voisines du potier suivirent le convoi de l'étrangère. Quand la terre bénite recouvrit sa dépouille, la Guyonne demanda à Leclerc :

— Ne conduirez-vous point cette petite aux Enfants bleus?

— M'est avis, répliqua l'autre voisine, que, la mère étant jongleresse, l'enfant aurait sa place dans l'hospice de Saint-Julien des Ménétriers.

Graciosa regarda la Guyonne avec une expression de reproche, et serra fortement la main de Perrinet.

L'enfant comprit la muette prière de l'orpheline, et s'approcha de son père, le regard brillant et humide de larmes :

— Graciosa sera ma sœur, dit-il; la Providence a voulu que sa mère fût ensevelie près de Jacqueline, notre chère morte... Elle la remplacera... Désormais mes profits de gagne-mailles seront pour elle, et je vous le jure, mon père, vous n'aurez jamais à vous plaindre de moi!

Le potier d'étain serra les deux enfants dans ses bras, et l'acte d'adoption fut consacré par les larmes versées sur une double tombe.

II

LES AMIES

Guyonne entra comme servante chez Leclerc, et à partir de ce jour Graciosa Allegre fit partie de la famille. Elle en devint bientôt la joie et l'idole. Perrinet, Leclerc et la Guyonne la gâtèrent à l'envi. On ne souffrit point que la mignonne créature s'occupât de rudes besognes; elle dut se borner à exécuter de merveilleux travaux à l'aiguille, et Perrinet, trouvant qu'il y aurait dol à négliger les dispositions de Graciosa pour la musique, dépensa ses économies à lui faire donner des leçons de chant par Colinet et Albelain, ménestrels du duc d'Orléans, et chargea de lui enseigner divers instruments Jehan du Petit-Gay, maître harpeur de ce même prince.

Les progrès de Graciosa tinrent du prodige. Sa voix sonore, ailée, charmait le voisinage; ses doigts légers effleuraient avec une rare perfection les cordes de la harpe, celles de la citole ou de la mandore. Quand elle frappait sur un léger tambour ou froissait les naquaires de cuivre, elle mettait toute la rue en gaieté. La monarche et le psaltérion n'avaient point de secrets pour elle; et lorsqu'elle faisait glisser une muse des blés sur ses lèvres vermeilles, elle en tirait des sons plus doux que le chant de la cigale.

La bonté de l'orpheline égalait sa grâce; sa rare beauté ne créait point de jalousies autour d'elle; ses compagnes la jugeaient d'une race supérieure, et peu s'en fallait que, dans le fond de leur âme, elles ne la crussent en possession d'un talisman donnant le pouvoir de charmer. Graciosa comptait parmi ses meilleures amies la fille d'un marchand de chevaux, nommée Odette de Champdivers. Les différences existant entre leur caractère et leur beauté contribuaient à les rapprocher en les faisaient valoir. Odette, blonde et frêle, habituellement vêtue de bleu, formait un contraste complet avec Graciosa Allegre, dont les lourdes tresses noires, les habits éclatants et les colliers de *marabotins* rappelaient l'origine. Graciosa, agile, rieuse, apportant avec elle le mouvement, la vie, était l'idole d'Odette, dont la douce mélancolie connaissait seulement le léger sourire.

Le dimanche, les deux jeunes filles allaient ensemble à l'église; le soir, la même table les réunissait. Le vieux Champdivers trinquait avec le potier d'étain, et Perrinet raillait la tristesse d'Odette, jusqu'à ce que Graciosa Allegre les mit d'accord en les forçant tous deux d'écouter ses chansons.

Un des intimes compagnons de Leclerc et de Champdivers était un miniaturiste, habitant un logis rue Boutebrie, comme la plupart des enlumineurs de ce temps. Il s'appelait Jacquemin Gringonneur et avait amassé une assez belle fortune en peignant des manuscrits.

Pendant que les jeunes gens causaient et riaient, les trois amis s'entretenaient des malheurs du temps, de la rivalité des princes, des prodigalités de madame Isabeau, de la maladie du roi. Quand il arrivait à parler de Charles VI, Jacquemin s'attendrissait, et de généreuses larmes lui montaient aux yeux.

— Voyez-vous, répétait souvent Gringonneur, je donnerais ma vie entière, non pas seulement pour le sauver, mais pour le soulager dans sa détresse. Je l'ai vu à l'hôtel Saint-Paul, pâle, les cheveux en désordre, la barbe inculte, pleurant sur lui-même, ne se souvenant mie qu'il était roi, effaçant sur les murailles les fleurs de lis, et parlant du temps où régnait au pays de France un souverain appelé Charles le Bien-Aimé... Je me demandais quel miracle réveillerait, raffermirait cette raison ébranlée. La terreur amena la folie; la douceur, la confiance, la joie, rendraient peut-être au roi la plénitude de ses facultés... S'il retrouvait le jugement, la volonté, les partis rivaux s'effaceraient devant son vouloir, et la France ne serait plus partagée par des factions rivales dont chaque triomphe particulier aggrave nos malheurs.

Lorsque l'entretien prenait cette grave tournure, Perrinet se rapprochait de Jacquemin, et les deux jeunes filles, les bras enlacés, les têtes inclinées, plongeaient un vague regard dans l'avenir.

Un soir, le souper s'achevait chez Champdivers; Odette et Graciosa enlevaient la touaille blanche et serraient la vaisselle, quand Gringonneur, l'air à la fois inquiet et joyeux, pénétra dans la salle du maquignon, s'assit près de la table, tira un étui de son pourpoint, et appelant du geste Perrinet, Odette et son amie, étala devant eux des cartons enluminés représentant le pape, le fou, le roi, la reine, la tour, enfin la mort...

— Qu'est cela? demanda Odette émerveillée ; une nouvelle invention, et charmante en vérité.

— Une réminiscence tout au plus, mon enfant. Depuis bien longtemps l'homme corrige, augmente, perfectionne l'idée d'un autre; s'il a beaucoup d'orgueil et peu de conscience, il appelle cela inventer... Mais enfin, tels que tu les vois, ces morceaux de carton sont appelés à rendre plus d'un service. Je vais populariser, pendant l'effroyable période de malheurs que nous traversons, un jeu inventé par un ancien peuple appelé, je crois, les Lydiens. Dans un temps de famine, ils s'occupaient de la sorte le jour où ils ne mangeaient pas, et parvenaient à oublier les tortures de la disette. Une de leurs colonies s'étant établie en Toscane y apporta l'usage de ces jeux. Les Romains appelèrent d'abord ces images *ludi*... Puis elles gardèrent le nom de *tarots*, de la ville lombarde où elles furent en grand honneur... Je n'ai pas copié les tarots ; il m'a semblé que tout jeu doit renfermer une pensée morale, et j'ai pris l'idée du mien plutôt sur les peintures du cimetière des Saints-Innocents que dans l'invention lydienne... Vois-tu l'*empereur* placé entre son *écuyer* et son *fou,* l'un parlant de guerre et de bataille, l'autre de plaisants déduits... Ici le *pape* primant le *triomphateur*. A côté, sous la protection de la *lune,* s'égarent les *amoureux*, à qui l'ermite désigne la *maison de Dieu*... Et quand chacun d'eux a poursuivi la *fortune* sous ses divers aspects, voyez-vous cette figure qui vient moissonner les gerbes et faucher la vie? C'est la *Mort,* courant sur le cheval maigre de l'Apocalypse. Car l'homme aura beau faire, il la trouvera un jour sur son chemin, avide, impitoyable, prête à l'entraîner au *jugement*. Encore une fois, je n'ai rien créé ; j'ai divisé la ronde immense de la *danse macabre,* et chacun de ses personnages se prête maintenant aux combinaisons du joueur.

Les dix-sept cartons enluminés de Gringonneur passèrent dans les mains des jeunes filles, et au bout d'une heure, la vive imagination de Jacquemin avait trouvé des drames variés dans la façon d'opposer les uns aux autres les acteurs de ce drame philosophique.

Quand il vit ses amis enthousiasmés de son invention, car chacun lui décerna le titre d'inventeur, Jacquemin ajouta :

— Je n'ai point creusé mon cerveau pour y découvrir des choses futiles. Ce travail avait un but pieux ; ce n'est pas afin de distraire des désœuvrés que j'ai peint ce *fou* entre la *Justice* et la *Mort*. Je songeais au roi, et je veux rappeler Charles VI à la raison à l'aide de ces miniatures.

— C'est une noble pensée, s'écria Champdivers.

— Qu'en penses-tu, Odette? demanda Jacquemin.

— Celui qui remplira cette mission de se dévouer pour Charles VI aura droit à la reconnaissance de tous.

— Mes amis, poursuivit Gringonneur, les résultats les plus grands ont souvent eu des causes infiniment petites. Qui sait? Un potier d'étain, un maquignon, sa fille, un imagier et une petite Maugrabine auront peut-être un jour leur influence dans les destinées de la France; et si Champdivers y consent, Odette acceptera dès demain le rôle que je lui réserve.

— A moi? Vous n'y songez pas, Jacquemin.

— Pourquoi pas? Je veux te mettre en face de la douleur et de la folie. Tu combattras l'une, tu triompheras de l'autre... Odette de Champdivers apprendra au roi Charles le jeu de Jacquemin Gringonneur.

— Jamais je n'y consentirai, dit le marchand de chevaux. Vous oubliez que notre sire a des heures de colère terrible qui peuvent mettre en danger la vie de ma fille.

Odette posa sa petite main sur l'épaule de son père.

— Si l'on m'offrait à la cour un titre, un rang, une fortune, je refuserais, mon père... Mais il s'agit de danger, de martyre peut-être...

— Ne m'aimes-tu donc pas, Odette?

— Dieu m'est témoin que je vous aime de toute mon âme; mais si, rendant la raison au roi, je pouvais sauver la France...

— Isabeau l'a perdue, dit amèrement le vieux Leclerc.

— Que d'autres femmes la sauvent donc pour l'honneur de leur sexe!

— Bien dit, s'écria Graciosa, et le jour où l'on me priera de m'associer à cette œuvre, moi aussi je serai prête.

— Champdivers, reprit Jacquemin, consentez-vous à ce qu'Odette, présentée demain par moi, essaye d'adoucir la maladie de notre roi bien-aimé?

Le souper.

— Si elle le veut elle-même, je ne m'y oppose plus.

Les trois amis se serrèrent les mains, et Odette, se penchant vers Graciosa, lui dit à voix basse:

— La prédiction de la Caïmande me rassure.

Le lendemain, Odette, avec une patience angélique, étalait devant Charles l'insensé les cartons dorés de Gringonneur. D'abord le roi y prêta peu d'attention, puis les images lui plurent; il saisit les combinaisons des figures et passa de longues heures à faire lutter l'Empereur, la Fortune et la Mort. Pendant des semaines entières il recouvrait sa raison ; puis une visite de la reine, la cause la plus légère le rejetaient dans les horreurs de la folie. Il ne reconnaissait plus Odette ni ses enfants ; il revoyait le fantôme de la forêt du Mans ; il entendait retentir à ses oreilles ce cri sinistre :

— Vous êtes trahi !

Alors il refusait de manger, dans la crainte qu'on ne l'empoisonnât ; il déchirait ses vêtements, heurtait son front brûlant contre la muraille, épuisant successivement les délires de l'esprit et du cœur. La fille de Champdivers lutta longtemps avec courage et succès contre l'horrible mal, mais il vint un jour où elle demeura impuissante... Elle avait fait héroïquement le sacrifice de sa vie, mais elle ne se résignait point à échouer dans son entreprise généreuse ; et pendant une de ces crises, où Charles l'accusait aussi de le trahir et la menaçait de mort, Odette envoya supplier Graciosa de venir à l'hôtel Saint-Paul et d'essayer si les sons de la harpe ou de la citole ne calmeraient pas l'accès terrible du malheureux insensé.

Leclerc refusa d'abord à sa fille adoptive la permission qu'elle implorait ; enfin, vaincu par ses instances, il céda, en faisant promettre à Perrinet qu'il accompagnerait sa sœur.

Les deux jeunes gens, en pénétrant dans l'appartement du roi, y trouvèrent Odette en pleurs, Charles VI menaçant ceux qui l'approchaient, maudissant Isabeau, repoussant ses enfants, et cherchant dans un paroxysme de désespoir à mettre un terme à une vie misérable. A le voir les traits convulsés, la robe en lambeaux, l'injure et le blasphème aux lèvres, qui donc eût reconnu le jeune et beau Charles VI faisant dans Paris son entrée triomphale, courant les carrousels, les bals masqués, prêt au plaisir comme à la bataille ?

Le premier mouvement de Graciosa fut d'enlacer Odette dans ses bras, de la rassurer par ses caresses et ses paroles ; puis, prenant une citole des mains de Perrinet, elle en tira des sons doux et clairs auxquels Charles ne tarda pas à se montrer attentif. L'explosion de sa colère s'apaisa ; il parut chercher à se retrouver lui-même ; et quand la voix de Graciosa commença un bizarre refrain d'Espagne, le roi se rapprocha lentement de la jeune fille. Celle-ci le regardait avec une respectueuse et tendre pitié ; Charles comprit cette sympathie, et lentement il vint prendre les mains d'Odette :

— Voyez, dit-il à Graciosa, je suis bien malheureux, je fais pleurer les anges.

Au bout d'une heure, quand l'amie d'Odette, épuisée, laissa retomber son instrument, Charles reposait doucement sur les coussins d'un large fauteuil.

— Tu reviendras? demanda Odette.

— Oui, répondit la jeune fille, à ton premier appel.

Deux jours après, un page à la livrée royale apportait un parchemin à Graciosa Allegre. Charles VI, revenu à la santé, lui donnait le titre de *ménestrelle du roi* et l'attachait à sa maison.

A partir de cette époque, l'enfant de la Maugrabine alla fréquemment à l'hôtel Saint-Paul, mais elle ne changea rien à sa façon de vivre.

Elle éprouva, peu après cet événement, un chagrin dont par dignité elle dissimula la violence. Le vieux Leclerc fut appelé au poste de gardien de la porte Saint-Germain. Perrinet, son fils, garda la boutique du Petit-Pont, et Graciosa suivit le vieillard dans sa nouvelle demeure. L'intimité de la vie se trouvait détruite; elle verrait rarement désormais celui qu'elle appelait son frère; mais, loin de s'abandonner à sa tristesse, elle lutta courageusement contre celle de Leclerc. Le brave homme parut s'y tromper, et cependant il n'en fut pas dupe. Mais pourquoi se fût-il affligé de voir si affectueuse pour son fils celle à qui il servait de père? Il l'en raillait parfois, comme nous l'avons vu au commencement de ce récit; mais il se détournait vite pour essuyer une larme d'attendrissement.

Lorsque Graciosa, au milieu de ses caresses et des témoignages de sa reconnaissance pour le vieillard, eut remonté avec lui le cours des dix années qui venaient de s'écouler, elle ajouta d'une voix vibrante en serrant les deux mains de Leclerc :

— Rien ne peindra ma gratitude, et je voudrais pouvoir sacrifier ma vie à votre bonheur.

— Tu ne me dois rien, répondit Leclerc; non, chère fille, tu ne me dois rien. Que parles-tu de services rendus? Comment les as-tu payés? Dans ma triste maison tu as apporté la joie, tu as rendu la gaieté au cœur du vieillard; tu as fait sérieux le cœur du jeune homme; tu pouvais vivre à la cour d'Isabeau, riche, entourée de brillants gentilshommes, et tu consens à rester dans cette pauvre demeure. Si nous comptions, c'est moi qui serais insolvable; et, j'en jure Dieu, celui qui entre ici ne me démentira pas.

III

PROJETS D'AVENIR

En ce moment, un robuste jeune homme venait de franchir le seuil de la salle et, d'un bond, était allé embrasser le vieillard.

Perrinet paraissait avoir vingt-cinq ans; son visage reflétait une mâle énergie; son regard était franc et droit, sa démarche assurée; la franchise respirait sur ses lèvres, et le son de sa voix inspirait la confiance. Il réalisait complétement le type de l'artisan touchant de près à l'artiste, car, au moyen âge, les potiers d'étain et les batteurs de fer préludaient aux merveilles de la renaissance.

En voyant entrer Perrinet, Graciosa, qui, l'instant d'auparavant, en parlait avec enthousiasme, baissa la tête, rougit, gourmanda Guyonne et parut absorbée dans le soin de dresser le couvert.

— Eh! là! là! petite sœur! s'écria gaiement Perrinet, est-ce ainsi que l'on m'accueille? Pas un mot de bienvenue, pas un regard; aurais-je, sans le savoir, fâché ma chère compagne d'enfance?

— Non point, Perrinet; vous trouverez l'amie tout à l'heure, laissez la ménagère terminer son office.

Le jeune homme regarda Graciosa avec une expression de tristesse qui fut remarquée par Leclerc.

— Allons, allons, dit le vieillard, ne vas-tu point te forger des chimères? Tout à l'heure, elle me parlait de toi avec une effusion qui t'eût rempli le cœur de joie; elle n'avait pas honte devant moi, ton père; elle se trouble maintenant de ta présence... Jacqueline fut ainsi du jour où elle m'aima.

— Quoi! mon père, demanda Perrinet, vous croyez?

— Je n'affirme rien. Cependant il me semble que ses rêveries quand elle est seule, sa joie quand tu dois venir, et son pudique embarras dès qu'elle t'aperçoit, expliquent toute son âme. Pourquoi ne lui demanderais-tu pas le secret qu'elle ne s'avoue peut-être point encore?

— Vous m'autorisez à parler, mon père?

— Je t'y engage, Perrinet, je me fais vieux; je semble robuste encore, comme certains chênes qui gardent extérieurement l'apparence de la force; l'aubier est mort au dedans : l'écorce seule survit... Je mourrais tranquille si je te savais à ton tour chef de famille, époux d'une fille accomplie, et si mes mains tremblantes se posaient sur le front de tes enfants.

Perrinet, trop ému pour répondre, serra la main de son père, et Graciosa, prenant le bras du gardien, le conduisit à son siége ordinaire.

La table éblouissait. Deux grands vases contenant des fleurs ornaient chaque extrémité; les brocs d'étain, remplis de cervoise écumeuse et d'un vin généreux, faisaient face aux deux hommes; une oie dorée répandait une odeur appétissante; de petites coupes renfermaient des épices variées; un superbe poisson s'allongeait sur un lit de fenouil; un fromage tête-de-moine et une corbeille de poires complétaient le couvert.

— Festin de roi! s'écria gaiement Leclerc en avalant une cuillerée de potage.

— L'expression est d'autant plus juste, répliqua la jeune fille, que cette oie provient des cages de l'hôtel Saint-Paul.

Perrinet venait de saisir l'oie du bout de son trident de fer, quand une voix timbrée chanta près de la maison :

>Duc de Bourgoigne,
>Dieu te ramoigne
>En ta joye.

Presque au même moment, le heurtoir de la porte retentit, et Guyonne introduisit un homme trapu, large d'épaules, à face carrée, à larges mains, à chevelure énorme, qui, après avoir souhaité un bonjour collectif, s'assit sans façon devant la table, se tailla une rondelle de pain en guise d'assiette, la tendit à Perrinet, se versa un plein gobelet de cervoise et s'écria :

— Par Notre-Dame! j'ai eu bonne inspiration de me diriger du côté de ton logis, compère!

— Tu l'as fait trop rarement depuis des mois, Robin, et c'est mal de négliger ceux avec qui l'on traversa les laborieuses années de la jeunesse.

— Ce n'est point faute de m'en souvenir; mais toute chose a changé autour de nous, et nous avons fait comme les choses. Jadis apprentis sobres et pauvres, plus tard chefs de maîtrises, nous échangeâmes nos confidences, partageant le pain du repas et l'argent de la sacoche; aujourd'hui...

— C'est vrai, dit Leclerc; nous subissons le présent, tandis que le passé, nous le faisions à notre guise.

— Te souviens-tu du jour de liesse et de magnificence où nous faillîmes nous faire écraser par le cheval de Mgr de Savoisy?

— Je crois même que tu me sauvas la vie, répondit Leclerc.

— Et je suis sûr que, prenant le roi pour un petit bourgeois, tu le traitas assez rudement.

— Ah! le Paris d'alors, s'écria le gardien, Paris tendu de tapisseries de Flandres, élevant les échafauds des théâtres à tous les carrefours des rues, versant par les bassins des fontaines, dans lesquelles s'ébattaient de blanches sirènes, le vin et l'hydromel ; Paris rempli de concerts, de jongleurs, de foule bariolée, et au sein de toute cette pompe chantant Noël sur ses pas, la jeune Isabeau de Bavière enclose entre les fleurs de lis !

— Qui aurait prédit et qui aurait cru que cette femme deviendrait l'ennemie du royaume et de son époux? dit amèrement Robin.

— Qui de nous aurait pensé que le frère et les oncles du prince conspireraient contre le bien du populaire et la franchise du pays, et que de leurs luttes découleraient notre ruine et les calamités qui s'ébattent sur la France? Tu m'accuses d'avoir changé. Leclerc, ce n'est pas vrai; le cœur de Robin ne change jamais... Mais nos idées à tous deux ont pris une direction nouvelle, et quand nous causons aujourd'hui, nous sommes loin d'avoir, comme jadis, deux têtes dans le même chaperon.

— A qui la faute? demanda Leclerc.

— A toi, certes, car j'ai pris parti pour ceux qui veulent abaisser les impôts.

— La faute n'est imputable ni à vous ni à mon père, maître Robin, dit Perrinet, car vous êtes d'honnêtes gens qui donneriez avec joie la dernière goutte de votre sang pour le salut de la France. La faute est à ceux qui fomentent des troubles dans un pays appauvri, divisé, livré aux ambitieux, aux pillards, aux étrangers ! Le crime retombe sur la tête des hommes qui, pour arriver à leur but, s'inquiètent peu de marcher sur un monceau de cadavres... Chacun de nous jouit de l'exercice d'un droit en restant fidèle au maître qu'il s'est choisi ; mais il ne peut, sous aucun prétexte, se rendre complice de ses erreurs, de ses exactions, de ses pactes d'infamie, et le jour où s'accomplissent des faits réprouvés par sa conscience, son devoir est de se séparer de la cause qu'il avait servie jusque-là.

— Est-ce à dire, demanda Robin, que Mgr de Bourgogne...

— Écoutez, reprit Perrinet, je n'aime guère parler politique, pour cette raison que la plupart de ceux que j'entends émettre une opinion l'ont empruntée à quelqu'un et la répètent souvent sans la comprendre... Les gens de métier comme nous n'ont pas eu le loisir d'étudier les rouages des gouvernements, et les ambitions rivales des princes ne nous regardent que du moment où nos intérêts se trouvent protégés ou méprisés par eux. Vous nous avez dit tout à l'heure que la différence de nos idées politiques vous éloignait du logis; expliquons-nous donc une bonne fois à ce sujet pour n'y plus revenir... J'ai, d'ailleurs, la conviction que le peuple vraiment sage est celui qui s'occupe le plus de ses affaires personnelles et qui sert le moins les ambitions d'autrui... Je suis, comme mon père, partisan des Armagnacs, parce que je défendrai toujours le faible contre le fort, la victime contre l'assassin. Quoi que vous pensiez, quoi que vous puissiez faire, vous n'empêcherez pas que Mgr le duc Louis d'Orléans, frère du roi, ait été massacré traîtreusement dans la rue Vieille-du-Temple. Je ne sais pas si le duc de Bourgogne avait des griefs contre son cousin, mais je me rappelle que trois jours avant ce meurtre, trois jours, entendez-vous? Mgr de Berry, voulant pacifier la France en réconciliant les princes, les réunit à sa table après qu'ils eurent partagé l'hostie, leur fit échanger leurs ordres et jurer fidélité, dévouement et amitié au nom de la chevalerie française. Or, si le duc de Bourgogne couvait une vieille haine, il a menti à son oncle, à la cour, au pays, à Dieu. Il a commis une félonie et un sacrilège!

— Le duc d'Orléans, que vous défendez si bien, dit Robin, qu'était-il, sinon un dissipateur, un débauché, un prince dangereux, ligué avec Isabeau, l'ennemie de la France, des Dauphins et du roi?

— Je n'excuse pas ses fautes, dit le vieux Leclerc, je les condamne: mais Raoul d'Anquetonville et son maître restent pour moi des assassins. Oh! je le sais, le duc de Bourgogne est hardi jusqu'à la témérité, jusqu'à la folie. Après avoir profané l'autel, il a payé en nobles à la rose l'éloquence de Jean Petit, et nous avons eu cette honte d'entendre un cordelier faire l'apologie du meurtre.

— Heureusement, ajouta Perrinet, que si l'ambition et l'amour du lucre égarèrent le complaisant prédicateur, il s'est trouvé un homme assez grand pour se lever à son tour dans la même chaire de Notre-Dame et crier au Bourguignon : « Qui tue par l'épée périra par l'épée. » Et Mgr le grand chancelier de France, Jean Gerson, avait d'autant plus besoin de courage pour rétorquer les arguments de Jean Petit, qu'il devait imposer silence à son ancien attachement pour la maison de Bourgogne, afin de flétrir les assassins de l'hôtel Barbette.

— Jean Petit alla trop loin, reprit Robin; mais rien ne prouve, comme il l'a dit lui-même, que le duc ne céda pas au désir de délivrer le pays d'un fléau.

— Lui! fit Leclerc, il vendrait la France aux Anglais s'il espérait y gagner quelque chose!

— D'ailleurs, reprit Robin, est-il digne de venger l'assassinat de son père, la mort prématurée de Valentine de Milan, ce prince Charles d'Orléans, qui passe ses heures à composer des ballades? Le plus brave de la famille, c'est Louis Dunois le bâtard. D'Armagnac, dévoré de l'ambition de gouverner seul, n'eût jamais fait épouser sa fille au neveu du roi, s'il n'avait compté sur sa mollesse et son impuissance. Le parti des Armagnacs a de la violence sans génie.

— Et si les Bourguignons l'emportaient, fit Leclerc, demain la Bastille et les deux Châtelets regorgeraient de prisonniers, le sang coulerait à flots dans Paris, et je pourrais compter sur un solide collier de chanvre.

— Croyez-vous donc que les Filles-Dieu ne m'offriraient pas l'eau bénite sur la route de Montfaucon, riposta Robin, si la faction des Armagnacs restait maîtresse de la France?

— Mes amis, dit Graciosa d'une voix douce et ferme, nul de vous ne devrait prendre parti pour Armagnac et Bourgogne; il n'existe qu'un intérêt : le bien de la France; qu'un maître : le roi. Quiconque porte atteinte à la prospérité de l'une, à la majesté de l'autre, est traître et félon. Si la reine était digne de la couronne qui lui fut donnée à Amiens, si les princes se montraient à la hauteur de leur rôle, ils laisseraient Charles en possession de ses droits pendant qu'il garde la plénitude de son intelligence, et n'apposeraient son scel qu'au bas d'actes patriotiques, quand l'obscurité envahirait de nouveau sa raison. Et l'unique cri qui devrait nous rallier tous est la devise gravée sur le jeton des échevins de Paris : « Vivent le roi et ses amis! »

— Tu n'es pas seulement belle, dit Perrinet, tu es sage.

— Te convertirai-je à cette sagesse?

— Juges-en.

Perrinet remplit de vin de Saint-Pourçain les gobelets de Robin et de Leclerc, et, élevant le sien :

— A la France! dit-il; à cette pauvre France foulée au nord par l'Anglais, saignante au cœur des plaies vives que cache mal la croix de Bourgogne ou l'écharpe d'Armagnac! A la France et aux braves gens!

Robin, Leclerc et Perrinet choquèrent leurs gobelets; les deux vieillards se rapprochèrent pour rappeler leurs souvenirs de jeunesse, et Perrinet s'assit près de Graciosa, qui reprit sa tapisserie.

— Tout à l'heure, lui dit le jeune homme, tu as su, par quelques mots, apaiser une discussion qui pouvait dégénérer en querelle ; tu as fait briller un peu d'espoir pour l'avenir de notre pays malheureux ; toi qui sembles si bonne prophétesse, ne te demandes-tu jamais quel sera le tien ?

— Que pourrait-il me réserver de meilleur ? répliqua la jeune fille en laissant tomber son ouvrage sur ses genoux. Je n'ai de parents, d'amis, que Leclerc et toi...

— Sans doute, poursuivit Perrinet en prenant avec une autorité douce les mains de Graciosa ; mais tu pourrais resserrer les liens qui t'attachent à tous deux. Le frère deviendrait ton époux, et le vieillard serait réellement ton père...

Les mains de Graciosa frémirent ; des larmes montèrent à ses yeux ; elle regarda Perrinet à travers ce voile humide.

— Tu consens ? s'écria le jeune homme avec une explosion de joie.

— Je te répondrai dans deux jours.

— A quoi bon réfléchir, si tu m'aimes ?

— Tu parlais d'avenir, tout à l'heure ; je veux consulter la Caïmande sur le mien.

— Toi, aller chez cette sorcière immonde !

— Ce sera la seconde et la dernière fois. La première, je m'y rendis en compagnie d'Odette de Champdivers. Si tu savais comme nous tremblions... La Caïmande n'avait pas eu le temps d'apercevoir nos visages, qu'elle cria de loin à ma compagne : « Approchez sans crainte, ma petite reine. » Odette tendit les deux mains, et la Caïmande lui prédit tout ce qui, depuis lors, s'est réalisé ; car le peuple, reconnaissant de sa sollicitude pour le roi, de sa bonté pour les pauvres, la salue du titre de *petite reine,* tandis que pour lui le nom de la *grand'gore* désigne Isabeau de Bavière... Quand, à mon tour, je voulus interroger la sibylle, elle me répondit : « L'heure n'est pas venue ; lorsqu'un événement grave surviendra dans ton existence, n'oublie pas que ton avenir doit se décider dans ma maison... » Tu me demandes d'être ta femme, Perrinet ; rien n'est plus sérieux, plus important pour ta sœur et ton amie... Laisse-moi donc de consulter la Caïmande...

— Jamais, jamais je ne permettrai que tu te hasardes seule dans les quartiers déserts qu'elle habite.

— Tu m'accompagneras et tu m'attendras à sa porte ; de la sorte tu n'auras rien à redouter.

— D'ailleurs, ajouta Perrinet, consulter cette maudite, qui fut impliquée dans le procès de sorcellerie de Jean de Bar, et qui, comme lui, sera brûlée en place de Grève, c'est tenter Dieu.

— Libre à toi de me refuser, Perrinet; j'irai sans crainte et sans guide.

— Que ta volonté se fasse, Graciosa! Pour la première fois, je ne reconnais plus ta droite raison.

— Demain soir, tu me viendras prendre après souper.

— Oui, demain soir.

Quelques instants après, Perrinet regagnait d'un pas agile sa boutique du Petit-Pont, et Robin, légèrement ému par le vin de Saint-Pourçain, prenait congé de son vieil ami, qui l'entendit de loin répéter le refrain de sa chanson :

> Duc de Bourgoigne,
> Dieu te ramoigne
> En ta joye!

IV

L'ANTRE DE LA SORCIÈRE

La maison habitée par la Caïmande se trouvait située à l'extrémité d'une ruelle étroite et fangeuse, dont les divers logis servaient de repaire à autant de malandrins et de francs-mitous que la cour des Miracles elle-même. Encore, pour arriver à cette ruelle, fallait-il suivre des rues sans pavage, sans lumière, affronter la rage famélique d'une meute de chiens errants, et, danger plus grave, les guets-apens et les souricières de tous les hôtes de ce quartier, dont chacun demandait à l'assassinat, ou tout au moins au vol, ses moyens d'existence.

La Caïmande jouissait parmi cette population misérable d'une incontestable autorité. Ses anciennes relations avec Jean de Bar, brûlé pour avoir célébré la *messe noire* afin de rendre la raison à Charles VI au moyen d'une intervention satanique, l'environnaient d'une crainte respectueuse. Elle devait avoir rendu de nombreux services aux hommes en possession de charges importantes, car, malgré les soupçons qui planaient sur elle, le grand prévôt, messire Tanneguy Duchâtel, ne l'inquiétait jamais.

L'intérieur de la maison répondait à l'extérieur. On eût dit les murs atteints de la lèpre. Les meubles garnissant la salle étaient boiteux; la lumière et l'air entraient à peine par une fenêtre étroite comme une meurtrière, et, presque tout le jour, une lampe fumeuse, de forme bizarre, jetait une lueur rouge dans le taudis.

La Caïmande avait été remarquablement belle dans sa jeunesse, affirmaient quelques-uns; mais, depuis longues années, une horrible maladie avait rongé ses chairs, collé la peau du visage sur les os et réduit son corps à une apparence de squelettte. Ses doigts cliquetaient comme des crotales. Sa laideur monstrueuse paraissait doublée par le diabolique regard de ses yeux rougis et le sourire de ses lèvres minces qui coupait en deux sa figure jaune comme un cierge. Ses cheveux gris s'emmêlaient sur son dos, semblables à un écheveau de lin brouillé; elle paraissait à toute heure revenir du sabbat ou se disposer à s'y rendre, et son aspect seul frappait d'une superstitieuse terreur ceux qui la venaient consulter.

La Caïmande devait avoir un trésor caché, car elle était riche, à en juger par ses colliers d'or, ses pendants d'oreilles, qui eussent fait jadis envie à des princesses du sang; mais dans quel lieu mystérieux cachait-elle ces trésors? Sans la crainte qu'inspirait son pouvoir diabolique, depuis longtemps les coupe-bourses du quartier eussent fouillé sa maison pour les trouver.

On arrivait à son antre de tous les coins de la capitale. Elle vendait à la fois de l'eau pour entretenir la pureté du teint, des philtres d'amour et de mortels breuvages. Elle connaissait le passé, racontait le présent, levait le voile de l'avenir. Pas un grand seigneur qui ne l'eût consultée; les doigts blancs d'Isabeau de Bavière avaient frémi dans les siens.

Caïmande possédait la *main de gloire,* qui fait arriver au faîte de l'ambition; la *baguette de coudrier,* qui désigne l'endroit où se cache un trésor; le *tamis en soie,* qui tourne devant les voleurs. Elle tirait des augures de l'air, de la terre, des entrailles des oiseaux. Peut-être feignait-elle simplement de recourir à ces moyens pour frapper l'esprit du vulgaire, et se contentait-elle d'étudier scrupuleusement les traits du visage et les lignes de la main de ceux qui venaient vers elle pour apprendre le secret de leur destinée.

Quoiqu'elle fût égoïste et avare, la Caïmande nourrissait un être, non plus abject, mais du moins plus malheureux qu'elle-même.

En revenant un soir d'une course au charnier des Innocents, la sorcière trouva gisant sur le sol un avorton humain poussant des gémissements rauques. Quand elle l'examina, elle s'aperçut que sa tête et sa face ruisselaient de sang ; alors, poursuivant son examen, elle acquit la certitude que ce misérable avait eu le jour même les oreilles coupées, châtiment réservé aux voleurs. Aux questions de la vieille femme, il répondit par des cris inintelligibles, montra que sa langue et ses lèvres avaient été percées par un fer rouge.

— Blasphémateur et filou, pensa la Caïmande ; muet et pauvre, c'est le compagnon qu'il me faut. Il célébrera sans terreur les mystères de la *messe noire*, et jamais une indiscrétion ne me compromettra.

Caïmande souleva l'Essorillé dans ses bras :

— Tu vas mourir comme un chien, lui dit-elle, si je ne te viens en aide ; veux-tu un gîte et la moitié de mon pain, en échange de ton dévouement et de ton obéissance ?

Le nain saisit la main osseuse de Caïmande et la pressa sur ses lèvres déshonorées par le supplice.

— Marché conclu, dit la vieille.

En un instant, elle eut frotté les deux plaies du malheureux avec un onguent qui arrêta l'hémorragie, puis elle banda sa tête difforme, lui fit avaler une fiole de cordial, et, saisissant sa maigre épaule, l'entraîna pantelant jusqu'à son taudis ; puis, jetant de la paille sur le sol, elle lui fit signe de s'y étendre.

Le lendemain, sans qu'elle lui eût donné aucun ordre, elle s'aperçut que l'Essorillé avait puisé de l'eau, allumé le feu et balayé autant que possible, à l'aide d'un rameau de feuillage, la salle terrassée. Caïmande approuva tout d'un regard, sortit d'un bissac des croûtes de pain et des restes de viande, puis tous deux mangèrent : elle, s'arrêtant parfois pour questionner l'avorton sur son passé ; celui-ci, à l'aide d'une expressive mimique, répondant autant qu'il le pouvait aux demandes de la sorcière.

Bientôt un lien étroit s'établit entre ces deux êtres. Caïmande s'attacha à l'Essorillé autant qu'elle pouvait aimer une créature humaine, et le malheureux voua à cette femme perverse, digne de la hart et du fagot, un dévouement sans limites. Après tout, elle lui avait sauvé la vie.

On comprend d'après ces détails la répugnance de Perrinet pour la Caïmande et ses efforts pour empêcher Graciosa Allegre d'avoir recours à sa science divinatoire. L'insistance de la jeune fille vainquit ses appréhensions et son dégoût ; et, suivant sa promesse, il vint le lendemain à la porte Saint-Germain, appuya le mensonge dont Graciosa colora sa sortie, et prit avec elle le chemin de Belleville.

Les sorcières du moyen âge élisaient volontiers domicile de ce côté, et l'une des plus célèbres dans les fastes de l'histoire et de la justice fut cette Marguerite de Belleville dont Charles le Mauvais était l'assidu client. La Caïmande habitait le même logis et hérita de sa nombreuse clientèle, en attendant une fin non moins terrible.

Dans son impatience de consulter la devineresse, Graciosa ne s'effrayait

L'enlèvement.

ni de la boue du chemin, ni des cloaques dans lesquels s'enfonçaient ses petits pieds, ni des exhalaisons putrides de ces quartiers. Cramponnée au bras de Perrinet Leclerc, ils marchaient avec une rapidité fantastique; muette et grave, attendant le mot de sa destinée, elle prêtait à peine une oreille distraite aux affectueuses paroles de son ami.

Enfin elle reconnut le logis de la Caïmande, étendit le bras et dit à son compagnon :

— Vos alarmes étaient dénuées de fondement, vous le voyez... Je vias entrer, attendez-moi là sur cette borne...

— Graciosa! dit Perrinet avec l'accent de la prière, en essayant une dernière fois de retenir la jeune fille.

Mais Graciosa courut vers la porte, y frappa, et l'Essorillé se recula pour lui permettre de traverser l'étroit couloir.

L'avorton la guide dans la salle mal éclairée par la lampe suspendue au plafond; il lui fait comprendre que sa maîtresse, sortie depuis quelques minutes, ne tardera pas à rentrer, lui avance un escabeau et la fait asseoir près de l'âtre. La jeune fille examine curieusement la pièce dans laquelle elle se trouve; le sol est jonché de paille; les poutrelles se cachent sous des lézards monstrueux et des alligators en spirale, qui semblent descendre du sein d'une insondable nuit. Un squelette d'enfant paraît, sous les agitations de la lumière, se balancer le long d'une porte; des livres gigantesques couvrent des pupitres de fer; des vases de cuivre, d'étain, de verre, encombrent les dressoirs. Trois portes découpent leurs baies dans la muraille; l'une d'elles a donné passage à Graciosa, l'autre communique à la chambre de la sorcière; la dernière s'ouvre sur une seconde ruelle, car la maison possède deux issues.

Tout à coup un bruit de chevaux se fait entendre; des voix de cavaliers s'appellent, se répondent; le heurtoir de la porte tombe lourdement sur le battant de chêne. Graciosa se lève effrayée, elle veut fuir; l'Essorillé la rassure d'un geste, lui désigne une embrasure profonde masquée de rideaux de serge, et la jeune fille s'y blottit, pendant que l'avorton s'empresse d'ouvrir aux nouveaux clients de sa maîtresse.

— Il me semble, s'écrie l'un deux, que nous entrons dans le gouffre de l'enfer. Ne pourrais-tu brûler un fagot en notre honneur, valet du diable?

L'Essorillé jette une brassée de bois mort dans l'âtre; une flamme soudaine illumine la salle. Au luxueux costume des étrangers et à l'écharpe blanche attachée à leur bras, il est facile de les reconnaître pour des chefs importants du parti des Armagnacs. En même temps, la Caïmande paraît dans la salle, sans que personne puisse dire quel chemin elle a pris.

— Que voulez-vous, monseigneur? demande-t-elle en s'avançant vers le plus âgé des visiteurs.

Celui-ci s'assure que toutes les portes sont fermées, revient vers la sorcière, et d'un ton de commandement:

— Il me faut le breuvage que tu vendis jadis au sire de Montagu, dit-il.

La Caïmande recule, frissonne, plonge ses maigres mains dans ses longs cheveux gris, et répond:

— Jamais! jamais!

— Il nous le faut, répète l'étranger.

— Je vous ai déjà refusé, Bernard VII... La première fois que je composai et que je livrai ce philtre redoutable, le Dauphin duc de Guyenne mourut... La seconde fois, le Dauphin Jean trépassa à Compiègne... La troisième, ce serait le tour du Dauphin Charles.

— Il est des secrets aussi mortels que tes poisons, femme, ne le sais-tu pas ? Encore une fois, ce breuvage, ou je fais rentrer dans ta gorge les paroles que tu viens de prononcer..:

— Le coup dont vous me menacez ne ressusciterait pas les fils de France... Je ne fus point complice de ces crimes. Si j'avais su à qui l'on destinait ces philtres, jamais je ne les eusse composés... Mais souviens-toi de ceci, comte d'Armagnac, les corbeaux ont à peine fini de disséquer le cadavre de Montagu, et nul ne touchera impunément à la maison de France... Dis au duc de Bourgogne que la hache qui abattit la main de Louis d'Orléans ouvrira son front, et souviens-toi que l'écharpe des Armagnacs sera tracée sur ta chair vive...

— Misérable ! si tu n'obéis...

— Jamais ! répète Caïmande, défiant le comte d'Armagnac du geste et de la voix.

A peine la sorcière a-t-elle prononcé ce mot : Jamais ! que la dague de Bernard s'enfonce dans sa gorge, et la Caïmande tombe en heurtant de sa tête la pierre du foyer.

Un cri d'épouvante retentit alors dans la salle; les compagnons du comte, effrayés à l'idée d'avoir un témoin de ce meurtre, fouillent du regard et de l'épée les coins de la chambre, arrachent Graciosa de son asile et la jettent aux pieds du chef des Armagnacs.

— Grâce ! monseigneur, grâce ! s'écrie la jeune fille ; je me tairai, je vous le jure sur mon éternité !

— Qui a entendu certaines paroles, qui a vu certains faits est condamné sans retour.

— Oh ! vous ne me tuerez pas, monseigneur ; de quoi suis-je coupable ? Je venais ici consulter Caïmande avant mes fiançailles... Laissez-moi la vie, j'ai vingt ans à peine... Je fais partie de la maison du roi... On me connaît ; je suis Graciosa Allegre, sa ménestrelle.

En entendant ce nom, le plus jeune des compagnons de Bernard, qui, par un sentiment d'horreur et de dégoût, s'était reculé dans le fond de la pièce, s'élance vers la jeune fille, approche la lampe de son visage et s'écrie :

— C'est bien la ménestrelle du roi, monseigneur; je la reconnais; au besoin, je me fais sa caution.

— Messire Olivier de la Marche, vous ici! Je suis sauvée; défendez-moi à votre tour.

— Contre tous, je te le jure, vaillante fille, et ce sera l'acquittement tardif de ma dette de reconnaissance... Vous saurez, monseigneur, qu'un soir, revenant je ne sais d'où, je m'étais absolument égaré dans un réseau de ruelles inconnues, et j'allais payer de ma vie mon imprudence, car cinq misérables malandrins s'étaient acharnés à ma poursuite et tailladaient déjà mon pourpoint de belle sorte, quand cette jeune fille accourt à mes cris, se jette dans mes bras en m'appelant son frère, ordonne aux coupe-bourses de me mener avec elle chez le roi de Thune; puis, quand elle se trouve en face du cul-de-jatte souverain de tous les voleurs, recéleurs et assassins de Paris, elle montre le collier de pièces d'or caché sous sa guimpe... Le roi de Thune l'examine, puis ordonne de me délivrer, et cette brave créature, qui venait de hasarder sa vie pour sauver celle d'un inconnu, paya la rançon du prisonnier par une de ses chansons d'Espagne. Semblable service ne peut s'oublier, monseigneur : vie pour vie.

— La sienne sera respectée, baron de la Marche, et je ferai honneur à votre parole, mais rien ne nous garantit son silence, une parole imprudente peut compromettre notre parti et mettre le royaume à feu et à sang; vous trouverez bon que je prenne mes sûretés.

— Qu'exigez-vous, monseigneur? demande la ménestrelle du roi.

— Obéissance passive pour ce soir... Tu nous suivras sans cris, sans résistance... Un geste, un appel, et c'en est fait de toi!

— Promets, Graciosa, promets, dit à voix basse Olivier de la Marche.

— Je me tairai, dit la jeune fille, et je suis prête à vous suivre.

Le comte d'Armagnac détache son écharpe, bande les yeux de la jeune fille, la remet à Olivier; puis, sans regarder le cadavre de Caïmande, il quitte avec ses compagnons la maison de la sorcière, s'élance sur son cheval, place la jeune fille à demi évanouie sur le cou de sa monture, enfonce ses éperons dans le flanc de la noble bête, et la cavalcade s'éloigne au galop le long de la ruelle ténébreuse.

Le bruit de cette course effrénée surprend, inquiète Perrinet. Un instinctif effroi le saisit. Sans se soucier alors de manquer à la promesse faite à la jeune fille d'affronter le courroux de la Caïmande, Perrinet bondit vers la porte, la brise d'un coup d'épaule, pénètre dans la salle, la trouve flamboyante des clartés de l'âtre, et s'aperçoit d'un seul regard que sa fiancée ne s'y trouve plus...

— Graciosa! crie-t-il, Graciosa!

L'Essorillé devine, en voyant ce jeune homme au désespoir, que la Caïmande trouvera un vengeur et d'Armagnac un justicier. Alors, ouvrant toute grande la porte donnant sur la ruelle suivie par les cavaliers, il étend le bras en poussant un cri de haine sauvage.

Perrinet s'élance à la poursuite de la cavalcade, et l'Essorillé, demeuré seul, voyant que ses soins pour rendre la vie à sa maîtresse restent impuissants, accumule dans le brasier les misérables meubles du taudis, en forme le bûcher de Caïmande, et quitte la maison maudite quand le ciel commence à se rougir des reflets de l'incendie.

Perrinet, éperdu de douleur, suit la troupe du comte; les dédales des carrefours la lui font parfois perdre de vue, le galop des chevaux le guide seul : il va comme la foudre, comme la vengeance, comme la mort. Il ne connaît la haine que de cette heure, mais elle est en lui comme le cœur dans la poitrine. La sueur mouille son front, le souffle lui manque, son cerveau s'embrase; n'importe, il va; encore quelques minutes, il rejoindra les ravisseurs; quand, à un signal convenu sans doute, les larges portes de l'hôtel d'Armagnac s'ouvrent, la suite du comte s'y précipite comme un tourbillon, les vantaux de chêne bardés de fer retombent avec bruit. Perrinet meurtrit ses poings sur les serrures et les gonds, appelle, crie, menace; quelques fenêtres s'ouvrent dans la rue, des têtes effarées et curieuses apparaissent; on se demande quel crime se commet dans cette nuit noire.

Au même moment retentit le pas cadencé des soldats du guet. Perrinet n'en peut attendre aucun secours; en revanche, il risque fort d'être emmené par eux s'il ne cesse ses cris, ses menaces et les coups dont il cherche à ébranler la porte. A tout prix, il faut qu'il reste près de l'hôtel d'Armagnac où Graciosa est prisonnière; au matin, il profitera du mouvement régnant dans la maison pour y pénétrer, et alors, face à face, il demandera au comte d'Armagnac :

— Qu'avez-vous fait de la ménestrelle du roi?

Il se rejette donc dans l'ombre, et tombe plus qu'il ne s'assied sur le montoir de pierre.

A l'agitation, à la rage, succède une prostration absolue; ses oreilles bourdonnent, ses membres lui semblent lourds comme du plomb, l'excès de la souffrance amène presque la cessation du sentiment. Quand Perrinet sort de cette crise, il sent sous une de ses mains une sorte de toison laineuse, un être s'agite à ses côtés. Perrinet s'imagine que son chien l'a suivi, le caresse machinalement, quand une exclamation gutturale, tenant à la fois du cri de la bête et du langage de l'homme, lui apprend qu'il s'est trompé.

— L'Essorillé! murmure-t-il.

Le nain saisit la main de Perrinet, la remet sur sa tête en signe de servage, et semble supplier le jeune homme de le garder près de lui.

Certes, dans tout autre moment, le potier d'étain eût refusé pareille alliance. La difformité corporelle de cet être est la moindre des raisons qui doivent inspirer le dégoût; chacune de ses infirmités témoigne d'un vice : cette créature, qui fut traînée au pilori, dont la bouche a été marquée pour d'infâmes paroles, dont l'ablation des oreilles a châtié les vols et les recels, est un monstre moral à qui, sans nul doute, la Caïmande révéla plus d'un secret mortel... Oui, l'Essorillé mérite qu'on le repousse du pied dans la fange dont il fut pétri... Mais, à cette heure, Perrinet Leclerc est-il libre de choisir ses alliés? Celui qui s'offre à lui est assez maudit, assez misérable pour faire peu de cas de l'existence; il a déjà rendu à Perrinet un immense service en lui apprenant la route suivie par les ravisseurs de Graciosa, et qui sait si le nain difforme ne pourra pas autant que l'artisan robuste?

— Tu hais le comte Bernard? demande Perrinet.

Ce n'est pas un cri, mais un rugissement qui lui répond.

— Reste! dit Perrinet.

Le nain se roule sur le pavé, regarde le ciel, voit que le jour est loin encore, et cache sa tête dans ses bras.

V

SACRIFICE

Pendant que Perrinet et l'Essorillé attendent le moment propice pour entrer dans l'hôtel d'Armagnac, pénétrons-y pour voir ce qui s'y passe. Olivier de la Marche, sautant à bas de son cheval, avait enlevé avec précaution la pauvre Graciosa brisée de fatigue et d'angoisse, et l'avait déposée à terre.

— Ne retirez pas encore son bandeau, dit Bernard.

Les chevaux laissés aux mains des serviteurs, le comte fit un signe à Olivier, qui, guidant doucement la jeune fille, suivit Mgr d'Armagnac dans la salle d'armes, gravit le grand escalier, pénétra dans une vaste pièce et fit asseoir Graciosa sur un fauteuil.

— Je n'ai plus besoin de vous, messire, dit le comte.

— Monseigneur se souvient de sa promesse?

— Cette jeune fille aura la vie sauve...

— Et sa liberté...

— Il dépendra d'elle de la recouvrer. Allez!

Graciosa comprit que son jeune défenseur hésitait à l'abandonner; elle joignit les mains avec prière : Olivier était son dernier espoir.

Le baron de la Marche, ému de la muette supplication de la ménestrelle du roi, hésitait à s'éloigner; le sire d'Armagnac s'en aperçut; ses sourcils se froncèrent, et il ajouta :

— Faut-il, par deux fois, vous engager ma parole de chevalier qu'il ne sera fait aucun mal à cette jeune fille?

Olivier s'inclina, adressa tout bas quelques paroles rassurantes à la prisonnière et quitta la salle. Le comte d'Armagnac enleva le bandeau qui couvrait les yeux de la ménestrelle, et, à la lueur de deux cierges de cire, Graciosa vit une pièce tendue de drap d'Arras et meublée avec une royale magnificence.

— Rassurez-vous, lui dit Bernard, en la voyant promener autour d'elle un regard inquiet; je l'ai dit à Olivier et je vous le répète, vous ne courez ici aucun danger. Il y a plus, de l'aventure terrible de cette nuit peut dépendre pour vous un avenir plus beau que vous ne l'eussiez souhaité; sur un mot de vous s'ouvriront ces portes, et vous deviendrez la plus riche, la plus entourée, la plus fêtée des femmes...

— Je ne comprends pas, monseigneur...

— Les secrets auxquels fortuitement vous vous trouverez mêlée touchent à la politique, et une fois dans ce domaine, les faits prennent une signification qu'ils n'ont point dans les temps ordinaires... La Caïmande est morte, parce qu'elle a refusé de me servir... J'ai promis votre vie au baron de la Marche; faisons une alliance, et vous quittez immédiatement cet hôtel... Vous étiez attachée à la maison du roi; une grande part de sa guérison vous est due... Il n'a plus en ce moment besoin de vos services; vous allez changer de palais, et aujourd'hui même vous entrerez au château de Vincennes...

— Moi, chez la reine ! s'écria Graciosa.

— Vous ne me suspectez pas de l'aimer, j'imagine !... répliqua le comte ironiquement ; la fille de Bavière et le Bourguignon sont au même degré l'objet de ma haine.. Mais il me faut près de cette ennemie une créature dévouée qui voie pour moi, et qui pour moi entende...

— C'est impossible, monseigneur, impossible... Vous ne songez pas à quel degré d'infamie vous voulez me faire descendre... Oui, je hais la reine dont l'abandon rendit Charles VI fou de honte et de désespoir; je la hais, parce qu'elle repousse le Dauphin et vend son héritage ; mais, si loin qu'aille mon mépris, je ne saurais ni l'espionner ni la trahir.

— Tu réfléchiras... Mais, quelle que doive être ta conduite à son égard, tu seras attachée à sa personne dès aujourd'hui...

— Vous voulez donc me perdre dans l'esprit de tous, monseigneur... Tenez, je vais tout vous dire, et quand vous comprendrez la cause de mon refus, vous me pardonnerez, vous m'approuverez... J'ai un fiancé, monseigneur ; je l'aime de toute mon âme ; il est brave, bon, loyal ; il sert votre cause et celle des princes d'Orléans avec zèle et succès... On le nomme Perrinet Leclerc... Vous avez entendu ce nom déjà, n'est-ce pas ?... Je dois l'épouser ; une curiosité folle m'a conduite chez la Caïmande... Ce que vous avez demandé à cette femme, je ne le sais plus. Je me tairai sur ma vie, sur mon amour !

— C'est cet amour, qui nous perdrait tous au contraire... La femme ne cache rien à son mari, et tu serais bientôt la compagne de Perrinet... Oui, je le connais... Du jour où il te croira indigne de lui, il ne te reverra plus...

— Vous exigez donc que je renonce à des projets formés avec tant de joie, vous voulez que Perrinet m'abandonne en voyant que je préfère une vie de plaisirs faciles près d'Isabeau à l'existence modeste que j'ai menée jusqu'ici et que nous devions partager ensemble...

— Je veux que tu ne revoies jamais Perrinet Leclerc, entends-tu, Graciosa Allegre ?... Et si tu refusais de m'obéir, je trouverais bien un autre moyen de te perdre sans retour... Ton origine n'est pas si chrétienne que l'on ne puisse régulièrement t'accuser d'hérésie, et le collier de marabotins que tu portes au cou suffirait pour te dénoncer...

Graciosa frémit en se souvenant du jour où, toute petite, la foule qui la poursuivait, ainsi que la Maugrabine, la menaçait du bûcher en place de Grève... Sa destinée était donc de finir ainsi... Cependant elle se leva, regarda bien en face le comte d'Armagnac, et avec l'accent d'un fier défi :

— Je refuse! répondit-elle.
— Tu réfléchiras..., répliqua le comte.

Perrinet frappé de verges.

Il fit quelques pas vers la porte, puis :
— Aucun péril ne te menace cette nuit, ajouta-t-il; je te laisse les flam-

beaux; si tu n'avais un poignard à ta ceinture, je te donnerais celui-ci... Il y a du vin dans cette fiole; je le goûte pour te prouver qu'il ne renferme pas de poison... Dors en paix, je reviendrai demain pour savoir ta décision.

Graciosa resta seule. Quoique brisée d'âme et de corps, elle résolut de veiller et marcha pendant quelque temps dans la salle. Sa faiblesse était extrême, et, cette faiblesse l'effrayant, elle avala quelques gouttes de vin. D'Armagnac avait dit vrai, le danger ne venait pas de ce côté. Le seul but de son persécuteur était de la séparer de Perrinet; elle n'avait pas besoin de réfléchir pour savoir qu'elle préférait la mort, même la plus cruelle, à l'idée de se séparer de l'ami, du protecteur de sa jeunesse. Malgré la puissance de sa volonté, un moment vint où ses forces la trahirent; elle s'affaissa sur un siége, ses paupières battirent, elle s'abîma dans une sorte d'anéantissement physique et moral... Brusquement arrachée à ce repos par un grand bruit, elle ouvrit les yeux... Le jour était venu. Une faible clarté filtrait entre les volets massifs et rayait le pavé de la salle de bandes lumineuses. Mais elle essaya vainement d'ouvrir la croisée; comme les portes de l'appartement, les volets étaient fermés à clef.

Graciosa écouta, le moindre détail pouvait devenir une révélation pour elle; d'ailleurs, bien qu'elle n'eût pas parlé de son espérance au comte Bernard, elle comptait sur le secours de Perrinet, comme dans les crises terribles de la vie on attend l'aide de la Providence.

L'oreille collée contre l'interstice des volets, elle cherche à comprendre ce qui se passe et cause un pareil tumulte; tout à coup elle joint les mains et tombe à genoux; elle a reconnu la voix de Perrinet Leclerc qui prononce son nom.

— Sauvée! dit-elle, je suis sauvée!

Le jeune homme, profitant, comme il se l'était promis, du moment où les portes de l'hôtel s'ouvraient pour le service, avait pénétré dans la cour, tandis que l'Essorillé faisait le guet, caché près du montoir.

Perrinet s'adressa d'abord à deux valets et demanda à parler au comte d'Armagnac. Les serviteurs se regardaient indécis, car les chefs de chaque faction flattent le peuple, et la haine d'un seul artisan peut entraîner de graves conséquences; mais, quand Perrinet ajoute plus haut que messire d'Armagnac s'est, la nuit même, rendu coupable d'un rapt dont lui, Perrinet, vient demander raison, les valets, sans lui daigner répondre davantage, le saisissent chacun par un bras et tentent de lui faire vider la place. D'un bond Perrinet leur échappe, et, tirant une petite dague, il les en menace d'une façon si résolue que, n'osant seuls affronter le courroux du jeune homme, ils appellent à grands cris du renfort.

Cinq hommes d'armes sortent d'une salle basse, mais cette fois encore tous les efforts des domestiques et des archers pour triompher de Perrinet restent inutiles. En ce moment paraît le sénéchal de Mgr d'Armagnac.

Perrinet, s'adressant à lui de nouveau, s'emporte en folles menaces, jure que le comte Bernard payera de sa vie le double crime de la nuit, et que la Caïmande et la ménestrelle du roi seront vengées.

— Pour châtier de semblables outrages, répond le sénéchal, point n'est besoin de s'adresser au grand prévôt... Vous autres, apportez des verges ! Garrottez cet homme, et qu'il paye ses calomnies de son sang.

— Les fouets! les verges! crie Perrinet en se débattant; c'est un supplice de serf, et je suis un homme libre!... C'est le châtiment du soldat déserteur, et je suis artisan! Vous n'avez pas ce droit, non, vous ne l'avez pas!

Malgré sa résistance désespérée, Perrinet est renversé sur le sol, on arrache ses vêtements, on le lie; quand le comte d'Armagnac survient et s'informe de ce qui se passe :

— Comte d'Armagnac, justice! crie Perrinet, se tordant dans ses liens.

— Attendez pour punir ce misérable, répond Bernard VII, que je vous en donne le signal, en agitant mon chaperon à la fenêtre de la grande salle.

— Oh! murmura Perrinet entre ses dents serrées, je te tuerai, comte d'Armagnac !

Bernard gravit le grand escalier, ouvre la porte de la pièce dans laquelle est enfermée sa prisonnière, et la voit à genoux près de la fenêtre, épiant les bruits sinistres, et se demandant quel terrible drame se joue si près d'elle.

Le comte lui met la main sur l'épaule.

— As-tu réfléchi? demande-t-il.

— Oui, je refuse encore.

— Tu mets ta confiance dans Perrinet Leclerc, pauvre folle ! Tu te dis : Il viendra me délivrer; qu'il paraisse, et je suis libre. Voilà ce que signifient ton regard plein de flammes et l'assurance de ta voix... Eh bien, tu ne te trompes pas, Perrinet est ici... Il te cherche, il t'appelle... Tu es à quelques pas de lui... Il peut t'entendre, tu vas le voir... Mais, sur mon âme, quand tu l'auras aperçu, tu tomberas à mes pieds, tu me demanderas merci...

Et, ouvrant la vaste fenêtre, Bernard soulève son chaperon et l'agite trois fois.

A ce signal répond un cri de douleur aigu, surhumain.

Graciosa a tout vu, tout compris; elle recule, tombe aux pieds du comte d'Armagnac et lui crie :

— Grâce! grâce! et que je sois seule perdue!

La fenêtre se referme, le bruit cesse dans la cour, le bourreau détache Perrinet chancelant, à demi fou... Un être difforme rampe jusqu'à lui, plonge un linge blanc dans la mare de sang qui rougit le pavé, puis entraîne Perrinet, à qui un soldat a jeté son pourpoint sur les épaules.

— Déshonoré! murmure Perrinet, déshonoré!

Il se demande quelle ressource reste à sa vengeance; tout à coup un souvenir traverse son esprit.

— Odette! dit-il.

Et, retrouvant des forces dans sa haine, Perrinet se dirige vers l'hôtel Saint-Paul.

VI

A VINCENNES

L'hôtel Saint-Paul, vers lequel se dirigeait Perrinet, était moins une demeure royale qu'une cité dans la cité même. Il formait une réunion d'habitations pour les princes et les grands personnages dont s'entourait le souverain, et ressemblait encore un peu aux villas ou métairies des anciens rois. Il renfermait plus de trente arpents de terre dans l'espace compris aujourd'hui entre les rues Saint-Antoine, Saint-Paul, le quai des Célestins et la place de la Bastille. Douze galeries reliaient entre eux, sans plan régulier, les hôtels du Petit-Pont, du Pont-Perrin, Beautreillis, de la Reine, d'Étampes, de Sens, de Saint-Maur, des Lions, près de la Seine, enfin le logis du roi et l'hôtel neuf d'Orléans.

Outre ces palais et ces galeries, on trouvait dans l'hôtel Saint-Paul six préaux, un jeu de paume, une cour dite *des joûtes,* dans laquelle se donnaient les tournoi ; puis des bâtiments pour la conciergerie, la lingerie, la pelleterie, la fruiterie, des écuries, des forges, une ménagerie complète pour le temps, puis d'immenses et merveilleux jardins, des prés, des cultures de vignes précieuses, une cerisaie qui faisait le bonheur de Charles VI, après avoir été la passion de Charles V, occupaient la plus grande partie du terrain. Des haies vives d'une hauteur démesurée, recouvertes de treillis losangés garnis de pampres, de clématites, de houblons, et disposées de façon à rayonner et à aboutir au pavillon central, offraient à toute heure du jour la fraîcheur et l'ombre aux promeneurs. Des arbres taillés avec bizarrerie, des tonnelles étagées attiraient les regards; des paons se promenaient gravement dans les allées; les tourterelles et les pigeons s'y ébattaient à loisir. Charles VI, qui avait doublé le nombre des rosiers, des lauriers et des touffes de lis de son parterre, aimait, comme tous les êtres doux, les enfants, les fleurs et les oiseaux. Quand il se promenait au bras d'Odette dans la cerisaie en fleur ou sous l'abri des tonnelles; quand il caressait des faons ou cultivait des roses, il oubliait les trahisons qui l'avaient rendu si misérable, il fermait les yeux pour ne pas voir l'avenir; son cerveau brûlant se calmait; son cœur retrouvait des battements réguliers, et, l'espoir lui revenant, il se promettait de reprendre le sceptre et de le porter seul pour le bien de tous.

Perrinet Leclerc, en se souvenant d'Odette, avait été inspiré du ciel. Seule elle pouvait venir en aide au jeune homme et lui faire retrouver son amie. On connaissait à l'hôtel le fils du gardien de la porte Saint-Germain; aussi ne fit-on aucune difficulté pour le laisser entrer; mais, quand il demanda à une camériste si sa protectrice pouvait le recevoir, il lui fut répondu qu'Odette de Champdivers était descendue dans les jardins.

Où la trouver dans ce dédale d'avenues, dans cette ville de tonnelles et de pavillons, dans cette oasis de fleurs et d'arbustes?

Perrinet se met à courir, comme si la hâte eût dû lui faire rencontrer plus vite la petite reine; mais il n'aperçut nulle part ce qu'il cherchait.

Le hasard de sa course le conduisit enfin près de la ménagerie.

S'il n'avait pas eu tant de désespoir au cœur, il se serait arrêté un moment pour contempler et admirer un charmant spectacle. Debout, près de la cage du plus beau lion de la ménagerie, Odette passait une main caressante sur le mufle fauve de la noble bête, qui, de temps en temps, la léchait doucement en fermant à demi les yeux. Pendant ce temps, des vols d'oiseaux tourbillonnaient autour de la jeune fille; les plus familiers se posaient sur son épaule et becquetaient ses lèvres roses; les autres se massaient à ses pieds en troupe pépiante, sautillante; les perroquets agitaient leurs ailes d'émeraude, les paons argus étalaient leur robe chatoyante, tandis que d'autres, plus blancs que la neige, erraient sur les prés, et que des oiseaux d'Égypte, au plumage rose, droits sur leurs pattes et le bec replié sur la poitrine, semblaient rêver aux fraîches rives du Nil natal.

Perrinet ne vit rien de ce tableau, rien qu'Odette, et, tombant à ses pieds, demi-mort de souffrance physique et de désespoir :

— Rendez-la-moi ! s'écria-t-il, rendez-la-moi !

L'amitié eut en ce moment le divin instinct de l'amour.

— Graciosa Allegre ? demanda Odette.

— Enlevée hier, enlevée par Bernard d'Armagnac.

— Lui ! répondit la jeune fille, lui qui feint en ce moment d'aimer, de soutenir son maître...

— Rendez-la-moi ! répéta Perrinet, dont les yeux se remplirent de larmes amères. Je l'ai suivie à travers les rues de Paris, hier, et j'ai vu ses ravisseurs rentrer dans l'hôtel d'Armagnac... Ce matin, à mon tour, j'ai voulu savoir ce qui se perpétrait dans cette maison, et à mes justes réclamations savez-vous comment on a répondu, Odette ? Par des coups de verge... Ma chair saigne, ma chair souffre ; mais ce n'est rien auprès de mon désespoir d'avoir perdu ma fiancée... Je réglerai plus tard avec le comte d'Armagnac. Ce qu'il me faut à cette heure, c'est Graciosa, ma Graciosa, ravie à l'heure où elle venait de me promettre sa main.

— Venez, répondit Odette : le ciel nous protége en ceci. Charles possède en ce moment toute sa raison, et depuis plus d'un mois s'occupe avec activité des affaires de l'État... des finances, de la guerre surtout... Il voudrait annuler les traités honteux et chasser l'Anglais de France... Vous lui exposerez vos griefs, et, j'en suis sûre, vous obtiendrez justice, quoiqu'en ce moment Bernard d'Armagnac jouisse d'un certain crédit.

Puis, Odette guidant le jeune homme, ils se dirigèrent vers le logis du roi.

Ils venaient de traverser la galerie conduisant à l'appartement de Charles VI, quand ils s'arrêterent en entendant parler d'une voix haute et solennelle dans la chambre du monarque.

Odette fit signe à Perrinet de marcher avec précaution ; puis, entr'ouvrant les portières, elle posa un doigt sur ses lèvres avec un regard qui signifiait :

— Pas de bruit... Attendons.

Charles VI, assis sur un siége à dos élevé, le visage calme, la chevelure longue et bouclée, portant une robe de velours cramoisi brodée d'hirondelles qui tenaient dans leur bec un bassin d'or, emblème préféré du roi; Charles VI, le regard brillant d'intelligence, écoutait Mgr le grand chancelier de France, qui, entouré des membres de l'Université de Paris, exposait en toute humilité, et avec le respect dû à Sa Majesté, les graves souffrances du pauvre peuple, ruiné par les seigneurs, par les Anglais et par les soldats.

Jean Gerson représentait à Charles VI que les hommes d'armes, ne recevant aucune solde, pillaient outrageusement les pauvres gens... Que pouvait faire le laboureur en présence de ces hordes sans pitié? Fuir comme les brebis devant les loups...

— Las! continuait le chancelier, un pauvre homme aura-t-il payé son imposition, sa taille, sa gabelle, son fouage, son quatrième, les éperons du roi, la ceinture de la reine, les terrages, les passages, les chaussées, peu lui demeure; une taille nouvelle sera créée, et les sergents viendront engager ses meubles et sa vaisselle. Le pauvre homme n'aura plus rien à manger, si ce n'est par hasard un peu de seigle et d'orge... Sa femme gèlera de froid; ils ont quatre ou six petits enfants au foyer, criant la rage de faim... Et la mère aura à faire un morceau de pain où il y ait du sel...

— Mon Dieu! mon Dieu! murmura Charles VI, nul ne m'avait raconté semblables misères.

Le chancelier poursuivit :

— Viendront les pillards... Ils trouveront par aventure une poule avec quatre poussins, que la femme nourrissait pour les vendre et payer le reste de la taille... Tout sera pris, dérobé... Si l'homme et la femme se plaignent, ils seront injuriés, rançonnés, maltraités... Et si les soudards ne trouvent rien dans la maison du pauvre homme, ils le menaceront, le battront et mettront le feu à la maison...

— Que faire? que faire? demanda Charles.

— Vous ne commandez ni ces exactions ni ces outrages, Sire, je le sais, et cependant cette raison n'est suffisante ni devant Dieu ni devant les hommes. Qu'est devenu ce beau titre de roi, *Francorum rex?*... N'est-il pas intolérable pour vos sujets qu'ils ne soient en repos ni pour leurs biens, ni pour leur conscience, ni pour leur vie? Que répondront au jugement de Dieu ceux qui causèrent de pareils malheurs? Dieu ne fera point miséricorde à qui ne l'a point faite. Vous, prince, vous ne commettez pas de tels crimes, mais vous les laissez commettre; vous les souffrez, et Dieu sera juste s'il vous laisse châtier par les messagers de sa colère !... Mais plutôt que le Seigneur apporte par votre entremise un prompt remède à l'excès de ces maux ! *Vivat rex! vivat rex!*

Les membres de l'Université répétèrent :

— Vive le roi ! vive le roi !

Alors, et sans qu'il fût possible à Odette de prévoir le dessein de Perrinet, celui-ci fendit le groupe de courtisans et de docteurs qui se trouvait devant lui, et, mettant un genou en terre devant Charles VI :

— Sire, dit-il, je suis de ce peuple opprimé, pillé, battu... Je suis de ce peuple qui souffre et crie justice... On m'a volé ma fiancée !

— Je suis le roi, dit Charles amèrement, et l'on m'a bien volé la France !

Puis, ému, électrisé par le mâle langage de Jean Gerson, le monarque fit signe à Perrinet de se lever, et ajouta :

— Justice sera rendue à tous, à commencer par toi. Comment s'appelle ta fiancée ? Qui a commis ce rapt audacieux ?

— Elle s'appelle Graciosa Allegre, répondit Perrinet Leclerc.

— Ma ménestrelle ! l'ami d'Odette !

— Oui, Sire, et le ravisseur...

Le jeune homme n'acheva pas ; un homme couvert de somptueux habits venait de pénétrer dans la salle, et ce fut en le désignant du doigt que Perrinet, stupéfait d'abord, ajouta :

— Le ravisseur est Bernard VII, comte d'Armagnac.

— Quel manant ose porter une accusation contre moi ? demanda le gentilhomme en s'avançant.

— Moi ! répliqua Perrinet, moi, dont vous avez broyé le cœur et déchiré les épaules ! Moi, le peuple ! Moi ! défenseur des droits sacrés de ma famille et du sol de mon pays !

Charles regarda le comte sévèrement :

— Il m'en coûterait de vous trouver en faute, beau cousin, dit-il ; mais j'ai donné ma parole royale, et la saurai tenir... Avant la fin de cette journée, j'aurai régularisé la solde des troupes pour empêcher les pauvres gens de succomber sous leur fardeau de misère ; et toi, Perrinet, je t'aurai rendu celle que tu pleures... Mais vous, monsieur le chancelier, le mâle langage que vous m'avez tenu me rappelle vos plus beaux discours quand vous fûtes appelé à l'honneur de représenter l'Église française au concile de Constance, et les foudres que vous osâtes lancer contre les assassins de mon infortuné frère... Dieu, qui nous éprouva cruellement dans notre santé, nous prendra sans doute en miséricorde... J'ai toujours passionnément chéri la France, et ma royale épargne contient assez d'or pour réaliser ce que vous me conseillez aujourd'hui.

— Votre épargne, Sire, interrompit Bernard d'Armagnac, la reine en a disposé.

— Sans mon ordre?

— Les fêtes de Vincennes coûtent cher, ajouta le comte.

— Des fêtes! toujours des fêtes! Du luxe, des plaisirs... quand la France se plaint et que mon peuple souffre... Quoi! la reine aurait prodigué follement les sommes destinées au rachat de mes provinces envahies par l'An-

L'arrestation du chevalier de Bois-Bourdon.

glais? Vous exagérez, Bernard, et votre haine contre elle vous aveugle... Mais les faits sont trop graves pour ne point exiger une prompte démonstration. A Vincennes donc! Je n'irai pas seul; un représentant de chacun des trois ordres m'y accompagnera en vos personnes: Jean Gerson, connétable d'Armagnac; Perrinet Leclerc, et vous, Tanneguy Duchâtel, notre grand prévôt; et j'en jure Dieu, quels qu'ils soient, les coupables seront châtiés.

— Nous retrouvons Charles le Bien-Aimé dans cette parole, dit le chancelier.

25

— Tu ne triompheras pas longtemps, Bernard d'Armagnac, murmura tout bas Leclerc.

Quelques instants après, le roi et sa suite prenaient la route de Vincennes.

Charles venait de mettre pied à terre dans la cour d'honneur du château, quand un jeune homme, presque un adolescent, la traversa. Il portait un riche habit aux couleurs de la reine. En reconnaissant le monarque, le jeune homme toucha légèrement son chaperon et passa outre.

— Salue plus bas, jeune homme, dit le roi d'une voix hautaine.

L'adolescent répéta le même geste sans tenir compte de l'observation qui lui était faite.

Charles VI sentit la colère bouillonner dans son sein.

— En suis-je venu à inspirer tant de mépris? pensa-t-il.

Puis il ajouta, en s'adressant à Tanneguy Duchâtel :

— Messire, faites arrêter cet insolent.

— Le connaissez-vous, Sire? demanda le connétable d'Armagnac.

— Nullement; il n'importe.

— On l'appelle le chevalier de Bois-Bourdon...

— Ce nom rappela d'abord au roi un vague souvenir. Il se pressa le front à deux mains afin de ressaisir dans sa mémoire ce qui se rattachait à ce jeune homme... Puis, quand la lumière se fit dans son cerveau et que le passé redevint vivant à sa pensée, la rougeur de la honte lui monta au front; une lueur de colère brilla dans son regard, et il ajouta :

— Le Châtelet... la torture... la mort.

Tanneguy Duchâtel transmit cet ordre à un soldat des gardes, et un groupe d'archers entraîna le prisonnier.

— A la reine, maintenant, dit Charles VI.

S'il eût ignoré dans quelle pièce de son appartement se trouvait Isabeau de Bavière, le bruit harmonieux des harpes, des citoles et des mandores eût suffi pour le guider. La reine, bonne musicienne, aimait les concerts, et tandis que le roi souffrait et se mourait lentement à l'hôtel Saint-Paul, le château de Vincennes voyait se multiplier les distractions nouvelles à toute heure du jour et de la nuit.

La porte du salon dans lequel se trouvait Isabeau s'ouvrit brusquement sous la main du roi.

Un groupe de jeunes seigneurs et de joueurs d'instruments entourait la reine; et au milieu d'eux Perrinet reconnut, avec une joie mêlée de stupeur, Graciosa Allegre.

— Ma ménestrelle ici! s'écria Charles VI.

— Et l'on m'accusait de l'avoir enlevée, ajouta d'Armagnac.

— Graciosa! Graciosa! dit Perrinet avec l'accent de la prière.

La jeune fille, bouleversée par la joie, fit un mouvement pour se jeter dans les bras de son fiancé; un regard du connétable la cloua à sa place, les yeux remplis de larmes, le front baissé, et comme écrasée sous le poids de sa honte.

— Madame, dit Charles VI, que sont devenues les sommes destinées à subvenir aux frais de la guerre?

— Elles furent dépensées pour le bien de l'État, Sire.

— Pour le bien de l'État, non, car mon peuple crie famine, et je ne puis nourrir une armée. Assez de dilapidations, de crimes et de saturnales... Messire prévôt, la reine partira ce soir pour Tours... Le procès du chevalier Bois-Bourdon nous apprendra à quel degré elle fut coupable.

— Mais vous êtes fou, Sire! s'écria Isabeau de Bavière.

— Vous voyez bien que non, puisque je vous accuse.

— Messire Tanneguy Duchâtel, reprit la reine, je suis souveraine et régente.

— Je ne connais d'autre maître que le roi, madame.

Perrinet s'avança vers Graciosa.

— Viens, dit-il; tu me raconteras tout plus tard.

Une fois encore, l'instinct du cœur allait pousser la jeune fille vers Perrinet, quand le comte d'Armagnac lui dit à l'oreille:

— Vous voulez donc qu'il meure?

Graciosa se rejeta en arrière et cacha son front dans ses mains.

— Tu refuses? demanda Perrinet; tu refuses de me suivre?

— Je ne puis quitter madame la reine, balbutia la ménestrelle.

Perrinet saisit avec une sorte d'autorité la main de la jeune fille.

— L'air qu'on respire ici est-il tellement empesté, lui dit-il, que l'espace de quelques heures ait suffi pour te pervertir? Non, ce n'est pas possible. Fille du peuple aux pures vertus, ta place ne peut être à Vincennes; elle est dans la maison du vieux Leclerc, aux côtés de ton roi, dont tu berças l'insomnie par tes chansons. Viens, si tu fus jamais digne de ma tendresse; viens, si tu es encore la Graciosa Allegre à qui j'ai voué mon âme et ma vie.

— Je vous ai trompé, répliqua Graciosa, rappelant à elle tout son courage; je me trompais moi-même en vous répétant qu'une existence modeste suffisait à mes goûts... Il me faut, je le sens, le mouvement, le bruit, l'étourdissement, les parures. J'eusse étouffé dans votre logis d'artisan...

A la cour de la reine, je serai l'égale des plus belles, des plus admirées...
N'insistez pas, Perrinet ; ne me regrettez même point... Oubliez-moi...

Le connétable d'Armagnac regarda le jeune homme avec une expression de joie cruelle.

Charles VI se contenta de dire :

— Toi aussi, Graciosa !

Perrinet sortit de Vincennes la mort dans l'âme, brisé d'esprit et de corps ; et tandis que Tanneguy Duchâtel escortait à Tours la reine exilée de Paris, le jeune homme rentrait seul et désespéré dans la maison du Petit-Pont.

VII

DEUX JUSTICES

Dans la grande salle d'une taverne placée sous la protection de Mgr saint Jean-Baptiste se tenait Perrinet Leclerc ; accoudé sur une table, et sans songer à vider son gobelet d'hydromel, il regardait attentivement les passants et les curieux qui rôdaient autour du grand Châtelet, et cherchaient à deviner les horribles mystères de ses cachots et de ses tortures. Le jeune homme était pâle, mais ne souffrait plus de ses blessures. En quelques jours, grâce à une recette qu'il tenait sans nul doute de la Caïmande, l'Essorillé avait guéri son maître. Mais il eût vainement employé la puissance de philtres infernaux pour essayer de rendre le bonheur ou même le calme au cœur brisé de Leclerc.

Perrinet avait d'abord été tenté de chercher dans le suicide la fin de sa douleur, mais l'énergie de son caractère prit rapidement le dessus. Il employa cinq jours à visiter ses anciens compagnons de travail, ses amis, les artisans notables, à engager des maîtres et des apprentis, des bourgeois et des marchands ; il n'eût rien refusé, ni l'aide des boute-feu ni celle de francs-mitous, s'ils fussent venus la lui offrir. Peu importe de quels instruments on se sert, pourvu que le but soit atteint. La taverne de *Saint-Jean* avait été choisie de préférence à toute autre pour la réunion générale des conspirateurs, parce que, de ses fenêtres, on voyait entrer au grand

Châtelet et en sortir ; or on apprenait en ce temps bien des choses en comptant le nombre des visites qu'y faisait maître Capeluche, le bourreau, et Perrinet voulait savoir ce qu'il adviendrait de Bois-Bourdon, dont l'arrestation avait été le premier acte d'autorité du roi.

Quelques instants ne s'étaient pas écoulés, que le jeune homme vit déboucher d'une petite rue un écolier à chevelure blonde, qui entra dans la salle de la taverne en chantant un air de printemps :

> Voiez oir la muse muset ;
> En mai fu fête un matinet,
> En un verger flori verdet
> Au point du jor
> Où chantaient cil oiselet
> Por grand boudor.

— Conrart, dit Perrinet, ne serez-vous donc jamais sérieux ?

— Jamais ! sur ma dague et ma dame ! Et pourquoi ?

— Parce qu'au jeu que nous allons jouer, quand on perd, il s'agit de sa tête.

— Eh bien, est-ce une raison pour devenir triste et paraître couard ? Non pas ! Je puis être décollé comme le Mgr Jean-Baptiste de l'enseigne ; mais, je vous le jure, avant que mes lèvres froidissent, elles diront un dernier refrain : si je voyais là Hérodiade avec son plat, je lui sourirais, car elle était belle !

— Silence, jeune fou ! l'heure est venue des choses graves.

— Hôtelier, cria Conrart, de la cervoise fraîche, des dés et des cartes !

— Voici la cervoise, froide comme neige, répondit Bucque, le tavernier ; quant aux cartes, vous savez, messire, qu'une ordonnance défend ce jeu dans les maisons fréquentées par les artisans.

— Allons, dit Conrart, Perrinet interdit le chant ; Charles VI, les cartes : il paraît que le droit de conspirer et celui de boire sont les seuls qui nous restent.

Un marchand pelletier de la Cité vint serrer la main de Leclerc, s'assit à sa table et échangea quelques paroles banales. Ces hommes n'avaient en réalité rien à se dire avant l'heure de la discussion qui les réunissait. Lentement les abords de la taverne s'animèrent ; lentement la salle se remplit. On demandait à boire pour dissimuler le but de la réunion aux yeux de tous, même du tavernier ; mais, sauf Conrart, les conjurés effleuraient à peine leurs gobelets. Quand une centaine d'hommes de tout rang se trouvèrent groupés dans la salle, les portes furent fermées, et Perrinet, se levant, commanda d'un geste le silence :

— Nous sommes en vérité de singuliers faiseurs de complots, dit-il. Au lieu de songer à renverser le roi, nous voulons l'affermir sur son trône; loin d'attendre de la révolution qui sera préparée par nos soins des honneurs ou le moindre profit, nous avons fait serment de garder intact l'honneur de notre entreprise, en nous engageant à ne jamais rien accepter qui pût ressembler à un salaire. Nous sommes le droit et la justice; or, le droit ne s'achète point, et la justice ne saurait se payer. On dit la France abaissée, agonisante, presque morte; nous lui rendrons son prestige, sa force, sa vie! La lutte entre deux maisons princières ruine le pays. Lorsque Bourgogne l'emporte, on massacre les Armagnacs; la sépulture est refusée à leurs morts et le baptême à leurs enfants; l'anathème est lancé contre ceux qui les défendent; ils ne sont pas seulement des vaincus, mais des excommuniés... Si, par un revirement de la fortune, le connétable vient à triompher du duc Jean, quiconque porte la croix de Bourgogne ou le chaperon gantois est condamné par avance... Les princes d'Orléans n'ont pas le courage de former un parti séparé de celui de leur dangereux allié. Souvent, hélas! la raison indécise du roi flotte au vent d'une politique incertaine. Il est temps que Paris se retrouve, se lève et qu'il sauve la France. Paris n'a que faire d'Armagnac et de Bourgogne; il a son roi et son Dauphin. Nous voulons interdire la ville à des factions rivales qui s'arrogent le droit de nous entraîner dans leurs luttes. Le grand chancelier est venu l'autre jour à l'hôtel Saint-Paul pour remontrer à Charles VI les misères du pauvre peuple; il commença et finit son discours par *Vivat rex!* Imitons-le; car nous sommes réunis pour aider Charles à reconquérir le pouvoir et à chasser l'Anglais de notre territoire.

Un immense cri de : « Vive le roi! vive la France! » ébranla la vaste salle; presque au même instant, une escouade de soldats parut sur la place.

— Trouverait-on séditieux les mots de « Vive la France! » demanda Conrart, et nous viendrait-on appréhender pour ce méfait?

— Non point, répliqua Perrinet; mais il y a grande besogne au Châtelet aujourd'hui, peut-être.

— Dieu me damne! fit Conrart, voici Capeluche et ses aides...

— Je vous conseille de tirer désormais votre chaperon quand vous passerez auprès de lui, dit un bourgeois; depuis que le duc de Bourgogne lui a serré la main, il se croit au-dessus de chacun de nous.

— Le misérable! fit Perrinet en frappant du poing sur la table;

il descend jusqu'à donner l'accolade au bourreau pour se créer des partisans !

— Je gage, dit Conrart, que l'on va appliquer la question à ce malheureux chevalier; cependant je n'ai point entendu dire qu'on l'eût interrogé dans les formes.

— Le grand prévôt ne relève que du roi, dit Perrinet, et la police du royaume lui appartient; lui seul châtie les « meurtres, homicides, larcins, ravissements de femmes, violations d'églises et tous crimes et délits méritant la peine capitale ». Or le roi veut que justice soit faite de la reine et de son complice.

— Ah! s'écria Conrart, je ne l'excuse pas. Mais quand je le vis pour la dernière fois, c'était à un carrousel, et il était le plus jeune, le plus courtois et le plus avenant de tous ceux qui disputaient le prix. Songer que ces membres élégants et robustes tout ensemble vont être broyés entre des coins de fer, c'est horrible...

— Je ne le nie point; mais d'honnêtes gens ont été rompus, démembrés, bouillis, écartelés, pendus ou noyés sans avoir commis d'autre crime que celui de prendre parti pour l'un ou l'autre des compétiteurs; la mort de Bois-Bourdon est nécessaire, indispensable, et périssent ainsi tous les ennemis du roi !

Cet incident interrompit la discussion à laquelle se livraient les amis de Perrinet; chacun se préoccupait de ce qui se passait au Châtelet et se demandait quelle serait la fin de ce drame.

En mettant le chevalier à mort, on obéissait au roi, soit; mais quand la maladie de Charles VI obscurcirait encore sa raison, quelle vengeance en tirerait Isabeau?

Tandis que, dans la salle, les partisans de Charles VI épiaient ce qui se passait, une foule curieuse, animée, bruyante se promenait autour de la prison. Les plus hardis se penchaient sur les soupiraux, fouillant les cachots du regard; les plus heureux heurtaient à la porte, et, sous prétexte de causer avec un gardien de leurs amis, pénétraient dans les couloirs sombres et descendaient les noirs escaliers.

Une demi-heure, une heure se passèrent. On avait sans doute recours à toutes les inventions de la torture pour faire avouer son crime à cet adolescent... Enfin la porte du Châtelet roula sur ses gonds, et Capeluche, vêtu de rouge, son capuchon rabattu sur ses épaules, son tablier de cuir couvert de taches brunes et visqueuses, parut, entouré de ses quatre valets. Il était pâle et paraissait las... Qui peut dire ce que renferme cette expression : « la fatigue du bourreau » ? Mais, à aucune des questions qui lui furent faites, il faut le dire à leur honte, par les femmes surtout, l'*ami* de Mgr de Bourgogne ne daigna répondre.

— A-t-il avoué? Sa déposition compromet-elle la reine? Les huit coins ont-ils été employés? Quelle peine est prononcée contre lui?

Capeluche garda le silence sur toutes ces demandes; la dernière seule le fit sourire.

Du reste, la foule oublia bientôt le maître des hautes œuvres en voyant s'avancer le grand prévôt.

Messire Tanneguy Duchâtel était grave et tenait un morceau de parchemin renfermant sans nul doute la confession légale de Bois-Bourdon. Comme il franchissait le seuil du Châtelet, un homme vêtu du costume universitaire traversa la place, se dirigea vers la prison et se trouva face à face avec le prévôt de la justice royale.

— Vous venez de condamner un homme? demanda le nouveau venu.

— Il a forfait, on le châtie.

— De cette heure donc il m'appartient jusqu'à ce que le bourreau fasse son office.

— Non, messire; personne désormais ne pénétrera jusqu'à lui ; on ne pourra pas, je suis la loi.

— Je passerai, répondit Jean Gerson avec autorité : je suis la religion.

— Monsieur le grand chancelier de France...

— Non point : un simple prêtre quand il s'agit d'exhorter un homme à mourir.

— Ce ministère est au-dessous de vous, messire.

— Au-dessous de moi? Rappelez-vous, monsieur le prévôt, qu'il est deux prérogatives dont je me montrerai toujours jaloux : enseigner les petits enfants et consoler ceux qui tremblent devant la justice divine.

— Vous le savez, monseigneur, les grands criminels ne sont pas réconciliés avec l'Église.

— Le Christ n'a jamais dit que les peines de l'enfer s'ajouteraient nécessairement aux tortures humaines... Et qui donc a plus besoin de prêtre que le misérable dont les membres brisés attendent le coup de grâce, et dont l'âme, remplie d'affres terribles, se demande dans quelle nuit et au sein de quels supplices elle va rouler? Les prêtres ne seraient pas dignes de ce titre s'ils désertaient les cachots. Vous avez rempli votre devoir, messire Tanneguy Duchâtel; je ferai le mien.

Le prévôt s'inclina respectueusement devant Jean Gerson, et celui-ci pénétra dans le grand Châtelet.

Les amis de Perrinet avaient suivi cette scène d'un regard plein de curiosité et d'admiration, et Leclerc, se souvenant des paroles que le matin même il avait entendu dire au chancelier de France, s'écria :

— Quand des siècles auront passé sur ces temps douloureux, qui sait si un seul nom, celui de cet homme, ne s'en détachera pas, pur, lumineux?

A la taverne de Saint-Jean.

On oubliera peut-être Isabeau de Bavière la Messaline, Charles l'Insensé, Louis d'Orléans et Jean de Bourgogne ; mais l'oubli ne se fera jamais sur Jean Gerson.

— Ah çà! vous devenez lugubre et vous me compromettez, dit Conrart. Que voulez-vous que le tavernier pense de gens qui disputent comme des rhéteurs et qui négligent de boire ?

Puis, frappant rudement sur la table, il cria :

— Holà! tavernier, par le chef de saint Jean, du vin, de l'hydromel et des épices! Noyons tout dans tes pots, jusqu'à notre jeunesse.

Et, d'une voix éclatante, Conrart entonna sa chanson favorite :

> Bevez quand l'avez en poin ;
> Ben est droit, car nuit est loing,
> *Sol de stella*
>
> Bevez bien, et bevez bel,
> Il vous vendra dit tonnel,
> *Semper clara !*

Le tavernier et deux servantes parurent, portant cruches, pots et dames-jeannes, et chacun remplit son gobelet et le vida d'un trait.

Une heure plus tard, ayant échangé entre eux un signe de ralliement, les *fidèles du roi* quittèrent l'hôtellerie de *Saint-Jean-Baptiste*. Conrart, rendu pieux par l'ivresse, psalmodiait ces quatre vers du cantique des Flagellants :

> *Ave, regina*, pure et gente !
> Très-haute, *Ave, maris stella*,
> *Ave*, précieu se jovante,
> Lune ou Dceix s'escousa !

Peu à peu les groupes se dispersèrent dans des directions diverses, et Perrinet resta seul, allongé sur le banc de pierre placé devant la maison. Il tenait à savoir le dernier mot du drame qui se passait au Châtelet. La nuit était complétement venue, quand il sembla à Leclerc reconnaître un de ses acteurs sinistres ; seulement, cette fois, Capeluche dissimulait son costume sous un vêtement ample et sombre.

Le maître des hautes œuvres s'approcha de la berge du fleuve et appela trois fois :

— Nichol ! Nichol ! Nichol !

Une voix répondit, affaiblie par la distance, et deux rames frappèrent les eaux.

Un moment après, un batelier amarrait son bateau, grimpait sur la berge et demandait à Capeluche :

— C'est pour ce soir ?

— Pour tout à l'heure, Nichol.

— A votre volonté ; moi et ma barque, nous appartenons au roi.

Capeluche se fit ouvrir la prison.

Quand il reparut, quatre hommes le suivaient, portant un sac de cuir de forme étrange.

Perrinet se souleva et regarda. La lune brillait éclatante et réfléchissait ses clartés vacillantes et comme brisées sur les flots mouvants. C'était une belle et claire nuit, propice à la rêverie comme à la tendresse. Il semblait que l'homme commettait un crime envers la nature et Dieu en l'employant à des choses sinistres.

Cependant les quatre valets de Capeluche ployaient sous leur fardeau. De temps en temps, un cri étouffé paraissait sortir de ce sac de cuir, dans lequel se mouvait indistinctement une forme humaine...

On jeta le sac de cuir dans le fond de la barque; Nichol donna un coup d'aviron, et le canot prit le large.

Les passants s'arrêtèrent sur la berge, quelques croisées s'ouvrirent.

Alors chacun put voir Capeluche, qui jusqu'à ce moment était resté debout dans la barque, soulever le pesant sac de cuir, le balancer par trois fois au-dessus de l'abîme, puis le lancer dans la Seine en criant :

— Laissez passer la justice du roi !

A peine achevait-il ces sinistres paroles, que la haute taille de Jean Gerson se dessina nettement sous les clartés de la lune.

Le grand chancelier étendit le bras vers le fleuve, et on put l'entendre répéter, comme une consolation suprême :

— Laissez passer la miséricorde de Dieu !

VIII

LA CONSPIRATION DU DAUPHIN

De tous les Parisiens entrés dans le complot de Perrinet pour délivrer la France des factions qui la déchiraient, le Dauphin se montra le plus zélé. Il s'agissait, il est vrai, pour lui d'intérêts importants, du repos de son père, de son indépendance personnelle, de l'avenir du royaume qu'il était appelé à gouverner. Pour aider dans ses projets le jeune potier d'étain, le Dauphin précipita la paix d'Arras, et dès que la bannière de France eut flotté sur les murs de la ville, le prince revint à Paris. Une grande perplexité régnait à la cour; le roi d'Angleterre venait de faire demander en mariage Catherine, dernière fille du roi, et promettait une loyale et grande paix. Au premier abord, ces propositions pouvaient sembler réalisables; mais, tout en paraissant fort épris de la princesse, le roi Henri demandait la Guyenne, conformément aux clauses de l'onéreux traité de Brétigny. Tout était péril au dedans et au dehors. Il faut le dire à la honte des princes, le duc de Bourgogne, le comte d'Armagnac, la reine étaient prêts à faire à l'Angleterre toutes les concessions. Il n'y avait donc pas un jour à perdre, si l'on voulait sauver d'un imminent naufrage la royauté et la patrie.

Mais les ressources de dévouement, d'abnégation et de sacrifice sont immenses dans le peuple, quand on sait faire vibrer en lui des cordes justes. Perrinet était bien l'homme du moment. La douleur produisait en lui le fruit sublime de l'héroïsme. Pendant cette période de sa vie, s'il songeait à tirer vengeance de son injure, cette idée se trouva elle-même absorbée dans un projet plus désintéressé et plus grand.

Perrinet souhaitait arrêter l'effusion du sang; il s'indignait hautement de la conduite des princes d'Orléans, qui, loin d'accepter la paix avec les Bourguignons, comme les y conviait le duc de Berri, persistaient à nourrir des rancunes personnelles à l'heure du péril commun.

Encore eût-on compris cette attitude hautaine, si Charles d'Orléans avait dévoué sa vie au châtiment de Jean Sans peur; mais, d'après les conseils du roi, les princes avaient paru antérieurement mettre en oubli le drame de la rue Vieille-du-Temple.

Perrinet, trop juste pour les unir dans la haine qu'il portait au connétable d'Armagnac, voulut tenter de les rallier à sa cause et de demander loyalement leur concours.

Charles d'Orléans aimait le luxe, les fêtes, les tournois; il avait des ménestrels à gages et méritait, sans flatterie, une des premières places parmi les poëtes de son temps. On savait donc où trouver ce jeune homme, devenu trop jeune orphelin, et efféminé à dessein par ses flatteurs, peut-être par son beau-père lui-même. Perrinet entra un jour dans l'hôtel du prince d'Orléans, à l'heure où le repas du soir finissait, et, malgré les efforts des écuyers pour l'empêcher d'arriver jusqu'à leur maître, il entra gravement dans la salle du festin, s'approcha de Charles, dont les contes joyeux amusaient ses nombreux convives; puis, tirant un couteau de sa gaîne, il trancha la nappe devant la place où le prince était assis.

— Une telle insulte à moi! s'écria Charles d'Orléans pâle de rage, et cette insulte faite par un manant!

— Par un homme, monseigneur, bourgeois de Paris et quartenier... un homme qui vous déclare félon à la chevalerie, puisque vous n'avez pas d'armes.

— Pas d'armes! répéta le prince; cette épée va châtier ton insolence.

Perrinet retint vigoureusement le bras du prince.

— J'ai cru, répliqua-t-il amèrement, que vous n'en possédiez point, et j'étais fondé dans cette pensée... Le sang du duc votre père a jailli contre

La justice du roi et la miséricorde de Dieu.

le meurtrier, et le meurtrier vit encore... La noble Valentine de Milan mourut de douleur et ne fut point vengée... A Dieu ne plaise que je veuille vous engager à rendre crime pour crime, assassinat pour assassinat! Il y avait une noble façon de faire payer à votre ennemi les larmes de la veuve et le sang paternel. Le crime de Jean Sans peur fut le prélude de crimes plus grands. A cette heure, il pille, égorge et brûle la moitié de la France. Pour être digne de l'héritage paternel, monseigneur, loin de rassembler des troupes, comme votre adversaire, il fallait amener une armée au roi, en lui disant : « A nous deux, nous vaincrons la Bourgogne et l'Angleterre. » Il fallait suivre l'exemple de Dunois votre frère et embrasser la cause du Dauphin contre ses oppresseurs et sa marâtre. Mais, non, pour vous reposer des fatigues d'une lutte fratricide et coupable, vous avez chanté les « fourriers d'été », les femmes et les roses ! Quand il s'agissait de combattre, vous preniez votre harpe, et, tandis que le sang ruisselle sur votre ordre, vous chantez des ballades au milieu des orgies !

Le duc Charles baissa la tête.

Dunois se leva.

— Frère, dit-il, les paroles de cet homme sont sévères ; mais ce qu'il conseille de faire est sage, et je le ferai.

— N'obtiendrai-je rien de vous, monseigneur ? demanda Leclerc.

— Je signerai la paix avec Bourgogne, répondit Charles, puis j'offrirai au roi le secours de mon épée.

— Dites au Dauphin, monseigneur... Depuis quelques jours, à la suite d'un long travail et de douleurs profondes, l'esprit de notre cher sire est retombé dans les ténèbres.

— La paix d'abord, répéta le prince ; ensuite la paix avec mon royal cousin.

Nous avons dit que le repas touchait à sa fin. La plupart des gentilshommes avaient suivi l'exemple de Dunois et s'étaient groupés autour de Perrinet Leclerc.

Quant à Charles, il possédait assez de qualités de bravoure pour comprendre que, dans la hardiesse de Perrinet, se trouvait une véritable grandeur. Il eut un mouvement chevaleresque, et, tendant sa coupe pleine à Perrinet :

— A ton entreprise ! lui dit-il, au Dauphin ! à la France !

Perrinet vida la coupe.

— Maintenant, reprit Charles, quels sont tes projets ?

— Rendre le Dauphin indépendant des factions et lui remettre en main le pouvoir.

— Et le duc de Bourgogne, et la reine, et le formidable parti des cabochiens ?

— Le peuple de Paris est assez intelligent pour comprendre qu'il n'est pas obligé de plier sous la despotique corporation des bouchers, renforcée des bandes des tard-venus, des boute-feu et des malandrins... Ceux-là sont des hommes qui veulent l'égorgement et l'incendie pour arriver au pillage. Mais, grâce au ciel, la partie saine et laborieuse de la population souhaite la paix qui permet au commerce de fleurir, à la famille de se développer et de grandir sans crainte. Les gens sages en ont assez de vos luttes, dont ils payent les frais. Ce sont ceux-là que j'ai mis de mon parti; ceux-là veulent placer le Dauphin à la tête des affaires pendant « l'occupation » du roi, et ceux-là, je les compte par milliers. Ils m'ont offert leurs épargnes, leurs bras, leur voix.

— L'épargne des artisans ne suffira pas, dit Dunois; j'offre mille *florettes* frappées de fleurs de lis.

— Moi, deux mille *saluts d'or*, s'écria un convive.

— Pardon, monseigneur, répondit Perrinet, le *salut* est monnaie anglaise, et l'or de la France doit seul sauver la France et Paris.

— Je te ferai compter cent mille *écus à la couronne,* dit Charles d'Orléans.

Entraînés par l'exemple, tous les convives du prince promirent une somme relativement énorme et suffisante non-seulement pour rendre à la ville la tranquillité, mais encore pour chasser les Anglais hors du territoire. De généreuses larmes roulaient dans les yeux de Perrinet; son cœur battait d'un noble orgueil; il n'avait point compté sur un triomphe semblable. Ses mains frémissantes serraient les mains tendues vers lui; il voyait déjà Paris libre et la France sauvée.

— Et comment s'opérera le mouvement? demanda Dunois.

— Cette révolution pacifique et juste commencera au lieu où toutes les révolutions de Paris commencèrent : aux halles. La cloche de Saint-Eustache en donnera le signal.

— Compte sur moi, dit le prince; je suis du parti du Dauphin, et je ne tarderai point à aller lui en donner l'assurance.

— Attends-moi, ajouta Dunois; si l'aîné des d'Orléans faillit, le bâtard sera là.

Leclerc quitta l'hôtel, le cœur rempli de l'enivrement d'une grandiose espérance.

Il courut chez son père. Depuis quelques semaines, tout entier à ses projets, il négligeait un peu le vieillard, et cependant celui-ci souffrait cruellement, car il ne se consolait point de l'absence de Graciosa.

Plus juste ou plus tendre que Perrinet, il la défendait contre lui; et lorsque celui-ci s'obstinait à accuser de légèreté, d'oubli la douce créature qui avait grandi dans la maison du Petit-Pont, répandant sur tous sa tendresse et son dévouement, le vieillard secouait la tête :

— Tu juges en jeune homme passionné, disait-il ; je vois un grand malheur dans la vie de Graciosa ; mais, jusqu'à ce que j'aie acquis une preuve de sa faute, je refuserai d'y croire.

— Ses propres paroles la condamnent, mon père, répliquait Perrinet. Elle veut de l'or, des fêtes ; elle veut briller et plaire ; elle me l'a dit, sans souci de mes larmes.

— Et c'est cela qui justement me fait douter de la sincérité cruelle de Graciosa. Coupable, elle eût essayé de nier sa faute... A défaut d'amour, elle t'aurait offert son amitié. Crois-moi, Perrinet, sa conduite cache un mystère, non une faute. D'Armagnac n'a pas seulement ravi ta fiancée, il l'oblige encore à mentir à elle-même et à toi.

— Sa mère était une Maugrabine, et l'enfant...

— Je te défends d'accuser Graciosa devant moi ! s'écria le vieux Leclerc ; oui, moi, ton père, je ne veux pas qu'on la soupçonne, jusqu'au jour où nous connaîtrons toute la vérité...

— Mon père ! mon père ! s'écria Perrinet en se jetant dans les bras du vieillard, je suis bien malheureux !

— Pleure, enfant ! dit le gardien en le serrant sur sa poitrine ; pleure, et n'en rougis pas devant moi.

— Et pourtant, merci de vos paroles ; elles mêlent un vague espoir à mes projets.

— Attends tout de l'avenir.

Leclerc serra une dernière fois Perrinet dans ses bras, puis tous deux, avertis par Guyonne, prirent place au couvert dressé par elle.

Certes, il fut loin de ressembler aux repas joyeux d'autrefois ; mais on parla de Graciosa, et Perrinet dut à son père cette consolation suprême de sentir une sorte d'espérance succéder à la certitude de son malheur.

Si affectueux que fût leur entretien, Perrinet cacha cependant à son père les grands projets auxquels il se dévouait. A quoi bon inquiéter un malheureux qui, privé déjà de sa fille adoptive, eût d'avance pleuré sur son dernier enfant ?

Comme il quittait le logis du gardien de la porte Saint-Germain, une voix bien connue chanta à plein gosier :

> Car je vous dy qu'en mainte grand besongne
> Encor direz, trestuit à cur daleux :
> « Affaire cussions du bon duc de Bourgongne !

— Entrez, Robin, dit Perrinet.

— Est-ce ma chanson qui te fait fuir, garçon? demanda le fanatique admirateur de Jean Sans peur.

— Quand on ne craint pas un coup de dague, un refrain n'épouvante guère; mais il est tard; j'ai fait grand' besogne, comme vous dites, et je dormirai bien ce soir; buvez à ma santé.

Perrinet serra la main de Robin et, allongeant le pas, prit le chemin du Petit-Pont. Son cœur était tout allégé, et l'image de Graciosa y rayonnait comme autrefois.

Le lendemain, Perrinet eut une longue conférence avec le Dauphin.

Il fut convenu que, sur le signal des cloches de Saint-Eustache, le fils du roi suivrait une députation qui viendrait le chercher au Louvre et l'amènerait aux halles, où se trouveraient réunis ses partisans. Immédiatement les Armagnacs seraient chassés de la ville et massacrés en cas de résistance; même sort attendait les Bourguignons et les partisans de la reine qui refuseraient de se rallier à Charles VI et à son fils. Quant aux princes d'Orléans, qui avaient juré de soutenir leur cousin, ils seraient promus à de hautes dignités et prendraient une part du pouvoir.

— Mais en cas de défection de la part de mes cousins? demanda le Dauphin.

— J'ai leur parole, répondit Perrinet.

— Bourgogne donna jadis la sienne et assassina mon oncle; les princes d'Orléans m'ont vingt fois promis leur amitié, et vingt fois m'ont abandonné pour Isabeau de Bavière. Le malheur rend défiant. Je ne crains rien de toi, Perrinet, car, toi, tu as souffert; mais je ne crois plus ni aux paroles affectueuses, ni aux serments devant Dieu, ni à l'hostie rompue, et j'ai dix-sept ans à peine!

— Mais, monseigneur, les princes et leurs amis doivent m'apporter de l'or et de loyales épées.

— Compte seulement sur nos ressources présentes.

— Elles sont, je l'avoue, peu importantes en raison de ce que nous voulons accomplir; mais l'épargne de vos amis s'y joindra.

— Malheureusement la plupart sont peu riches... car, cela est bizarre et navrant, le parti du roi est le plus pauvre des partis de France. Et cependant maintenant, ajouta le Dauphin avec un triste sourire, je jouis d'un luxe relatif. Il fut un temps, Perrinet, où, tandis que la reine multipliait autour d'elle de dispendieux plaisirs, les fils de Charles VI manquaient de pain... Un jour, nous n'avions pas mangé; notre gouvernante, en larmes, courut chez mon père, se jeta à ses pieds et lui dit : « Sire, du pain pour les enfants de France! » Alors de grosses larmes coulèrent dans les yeux de notre père; il prit sa coupe d'or et répondit : « Faites-la fondre; je n'ai plus que cela! » Ceci se passait tandis que Louis d'Orléans habitait le château de Vincennes avec la reine... Non, Perrinet, je ne crois pas à l'amitié des Orléans; Louis fut fatal au bonheur de mon père, ses fils attireront le malheur sur moi! Je compte sur toi, sur tes compagnons, sur quelques gentilshommes jeunes, enthousiastes, généreux, qui ont grandi avec moi. Je compte sur Dieu, qui n'a pas mis pour me la reprendre une couronne dans mon berceau!

— Dans huit jours, monseigneur, si la trahison ne l'empêche, vous serez le seul maître de Paris.

— Dans huit jours, à pareille heure, je t'attendrai.

A partir de cette entrevue, les nuits et les jours de Perrinet furent dévorés par une activité sans repos. Il s'agissait d'organiser le complot d'une façon définitive, de donner son rôle à chacun. On devait, par-dessus tout, éviter le désordre dont n'auraient pas manqué de profiter les Bourguignons et les Armagnacs.

Au bout de quatre jours, grâce au concours d'hommes dévoués, au zèle de Conrart, à l'entraînement de Dunois, tout fut prêt. Un seul élément de succès menaçait de faire défaut : l'argent.

Perrinet avait résolu de former une troupe des gens sans aveu, qui sont, en toute occurrence, au service de celui qui les paye.

Les cabochiens étaient armés et nombreux; il fallait leur opposer des bandes d'une force au moins égale, et, dans ce but, Perrinet était allé trouver le roi de Thune et avait réglé avec le chef suprême des bohémiens de la cour des Miracles les conditions de l'embauchement de ses sujets. Coupe-bourses, sabouleux, boute-feu devaient courir aux halles à l'heure convenue; mais le roi de Thune exigeait le salaire préalable, et la somme dont Perrinet disposait se trouvait de beaucoup inférieure à celle qui lui était indispensable.

Il attendit, pour conclure, le secours promis par les princes d'Orléans; il attendit en vain...

Selon la prévision de Charles, Dauphin de France, son cousin faillit à la parole solennellement donnée.

Perrinet l'ignorait encore; mais déjà il se demandait, anxieux, si l'or nécessaire pour payer les enfants de Bohême n'arriverait pas trop tard...

Le regard fiévreux, arpentant sa boutique à pas rapides, il guettait les messagers; chaque heure voyait grandir son angoisse, et de sourdes exclamations lui échappaient :

— De l'or! de l'or! s'écria-t-il enfin; qui me donnera de l'or pour sauver le roi? Ah! si le sang de mes veines pouvait en faire!...

En ce moment, il ne s'aperçut pas que l'Essorillé venait de se prosterner devant lui, comme un chien fidèle qui tente, par ses caresses, de calmer la douleur de son maître, et il heurta violemment l'avorton, qui se releva sans se plaindre et le regarda avec une indéfinissable expression de tendresse.

— Tu ne me trahirais pas, toi? murmura Leclerc.

Un grognement de joie fut l'unique réponse du nain. Perrinet posa sa main sur sa rude tête :

— C'est bien, dit-il, c'est bien, pauvre gnome.

L'Essorillé prit ce titre pour un nom affectueux; et lui que chacun, jusque-là, même Perrinet, avait désigné par le vivant souvenir de son supplice, se crut baptisé d'un nom d'homme et de chrétien.

Un moment après, Perrinet, incapable de dominer son inquiétude, se rendait à l'hôtel du prince Charles d'Orléans.

On lui répondit que le duc était sorti et rentrerait fort avant dans la nuit.

Les yeux de Perrinet se dessillèrent.

— On m'abandonne, pensa-t-il; on abandonne le Dauphin. Décidément, le parti des traîtres est plus nombreux que celui des braves cœurs.

Il rentra découragé dans sa maison et chercha du regard l'être unique à qui il pût conter son angoisse, car il en était arrivé à ce degré de souffrance où l'on se confie à tout ami compatissant.

— L'Essorillé, murmura-t-il, l'Essorillé m'a quitté! C'est le dernier coup; les princes, soit, ils ne me doivent rien personnellement; mais ce nain, que j'ai nourri et un peu aimé, peut-être en ce moment rampe-t-il au pied d'un Bourguignon, et trouve-t-il le moyen, tout mutilé qu'il est, de lui révéler mes secrets?

Le lendemain devait éclater la conspiration. Le désespoir eut chez Perrinet des élans non moins fougueux que sa première confiance. Ne comptant plus sur le secours des bohémiens du roi de Thune, il encouragea ses amis avec une entraînante éloquence; il leur fit jurer, sur leur éternel salut, de courir aux halles la nuit suivante, au premier son de la cloche de Saint-Eustache, tandis que lui-même irait au Louvre, afin de prendre le Dauphin pour le mettre à leur tête.

Malgré la faiblesse des moyens dont ils disposaient, la certitude de leur bon droit électrisait le courage des conjurés; mais aucun d'eux ne pardonnait à Charles d'Orléans et à ses frères d'avoir faussé une promesse sacrée.

Perrinet rentra dans sa maison vide, dîna frugalement de pain et d'un peu de vin, et attendit l'heure avec un redoublement de fièvre. Il songea à son vieux père, qu'il ne se sentait pas le courage de revoir; à Graciosa... Alors devant le regard de son âme se déroulèrent les tableaux de son enfance : il revit, en face de sa boutique, la Maugrabine tomber pantelante sur le sol, et l'enfant lui tendre ses petits bras... Un vieil instrument de musique était appendu à la muraille, en face de lui, et il crut vaguement en entendre frémir les cordes, comme si les doigts légers de la ménestrelle du roi les effleuraient... Tout à coup il regarda son sablier; les derniers grains de poussière tombaient; il le renversa de nouveau. Quand tout le sable se serait écoulé comme un mince filet d'eau, la cloche de Saint-Eustache l'appellerait au Louvre. Une heure!... Il n'avait plus qu'une heure à attendre!

En ce moment sa porte s'ouvrit, et un homme en costume de guerre parut sur le seuil.

— Messire Perrinet, demanda-t-il, n'attendiez-vous plus le bâtard d'Orléans?

Le jeune homme se précipita vers Dunois et lui étreignit les mains.

— Seul! vous serez donc le seul de la famille!

— Je refuse encore de le croire; mais, dans tous les cas, je ferai bien la besogne de deux.

Perrinet et Dunois s'assirent en face l'un de l'autre. La gravité de la situation les rendait silencieux; ils regardaient tomber le sable lentement, régulièrement, et ils pensaient : dans la tour Saint-Eustache un homme guette aussi pour faire crier à la cloche d'airain :

— Ne dormez plus, bourgeois de Paris; sus! debout pour la bonne cause! Il ne s'agit ni du noueux bâton d'Armagnac ni du rabot de Bourgogne, mais des fleurs de lis d'or de saint Louis!

Et les minutes s'écoulaient; le sable tombait lent comme des larmes, et tout demeurait silencieux comme la tombe.

On frappa; c'était Conrard; il souriait encore et fredonnait son éternelle chanson. Un poëte et un orphelin, voilà les seuls alliés que comptait, à cette heure, Perrinet Leclerc.

La cloche ne sonnait toujours pas... Le sable venait de s'écouler... L'heure était passée...

Tout à coup un bruit étrange, semblable à la marche de soldats nombreux, s'élève à quelque distance; des cris, des imprécations se succèdent.

La porte de Saint-Germain livrée.

Perrinet croit distinguer une course folle dans les rues, une poursuite acharnée... Il va sortir, quand la porte s'ouvre comme poussée par un violent ouragan, et un être en lambeaux, aveuglé, sanglant, roule aux pieds de Leclerc, en laissant échapper, des guenilles qui l'enveloppent, des lingots d'or fondu, des ceintures d'orfévrerie, des bagues, des bracelets, des colliers.

— Le trésor de la Caïmande! s'écria Perrinet. Et je l'accusais! murmura-t-il en attirant vers lui l'avorton.

L'Essorillé, ayant entendu, quelques jours auparavant, son maître déplorer amèrement de manquer de ressources pour enrégimenter les sujets du roi de Thune, s'était demandé s'il ne lui serait point possible d'apporter un trésor à celui qui lui avait témoigné de la pitié. Il courut donc dans les quartiers immondes de Belleville et chercha l'emplacement de la maison de Caïmande.

Malgré les efforts de la sorcière pour cacher à l'Essorillé l'existence de ses richesses, celui-ci savait qu'elle jetait dans un coffre, presque enterré au fond d'un caveau dont elle gardait la clef, les pièces d'or qu'elle recevait pour ses sorcelleries et ses crimes. Il résolut de chercher seul le trésor de la Caïmande et de l'apporter à Perrinet pour remplacer celui des princes d'Orléans.

Quelques rôdeurs de ruelles reconnurent le nain et lui demandèrent à quel labeur il se livrait en creusant avec une telle ardeur les cendres et les décombres.

— Je veux rebâtir la maison, dit-il, et l'habiter.
— Est-ce que la sorcière t'a laissé un héritage?
— Je crois bien, sa clientèle.

Il creusa tout le jour avec une mauvaise bêche; le soir, il était parvenu à démasquer la petite porte du caveau. Un monceau de décombres et de pierres l'ayant protégée, elle avait résisté à l'incendie. L'avorton, ne voulant appeler personne à son aide, se servit de la lumière de sa lanterne pour embraser la porte vermoulue; et quand le feu eut pratiqué une large ouverture, il descendit dans le caveau et regarda. Le coffre était là, un coffre de fer... L'Essorillé introduisit le bord de sa bêche sous le couvercle, le fit sauter, et poussa une exclamation de joie formidable en le voyant plein jusqu'aux bords d'argent monnayé, de lingots et de pierreries... Les bijoux de Caïmande la belle étaient tous là.

L'Essorillé en remplit son premier vêtement, en noua dans sa tunique; puis, sans se soucier d'abandonner le reste à la rapacité des filous, il revint du côté du Petit-Pont. Mais sa fuite insensée, le fardeau dont il paraissait chargé le dénoncèrent à la curiosité de quelques rôdeurs. Poursuivi, atteint, blessé, le malheureux être venait enfin de prouver sa reconnaissance à son maître. Mais le nain ne laissa pas au jeune homme le temps de le remercier; dans sa course rapide, il avait pu remarquer que les rues se remplissaient de soldats qui paraissaient obéir à une consigne. Il étendit le bras du côté d'où venaient les rumeurs, jeta pêle-mêle dans un coffre les richesses qu'il venait d'apporter et tâcha de faire comprendre à Perrinet qu'il ne leur restait plus une lueur d'espoir, et que non-seulement ils étaient abandonnés, mais trahis.

— Qu'importe! dit Leclerc, il faut savoir.

Lorsque le nain comprit que ses efforts pour retenir les trois amis seraient inutiles, il se cramponna à l'habit de Perrinet, en lui faisant signe qu'il le suivrait partout, même au supplice.

— Viens donc, dit Leclerc ; pendant que je m'instruirai de ce qui s'est passé aux halles, messire Dunois, sachez ce qui est advenu au Louvre. Dans deux heures, nous nous retrouverons ici.

L'aube se levait quand Conrard et Dunois rentrèrent dans la boutique où Leclerc et l'Essorillé les attendaient.

— Nous sommes trahis, monseigneur Dunois! s'écria Perrinet ; trahis par ceux qui avaient juré de nous servir : les ducs de Bourbon et d'Orléans ; on a cerné le quartier des halles et enlevé le sonneur qui devait donner le signal.

— Je n'excuserai point mes frères, répliqua Dunois. Voici ce qui s'est passé : En vous promettant un actif concours, Charles était sincère ; son imagination de poëte s'était allumée à l'idée d'accomplir une grande œuvre. Il en était tellement préoccupé que sa femme s'inquiéta ; elle questionna. Charles refusa d'abord de parler, puis il avoua... Le lendemain, en digne fille de Bernard d'Armagnac, elle apprenait tout au connétable. Celui-ci possède sur son gendre une véritable influence. Il combattit ses arguments, soutint que l'on tendait un piége à sa générosité, et obtint enfin du faible Charles qu'il renoncerait à ses projets. A l'heure où les amis du Dauphin et les fidèles du roi attendaient le signal, les chefs de notre parti, arrêtés par les hommes d'armes, étaient conduits au Châtelet, et le Dauphin restait prisonnier au Louvre.

— Ah! Dieu ne veut pas sauver la France! s'écria Perrinet avec une explosion de désespoir.

IX

LA MÉDAILLE DE PLOMB

Perrinet vendait un matin à des artisans du fer, des plats et des brocs d'étain, quand un chaland, peu pressé de se faire servir, s'assit dans le coin le plus sombre de la boutique, suivant d'un regard distrait les mouvements de l'Essorillé, qui faisait alors métier de commis marchand. Quand le dernier acheteur eut donné sa monnaie, le chaland silencieux s'approcha du comptoir.

— Je ne viens rien acheter, dit-il, je veux vendre.

— Comme je ne suis ni juif ni Lombard, répondit Perrinet Leclerc, adressez-vous ailleurs.

— Même s'il s'agissait d'une lettre de la ménestrelle du roi?

Perrinet secoua la tête.

— La ménestrelle du roi est devenue la ménestrelle de la reine, murmura-t-il; elle a quitté Paris; je ne la connais plus.

— Et vous avez tort, mon jeune maître, car sa lettre doit être pleine de choses consolantes; et sans pousser l'intérêt que je vous porte jusqu'à l'indiscrétion, j'affirme que vous seriez heureux de la lire. Mais j'oublie un point essentiel... Pour vous donner confiance en moi, je dois ajouter que je viens à vous de la part de Robin, l'ami du vieux Leclerc, gardien de la porte Saint-Germain.

— Robin m'eût remis, sans la vendre, toute missive capable de m'intéresser. Puisque vous savez la moitié de mon secret, je vous livre l'autre gratis : Perrinet n'attend plus rien de Graciosa Allegre...

— Allons, poursuivit l'inconnu, vous craignez qu'on vous rançonne; soyez tranquille sur ce point : il vous en coûtera une course et deux paroles... Vous vous trouverez ce soir, à huit heures, à la grande boucherie du Parvis. Au revoir, mon jeune maître; vous serez attendu, et l'on vous connaît...

L'homme sortit avant que Perrinet eût répondu.

En présence de l'inconnu qui venait brutalement de rouvrir la plaie de son cœur, le jeune potier aurait persisté dans sa résolution ; mais, lorsqu'il se trouva seul, il se rappela avec quelle chaleur son père avait défendu Graciosa. Elle lui écrivait, elle ne l'oubliait donc pas... Coupable, gardait-il le droit de l'empêcher de plaider sa cause ?... Innocente, lui interdisait-il de crier : « Je suis restée digne de ton amour » ?

— Courir sur un mot, au premier appel, se disait Perrinet, n'est-ce point lâche et indigne d'un homme de cœur ? Pourtant, si elle avait besoin de moi ? si la sœur implorait le frère ? Je n'ai plus de fiancée, mais l'enfant de la Maugrabine a mangé mon pain et, toute petite, dormit dans mes bras. Je ne l'aime plus, cependant je puis encore me dévouer pour elle ; j'irai.

Le soir venu, Perrinet s'achemina donc vers le Parvis, où se trouvaient réunis les trois établissements jouissant de royaux priviléges, et connus sous le nom de *Boucherie, Tuerie* et *Écorcherie de Notre-Dame,* et dont Caboche était le chef et le roi.

Caboche possédait une armée, des capitaines, des ministres ; s'il prêtait son concours au duc de Bourgogne chaque fois que celui-ci voulait purger Paris des Armagnacs, il en était cependant arrivé à un degré d'ambition et de puissance telles que le chef de l'écorcherie devait un jour dicter des *ordonnances* à Jean Sans peur lui-même.

Les cabochiens (on appelait ainsi les trois mille hommes dont disposait Caboche) formaient une armée pire que celle des boute-feu et des tard-venus. Ceux-ci reculaient encore devant certaines cruautés ; les cabochiens, habitués à répandre le sang, à toucher, couper, déchirer des chairs palpitantes, se jetaient dans l'émeute avec la férocité des bêtes fauves. Le carnage était une fête pour eux. Depuis deux ans, ils se reposaient de la bataille des rues, et ce temps leur semblait long. Tandis que le connétable gouvernait sous le nom du pauvre roi, les cabochiens devaient se contenter d'exercer leur métier de bouchers. La corporation tout entière s'en prenait à Caboche de cette trêve. Si Caboche ne voulait pas compromettre son pouvoir, il était temps de préparer un coup d'État et de rappeler les Bourguignons dans Paris. Malheureusement pour les cabochiens, la récente victoire des princes d'Orléans sur le Dauphin et ses amis permettait peu de compter sur le retour de la reine et de Jean Sans peur.

Perrinet, tout en cheminant vers le Parvis, se demandait quel intérêt portait un cabochien à lui ménager le moyen de correspondre avec Graciosa. Il ne doutait point de l'existence de la lettre, il s'inquiétait seulement de la valeur du service qu'on lui demanderait en échange. Quant à trembler pour sa propre vie, en se rendant la nuit, seul, au milieu de ses ennemis, Perrinet n'y songea pas.

Il était à peine entré dans les quartiers de l'écorcherie, qu'un homme de haute taille, portant une lame luisante passée dans la ceinture de son tablier de cuir, s'avança vers lui et dit simplement :

— Venez, Leclerc.

Il le conduisit dans un logis assez vaste, respirant un gros luxe bourgeois. Quand Perrinet fut assis, son hôte fit signe à une femme et à deux servantes de poser des gobelets et des pots sur la table ; puis, sur un geste, elles sortirent.

— Il s'agit maintenant de nous entendre, mon jeune maître ; j'aurais pu charger un de mes hommes de cette négociation, j'ai préféré vous parler moi-même, face à face, les yeux dans les yeux. Soyez tranquille, Caboche et Perrinet sont dignes de s'entendre !

Le jeune potier ne put réprimer un mouvement de répulsion.

— Pour vous donner confiance, reprit le chef des bouchers, voici, sans condition, la lettre de la ménestrelle ; elle m'a été remise par le gouverneur de Pontoise, messire Villiers de l'Isle-d'Adam.

Perrinet saisit la missive, en rompait le sceau et lut.

La douleur tuait lentement la noble fille, et, se croyant près de mourir, elle voulait laisser à Perrinet un souvenir digne de tous deux. Elle racontait dans tous ses détails la scène qui s'était passée dans l'hôtel d'Armagnac, et au prix de quel sacrifice elle avait obtenu la vie sauve pour son fiancé.

« Je me suis crue d'abord assez forte pour emporter ce secret dans la tombe, disait-elle ; mais il me semble que la malédiction de ta pensée m'empêcherait d'être heureuse au ciel conquis par le martyre... Adieu, Perrinet ; près de toi, j'aurais pu vivre... Je ne survivrai pas à l'absence. »

— Vivre ! elle pourrait vivre ! s'écria le jeune homme.

Caboche posa sa lourde main sur l'épaule de Perrinet.

— Si vous le voulez, répondit-il, vous serez réunis dans un mois.

— Puis-je abandonner mon vieux père ?

— C'est Graciosa qui viendra vous rejoindre.

— Vous oubliez le connétable d'Armagnac.

— Dans un mois, il n'y aura plus d'Armagnacs.

— Quoi ! demanda Leclerc, vous me rendriez ma fiancée et vous me fourniriez le moyen de me venger de mon mortel ennemi ?... Je ne suis pas de votre parti, cependant.

— Auquel appartenez-vous donc? demanda Caboche avec un sourire sinistre ; vous avez poursuivi cette chimère d'affranchir le Dauphin et le roi de l'oppression des Orléans et du connétable ; qu'avez-vous gagné à cette conspiration avortée grâce à la trahison d'un prince jongleur? Ce roi est retombé dans une folie plus intense et plus noire; le Dauphin, qu'à prix d'or vous fîtes échapper du Louvre et s'enfuir à Melun, est revenu de lui-même se placer sous la tutelle de Bernard d'Armagnac. Charles VI et le Dauphin sont frappés d'impuissance. Le fils de Louis d'Orléans et de Valentine vous a vendu. Vous êtes Bourguignon à cette heure, parce que vous avez à vous venger de Bernard VII, parce que Jean Sans Peur ramènera la reine dans Paris, et qu'Isabeau vous rendra Graciosa.

— Et quand il serait vrai, reprit Perrinet, que, convaincu de la félonie des d'Orléans, dévoré par la soif de me venger du connétable, et certain d'ailleurs que le Dauphin n'aidera plus à sa propre délivrance, je reconnaîtrais que les Bourguignons seuls m'offrent le moyen de retrouver ma fiancée et de châtier Bernard, à quel prix mettraient-ils leur aide?

— Ils demandent la vôtre... Vous seul pouvez, à cette heure, rappeler la reine, Jean Sans peur et Graciosa ; vous seul pouvez ouvrir Paris... à la régente... Votre père est gardien de la porte Saint-Germain...

— Vous me proposez une lâcheté, dit Perrinet en se levant ; je refuse.

— Soit, dit Caboche ; votre haine et votre amour sont impuissants à vaincre vos scrupules, je m'y attendais. Votre tendresse pour le vieux Leclerc combat le souvenir d'une jeune fille... Eh bien, regardez cette médaille de plomb frappée par ordre de Bernard d'Armagnac. Avant vingt jours, tous ceux qui ne la porteront pas seront massacrés comme des moutons à l'abattoir... Le sang coulera dans toute la ville comme il ruisselle à l'écorcherie... Femmes, enfants, vieillards, on n'épargnera personne. A mort les amis du Dauphin ! à mort les fidèles du roi ! à mort les partisans de Bourgogne et de la royauté !...

— C'est impossible ! s'écria Leclerc.

— Celui qui m'a donné cette médaille est aussi bien instruit que d'Armagnac lui-même, c'est mon ami Capeluche.

— Le bourreau?

— Tous les gouvernements l'emploient, et successivement il se montre fidèle à tous... Réfléchissez donc, Perrinet... Il ne s'agit pas seulement de votre vie, pas même de votre amour... il faut sauver cent mille existences. Il faut vous venger de Bernard d'Armagnac. Il vous fit battre de verges ;

à votre tour vous le tiendrez pantelant entre vos mains, rendant insulte pour insulte, supplice pour supplice.

— M'assurez-vous la vie sauve pour mon père? m'abandonnerez-vous le connétable.

— Je vous le jure!

— Vous saurez, dans trois jours, ce que j'ai décidé.

Perrinet quitta le chef des écorcheurs sous l'impression d'une angoisse terrible. De toute la nuit, il ne put fermer les yeux ; le matin, laissant l'Essorillé seul dans la boutique, il courut chez son père et y trouva Robin. Le vieux Bourguignon paraissait fort préoccupé.

— Le mal devient le pire, dit-il ; des bruits sinistres m'arrivent de tous côtés ; le connétable veut supprimer la lutte, en supprimant les amis du roi et ceux de Jean Sans peur. Avant peu, je le crains, nous verrons dans Paris de terribles choses. Défiez-vous, Leclerc ; le zèle de votre fils pour le Dauphin vous a compromis... On vous accuse d'être royaliste.

Perrinet questionna longuement, minutieusement Robin ; puis, rentré chez lui, il chercha tout ce qu'il possédait en fait d'armes et de couteaux, et se mit à les fourbir. L'Essorillé l'aidait dans cette tâche, et, voyant une hachette dont le manche convenait à sa main, il la demanda à son maître.

— Prends, dit Perrinet, nous en aurons bientôt besoin.

Le lendemain, Perrinet retournait au logis de Caboche.

— S'il faut qu'un parti disparaisse, dit-il, anéantissons les Armagnacs.

D'après l'avis du chef des bouchers, le jeune homme écrivit à Philippe Villiers de l'Isle-Adam pour lui annoncer que, la nuit même fixée par Bernard pour le massacre d'une partie de la population de Paris, il lui ouvrirait la porte Saint-Germain, dont il lui serait facile de se procurer les clefs.

Mais, bien qu'en agissant de la sorte Perrinet eût la certitude qu'il rachetait la vie de Graciosa, celle de Leclerc, celle de plus de cent mille braves gens, il ne pouvait s'empêcher de se dire, au fond de sa conscience :

— Je trahis, je livre la ville!

Mais bientôt la passion reprit le dessus.

— Massacre pour massacre, après tout, j'ai bien le droit de me défendre et de me venger... et si l'acte que je commets aujourd'hui est coupable, que la faute en retombe sur les lâches et les traîtres !

Deux semaines terribles se passèrent, pendant lesquelles Perrinet donna le mot d'ordre à ses amis.

Encore quelques heures, et le connétable transmettrait à ses partisans le signal du massacre... Encore quelques heures, et Perrinet préviendrait ce forfait par un autre forfait.

Quand cinq heures sonnèrent, Perrinet ferma sa boutique ; puis, cachant ses armes sous ses habits, ainsi que l'Escorillé, il se rendit chez

La mort du connétable.

son père. Le vieillard poussa un cri de joie en l'apercevant, puis il demanda :

— Comment vont les choses aujourd'hui ?

— Mal, répondit le jeune homme ; et si cette nuit vous entendez du bruit, restez dans votre maison close, car il y aura péril de mort pour beaucoup.

— Mais alors il serait dangereux pour toi de rentrer tard au Petit-Pont. Pourquoi ne resterais-tu pas ici ?

— Je resterai, mon père.

— Guyonne préparera ta chambre, et le petit compagnon dormira près du foyer.

— J'accepte, répondit Perrinet. Vous êtes bon, mon père, ajouta-t-il.

Puis, prenant dans ses deux mains la tête du vieillard, il posa ses lèvres sur sa chevelure blanche avec un inexprimable sentiment de tendresse et de respect.

On parla peu ce soir-là. Leclerc s'inquiétait pour son enfant; le jeune homme avait beau s'en défendre, il sentait un remords dans le fond de son âme.

Quand le couvre-feu eut sonné, Perrinet souhaita le bonsoir à son père; mais, arrivé près de la porte de sa chambre, il revint brusquement sur ses pas et pressa le vieillard convulsivement contre sa poitrine.

— Dieu te bénisse, mon cher enfant, dit Leclerc! et que la nuit te soit douce sous mon toit!

Un moment après, l'Essorillé s'allongeait sur la pierre du foyer, et le vieillard s'étendait dans le grand lit à courtines de serge.

Les lumières s'éteignirent dans la maison, même celle de Perrinet. Seul cependant le jeune homme ne dormait pas. Il comptait avec fièvre les heures et les minutes, et quand il lui sembla que l'instant d'accomplir son projet était venu, il descendit, une petite lampe à la main, et ouvrit sans bruit la porte de la pièce dans laquelle sommeillait son père. Il se pencha pour le mieux voir, et recula de terreur et de respect à la vue de ce vieillard vénérable... Cependant le moment des hésitations était passé; Perrinet devait se hâter... On attendait au dehors...

Le jeune homme glissa sa main sous l'oreiller de Leclerc et toucha les clefs de la porte Saint-Germain.

— Je les tiens! murmura-t-il.

Au moment où il les serrait dans ses doigts crispés, le gardien s'éveilla brusquement et saisit le bras du jeune homme avec une énergie virile.

— Que viens-tu faire? demanda-t-il, que veux-tu?

Perrinet balbutia une réponse inintelligible.

Leclerc devina l'horrible vérité.

— Tu veux voler mes clefs! dit-il; tu veux ouvrir Paris aux ennemis de la France et du roi!

— Vous avez raison, répondit Perrinet d'une voix sombre; je veux ouvrir les portes aux Bourguignons, afin de sauver la vie à la moitié des habitants de cette ville.

— Rends-moi ces clefs, dit Leclerc avec énergie ; rends-les-moi ! Dans l'épouvantable confusion où nous sommes, il ne m'appartient pas de savoir de quel côté est le droit... Mais je connais le devoir, et le mien est de garder ces portes.

— Pardon, mon père, dit Perrinet, si je vous désobéis pour la première fois ; j'ai à sauver Graciosa, mes amis et moi-même...

— On n'achète le salut de personne au prix d'un crime... Rends-moi les clefs, Perrinet.

— Je ne le puis, répondit le jeune homme.

— As-tu promis aussi d'assassiner ton père ?

— Mon père ! mon père ! cria Perrinet, ne me parlez pas ainsi... Il faut, vous dis-je, il faut...

Perrinet s'arracha violemment à l'étreinte du vieillard et courut vers la porte qui donnait sur la rue; mais Leclerc se jeta au-devant de son fils, et lui présentant un couteau :

— On tue, dit-il, on ne passe pas !

Perrinet tomba sur les genoux.

— Grâce ! dit-il, grâce ! Ne prononcez pas ces mots épouvantables... Ma tête bout... Je ne suis plus maître de moi... On m'attend ; on se demande déjà pourquoi je tarde à tenir ma promesse... Une minute peut tout compromettre... Laissez-moi passer, vous dis-je ; le crime serait maintenant de vous entendre.

D'un mouvement brusque, Perrinet repoussa son père, puis se précipita hors de la maison, tandis que le vieillard allait heurter du front l'angle de la cheminée.

X

L'ORGIE DE SANG

Perrinet venait d'introduire la clef dans la serrure... Mais à ce moment il ressentit une hésitation suprême, et, tournant la tête, il se demanda si son père à demi mort ne tenterait pas une dernière fois de s'opposer à la trahison qu'il allait commettre... A cette heure il ne se le dissimulait plus pour empêcher la consommation d'un crime, il commettait un forfait plus abominable encore.

— Il est trop tard! murmura-t-il; que ma destinée s'accomplisse!

La clef tourna sous sa main fiévreuse : la porte s'ouvrit; Villiers de l'Isle-Adam parut, suivi d'un groupe de gentilshommes au milieu desquels se trouvait Graciosa. Perrinet courut à elle, la regarda avec une expression de joie folle, mêlée de désespoir, puis, désignant à la jeune fille le logis du gardien :

— Mon père! dit-il, je te confie mon père!

Graciosa pénétra dans la maison où l'Essorillé tentait vainement de rappeler le vieillard à la vie. En voyant une femme auprès du blessé, le nain, cessant de croire sa présence nécessaire, rejoignit son maître.

Les soldats bourguignons entraient, pressés et silencieux. Quand ils furent tous dans Paris, Perrinet referma la porte et en jeta les clefs pardessus la muraille.

— On peut mourir, dit-il; on ne fuira pas.

Les auteurs du complot formé jadis en faveur du Dauphin attendaient Leclerc près du petit Châtelet, lorsque les soldats de Villiers de l'Isle-Adam les rejoignirent; ils poussèrent tous ensemble un cri destiné à soulever la ville entière :

— La paix! la paix! vive Bourgogne!

En un instant artisans et bourgeois s'éveillent; les initiés et ceux qui ignorent l'événement mêlent leurs voix à cette immense clameur :

— Vive Bourgogne! la paix! la paix!

Villiers de l'Isle-Adam divise en plusieurs groupes ses Bourguignons renforcés par les trois mille écorcheurs placés sous les ordres de Caboche, et leur partage les quartiers de la ville :

— Au connétable d'abord! dit-il; qu'on arrête ensuite son fils, les présidents et procureurs des Chambres royales, les prélats, les seigneurs! Une fois les prisons remplies de notables, tuez jusqu'à ce que des ruisseaux de sang coulent dans les rues! massacrez vieillards, enfants et femmes! N'oubliez point, ajouta Philippe Villiers, que le chancelier doit expier cette nuit l'audace d'avoir hautement blâmé la mort du prince Louis d'Orléans

Un sanguinaire cri de joie jaillit de la poitrine des Bourguignons :

— A l'hôtel d'Armagnac! au Châtelet! à la Chancellerie!

Perrinet n'avait pas songé qu'en déchaînant les passions, elles frapperaient l'innocent aussi bien que le coupable.

Quoi! Jean Gerson, cet homme à qui l'Église gallicane devait une partie de sa gloire, qui laisserait dans l'humanité un si noble exemple de justice et de désintéressement; cet écrivain qui traçait des pages immortelles, que Perrinet avait entendu plaider la cause des pauvres gens, serait à son tour victime de Jean Sans peur pour avoir flétri l'assassinat?

Le jeune homme ne peut ni le comprendre ni le croire. Il tente de reprocher aux Bourguignons leur haine injuste et stupide. A quoi bon? ces hommes ne veulent à cette heure que du sang et le pillage, et Perrinet, aux bras de qui se cramponne l'Essorillé, suit les soldats pour essayer de protéger Gerson en feignant de le poursuivre.

Le grand chancelier travaillait encore, quand des cris, des menaces parvinrent à ses oreilles. Il comprit vite ce qui se passait, leva la tête vers le grand crucifix placé au-dessus de sa table et attendit.

Ses serviteurs, épouvantés en voyant les Bourguignons, s'arment à la hâte. Ils sont résolus à mourir en défendant leur maître :

— Si Dieu veut ma vie, leur dit Gerson avec douceur, pourquoi la lui refuserais-je? Je péris pour une cause grande et sainte, ne me plaignez pas...

Et, malgré les supplications de ces braves gens, Gerson alla lui-même ouvrir la porte à la horde furieuse qui se précipita dans sa demeure.

Tandis que quatre soldats maintenaient le grand chancelier, car il devait être au nombre des prisonniers, les Bourguignons visitaient et pillaient le palais, faisant main basse sur les reliquaires d'or, les pièces d'orfévrerie, maltraitant et navrant ceux qui, fidèles jusqu'au bout, tentaient de sauvegarder les trésors confiés à leur garde.

Gerson paraissait insensible aux injures que lui prodiguaient les soldats de Villiers; il priait à voix basse, et, ne croyant plus à la possibilité de vivre, il regardait avec sérénité un trépas grand comme le martyre.

On l'avait garrotté rudement; ses poignets saignaient sous la tension des cordes. Perrinet et l'Essorillé se trouvaient derrière lui; d'un coup de lame le potier d'étain coupa ses liens; en même temps, d'une pression de main affectueuse et protectrice, il tenta de faire comprendre à Jean Gerson qu'il comptait des amis au milieu de cette bande d'assassins et de pillards.

Puis, essayant de se débarrasser des soldats qui restaient près du chancelier, il dit avec l'accent de la colère :

— Les compagnons remplissent là-haut leurs poches de florettes et de pièces à l'ange... Si vous m'en croyez, nous nous relayerons pour prendre notre part de butin.

— Au fait, dit un cabochien, il a raison, celui-là !

L'Essorillé fit un mouvement.

— Reste, ajouta Perrinet d'une voix rude, sois tranquille ! il y en aura pour tout le monde... Les gens de monseigneur, de Caboche et de Capeluche ont plus besoin que nous ; ils passeront les premiers...

Les soldats s'élançaient vers l'escalier quand les pillards descendirent en hurlant :

— A la Conciergerie ! la maison brûle !

Perrinet eut à peine le temps de murmurer à l'oreille du grand chancelier :

— Monseigneur, je veille sur vous.

Jean Gerson, pressé, injurié, maltraité, quoique protégé par Leclerc et son compagnon, fut conduit à la Conciergerie, où se trouvaient déjà l'évêque de Coutances et son fils.

Gentilshommes, prélats, savants, riches particuliers sont entassés dans les prisons. On remplit de captifs les établissements publics. Mais en vain Caboche et Capeluche s'acharnent à la recherche du connétable ; celui-ci est parvenu à s'évader.

Dans les rues mal pavées le sang forme d'immondes cloaques. Les bouchers, les bras nus, maniant la masse, la hache ou le couteau, décapitent, éventrent, assomment les victimes.

Nulle pitié, nul remords ; l'ardeur de tuerie atteint au paroxysme de la folie sanguinaire. Femmes, enfants sont l'objet de raffinements d'une barbarie inouïe. Tout homme convaincu d'attachement aux Armagnacs est massacré. Les vengeances particulières s'exercent librement sous le masque du zèle à la maison de Bourgogne. Nul ne demandera raison des crimes de la nuit.

Tanneguy-Duchâtel, réveillé par des bruits sinistres, court au Louvre ; il trouve le Dauphin endormi, l'enveloppe à la hâte dans une couverture, et l'emporte demi-nu, à travers les rues éclairées par de rouges lueurs d'incendie, jusqu'à la Bastille, dont il est gouverneur.

Quand le jour se leva, plus de cent mille personnes étaient massacrées. Cependant, le but des Bourguignons n'était atteint qu'à demi. Tandis que Perrinet, Capeluche et l'Essorillé, à la tête d'une bande déterminée, fouillaient les maisons suspectes pour y découvrir le connétable, les cabochiens procédaient au jugement ou plutôt à l'exécution sommaire des captifs.

Les bouchers vont aux prisons, somment les geôliers et les gardiens de leur en livrer les clefs ; sur le refus de ceux-ci, on les égorge, puis on commence l'appel des prisonniers. A peine paraissent-ils, qu'ils tombent assommés.

Au Châtelet, les cabochiens éprouvent une résistance plus sérieuse ; les détenus eux-mêmes tentent de se défendre ; alors les cabochiens accumulent du bois devant les portes, y mettent le feu, et quand les prisonniers, aveuglés, suffoqués par la fumée et déjà atteints par les flammes, tentent de s'échapper, les misérables les repoussent à coups de pique dans le brasier.

Le tour des prisonniers de la Conciergerie est arrivé. Perrinet se souvient de sa promesse. Il s'agit de sauver Jean Gerson, l'honneur et la gloire de l'Église et de l'Université. L'évêque de Coutances, un jeune homme et le chancelier sont arrachés ensemble de leurs cachots. L'Essorillé connaît le rôle qu'il doit jouer dans ce drame sinistre ; Perrinet est déjà près de Jean Gerson, et lui glisse ces mots à voix basse :

— Notre-Dame est lieu d'asile.

Puis, tandis que les bourreaux s'acharnent sur l'évêque de Coutances, le nain fait un signe au chancelier, qui s'élance dans la direction de la basilique. Les Bourguignons suivent le fugitif ; Perrinet les distance avec l'Essorillé, et se trouve de la sorte placé entre la victime et les bourreaux, prêt à faire volte-face et à défendre la victime de son poignard, si les bourreaux gagnent trop vite du terrain.

Les cabochiens vont comme la foudre, comme la haine, comme la mort...

Gerson se sent à bout de forces... A quoi bon défendre sa vie contre des misérables ? Mais Perrinet l'encourage, le soutient... Le portail de Notre-Dame est là... tout près...

— Asile ! asile ! crie Perrinet, voyant que le souffle manque à Gerson. La grande masse de pierre s'émeut de pitié, une baie noire se creuse dans ses flancs, Gerson s'y enfonce, le battant de fer retombe.

— Asile ! asile ! crie une voix triomphante comme celle d'un ange venant d'arracher un homme à la mort !

Un épouvantable blasphème répond à cette parole ; mais si grand est le respect pour le droit dont chaque malfaiteur peut réclamer le bénéfice, que les Bourguignons et les écorcheurs n'essayent pas même d'ébranler la porte de la tour, et s'éloignent en poussant de nouvelles vociférations.

Leur tâche n'est pas encore finie, elle ne s'achèvera qu'à l'heure où râlera le dernier des Armagnacs. Perrinet suit les exécuteurs des vengeances du duc de Bourgogne ; il les suit ; mais, quelle que soit sa haine pour le connétable, il se contente d'assister aux exécutions sans y prendre part. Devant l'horreur de l'œuvre qui s'accomplit, il recule effrayé, pris de vertige et de dégoût. Il trébuche sur des corps glacés, il glisse dans le sang ; il ne voit que des membres tordus par la douleur, des faces convulsées par l'agonie ; il lui semble que ces bouches froides le maudissent ; il tremble que les doigts crispés le saisissent et l'étouffent dans une mortelle étreinte... Ces morts, il les a faits. Ce carnage est le fruit de sa trahison... Il vient d'ouvrir les portes de Paris à Jean Sans peur, et par cette même porte Jean Sans peur fera entrer Henri V d'Angleterre !

Si Perrinet cédait à l'épouvante qui remplit son âme, au délire qui envahit son cerveau, il deviendrait insensé comme son pauvre roi qui, arraché de l'hôtel Saint-Paul, brisé de corps et d'esprit, traverse les rues sur une haquenée, et regarde, sans le comprendre, le hideux spectacle qui frappe ses regards. Chancelant sur sa selle, l'œil noyé, le front sans pensée, Charles VI passe entre les morts et sourit d'un sourire d'idiot à Caboche qui tient son cheval par la bride. Villiers de l'Isle-Adam espère ainsi donner à l'atrocité de ses exécutions sommaires une apparence de légalité.

Cependant, le comte d'Armagnac, comprenant vite au cri de : « Vive la paix ! vive Bourgogne ! » qu'un hardi coup de main avait livré la capitale à son ennemi, s'était évadé de son hôtel, et était allé demander asile dans le logis d'un pauvre maçon.

Ni Caboche, ni Capeluche, ni Perrinet ne l'eussent découvert dans cette retraite ; l'appât d'une récompense et la crainte de se compromettre firent de son hôte un délateur.

La cachette du connétable est révélée à Philippe de l'Isle-Adam ; il envoie une troupe de soldats pour la cerner, et met à leur tête Perrinet et Caboche. On a promis à Leclerc deux récompenses : Graciosa et Bernard d'Armagnac ; il exige le prix complet de sa trahison.

Ivre d'une atroce joie, Perrinet et le nain suivent le maçon ; l'Essorillé doit régler un compte terrible avec le connétable : reconnaissant à sa manière, il vengera le meurtre de la Caïmande.

Le maçon démasque la porte du réduit dans lequel s'est caché Bernard ;

les soldats l'en arrachent. On le garrotte, on le traîne dans Paris ; si la mort ne lui est pas immédiatement donnée, c'est que son supplice doit satisfaire toutes les haines et réunir toutes les tortures. D'Armagnac ne peut douter du sort qui l'attend en voyant devant lui se dresser Perrinet Leclerc inflexible comme un juge, puis, rampant à ses genoux, l'Essorillé joyeux comme un bourreau qui voit de la chair à travailler.

On entraîne le connétable à la Conciergerie, hué, lapidé, frappé, souillé de sang, de boue, les vêtements en lambeaux, la barbe et les cheveux arrachés, abandonné à la soldatesque et à la populace ; d'Armagnac ne survivrait pas à ce trajet, si Perrinet ne rappelait de temps en temps à la foule qu'un prompt trépas équivaut à une grâce.

Mais à peine Bernard est-il à la Conciergerie, que Philippe Villiers de l'Isle-Adam y paraît à son tour, et répond aux prières du connétable :

— Laissez faire la justice du peuple !

— Cet homme m'appartient, s'écrie Perrinet ; j'ai payé sa vie !

Alors, s'approchant de d'Armagnac, l'œil en flammes, la lèvre frémissante, il lui jette ces mots en lui crachant à la face :

— Je suis celui que tu fis battre de verges, et je viens régler mon compte avec toi, Bernard d'Armagnac ! Voilà pour les coups qui déchirèrent mes épaules.

Et le poignard de Perrinet s'enfonça dans la poitrine du connétable.

— Et voici pour le rapt de ma fiancée ! ajoute le jeune homme, qui, retirant l'arme rouge et fumante, l'enfonce une seconde fois dans le cœur du connétable.

Bernard chancelle, étend les bras, et sa bouche se couvre d'une écume rouge.

Alors le nain, le saisissant par les jambes, le fait tomber sur le sol ; puis, incapable de parler, mais faisant le signe de se transpercer la gorge, pour rappeler à d'Armagnac l'assassinat de la Caïmande, il fait au cou de Bernard une blessure semblable.

Le peuple se rue sur le mourant, lui arrache ses habits, s'acharne sur cet homme. Le nain ramasse à terre une lame effilée, et, traçant rapidement deux lignes sur le dos de Bernard, il enlève une large lanière de chair rouge, et la foule de crier :

— L'écharpe de d'Armagnac !

On lie les pieds du connétable à une claie qui est elle-même fixée à une charrette ; on fouette le cheval, il part, et le crâne entr'ouvert de Bernard heurte à chaque ressaut les pavés sanglants... Débris par débris tombe le corps mutilé; le peuple bat des mains.

Ce fut le dernier acte de ce drame horrible; quand se trouvèrent consommés ces crimes masqués du nom de représailles, les assassins ne purent s'empêcher de frémir de leur œuvre.

Perrinet lui-même se sentit défaillir. Sa soif de vengeance assouvie, une prostration complète s'empara de lui. Depuis deux jours il n'avait rien pris; la fièvre du sang le soutenait. Maintenant ses nerfs ébranlés lui refusent tout secours; il bouche ses oreilles pour ne pas entendre les cris d'agonie; il ferme les yeux pour ne plus voir les morts... Mais ces morts, il les verra toujours, endormi ou veillant, en ce monde comme en enfer... Il est saisi d'une hallucination terrible, et, pour échapper aux fantômes qui le poursuivent, il prend son élan, tombe aux pieds du cheval qui tout à l'heure traînait le cadavre de d'Armagnac; la bête s'effare, rue dans les brancards, fait un bond, et avant que Perrinet soit parvenu à se dégager, les roues pesantes lui ont broyé la poitrine.

L'Essorillé se précipite pour sauver son maître; au risque de périr lui-même, il le soulève : Perrinet expirant murmure deux mots :

— Puni, mais vengé!

Le nain implore l'aide de ceux qui tout à l'heure applaudissaient; mais à ses supplications muettes le peuple fait cette unique réponse :

— Que le traître meure comme un chien!

Les yeux sanglants du potier d'étain se tournent vers la foule qui déjà maudit et condamne le premier auteur des crimes de ces deux jours, et ses lèvres blêmes murmurent :

— Justice!

L'Essorillé, rassemblant ses forces, saisit son maître sous les aisselles, et ne pouvant le porter, il le traîne. Parfois un obstacle barre le chemin : ce sont des cadavres qu'il faut enjamber, des flaques de sang qu'il s'agit de franchir; les jambes du nain sont rouges, et rouges aussi les vêtements de Perrinet Leclerc.

Vingt fois l'Essorillé s'arrête épuisé, reprend son fardeau, le laisse retomber encore... La poitrine de Perrinet laisse passer un sifflement sinistre... Enfin la porte Saint-Germain est en vue; encore quelques pas, et le nain franchira le seuil du vieux Leclerc.

En voyant entrer l'avorton traînant avec peine une masse informe, Graciosa pousse un cri d'effroi; le vieillard, se penchant vers le mourant, recule épouvanté d'un châtiment si prompt et si terrible.

XI

LE JEU DE LA MORT

Il fait nuit. Une foule immense se dirige du côté du cimetière des Saints-Innocents. Il ne s'agit point, sans doute, d'une cérémonie funèbre, car hommes et femmes parlent à haute voix, s'interpellant gaiement, et poussent de bruyants éclats de rire. Des haquenées richement caparaçonnées, des litières précédées de coureurs portant des torches fendent avec peine les flots pressés. Devant ce cortége de dames et de cavaliers, la populace reflue comme une mer, et aux clartés des flambeaux il est facile de reconnaître Isabeau de Bavière, dont la beauté se rehausse d'une merveilleuse parure. A ses côtés chevauche le duc de Bourgogne ; il lui parle bas et en souriant, comme lui parlait jadis Louis d'Orléans... Les dames, les gentilshommes suivent la reine et Mgr le duc ; le peuple applaudit ; il a déjà oublié qu'Isabeau fit son entrée triomphale dans sa bonne ville de Paris en foulant aux pieds les cadavres de la moitié des Parisiens. Toute cette foule se masse autour du cimetière ; les privilégiés y pénètrent, et les soldats du guet appelés pour maintenir l'ordre ont grand'peine à contenir le populaire.

Tout à coup des lueurs bleuâtres semblent jaillir des tombes ; elles errent, se cherchent, se confondent et finissent par former une fantastique illumination.

Peu après, d'un monument resté dans l'ombre sort en rampant un être long et maigre enveloppé d'un suaire. On ne voit de sa tête que des os décharnés ; l'œil, trou béant, n'a plus de lumière ; les mâchoires, dépourvues de chair, font claquer des dents jaunies.

Comme si cette apparition lugubre était un signal, on voit lentement se mouvoir des formes bizarres, vêtues de divers costumes ; ces êtres étranges se dressent enfin ; l'un d'eux saisit la main du squelette et commence à tourner avec lui dans le cimetière au son d'une musique stridente, pareille au rire des damnés.

— Voyez-vous, dit une voix, le *jeu de la Mort* commence ; l'*Empereur* vient d'étendre la main pour saisir une danseuse : c'est la *Bourgeoise*, bien attifée, bien accointe, et fière sans doute de tournoyer dans les bras de son danseur.

— La *Mort* quitte le *Cavalier*, dit une femme ; voyez-vous ce *Mendiant?*... Ah ! le *Pape* entre dans le branle. La mort ne connaî ni le rang ni la fortune.

En effet, à mesure que l'orchestre poursuit sa mélodie infernale, que les flammes bleues redoublent d'intensité, il est facile de reconnaître l'un après l'autre les personnages de la danse macabre courant à travers les tombes, tourbillonnant avec une légèreté de fantômes, et reproduisant sous les yeux avides de la cour, du peuple et du clergé, la grande *moralité* de cette époque, la seule qui lui survivra.

La ronde passe : la jeune Fille avec son amant, la grande Dame suivie de son page ; le Pape, le front orné de la trirème ; le Roi, les cheveux ceints du bandeau ; l'Aveugle, le Mendiant, le Moine, la Courtisane, couverte de bijoux accusateurs... Elle passe aussi, la Mort, tenant à deux mains sa grande faux ; elle touche un des danseurs et l'entraîne... puis un autre, un autre encore... et les derniers continuent à tournoyer, paraissant croire que leur tour n'arrivera jamais.

Au loin, on dirait qu'un chant lugubre répond à l'orchestre de la danse macabre. Lentement cette psalmodie se rapproche. L'attention de la foule se détourne alors du spectacle pour se reporter sur cette partie inattendue du programme de la fête.

Bientôt, à la lueur des cierges portés par des enfants de chœur, on distingue la croix d'or paroissiale. Quelques moines et un prêtre s'avancent en chantant les prières des morts. Derrière eux marchent péniblement un vieillard et une jeune fille.

A leur aspect un cri de pitié se fait entendre.

— Le vieux Leclerc ! la ménestrelle du roi !

La jeune fille est vêtue d'une robe de pénitente qui tombe jusqu'à ses pieds ; une corde ceint sa taille ; sur ses épaules ruissellent ses cheveux, moins noirs que son voile.

Au moment où elle va franchir le seuil du cimetière, le vieillard la prend une dernière fois dans ses bras :

— Tu te condamnes à un supplice pire que la mort, dit-il, toi si jeune, toi si belle ! Réfléchis encore, enfant.

— Mon père, je souffrirai moins de cette tombe anticipée que je ne souffrirais en voyant chaque jour lapider la statue de celui qui fut votre fils e. mon fiancé. Pour son crime, il faut un châtiment; je l'assume sur moi.

— Heureusement, murmure le vieillard, qu'en perdant mes enfants, je perdrai mon dernier souffle de vie!

La danse macabre.

Les prêtres chantent toujours le *De profundis ;* les danseurs du jeu de la Mort s'arrêtent stupéfaits; leur orchestre fait trêve à sa bizarre ritournelle; le peuple, attentif, se demande ce qui va se passer.

Les moines se dirigent, avec la croix et les flambeaux, vers une logette récemment bâtie dans le cimetière; ils prononcent sur cette demeure, mesurant à peine quelques pieds carrés, les bénédictions de l'Église. Une cruche d'eau, un pain noir y sont portés : le pain de l'angoisse et l'eau de l'amertume. Alors la pénitente, qui va devenir volontairement l'emmurée, s'approche à pas lents, s'agenouille, tend les bras à Leclerc, courbe son front sous la bénédiction du prêtre, se relève, puis, sans hésitation, entre dans la logette.

La baie par laquelle elle est entrée disparaîtra bientôt ; les maçons se mettent à l'œuvre, entassent les pierres, plaquent le morier avec la truelle... Les moines chantent encore, et la voix de la ménestrelle leur répond... Il ne reste plus qu'un étroit espace au travers duquel des âmes charitables feront chaque jour à la recluse l'aumône d'un peu de pain ; en ce moment un être difforme s'approche des travailleurs, se hisse sur ses courtes jambes, et jette par l'ouverture de la maisonnette un objet dont quelques spectateurs reconnaissent la forme.

C'est la citole de la ménestrelle du roi.

La dernière pierre est posée, la logette ne s'ouvrira plus... L'habile ménestrelle, l'innocente et belle jeune fille qui vient de se cacher dans cette tombe n'est plus que Graciosa Allegre l'*emmurée*...

Le chant des prêtres expire, leur cortége s'éloigne. Alors, avec une furie croissante, la danse macabre reprend sa ronde ; l'orchestre grince, glapit, hurle ; l'une après l'autre s'éteignent les lueurs de l'illumination fulgurante, et le Pape, la grande Dame, les Amants et la Mort s'engloutissent dans l'ombre et le silence...

La foule se retire lentement ; elle ne parle plus. Un seul éclat de rire argentin résonne ; c'est Isabeau qui dit à Jean Sans peur :

— Nous aurons de belles fêtes, mon cousin, pour le couronnement de Henri V, roi de France.

LA FILLE DE L'IMAGIER

I

ATTAQUE NOCTURNE

Un homme d'un âge mûr et une jeune fille descendaient lentement un étroit chemin encaissé entre deux talus de verdure surmontés d'un buisson d'arbustes épais.

Le costume de l'homme affectait une coupe d'allure plus libre que les pourpoints à la mode. Le chaperon couvrant sa chevelure noire était de velours, à bords relevés dans le genre de ceux que nous voyons aux portraits de Raphaël, et une lourde chaîne d'or, remarquable par la finesse du travail, descendait sur l'habit passementé de jais. Tout dans cet homme indiquait un artiste : son regard étincelant d'intelligence, le développement de son front, largement bossué comme celui de Michel-Ange, l'ampleur de son geste et je ne sais quoi de noble et de hardi indiquant dans le promeneur l'habitude de vivre avec les grands et d'être le favori des princes.

La jeune fille, qui s'appuyait sur son bras, paraissait avoir seize ans à peine. Son visage, rosé comme une fleur de haie, s'encadrait de deux nattes tombant en avant du corsage. Une sorte de chaperon piqué de perles fines descendait en s'évasant sur un cou fin et blanc. Sa poitrine, chastement couverte, soulevait doucement le surcot couleur d'azur ; sa jupe de cental blanc se relevait sur le côté, soutenue par une ceinture d'argent niellé ; et un collier de turquoises descendait jusqu'au bas de sa taille.

Frêle, souple, ingénue, avec ses yeux bleus couverts dune nacre humide, les lèvres rouges et souriantes, la démarche presque aérienne, Christelle était bien faite pour flatter l'orgueil paternel de Halsmann, le célèbre sculpteur brugeois.

Ils marchaient lentement, heureux de la beauté de la soirée, heureux du présent, fécond en gloire et en profits; leur entretien roulait capricieusement de Charles-Quint à son royal prisonnier François Ier, de l'érection du nouveau palais de Bruges à l'intronisation de l'évêque de Maëstricht.

La jeune fille répondait avec une intelligence rare aux questions de son père, et discutait même avec lui certains points d'esthétique avec une éloquence qui faisait sourire le tailleur d'images. Il se sentait fier de son enfant.

La nuit descendait lentement ; tous les bruits de la campagne s'éteignaient; Halsmann et sa fille pressèrent un peu le pas ; ils avaient hâte de regagner la grande route, car le soir, à une heure avancée, les chemins à travers champs pouvaient ne pas être sûrs.

La conquête espagnole avait amené dans les Flandres une foule de soldats plus fiers que riches et peu délicats sur le moyen de gonfler leur escarcelle. Ils coloraient leurs méfaits et pilleries d'une sorte de vanité patriotique, et affectaient de traiter les terres et les habitants des Flandres en pays conquis et en vaincus.

Il ne se passait guère de nuit sans qu'une attaque nocturne doublât la haine des Brugeois contre les reîtres de Charles-Quint, pas de soir où une maison isolée ne fût pillée effrontément, pas de jour où quelque famille ne fût l'objet d'une insulte ou la victime d'un outrage.

Halsmann commençait à se repentir d'avoir fait une si longue promenade; on ne pouvait plus, dans la brume du soir, distinguer les clochers des couvents et des églises, et les pâles lumières émergeant dans la nuit ne le renseignaient nullement sur la distance qu'il devait encore franchir avant d'entrer dans la ville.

Tout à coup, le sculpteur et sa fille distinguèrent un bruit de pas et les éclats de voix de plusieurs hommes ivres de vin ou de cervoise.

Tour à tour ils chantaient quelque refrain de taverne ou s'invectivaient à plein gosier.

Évidemment ils se rapprochaient d'Halsmann et de Christelle.

Le sculpteur regarda le talus presque à pic, impossible à gravir, puis se demanda comment lui et sa fille échapperaient à la rencontre de ces rôdeurs de taverne et peut-être de ces détrousseurs de grand chemin.

— Marchons vite, dit Halsmann, et ne tremble pas.

L'attaque nocturne.

— Comment aurais-je peur? vous êtes là! répondit Christelle.
— Oui, repartit l'imagier, mais je n'ai pas d'armes.

Les soudards se rapprochaient toujours.

Le chemin était si étroit que, quelque soin que prissent les promeneurs de se ranger, les soldats ne pouvaient manquer de les heurter; d'ailleurs, l'étoffe claire du vêtement de Christelle trahissait une femme.

Le plus simple, le plus prudent était de ne paraître rien craindre et de suivre le sentier jusqu'à ce qu'il fût impossible d'éviter la rencontre des reîtres.

Christelle se serra contre son père, et bien qu'elle affectât de paraître calme et même presque gaie, son cœur battait à rompre et ses yeux cherchaient à percer l'obscurité pour compter le nombre des adversaires qui venaient vers elle.

Ils étaient six, habillés de cuir, bardés de fer, la salade en tête, la dague au côté, un poignard de miséricorde à la ceinture, ivres et altérés, prêts à chanter un virelai ou à se battre, gais, furieux, avides et gueux tout ensemble.

— Par Notre-Dame du Pilier! dit l'un d'eux, j'aperçois là-bas une robe de femme; montrons à cette Flamande, si elle est jolie, de quoi sont capables des gentilshommes d'Espagne!

— Elle est peut-être laide, ta Flamande.

— Laide ou belle! je la prendrai pour ma part de butin, s'il y a butin.

— Et si cette compensation manque aux amis, nous jouerons la Brugeoise.

— Accepté!

A peine les soudards eurent-ils fait cet accord qu'ils s'élancèrent dans le chemin creux avec la rapidité d'une bête fauve fondant sur sa proie, et en une minute Halsmann et sa fille se trouvèrent entourés.

Le sculpteur fit rapidement passer Christelle derrière lui, et la jeune fille tremblante se cramponna des deux mains à l'épaule de son père.

— Vous êtes nos prisonniers! dit le plus ivre des Espagnols, et vous payerez rançon.

— Soit! répondit Halsmann, subitement rassuré à la pensée qu'il ne lui en coûterait que quelques ducats d'or.

Et le sculpteur plongea la main dans son escarcelle.

Ce geste excita une explosion de joie chez les Espagnols; mais, comme chacun d'eux se défiait de son meilleur ami, celui qui paraissait le chef de la troupe s'écria :

— Un instant! il faut savoir à quelle monnaie nous avons affaire... Allume quelque chose, toi, Perdillas!

L'homme interpellé tira de sa poche un briquet de fer, un silex, et un moment après une lanterne d'un très-petit volume, projetant d'un seul côté une grande lumière, et qui servait sans doute aux expéditions nocturnes des filous, fit tomber une nappe de vive clarté sur Halsmann et sa fille.

— A moi la chaine! dit un des soudards en portant la main au merveilleux bijou qu'Halsmann tenait du duc de Florence.

— A moi le collier! ajouta un autre en s'avançant vers Christelle.

Celle-ci l'arracha de son cou et le jeta vivement pour éviter d'être souillée par le contact du soudard.

Mais Perdillas s'écria :

— Les bijoux seront partagés entre vous; j'ai réservé la fille, je la prends.

— Misérables! s'écria Halsmann en enlaçant de ses bras l'enfant muette d'épouvante.

— Eh bien, digne bourgeois de Flandre, répliqua Perdillas, serait-ce une honte pour vous de voir s'unir à votre famille le señor Perdillas y Florès y Vermuttas, plus noble que l'empereur de toutes les Espagnes?

Le sculpteur continuait à retenir Christelle sur sa poitrine. Que pouvait-il faire de plus que d'essayer de lui servir de bouclier? Il n'avait pas même le stylet qui d'ordinaire ne le quittait point. Les mécréants qui l'entouraient étaient nombreux, armés; il devenait inutile de songer à se défendre. Si Halsmann tentait de lutter et de faire une massue de son robuste poing fermé, les soldats pendant ce temps s'empareraient de Christelle. Non, se battre n'était pas possible; le père et l'enfant devaient mourir ensemble, dans une étreinte suprême, et rien ne les séparerait, pas même le trépas.

— Lâches! lâches! cria Halsmann. Si l'empereur le savait, quel châtiment suivrait votre abominable conduite!

— Ta fille! hurla Perdillas, ta fille, ou je frappe!

— Tuez! répondit Halsmann.

Et le sculpteur ferma les yeux de Christelle d'un baiser, afin que l'enfant ne pût voir d'où venait la mort...

Six dagues se levèrent... Mais au même moment le bruit d'une chute ou d'un bond s'entendit dans le chemin creux, et un des Espagnols poussa un hurlement de douleur.

Il avait les jarrets coupés.

A ce cri, les cinq autres se retournèrent; et Perdillas n'avait pas encore dirigé la lueur de sa lanterne sur son camarade, que cette lanterne, brusquement arrachée de ses mains, était lancée par-dessus les arbustes couronnant le talus, tandis qu'un coup savamment donné entre les deux omoplates faisait rouler Perdillas à terre.

— Sang de Dieu! fit-il, nous sommes cernés.

La colère, la soif du sang, l'avidité de venger leurs camarades excitent les Espagnols à se défaire du sculpteur et de sa fille; mais ils ne peuvent que difficilement reconnaître le tailleur d'images dans l'obscurité; ils tremblent de se blesser entre eux; cependant, guidé par la blancheur de la robe de Christelle, l'un des soudards lève la dague sur l'homme qu'il croit désarmé; mais une main inconnue tend un poignard à Halsmann, qui prévient le coup qu'on lui destine. Christelle voit l'Espagnol chanceler; elle arrache de ses doigts l'arme meurtrière et se place courageusement à côté du sculpteur.

— Partez! leur crie l'inconnu qui les protége et les défend d'une façon si efficace... escaladez le talus des mains et des genoux, j'aurai raison des trois derniers.

Halsmann comprend la justesse du conseil; il entoure d'une main la taille de sa fille, enfonce de l'autre son poignard dans la muraille de terre à pic, s'en fait un échelon, et usant de même de celui de Christelle, il gravit le talus, se déchire les mains et le visage en traversant les buissons épineux qui le couronnent, et se trouve enfin à l'abri, armé et prêt à prendre de nouveau part à la lutte, maintenant que Christelle est en sûreté.

— Ne bougez pas! cria une voix d'en bas, ils ont leur compte.

En effet, le dernier des soudards s'enfuyait à toutes jambes; les autres, plus ou moins grièvement blessés, restaient étendus sur le chemin.

Une minute après, le rude ferrailleur qui s'était trouvé là si à propos pour venir au secours de Halsmann se trouvait dans le champ, à côté de ceux qu'il venait de délivrer.

Le sculpteur, avide de connaître les traits de celui à qui il devait la vie de sa fille, dirigea sur lui la clarté de la lanterne, et, le reconnaissant, il s'écria avec une sorte de stupéfaction :

— Van Lipp!

De son côté, van Lipp fit un mouvement en arrière :

— Halsmann! murmura-t-il presque avec regret.

Mais Christelle s'avança vers lui la main tendue :

— Soyez notre ami après avoir été notre défenseur, dit-elle.

— Certes, dit van Lipp, je ne refuse pas...

— Ta main! voyons, ta main, et qu'une franche accolade scelle la réconciliation! s'écria Halsmann... Je ne me souviens que du service signalé que tu viens de me rendre. A partir de ce jour, je te traiterai non plus en rival, mais en frère...

— Oh! je vous en prie, ajouta Christelle d'une voix suppliante, si vous eûtes contre mon père quelque motif de haine ou de querelle, abjurez-le dans mes mains...

— Soit! dit van Lipp, vous serez l'ange de la paix.

Et van Lipp tendit la main à Halsmann.

Cependant ce geste resta contraint; il était évident que van Lipp faisait un sacrifice à la jeune fille en oubliant ses griefs, en renonçant à ses rancunes. Mais Christelle ne le devina pas, et Halsmann avait le cœur trop rempli de reconnaissance pour s'en défier.

Tous trois gagnèrent d'un pas rapide l'extrémité du champ aboutissant à la grande route, et peu après les murailles d'un couvent de franciscains se dessinèrent dans les faubourgs de Bruges.

Obéissant à l'instinct généreux de son cœur, Christelle, sans consulter personne, sonna rapidement à la porte des frères, et, quand Halsmann lui demanda ce qu'elle voulait, elle répondit :

— Un confesseur pour ceux qui meurent là-bas.

Tandis que le franciscain, averti par Christelle, allait dans le sentier creux chercher les assassins, les panser et les réconcilier avec Dieu, s'ils songeaient encore au salut de leur âme, le tailleur d'images, sa fille et van Lipp gagnaient la maison du sculpteur Halsmann.

La vieille servante attendait ses maîtres avec grande inquiétude.

Jamais ils n'avaient tant tardé.

Le premier regard qu'elle jeta sur eux fut loin de dissiper ses craintes. De larges taches de sang se voyaient sur la jupe bleue de Christelle, et les mains des deux hommes étaient rouges...

— Seigneur Dieu! balbutia Dode en reculant dans le couloir.

— Tu t'étonneras plus tard! dit Halsmann; pour le moment, éclaire la grande salle, donne-nous de l'eau dans un bassin, dresse un souper froid.

Christelle gravit rapidement l'escalier et redescendit un moment après, vêtue d'un costume ample, flottant et d'une blancheur de neige. Elle avait ôté son chaperon et tourné en couronne ses lourdes tresses blondes.

Halsmann et van Lipp, assis dans de vastes sièges de chêne sculpté garnis de cuir gaufré d'or, attendaient que Dode achevât de couvrir la nappe de plats de venaison, de vin et de fruits.

II

LA STATUETTE

Lorsque les préparatifs furent terminés, Christelle resta debout devant le siége qu'elle devait occuper et, recueillie, récita le *Benedicite* d'une voix harmonieuse. Cette ravissante créature vétue de blanc, placée entre ces deux hommes de taille robuste, d'énergique visage, rappelait involontairement les tableaux représentant un ange voyageur prenant place à la table des enfants des hommes.

Les émotions terribles de la soirée n'enlevèrent pas l'appétit de van Lipp ni de Halsmann ; à cette époque, dont la vie moderne ne saurait nous donner l'idée, la bataille, les duels, le sang versé étaient choses journalières. Halsmann s'y était familiarisé pendant son voyage d'Italie, et van Lipp, naturellement violent et querelleur, passait à la fois pour un terrible athlète et un redoutable adversaire. Il tenait à sa force musculaire comme à une gloire, à son adresse de ferrailleur comme à un titre. Grand connaisseur d'escrime, amateur d'armes rares, il avait fait d'une des salles de sa maison une sorte d'arsenal étrange, dans lequel de grandes armures dressées et des collections de sabres, de lames, d'engins de guerre et de combat de toute provenance peuplaient les niches et décoraient les murailles. L'aventure de la soirée n'était donc pas un événement extraordinaire dans l'existence de Hans van Lipp, au point de vue de la lutte dont il était resté vainqueur. Mais ce qui le troublait profondément, c'était d'avoir arraché Halsmann des mains des mécréants qui, en l'occisant, l'eussent délivré d'un ennemi mortel. Une haine, que ne partageait nullement le père de Christelle, séparait ces deux hommes depuis de longues années. Née de la divergence de leurs opinions politiques d'abord, de la différence de leurs idées et de leurs procédés artistiques ensuite, elle avait lentement gonflé le cœur envieux et vindicatif de Hans. Vainement Halsmann tenta par tous les moyens de ramener à un sentiment de fraternité et de loyale camaraderie le jaloux van Lipp : celui-ci traita d'hypocrisie, puis de lâcheté, les avances amicales du sculpteur. Il en résulta que les tailleurs d'images de Bruges, compagnons ou apprentis sous les ordres des deux maîtres, se séparèrent en deux camps. Van Lipp déclara garder dans leur intégrité les traditions de l'art flamand, un peu lourd dans sa naïveté ; tandis que Halsmann, formé à l'école de Baccio Bandinelli, unissait la grâce florentine à la force contenue des statuaires du Nord.

Quand la ville de Bruges devait répartir d'importants travaux entre les sculpteurs célèbres qu'elle comptait alors : Adrien Ras, Rogier de Smet, Guizot de Beaugrand, Hermann Glocencamp, Halsmann et van Lipp, la bonne entente de tous était vite troublée par ce dernier. Le succès d'autrui lui semblait une injure ; le bénéfice réalisé par un camarade, un vol fait à son profit ; la gloire d'un rival, la proclamation de sa propre déchéance. Quand van Lipp rencontrait Halsmann dans une maison de la ville, il se reculait avec affectation, comme il eût touché un lépreux ; dans la rue, il rasait les murs plutôt que d'effleurer ses habits ; à l'église, quand par hasard van Lipp y allait pour entendre chanter les offices, car ce brutal était sensible aux charmes de l'harmonie, il ne manquait jamais d'attendre Halsmann au passage et de lui jeter quelques gouttes d'eau bénite, selon la manière d'exorciser les méchants esprits.

Halsmann, attristé d'abord de cette mauvaise volonté persistante, finit par la considérer comme une sorte de maladie à laquelle van Lipp était en proie. Il cessa de tenter un rapprochement et d'espérer la conversion de son ennemi.

Sans le haïr lui-même, il comprit qu'il ne pourrait, quoi qu'il fît, adoucir l'âme gonflée de fiel de van Lipp, et il essaya de n'y plus songer.

Maintes fois cependant la jalousie et la colère latente de Hans se traduisirent par d'acerbes paroles, des attaques virulentes. Un mot de plus eût fait naître une querelle dont le dénoûment n'eût pas manqué d'être sanglant. Mais quelque fier et orgueilleux que fût justement Halsmann, il continua à user d'une telle prudence dans ses rapports avec van Lipp, que celui-ci dut dévorer sa propre rage.

Peut-être Halsmann n'aurait-il point agi avec une si scrupuleuse réserve s'il eût été seul au monde ; mais il avait une fille et voulait se conserver pour elle. Le sang de ses veines appartenait à l'enfant ; il ne se croyait pas le droit de le verser sur le pré pour satisfaire un emportement fougueux.

Oh ! plus d'une fois Halsmann, nargué, raillé, presque insulté par van Lipp, mit brusquement la main sur le pommeau d'une arme ; la figure de

Christelle passait subitement devant lui, le souffle pur de l'enfant calmait son front enfiévré, et, le soir, il l'embrassait avec la joie que donne le sentiment d'un sacrifice accompli pour un être cher.

On comprend, d'après ce qui précède, à quel point van Lipp était surpris et presque alarmé de se trouver assis à la table de l'homme que jusqu'à cette heure il avait regardé comme son ennemi mortel.

Pour dissimuler cette impression autant que pour satisfaire son appétit, van Lipp s'acharnait après la venaison, vidait de grands vidercomes de cervoise, engloutissait les tranches de pain que Dode remplaçait devant lui. Christelle, après avoir pris quelques fruits et un gobelet de lait écumeux, regardait en souriant ce Polyphème avide. Elle s'intéressait à van Lipp comme à une conquête. Cette vierge se réjouissait d'avoir dompté ce lion. Lui, la regardait parfois, ébloui et fasciné.

Jusqu'à ce jour, discutant, blâmant, raillant la sveltesse et la grâce des figures sorties du ciseau de Halsmann, il avait répété à ses élèves que cette école était celle de la décadence. « L'art, disait-il, est l'exacte reproduction de la nature : on ne doit pas la traduire, mais la copier. L'ange n'existe pas; c'est un homme-oiseau qui doit être banni de la sculpture sérieuse. » Cependant il admettait le démon et ses hordes, animalisation de la nature humaine, dégénérescence de la forme, atrophie de la beauté. Il les comprenait et en remplissait ses compositions. Ses propres passions s'incarnaient dans les êtres hybrides moitié animaux, moitié hommes, dont il couvrait des frises et des frontons. De l'autre monde, son regard intelligent, mais terrible, ne percevait, ne devinait, ne rendait que la couche inférieure; dans les abîmes de sa pensée, il croyait à l'enfer, et l'un de ses chapiteaux représentait Halsmann enchaîné, tandis qu'un tourmenteur, dans lequel van Lipp avait exagéré sa laideur, dévorait le cœur du tailleur d'images.

Pour réaliser ses conceptions diaboliques, van Lipp ne prenait pas de modèle. Jamais ce sauvage, doué d'une sorte de génie emporté et malsain, n'avait senti son cœur battre. Il ne connaissait l'amour que de nom. Orphelin trouvé sur une marche d'église par une nuit de Noël, il n'avait jamais eu l'âme attendrie, guidée par une mère. Il maudissait la sienne, qui l'avait fait à la fois laid et mendiant. Il ne conçut nulle reconnaissance pour les charitables artisans qui l'élevèrent. Orgueilleux, dès qu'il gagna de l'argent, il leur remboursa les frais de nourriture et d'éducation qu'il leur avait causés et se crut quitte de toute reconnaissance.

Quant aux Brugeoises qu'il avait vues dans les rues, à l'église, chez les riches habitants de la ville, il les regardait comme des Dalilas dangereuses, et ne songeait guère qu'à garantir son épaisse chevelure de leurs ciseaux.

Pour la première fois, van Lipp se trouvait donc en présence d'une jeune fille douée d'une incomparable et angélique beauté; l'impression qu'il ressentit à sa vue fut celle d'un étonnement stupide. Un coup de masse le frappait au cerveau. Il ne gardait plus ni les mêmes idées ni les mêmes sensations. Il n'avait pas été tenté de sourire, lui qui jamais ne fit un signe de croix, quand la blonde fille pria le Seigneur de bénir le repas, et il répondit même *Amen*. Le regard clair, limpide de Christelle lui semblait fouiller au fond de sa conscience; et si elle baissait les yeux devant lui, il s'imaginait que, devinant la laideur de son âme, elle se détournait méprisante et courroucée.

Pendant tout le commencement du repas, les deux hommes gardèrent le silence; le bruit des couteaux, le choc des coupes était le seul qu'on entendit; Dode errait comme une ombre autour de la table, attentive et discrète, souriant à Christelle, qu'elle chérissait comme sa propre fille, et s'émerveillant des facultés absorbantes de van Lipp.

Tout s'épuise, même l'appétit d'un colosse et d'un bretteur qui a fait crier « confession! » à six pillards.

Christelle, voyant les coupes abandonnées, les tranchoirs jetés au panier et les corbeilles de fruits vides, s'accouda gracieusement sur la table et dit à van Lipp :

— Or çà, maître, n'aviez-vous nul soupçon de l'importance de ce qui allait se passer ce soir... je ne dis pas au point de vue des Espagnols... mais en ce qui nous concerne, moi et mon père?...

— Sur mon âme! dit van Lipp d'une voix dans laquelle vibrait un sentiment auquel la jeune fille ne put se méprendre, j'étais loin de savoir qu'il s'agissait d'Halsmann...

— Et si vous l'aviez deviné? reprit Christelle.

— Je ne sais pas, répondait van Lipp sourdement. Je ne sais pas... mais ce que je puis affirmer, c'est que, vous ayant vue, j'eusse sauvé Halsmann au péril de mes jours pour vous arracher aux mécréants.

— Eh bien! cela est mal, maître van Lipp; car, avouez-le, la vie d'un grand artiste comme mon père est plus précieuse que celle d'une jeune fille...

— Ah! vous savez qu'au point de vue de l'art...

— Sans doute, vous gardez une horreur profonde pour le goût italien, gracieux dans la forme, poétique par l'idée. Vous mettez au dernier rang Baccio Bandinelli, cet élève de Rustici dont mon père garde les traditions; je ne sais si vous feriez grâce à sa copie du *Laocoon,* mais à coup sûr vous briseriez à coups de pied son merveilleux groupe d'*Hercule vainqueur de Cacus*. D'après cela, je suis convaincue que la statue à laquelle travaille actuellement mon père n'obtiendra jamais votre suffrage... et cependant quelle œuvre ravissante et chaste! Je vous en ferai juge quand nous aurons quitté la table...

— Christelle! dit Halsmann d'un ton de reproche.

— Laissez, père, répondit la jeune fille; je ne veux pas narguer maître van Lipp, mais le convertir...

— Tu changerais plutôt ses idées politiques que ses préjugés ou ses croyances sur l'art.

— Eh! dit doucement Christelle, j'essayerai peut-être.

— Oh! quant à cela...! s'écria van Lipp.

— Eh bien! demanda la jeune fille toujours souriante, je ne serais pas fâchée de connaître maintenant par quel point vous et mon père vous vous trouvez en désaccord à propos des choses publiques... Au surplus, je me sens, moi, très-ignorante, et je ne demande pas mieux que de m'instruire...

— Eh bien! s'écria van Lipp, Halsmann et moi nous ne pouvons nous entendre au sujet du gouvernement qui régit aujourd'hui la ville de Bruges. Jadis elle se trouvait à la tête des cités flamandes; elle en reste aujourd'hui la plus déchue.

— Et pourquoi, s'il vous plaît? demanda Halsmann; ne compte-t-elle pas dans ses murs de nobles artistes, de grands citoyens? n'est-elle pas enrichie par des corporations puissantes que l'Angleterre nous envie? Nos cardeurs, nos fabricants de tapis, nos marchands de broderies et de guipure tiennent la tête du commerce européen... Ce que vous regrettez de l'ancien gouvernement de Bruges, c'est la facilité qu'elle avait de se révolter...

— Pourquoi non, après tout? s'écria van Lipp. La révolte est le droit des villes libres. Quand les ducs se montraient trop durs, les habitants allaient chercher leurs bannières, la ville se soulevait, les citoyens battaient les soldats, et l'orgueil du prince pliait devant le vouloir des manants... Certes oui, Bruges, Liége, gardaient leurs armes à la main et faisaient trembler jadis même les rois... Aujourd'hui, elles sont des vassales humiliées, avilies, non-seulement par la tyrannie d'un duc héréditaire, mais couchées à terre sous le talon du fils de Philippe le Beau et de Jeanne la Folle !

— J'aime mieux la paix que le trouble, répliqua Halsmann. Pendant la paix, le commerce fleurit, les arts s'épanouissent, la fortune publique s'augmente. Il n'est question ni de levées de troupes douloureuses pour les familles, ni d'impôts onéreux. Les rois élèvent des palais, les seigneurs fondent des abbayes ! le règne des sculpteurs est dans toute sa gloire. Chacun d'eux peut espérer voir germer, éclore son œuvre de pierre et regarder sa pensée triomphante monter jusqu'au ciel ! Quand Bruges faisait partie de la juridiction de la grande commune flamande, elle n'avait jamais trop de priviléges et sans cesse en réclamait de nouveaux. Assez riche pour payer ses révoltes armées, elle finit par devenir si batailleuse et si formidable que, pour en venir à bout, il fallut songer à l'affaiblir…

— En punition de ce crime, le nom de Philippe le Bon, duc de Bourgogne, aurait dû être changé en celui de Philippe le Traître.

— Pour remédier au mal et ramener Bruges dans l'obéissance, il n'était autre moyen… En séparant la ville de son territoire, on diminuait ses forces, et une partie de la population excitée contre l'autre épuisait l'effervescence des Brugeois. Quand le duc Philippe accorda aux habitants des campagnes le palais des comtes de Flandre pour traiter de leurs affaires et y établir leurs magistrats, il fit acte de profond politique, et la révolte de 1437 lui donnait complètement raison.

— Raison, répliqua van Lipp ; les citadins ne jugèrent pas ainsi.

— La lutte fut longue, sans doute ; mais l'année suivante, le 17 février, l'émancipation de la banlieue était proclamée ; les campagnards recevaient une bannière, des sceaux, et se trouvaient affranchis de la ville… A partir de ce moment, Bruges ne se révolta plus…

— Eh bien ! maître van Lipp, dit Christelle qui avait attentivement écouté les deux discoureurs, je partage l'opinion de mon père ; si Bruges ne prouvait sa force qu'en faisant le mal, mieux vaut l'avoir affaiblie… Rien ne me semble plus attristant que la guerre civile, et les États les plus réellement grands sont les plus pacifiques.

— Si nous songeons à nos intérêts personnels, dit Halsmann, nous avons doublement lieu de nous réjouir du changement survenu en 1438, puisque cette même année notre glorieux maître va donner des ordres pour l'érection du nouveau palais du Franc. Ce palais, destiné à devenir une des merveilles de Bruges, exigera le concours de tous les architectes, imagiers et maçons des Flandres : Lancelot Blondel, Guizot de Beaugrand, Ras, Smet, vous, van Lipp, et moi-même, nous y laisserons notre testament de talent ou de génie à la postérité! Si une circonstance imprévue, providentielle, ne nous avait ce soir mis en présence, j'aurais, je crois, fait une dernière tentative pour vous décider à me tendre la main... Caïn et Abel ne sauraient travailler ensemble en gardant la rancune au cœur.

— Maître van Lipp, dit Christelle en prenant sur un dressoir une coupe d'argent, voici le hanap de l'amitié; quiconque le partage devient un allié, un frère! Je le remplis jusqu'au bord, et je bois la première!

Christelle éleva le hanap :

— A l'art flamand! dit-elle; à la magnificence du nouveau palais! à l'accroissement de gloire de tous ceux qui y travaillent! à la concorde des imagiers! à la paix universelle !

La jeune fille effleura la coupe de ses lèvres et la tendit à van Lipp.

Avant de boire, celui-ci regarda fixement la jeune fille.

Un dernier combat se livrait dans son cœur. Il se disait que cet acte le liait plus que tous les autres; qu'entre lui et Halsmann régnerait ensuite la fraternité absolue, éternelle, des chevaliers ayant échangé leurs ordres; que, sous peine de félonie, il ne pourrait jamais, sous aucun prétexte, accuser son adversaire ou chercher à lui nuire.

Christelle, surprise de la lenteur de van Lipp à boire au hanap de l'amitié, le regarda avec tristesse, et le sculpteur approcha brusquement la coupe de ses lèvres.

Halsmann la vida ensuite.

Alors Christelle prit un flambeau, et, faisant quelques pas, elle dit à van Lipp :

— Venez voir la *Sainte Agnès*.

Les deux hommes la suivirent dans l'atelier.

Cette pièce, de dimensions énormes, laissait à peine deviner dans les ténèbres de l'éloignement la forme vague de statues et de groupes noyés dans la profondeur des ténèbres.

Aussi, afin de permettre à van Lipp de bien distinguer la figure de la vierge romaine, Christelle se plaça tout près, et, soutenant le flambeau à deux mains, laissa la clarté baigner le pur visage de la sainte.

Le regard de van Lipp alla de Christelle à la martyre de marbre : blanches toutes deux, toutes deux pures comme les lis, elles se ressemblaient d'une façon frappante, et il était évident que la fille du sculpteur avait posé pour son père.

— Deux vierges jumelles! s'écria van Lipp.

— Vous voyez bien! s'écria la jeune fille, vous voilà converti à l'art italien, l'art de mon père!

Van Lipp ne répondit pas. Il venait d'apercevoir sur une table de bois la terre originale représentant la première idée de la *Sainte Agnès*.

La dispute.

Il prit la maquette dans sa main et dit à Halsmann :

— Vous croyez me devoir la vie, souhaitez-vous vous acquitter?

— Au même prix! répondit Halsmann; vous avez exposé vos jours : je donnerais les miens...

— Il me suffira du cadeau de cette statuette.

Christelle fit un mouvement pour défendre la terre que contemplait van Lipp avec une convoitise ardente.

Halsmann la regarda d'un air surpris; Christelle baissa la tête; elle n'eût jamais consenti à dire pourquoi il lui répugnait que la *Sainte Agnès* passât dans la maison de van Lipp. Elle regretta même l'idée qui venait de traverser son esprit; mais elle appuya sur ces mots :

— Emportez la *Sainte Agnès,* messire; elle m'appartient, et je vous la donne...

Un quart d'heure après, van Lipp quittait la maison d'Halsmann, en proie à une sorte de fièvre douloureuse.

III

L'ASSASSINAT

Le lendemain, le premier regard de van Lipp fut pour l'image qui lui rappelait les traits angéliques de Christelle.

Il lui chercha dans son atelier une place digne d'elle; mais quand il examina quelles œuvres le peuplaient, il se demanda ce que ferait cette vierge au milieu de la horde de démons et de monstres qui se dressait dans les angles, s'accrochait aux murailles, se suspendait aux solives, grimaçait dans tous les coins, changeant le lieu qui devait être le sanctuaire de la pensée en cabanon de l'enfer. Après son atelier, la plus belle pièce de la maison de van Lipp était la chambre aux armures. Mais pouvait-il isoler la blanche figurine au milieu des instruments de mort? Sa place n'était pas encore là.

— Soit! dit-il, je créerai pour elle un reliquaire.

L'inspiration ne se fit pas attendre; à la fin de la journée, van Lipp avait modelé une sorte de tabernacle au milieu duquel devait rayonner la *Sainte Agnès,* et, comme s'il eût voulu abjurer à la fois ses théories sur l'art et son incrédulité, il donna pour supports à la châsse gothique trois hideux démons écrasés par ses pieds.

Le modèle achevé, il commença à l'exécuter.

Après avoir employé tout le jour à ce labeur, il courut chez Halsmann, et, tandis que Christelle s'occupait d'un travail à l'aiguille, il parla politique, art ou religion.

On eût dit qu'il venait se mettre à l'école de la jeune fille; son âme inculte, grossière, se modelait d'après ses conseils et son vouloir.

Sa voix, en parlant, devenait moins rude; son geste se modérait, son visage même changeait d'expression. La laideur railleuse et cruelle de van Lipp s'adoucissait. L'épaisse chevelure de cet Absalon roux se domptait sous le peigne; le débraillé habituel de son costume faisait place à une tenue sévère; Hans supprima même une partie de l'attirail guerroyeur qu'il portait d'ordinaire, et ne garda plus au côté qu'un petit poignard. Encore eut-il l'air d'y tenir plutôt parce qu'il était un souvenir qu'en raison de son utilité.

Un soir qu'il parlait d'armes avec Halsmann, celui-ci prit sur une crédence un stylet à lame d'argent finement ciselé du manche et du pommeau, et le lui donna en lui disant :

— Un prince m'en fit cadeau; portez-le par amitié pour moi.

A partir de ce moment, il n'en voulut point d'autre; mais cette arme parut lui être devenue inutile, car van Lipp ne se querellait plus, ne battait personne et ne revoyait aucun de ses anciens compagnons de taverne.

Nul n'osa le railler; un lion endormi inspire encore le respect.

On attribua le changement survenu dans son existence à des motifs divers. « Il se range pour gagner les bonnes grâces de l'empereur », disait l'un. « Il ambitionne la direction des travaux du palais », disait l'autre. « Il est peut-être amoureux... » ajoutait le dernier.

Mais cette supposition prêtait seulement à la raillerie. Le prévôt de Saint-Donat s'étonna fort de l'apercevoir un jour dans une chapelle. Van Lipp paraissait profondément recueilli.

A quelques pas de lui, des formes vagues de femmes enveloppées de mantes et soigneusement voilées passaient de la nef dans les confessionnaux de bois sculpté; il les suivit un moment du regard, jusqu'à ce que, craignant sans doute d'être reconnu par l'une des pénitentes, il se perdit dans l'ombre projetée par un pilier.

Une heure plus tard, Christelle sortait de l'église de Saint-Donat avec la vieille Dode et trouvait van Lipp debout près du grand bénitier.

Elle prit l'eau lustrale qu'il lui présentait, rougit et s'éloigna rapidement.

Deux sentiments gardent seuls le pouvoir de changer les méchants : la foi et l'amour; — van Lipp demandait à l'amour les qualités, les vertus qui lui manquaient; le serpent de l'Éden changeait de peau. Le démon se repentait et priait; pour suivre Christelle, il allait vers le bien, le bon, le beau, l'idéal, sachant que, sur une autre route, il ne la rencontrerait jamais.

Enfin, après avoir six mois étouffé une passion d'autant plus violente qu'elle l'avait surpris plus à l'improviste, van Lipp, la tête perdue, le cœur gonflé, sentant qu'il fallait à tout prix en finir avec cette torture de ses jours et de ses nuits, et savoir le secret d'un cœur de jeune fille, alla trouver Halsmann et lui raconta ce qui s'était passé dans le sien depuis le soir où il lui avait sauvé la vie.

— Donnez-moi Christelle pour femme, dit-il, je la rendrai heureuse, je ferai ma félicité de ses joies, et ma vie se passera à lui obéir. Elle ne saurait douter des sentiments qu'elle m'inspire. Christelle m'a renouvelé d'esprit et d'âme. Le monstre est devenu un homme, le ferrailleur ne tirerait pas sur un oiseau; l'incrédule ne redoute plus de franchir le seuil d'une église. Qui a fait tout cela, sinon ma tendresse pour votre fille? Qu'elle se laisse attendrir et vaincre par la violence d'un semblable amour. Ne me repoussez pas, Halsmann; un refus me réduirait au désespoir.

— Je ne me reconnais pas le droit de vous accepter pour gendre avant d'avoir consulté Christelle, répondit aussitôt Halsmann; ce qu'elle désirera, je le voudrai...

— Quand connaîtrai-je mon arrêt?

— A l'heure où sonnera le carillon, trouvez-vous sur la place; si la fenêtre de mon atelier s'illumine, entrez... Christelle, votre fiancée, vous attendra... Si les fenêtres restent closes et sombres, c'est que vous n'avez rien à espérer...

Jusqu'au soir, van Lipp fut en proie à une extrême agitation.

Il ne cessait de regarder son sablier, d'étudier le cadran de l'horloge; une heure avant que le carillon sonnât, il se trouvait en face des croisées de Halsmann, pressant à deux mains sa large poitrine pour l'empêcher d'éclater.

Enfin, les notes claires, argentines du carillon s'éveillèrent; le concert du clocher commença, musique de la terre répondant à l'*Angelus* des anges...

Dès le premier son, van Lipp fixa les yeux sur les croisées de l'atelier : elles ressemblaient à une grande baie noire.

A mesure que la mélodie des cloches s'avançait, le regard de van Lipp se troublait davantage; son cœur battait à coups plus pressés; quand le carillon s'éteignit, le sang afflua au cerveau du sculpteur; il chancela et tomba comme une lourde masse sur le banc de pierre ménagé sous les fenêtres encore obscures de l'atelier.

— Méprisé! dédaigné! chassé! murmura-t-il.

Van Lipp n'essaya pas de lutter; il ne tenta rien pour appeler de l'arrêt de la jeune fille. Elle ne l'aimait pas, tout était dit. Il ne mendierait pas la pitié; il n'escompterait pas la reconnaissance.

Condamné sans retour, il garda sa passion, mais non plus tendre, purifiante, profonde. L'amour s'aigrit dans son âme comme une liqueur versée dans un vase souillé.

Le changement momentané qui s'était manifesté dans sa conduite, ses goûts, ses travaux, fit place à une folie désordonnée. La cause supprimée, les effets reprirent leur cours.

Il ne fut bientôt plus question dans la ville de Bruges que des querelles et des débordements de van Lipp. Il voulut s'imposer par l'horreur à celle qu'il n'avait pu conquérir.

En effet, chaque jour Christelle entendit parler d'une rixe sanglante, dans laquelle van Lipp était resté vainqueur; d'un duel au videcome dont il était sorti à son avantage après avoir vu rouler ivres-morts ses adversaires.

On racontait plus bas des histoires de galanterie plus bizarres que sincères, et Christelle, qui, dans son pur instinct, avait deviné ce que l'âme de van Lipp gardait encore de fange, remerciait Dieu d'avoir évité le mortel contact de cette nature déchue.

Le jour où Christelle refusa son consentement à ce mariage, Halsmann s'était senti presque triste; il s'applaudit plus tard de n'avoir fait nulle violence au souhait de sa fille. Ce que faisait le désespoir en cet homme, la satiété l'eût accompli lentement. Les grandes et nobles passions ne naissent pas spontanément dans les âmes perverses, pas plus que les lis ne germent dans le fumier. Il faut au cœur une éducation lente, continue; à la fleur, une culture intelligente, un terrain soigneusement préparé. Les métamorphoses opérées par un sentiment violent durent ce que durent les métamorphoses; il se trouve toujours un magicien pour détruire le charme. Un changement complet, absolu, peut s'opérer dans l'âme la plus criminelle; mais alors on ne l'appellera ni l'amitié ni l'amour : ce sera une œuvre divine émanant de Dieu même; elle s'appellera *la grâce*.

Van Lipp, hanteur de tavernes le jour, ivre le soir, coureur de ruelles et de méchants lieux, à demi fou d'orgies, au sein desquelles il tentait de noyer, d'anéantir son désespoir, cessa d'aller chez Halsmann. Il se ferma lui-même la porte qu'on ne lui permettait pas de franchir en conquérant.

Christelle lui inspira bientôt une haine égale à celle que jadis il portait à son père. Il eût voulu la tenir dans ses mains et l'étouffer comme une colombe. Si son nom était prononcé devant lui, il riait d'une façon insultante.

Un soir, il mena des amis de débauche dans son atelier et leur montra la *Sainte Agnès*, comme s'il avait besoin de profaner jusqu'à ce souvenir.

Pendant qu'il vivait de cette existence damnable et damnée, le palais du Franc, que l'on érigeait à la grande joie des gens de la banlieue de Bruges, s'avançait sensiblement. Smet, Bas, Beaugrand, Halsmann y travaillaient avec orgueil.

La masse imposante se dressait complète, élégante, réunissant toutes les qualités qui signalent à notre admiration les œuvres de cette époque.

L'empereur Charles-Quint devait, disait-on, assister à la pose des armes d'Autriche et d'Espagne qui le devaient décorer.

Ce jour même, les magistrats de la ville offriraient un festin aux architectes, maçons et tailleurs d'images qui avaient apporté au palais leur tribut de zèle et de talent.

Van Lipp refusa de travailler au monument proprement dit, mais il fit don de deux statues remarquables et se trouva de la sorte au nombre des artistes attachant leur nom au palais du Franc.

Selon sa promesse, l'empereur arriva à Bruges en grand équipage, et, pour cette occasion, les dames et les bourgeoises de la ville ne manquèrent pas d'étaler ce luxe d'habits et de bijoux qui rendit plus d'une fois les reines jalouses.

Quelques jeunes filles furent désignées pour lui présenter les clefs de la ville, et Christelle n'osa refuser de prononcer un discours de bienvenue qui, quoique fort court, ne la troubla pas moins.

Charles-Quint ne se piquait guère de galanterie; cependant la grâce chaste de Christelle le charma, et, souhaitant témoigner à la fois son admiration pour le talent de Halsmann et celle que lui inspirait la beauté de sa fille, il lui envoya le soir un bijou de grand prix. Cette distinction n'excita aucune jalousie; elle ne réjouit pas davantage le cœur de Christelle, qui s'empressa de serrer le collier dans un coffret.

Le soir, un grand festin réunit tous les artistes flamands ayant apporté leur contingent de travail au palais du Franc.

Le hasard voulut que van Lipp se trouvât placé à table en face de Halsmann.

Pendant le commencement du repas, Van Lipp garda son sang-froid ; il buvait sans trêve, mais l'ivresse ne venait pas.

Redoutait-il de devenir agresseur dans une nouvelle lutte? Sentait-il qu'aucun de ses compagnons ne l'approuverait s'il troublait cette fête par une sortie brutale? Il parlait peu et semblait absorbé dans la dégustation des mets recherchés dont la table était couverte.

Tout à coup Smet, parlant de l'entrée de Charles-Quint, s'écria que jamais il n'avait été donné, même à un roi, de voir un groupe de beautés pareilles à celles qui lui avaient offert les clefs de Bruges dans un bassin d'or.

— N'est-il pas vrai, demanda Smet à Halsmann, que votre cœur de père a battu de joie en voyant que votre fille Christelle l'emportait encore sur ses compagnes?

— Je suis plus heureux des vertus de ma fille que vaniteux de ses charmes.

— Ils vous ont cependant rapporté une belle somme aujourd'hui, ajouta van Lipp en regardant le père de Christelle.

— Que voulez-vous dire? demanda le sculpteur, devenu subitement pâle.

— Allons! la paix, van Lipp! s'écria Lancelot Blandel, un des premiers artistes de Bruges; bois à ta soif, mais ne bave sur personne.

— J'ai le droit de parler comme j'ai le droit de boire! fit van Lipp en frappant la table de son gobelet de métal; et j'avais raison de dire tout à l'heure que les charmes de la blanche Christelle seront pour son père une source de fortune.. L'empereur ne l'a-t-il point si bien remarquée qu'il lui a envoyé une parure royale?... Seulement, au lieu d'un collier et d'une croix de saphirs, il aurait dû lui donner une ceinture d'orfévrerie!...

A cette outrageante parole, traduisant le proverbe de France : « Bonne renommée vaut mieux que ceinture dorée », Halsmann se leva, le regard foudroyant, la lèvre crispée par la colère :

— Misérable! fit-il, je t'avais pardonné ton injuste haine; j'étais franchement devenu ton ami... Je ne pouvais même, en te voyant me fuir de nouveau, oublier que je te dois la vie! Mais au lieu de t'attaquer à moi, au lieu de m'appeler au combat, si tu as soif de répandre mon sang, tu oses insulter ma fille! Tu ne crains pas de calomnier cet ange! Je ne te le pardonnerai jamais! jamais! entends-tu, van Lipp? Et ta mort seule expiera cette injure!

Lancelot Brandel se leva et s'approcha de Halsmann :

— Ne vous laissez pas émouvoir par les insolences de ce méchant ivrogne, dit-il; les architectes et sculpteurs du palais du Franc vous tiennent en haute estime; Bruges vous regarde comme un de ses premiers citoyens ; si j'avais une sœur, je souhaiterais qu'elle fût l'amie de votre fille. Mais vous avez droit à une réparation, et nous vous la donnerons sur l'heure. Si messires Guizot de Beaugrand et Hermann Glocencamp partagent mon avis, van Lipp l'insolent sera expulsé de cette salle.

Van Lipp se leva terrible, l'œil sanglant, les poings fermés.

— Qu'on y vienne! hurla-t-il.

— Va-t'en, répéta froidement Lancelot Brandel; nous chargerions de la mission de te chasser les soldats espagnols massés dans la salle voisine... Si demain tu crois devoir exiger une explication par les armes, tu nous trouveras dans nos logis respectifs...

— Tous! tous! Je vous défie tous! cria van Lipp. Smet, Beaugrand, Glocencamp, et jusqu'au dernier apprenti.

— Je relève le cartel au nom de chacun ; et maintenant, sors, van Lipp ; aux fraternelles agapes de l'art, il ne faut pas d'Iscariote!

Le misérable comprit qu'il serait inutile de lutter. Lancelot disait vrai : les gardes lui eussent prêté main-forte.

Sûr de son habileté quand il aurait séparément chacun de ses ennemis au bout d'une épée, il pouvait faire crédit de quelques heures à sa haine.

Il sortit donc la tête levée, le regard menaçant, la main sur sa dague, semblant compter ceux que le lendemain il laisserait pour morts.

Pour effacer l'impression pénible produite par cet incident, les rivaux d'Halsmann redoublèrent avec lui de courtoisie.

Brandel, après le repas, récita avec enthousiasme les vers de Martin le Franc exaltant le talent des Flamands. Quand il fut arrivé à cette strophe :

> Si tu parles d'art, de peintrie,
> D'historiens, d'enlumineurs,
> D'*entailleurs* par grande maistrie,
> En fut-il oncques de meilleurs?

d'unanimes applaudissements retentirent, et les coupes se vidèrent de nouveau.

Halsmann quitta la table avant ses camarades, gagna le canal des Marbres et marcha loin, très-loin, jusqu'à ce que, la fatigue domptant le reste de sa colère, il regagnât son logis.

Comme il revenait, il lui sembla voir une barque fuyant sans bruit sur le canal; il se pencha pour reconnaître ceux qui la montaient; mais son pied glissa dans une flaque humide; la barque se perdit dans l'ombre, et l'imagier prit le chemin de sa maison, où Dode l'attendait.

— Seigneur! dit-elle, comme vous revenez tard!... Vous est-il arrivé quelque chose de fâcheux? Vous semblez bouleversé, mon maître...

— Pourquoi m'avoir attendu? répliqua Halsmann avec une sorte d'humeur; ces attentions ressemblent parfois à de l'espionnage.

— De l'espionnage, Jésus! en quoi ai-je mérité cette parole mauvaise?

— Je suis fatigué, Dode, voilà tout! merci, bonsoir... ne m'éveille pas demain.

Halsmann prit sa lampe et monta chez lui.

— Qu'est-ce qu'il peut avoir? se demanda Dode... Bah! poursuivit-elle, il le dira à Christelle, qui me le répétera...

Et, dans cette espérance, Dode alla se coucher.

Elle balayait le lendemain le pavé devant sa porte, quand elle vit s'avancer un groupe de magistrats se dirigeant du côté de la maison de Halsmann.

Quand ils furent près de la vieille servante, ils lui demandèrent :

— Votre maître est-il chez lui?

— Oui, répondit Dode ; mais il a recommandé qu'on ne l'éveillât pas ce matin.

Les trois hommes se regardèrent sans parler ; puis le plus vieux ajouta :

— Nous avons besoin de le voir sans retard.

— En ce cas, messires, je le préviendrai.

— C'est inutile ; indique-nous sa chambre.

— Au premier étage, répondit Dode avec une vague inquiétude; la porte s'ouvre en face de l'escalier.

Les trois magistrats gravirent les marches, ouvrirent la porte et se trouvèrent en face du grand lit à baldaquin dans lequel reposait Halsmann. Celui-ci dormait, mais d'un sommeil pénible, fiévreux, pareil à un cauchemar; des mots entrecoupés s'échappaient de ses lèvres, et la sueur couvrait son front sur lequel se hérissait sa chevelure noire.

Messire Crampter frappa sur l'épaule de Halsmann, qui s'éveilla surpris, effaré, et fut quelques secondes avant de reconnaître quels personnages se trouvaient devant lui.

— Je regrette, dit-il, que la servante ne m'ait pas prévenu...

— Nous ne le lui avons pas permis, Halsmann; ce que nous avons à vous dire ne souffre aucun retard.

— Parlez, messire, parlez...

— Hier, pendant le festin, des paroles regrettables ont été échangées entre vous et van Lipp.

— Il fut l'agresseur, messire Crampter, et son injure était mortelle...

— Mortelle! vous l'avez dit... ajouta le juge Cornélius.

— Vous savez, reprit Crampter, que la loi protége efficacement tout citoyen réclamant son appui... C'est donc un crime de se faire soi-même l'exécuteur d'un châtiment... même d'un châtiment mérité...

— Nous sommes six qui avons accepté le combat avec Lipp : Smet, de Beaugrand, Lancelot, Blondel, moi et deux apprentis.

— Soit! mais pour cette lutte vous deviez attendre le grand jour, rassembler des témoins et non vous faire justice seul et dans l'ombre...

— Je ne vous comprends pas, messire! s'écria Halsmann.

— Hier, excité par une grosse insulte de van Lipp, vous l'avez menacé de mort... Est-ce vrai?

— Je l'avoue.

— Vous avez quitté le festin avant vos compagnons, et suivi, sans nul doute, les bords du canal?...

— Oui, messire.

— Le hasard, un hasard inattendu, regrettable, vous a mis en cet endroit désert en face de votre ennemi... Vous n'avez pas eu la patience d'attendre l'heure du combat singulier... et...

— Eh bien? demanda Halsmann, qui tremblait de comprendre.

— Vous vous êtes battu avec van Lipp...

— Je le nie! s'écria Halsmann, je me suis promené seul et longtemps sur les bords du canal, j'ai longé ensuite la rivière; j'avais la fièvre, je sentais qu'il fallait lasser mon corps pour goûter ensuite un peu de sommeil... Mais je n'ai vu personne dans cette course nocturne, et je suis rentré tranquillement à mon logis...

— Vers l'aube seulement?

— En effet, le ciel commençait à blanchir.

— Halsmann, dit le juge Cornélius d'une voix attristée, il vaudrait mieux entrer dans la voie des aveux...

— Des aveux? sur quoi?

— Des aveux relatifs au trépas de van Lipp, malement mis à mort cette nuit même.

— Van Lipp... cette nuit! Je suis innocent de ce meurtre...

— Écoutez, reprit Crampter : on a trouvé sur le bord du canal le manteau ensanglanté de van Lipp, puis un poignard italien qui vous appartient...

— De plus, ajouta Cornélius en se baissant vers le plancher pour prendre une des larges chaussures du sculpteur, voici une preuve matérielle que vous ne récuserez pas... ce soulier est souillé de boue détrempée de sang...

Halsmann regarda sa chaussure; l'observation de Cornélius était exacte, et le malheureux se souvint qu'en effet, la veille, sur le bord du canal, le pied lui avait glissé dans une flaque humide.

— Van Lipp n'est point rentré à son logis; donc, il n'a pas été seulement blessé, mais tué... Vous seul l'avez menacé... Le poignard retrouvé près du manteau vous accuse, et ici tout prend une voix pour vous dénoncer : votre rentrée tardive... votre trouble... jusqu'à la défense que vous aviez faite à Dode de vous éveiller ce matin.

Halsmann ne retrouvait plus le fil de ses idées. Son cerveau brûlait, ses tempes battaient; il ne pouvait que crier : « Je suis innocent! je suis innocent! » Mais lui-même le sentait : toutes les apparences l'accusaient.

Il ne tenta donc rien pour se révolter contre cette phrase de messire Crampter :

— La justice des hommes prononcera, Halsmann; à partir de cette heure, vous êtes prisonnier!

— Ma fille! ma fille! s'écria le sculpteur.

— Vous pourrez lui faire vos adieux, ajouta le juge Cornélius.

IV

UN SURSIS

Halsmann s'avança vers l'appartement de sa fille, en ouvrit la porte, puis s'arrêta sur le seuil en adressant aux magistrats un geste suppliant. Ils étaient pères et comprirent. Chacun d'eux connaissait, du reste, assez le sculpteur pour être certain que innocent ou coupable, il n'attenterait pas à sa vie.

Halsmann pénétra donc seul dans la chambre de Christelle.

Cette pièce, tendue d'étoffes blanches couvertes de légères broderies bleues, semblait le véritable cadre de la chaste vierge qu'elle abritait. Étendue sur son lit à courtines de neige, ses cheveux blonds en désordre répandus sur l'oreiller, dormant d'un sommeil profond et pur, Christelle voyait peut-être des séraphins dans son rêve, car elle souriait. Halsmann se pencha vers elle pour mettre un baiser sur son front, le dernier peut-être...

Mais il craignit de l'éveiller, porta seulement à ses lèvres l'extrémité d'une de ses tresses dénouées, et, l'enveloppant d'un regard dans lequel s'unissaient une tendresse ardente et un profond désespoir, il murmura :

— Tu sauras toujours trop tôt la vérité !

Puis, affermissant son pas, il rejoignit Cornélius et ses collègues.

A sa porte se trouvaient quatre soldats, prévenus à l'avance sans doute. Le sculpteur se plaça au milieu d'eux.

Un quart d'heure après, il se trouvait au fond d'un cachot.

Cette nouvelle se répandit rapidement dans la ville de Bruges ; la scène regrettable qui s'était passée la veille, pendant le banquet, occupait déjà les esprits ; le drame sanglant du canal des Marbres passionna les habitants de la cité et les partagea en deux camps. Le mépris dans lequel les gens graves tenaient van Lipp servait d'excuse à leur indulgence pour le meurtre commis par Halsmann. Le propos outrageant tenu sur Christelle leur semblait mériter ce châtiment terrible. Les joueurs, les bretteurs, les débauchés de Bruges prenaient parti pour van Lipp et réclamaient à grands cris le châtiment du meurtrier.

Mais si l'on ne s'entendait pas sur le degré de culpabilité de Halsmann, personne, ou du moins presque personne, ne croyait à son innocence.

Le jugement.

Après avoir assouvi sa colère, honteux de son crime, songeant qu'il consommait le déshonneur de Christelle, Halsmann niait l'assassinat; cependant les preuves étaient trop nombreuses, trop palpables pour que l'on ajoutât foi à ses dénégations. Mais toutes les opinions s'accordaient quand il s'agissait de plaindre Christelle, cause innocente de ce malheur.

En s'éveillant dans sa petite chambre blanche, l'enfant avait vu Dode assise à terre près de son lit, sanglotant, le front appuyé contre une des colonnes.

L'instinct filial avertit Christelle de quel côté soufflait le vent de l'adversité.

— Mon père! dit-elle, mon père!

— Calmez-vous, ma chérie, lui répondit la vieille servante qui l'avait vue naître... on vous le rendra... Ce qu'on dit ne saurait être vrai... Halsmann est incapable...

— De quoi, mais de quoi peut-on accuser mon père?

Avec mille réticences plus cruelles dans leur lenteur que la vérité même, Dode apprit à Christelle le trépas de van Lipp, et l'arrestation de Halsmann.

— Et tu ne m'as pas prévenue! Tu l'as laissé partir! Il n'a pas eu mon dernier baiser pour lui dire que je l'aime, mon dernier regard pour lui répéter que je le crois, que je le sais innocent... Dode, tu m'accompagneras, je vais sortir.

— Et où voulez-vous aller, Seigneur!

— A la prison.

— On ne vous y laissera pas entrer, ma chérie; il faudra d'abord que les juges et les scribes noircissent leurs parchemins.

— Mon Dieu! mon Dieu! s'écria Christelle, il faut cependant que je voie mon père!

La jeune fille réfléchit un moment; puis, saisissant le bras de la servante :

— Le prévôt de Saint-Donat me viendra en aide... Camarade d'enfance de mon père, croissant en sainteté pendant que son ami grandissait en renommée, il trouvera bien, lui prêtre chargé d'apprendre aux enfants à respecter leur père, le moyen de m'aider à consoler le mien...

— Vous avez raison, ma fille, le prévôt fera tout pour vous et pour mon pauvre maître.

Christelle se leva rapidement, s'enveloppa d'une grande mante dont elle rabattit le capuchon sur ses yeux, et, suivie de Dode, elle se rendit à Saint-Donat. Le prévôt achevait le saint sacrifice; elle le rejoignit au moment où il passait à la sacristie pour y déposer ses habits sacerdotaux. En la reconnaissant, le digne prêtre devina tout.

— Je viens de prier pour Halsmann, dit-il.

— J'accours vous supplier de me conduire près de lui, répondit-elle.

Le prévôt n'hésita pas, enleva rapidement l'aube et la chasuble, et dit aux deux femmes :

— Venez !

Arrivé à la prison, il se trouva en face d'un geôlier qui lui objecta des ordres sévères, une consigne reçue... Le prévôt se contenta de tourner en dehors le chaton d'une bague que d'ordinaire il cachait dans l'intérieur de sa main ; cette bague, donnée par l'empereur, bénite par le pape, avait le pouvoir d'ouvrir devant lui toutes les portes des prisons. Juste récompense de son zèle évangélique, il y tenait comme à son plus beau privilége.

Halsmann, descendu dans un cachot dont la paille tiède encore avait servi de couche à un condamné exécuté la veille, était tombé comme anéanti, ivre de douleur.

A partir de ce moment, il se regarda comme perdu. Tandis que les juges discutaient avec lui dans sa maison, même durant le trajet, pendant lequel il voyait le ciel bleu au-dessus de sa tête, il gardait l'espérance. Il trouvait dans son cerveau des raisons capables de convaincre le tribunal, quand les hommes appelés à le juger ne seraient plus sous l'impression causée par ce meurtre, et s'isoleraient dans le sanctuaire de la justice, afin de prononcer d'après leur conscience.

Mais une fois dans la prison, au fond d'une cave murée, sans lumière et sans air, Halsmann crut au *consummatum est* de sa destinée, et, foudroyé de douleur, il s'abandonna à cette désespérance que les hommes peuvent ressentir sans être lâches, puisqu'elle parut si cruellement amère à un Dieu.

Il ne pria pas ; il ne songea pas à se recommander de personne et pensa que si la justice l'incarcérait, lui, innocent de la mort de van Lipp, le bourreau ferait comme la justice et mettrait sur lui sa main sanglante.

Il se plongeait, s'abîmait dans cette douleur, quand un bruit de voix et de verrous l'arracha à son atonie. Il se souleva, croyant voir arriver les tortionnaires : ce fut sa fille et le prieur de Saint-Donat qu'il reçut dans ses bras.

— Père ! père ! dit Christelle en couvrant son visage de baisers et de larmes, ne vous laissez pas abattre par l'épreuve ; vous en sortirez victorieux.

— Mon ami, mon cher ami, dit le prévôt en tenant dans ses mains les mains enchaînées de Halsmann, rappelez-vous cette parole : « Un ange parut, et la lumière se fit dans la prison. » Voici l'ange, Dieu fera la lumière.

— Vous avez raison, s'écria Halsmann; on n'a pas le droit de maudire les hommes, ni de se décourager, quand on garde un ami comme vous, une fille comme elle!

Pendant une demi-heure, ces trois êtres, également bons, loyaux, généreux, échangèrent ce que l'amitié, l'amour paternel, la tendresse filiale ont de plus sincère, de plus fort, de plus consolant. Et quand le prévôt se vit obligé d'abréger cette visite, trop courte pour Halsmann et Christelle, il leur dit :

— En vous permettant cette étreinte, cette compensation à vos douleurs, j'ai fait acte de prêtre; je dois me retrouver magistrat ecclésiastique. Ma pitié ne saurait plus empiéter sur mon devoir... Mais tout ce que je pourrai pour sauver mon premier, mon meilleur ami, je le ferai.

Un dernier embrassement rapprocha Christelle et son père, puis la jeune fille quitta avec le prévôt la prison, où elle laissait du moins un peu de cette lumière dont le digne prêtre avait parlé.

A cette époque, les formes de la justice étaient parfois d'une grande rapidité. Le crime dont on accusait Halsmann semblait prouvé à tous; si les témoins manquaient, le manteau ensanglanté de van Lipp et le poignard de Halsmann nommaient suffisamment l'assassin et désignaient assez la victime.

Au bout de quelques jours, le tribunal se réunit donc pour rendre son arrêt.

Dès le matin du 20 juillet 1527, une foule énorme, bruyante, tumultueuse, se pressait aux abords du palais de justice.

Les curieux se montraient avides de saisir sur le visage de l'accusé la trace des angoisses qu'il venait de subir. Ses amis souhaitaient lui donner une dernière preuve d'intérêt et le soutenir par leur présence; les compagnons d'orgie de van Lipp cherchaient l'occasion de poser ce bretteur en martyr; le reste de la foule demandait une émotion quelconque : des larmes, du bruit, peut-être du sang.

La salle du tribunal empruntait aux grands vitraux traversés par des rayons de soleil un aspect de fête, démenti par la figure sanglante d'un christ suspendu à la muraille.

Les juges étaient mornes, froids, impénétrables. Halsmann avait fait provision de forces. Il acceptait le duel avec la justice afin de garder à Christelle un nom intact. Quant à celle-ci, elle donnait la preuve d'un courage surhumain.

Dès l'aube, elle se leva et s'habilla de blanc, malgré le conseil de Dode.

— Mon père est innocent, dit la vaillante fille ; pourquoi porterais-je le deuil de son honneur?

Lorsque Halsmann franchit le seuil de sa prison, il la trouva debout, calme, digne ; et quand on vit cet homme enchaîné marcher à côté de cette belle enfant, plus d'un front se découvrit ; ceux qui ne saluaient pas le tailleur d'images s'inclinaient devant l'héroïne de la piété filiale.

Arrivé au tribunal, Halsmann s'assit sur le banc des accusés. Christelle prit place à ses pieds.

Les questions des juges, les réponses de Halsmann ne jetèrent aucun jour nouveau sur cette lugubre affaire.

Van Lipp avait gravement offensé le sculpteur; celui-ci avait proféré des menaces de mort... Ces menaces furent exécutées la nuit même. Par qui? sinon par l'insulté.

L'arrêt du tribunal fut sévère, terrible; celui qui avait tué devait périr : on condamna Halsmann à mourir par la hache, son aïeul ayant été anobli sous Philippe le Bon.

Le sculpteur releva le front en entendant cette lecture.

Christelle, fondant en larmes, enlaça de ses bras les jambes du prisonnier.

— N'avez-vous point une dernière grâce à demander? dit à Halsmann le prévôt de Saint-Donat.

— Oui, répondit le sculpteur d'une voix forte. Je suis innocent. Je le jure devant cet autre innocent qui fut mis en croix entre deux voleurs ! Aucun juge dans cette enceinte n'aurait le droit de se laver les mains du sang d'un juste ruisselant demain sur le pavé... J'implore non pas ma grâce, non pas un adoucissement à la peine prononcée, mais une trêve... J'adjure le Seigneur de faire, dans l'espace d'une année, éclater mon innocence ! Le bourreau peut attendre, je ne tenterai pas de lui échapper... Un sursis m'est nécessaire : il fera connaître le véritable assassin de van Lipp. Un sursis me permettra d'achever l'œuvre sur laquelle je rêvais de fonder ma renommée d'artiste flamand. Pendant cette année, m'en fiant à Dieu et à la justice du soin de faire éclater mon innocence, je sculpterai la cheminée monumentale du palais du Franc... Les douze mois écoulés, le travail fini, ma tête roulera sous la hache, si nulle voix ne s'est élevée pour me justifier.

Les juges, incertains, se regardèrent; le prévôt de Saint-Donat, qui vit dans cette demande un moyen de salut, pressa les juges d'exaucer la prière de Halsmann. Son autorité, justement respectée, ne leur permit point de repousser la supplique du condamné; mais ils objectèrent que l'accorder dépassait leur pouvoir.

— Soit, répondit le prévôt, l'empereur Charles-Quint est à Gand, il décidera.

— Halsmann, dit le juge Cornélius, vous avez quatre jours pour obtenir un sursis de notre magnanime souverain.

La foule sortit en tumulte du tribunal. Halsmann, sa fille et le prieur restèrent les derniers dans la salle; les gardes se contentaient de surveiller le condamné de loin.

— Mon père, dit Christelle, je pars pour Gand dans une heure, dans une minute. Si vous ne me voyez pas revenir dans trois jours, c'est que je serai morte de la douleur d'avoir échoué...

— Toi! s'écria le sculpteur, aller seule, sans guide, exposée à mille dangers... Je n'y puis consentir... J'écrirai... un messager portera ma supplique.

— Un messager n'arriverait pas auprès de l'empereur, répondit le prévôt. Votre fille revendique avec raison le droit de vous sauver... mais elle n'ira pas seule à Gand, je l'accompagnerai...

— Vous, messire! s'écria Christelle, les mains jointes.

— Mon noble ami, dit Halsmann, si je te remerciais, j'aurais l'air d'être surpris, et rien ne m'étonne de toi quand il s'agit de générosité...

Les gardes s'avancèrent, il fallait partir.

Halsmann obtint l'autorisation d'écrire sa requête dans la salle du greffe. Pendant ce temps, Christelle courait à son logis, y prenait sa mante, le bijou qu'elle tenait de la munificence de Charles-Quint, et rejoignait le prévôt devant la lourde porte de la prison.

Quelques minutes après, le vieux moine et la jeune fille chevauchaient sur la route de Gand.

Combien la distance leur parut longue! Comme ils eussent voulu dévorer l'espace! Les chevaux se traînaient, leur semblait-il, sur les chemins, et cependant les vaillantes bêtes faisaient de leur mieux.

Enfin les grands clochers apparurent, puis les faubourgs, enfin la ville.

Le moine et la jeune fille laissèrent leurs montures à la porte d'un tavernier et s'enfoncèrent dans les rues de Gand. La foule, qui se pressait vers la cathédrale, les avertit qu'il s'y passait une solennité; on prononça le nom de l'empereur.

Charles-Quint se trouvait à quelques pas d'eux, dans la maison de Dieu, au pied de l'autel : pouvait-il refuser sinon grâce de la vie, du moins un sursis au malheureux qui criait : « Je suis innocent ! »

Le prévôt et Christelle tentèrent de percer la foule et de se rapprocher du portail; mais le populaire, pressé, massé, ressemblait à une muraille formée de corps humains. On s'étouffait, des enfants criaient, des femmes s'évanouissaient.

Une grande clameur s'éleva tout à coup; on entendit un cliquetis d'armes; les soldats de Charles-Quint se frayaient un passage afin de former la haie de chaque côté de l'église et de protéger la sortie de l'empereur.

Le mouvement de flux et de reflux qui s'opéra, au lieu de rejeter Christelle et le prévôt contre la rangée de maisons bornant la place, les porta au contraire en avant, et Christelle se trouva assurée de voir l'empereur Charles-Quint au moment où il sortirait de l'église.

Un cheval magnifiquement caparaçonné, tenu en main par un écuyer et entouré de pages, attendait le monarque.

Quand il parut sous un dais de brocart d'or, environné de l'évêque, du clergé et des abbés, des grands d'Espagne, des chevaliers de la Toison d'or et des magistrats de la ville de Gand, le fils de Philippe le Beau était vraiment imposant et digne de gouverner plusieurs Espagnes.

La foule l'acclama, moins par sympathie que par servilité, et l'empereur se mit en selle.

En ce moment, Christelle s'élança et tomba à genoux, s'attachant des deux mains nouées à la bride du cheval, et criant d'une voix déchirante :

— Grâce ! Sire, grâce pour mon père !

La mante recouvrant la blanche toilette de Christelle s'était dénouée; elle était là sur le sol, ses tresses blondes balayant le pavé et gardant sur sa poitrine la chaîne de saphirs que l'empereur lui offrit le jour où elle lui présenta les clefs de la ville de Bruges.

Le premier mouvement de l'empereur fut le mécontentement. Cette scène dramatique, attristante, n'était pas dans le programme de la fête; mais à l'instant où Charles-Quint donnait ordre de relever Christelle, le prévôt s'avança et raconta en quelques mots quel motif amenait la jeune fille à Gand.

Charles se sentit ému en dépit de sa froideur accoutumée ; il parla doucement à Christelle, traça rapidement le mot : « Accordé », plus bas sa large signature, et dit à la jeune fille :

— La justice a rempli son mandat, j'exerce le mien. Que Dieu fasse la lumière sur cette œuvre !

Puis il ajouta plus bas en s'adressant au prévôt :

— Vous avez rempli dignement une mission charitable, messire ; il faudrait sur les siéges épiscopaux de mon empire beaucoup d'apôtres comme vous.

Le cortége commença à défiler ; le vieillard et la jeune fille gagnèrent l'ombre protectrice de la cathédrale, puis, après avoir remercié Dieu, ils reprirent la route de Bruges.

Le condamné les attendait avec une anxiété facile à comprendre.

Quand il connut le résultat de leur démarche :

— Ma fille, dit-il, mon ami, attendons maintenant tout du ciel.

D'après les termes de la demande du sculpteur, Halsmann devait passer ses nuits seules dans le préau ; durant le jour, il travaillerait à la cheminée du palais du Franc, qu'il s'était engagé à terminer en l'espace d'une année.

Mais Christelle ne se tenait pas encore pour satisfaite.

V

LA FILLE DU CONDAMNÉ

Le premier succès remporté lui en fit souhaiter un second. L'énergie de Christelle devenait indomptable dès qu'il s'agissait de diminuer les tortures de son malheureux père.

Elle courut chez les juges et implora la faveur de partager la double captivité d'Halsmann dans sa prison comme au palais du Franc.

Pour plaider sa cause, elle employa les sœurs, les mères, les compagnes des magistrats.

Repoussée dédaigneusement par les uns, traitée avec pitié par les autres, elle ne fut réellement consolée que par le prieur de Saint-

Donat, et encore ne put-il accorder à la jeune fille ce qu'elle demandait.

Rebutée par les hommes, Christelle fit des vœux à la Vierge et le pria de lui suggérer le moyen de parvenir à son but.

Christelle et Charles-Quint.

Tout à coup un nom lui traversa la mémoire :
— Lancelot Blondel !

Christelle avait vu souvent le sculpteur dans l'atelier de son père; il parla dignement pour le soutenir, le soir du banquet qui eut de si terribles suites; le dernier, au tribunal, il serra la main d'Halsmann le condamné.

Lancelot possédait un véritable talent et une grande influence. Bien que l'on eût parfois répété devant la jeune fille que le tailleur d'images témoignait pour les beautés de Bruges un culte entaché de paganisme, il n'y avait qu'une voix pour louer sa générosité chevaleresque et la bonté de son cœur.

Christelle se souvenait de l'énergique expression de son visage, adoucie par un regard dont le rayonnement se fondait dans la mélancolie. D'ailleurs, fille d'un grand artiste, Christelle croyait comme son père que le véritable génie est frère de toutes les nobles vertus.

Elle résolut donc de s'adresser à Blondel, et prit vers le soir, pour n'être reconnue de personne, le chemin de la maison du sculpteur.

Le temps était pur, la brise tiède; mais la lune, à demi cachée par des nuages, laissait tomber de rares clartés sur les façades des maisons ou les eaux endormies du canal des Marbres.

Christelle pressait le pas et retenait d'une main tremblante la mante qu'elle venait de jeter sur ses épaules. Bien que ce lourd vêtement cachât sa taille svelte, la démarche de la jeune fille trahissait tant de grâce qu'un homme suivant le même chemin, par hasard d'abord, par curiosité ensuite, pressa le pas pour la rejoindre.

Effrayée, Christelle précipita sa marche; l'homme qui la suivait l'imita, et il frôlait presque son vêtement quand il dit, d'une voix que la fille du condamné crut reconnaître :

— Ma belle enfant, vous courez fort tard et bien vite dans les rues de Bruges... Êtes-vous en quête d'un amoureux égaré?

— Je cherche un homme de cœur, répondit bravement Christelle en se retournant vers le curieux qui la suivait, et je m'appelle Christelle Halsmann...

Ce nom, connu de tout Bruges et rendu doublement célèbre par le terrible procès que venait de dénouer une condamnation capitale, fit faire un brusque mouvement au jeune homme, et ce fut d'une voix respectueuse et triste qu'il murmura :

— Pardon!

Christelle se sentit plus rassurée, et la confiance lui revint tout à fait en l'entendant ajouter ·

— Vous n'avez plus de père pour vous accompagner, acceptez mon bras; je me nomme Lancelot Blondel.

Il prononça ce nom avec une dignité que Christelle ne lui connaissait pas encore, et, entraînée vers lui par un mouvement plein de simplicité et d'espérance, elle répondit :

— J'allais chez vous...

— Chez moi! que souhaitez-vous, mon enfant?

— J'ai le cœur brisé, la tête perdue, dit Christelle... La démarche que je tente aujourd'hui peut vous paraître coupable, ou tout au moins imprudente... mais quand mon père est condamné à mort, je n'en suis plus à me préoccuper de moi-même... D'ailleurs, le coup qui le frappera ne peut manquer de me tuer...

— Pauvre fille! s'écria Lancelot.

— Dans votre conscience et devant Dieu, demanda gravement Christelle, croyez-vous à la culpabilité de mon père?

— Non, répondit Lancelot; son attitude devant les juges, les réponses qu'il leur a faites n'étaient pas d'un criminel... Victime d'une inexplicable fatalité, Halsmann porte la peine d'un injuste arrêt.

— Merci! s'écria Christelle, voilà depuis un mois la première parole consolante que j'entends.

— Puisse-t-il m'être permis d'apporter encore quelque soulagement à votre douleur!... Pour preuve de l'intérêt que je vous porte, laissez-moi vous donner un conseil!... celui que je donnerais à ma sœur, si j'en avais une... Ne franchissez pas le seuil de ma maison... Sans nul doute, le vieux Cramb est discret; j'ajouterai même qu'il n'est pas méchant... mais une imprudente parole peut être prononcée, et toute parole de ce genre ternit la réputation d'une jeune fille... A quelques pas d'ici se trouve une chapelle dont le porche nous abritera... Dieu peut entendre ce que vous avez à me dire...

— Ah! s'écria Christelle, combien j'ai eu raison de croire en vous!...

Lancelot et la jeune fille gagnèrent la chapelle; un banc de pierre hospitalier, ménagé pour les voyageurs et pour les mendiants, leur servit de siége.

Au-dessus de leur tête s'élevait l'ogive creusée en voûte qui, au milieu de rinceaux de feuillage, encadrait dans des niches fleuries des figures de saintes droites et chastes sous les plis tombants de leurs robes et des anges aux ailes soulevées par une brise céleste, déroulant de longues banderoles couvertes de belles phrases latines.

Le croissant de la lune, se dégageant des nuages qui le couvraient, répandit sa clarté paisible sur le groupe formé par Lancelot et Christelle, et le nimbe qu'il plaçait au-dessus du front des figures divines parut plus lumineux en tombant sur la blonde chevelure de la jeune fille.

— Je vous écoute, dit Lancelot.

— Je ne vous parlerai ni de ma douleur, ni de la condamnation de mon père, reprit Christelle... Je ne veux vous entretenir que de mon projet. Les magistrats m'ont aujourd'hui refusé de partager le cachot de mon père... je ne saurais cependant renoncer à vivre près de lui pendant l'année de tortures qu'il va passer... Le sursis demandé par Halsmann est une sorte de duel judiciaire entre lui et Dieu... Innocent, il lui laisse une année pour le sauver... Mais durant ces mois, quelles angoisses! quelles nuits d'insomnie!... Le tribunal qui condamna mon père et croit l'avoir jugé suivant l'équité, ne se déjugera pas en cherchant ailleurs le coupable... Si j'étais un homme, j'aurais tenté cette entreprise, si folle qu'elle soit; car aucun indice ne me met sur la voie de la vérité... Mais, tandis qu'au hasard j'irais poursuivre un assassin inconnu et qui, sans nul doute, a quitté le pays, mon père endurerait un martyre sans nom... Ma place est à ses côtés, comme celle de Marie et de Madeleine fut au pied de la croix... Il faut que, pendant cette mortelle année, je lui paye ma dette de tendresse et de reconnaissance ; et si vous saviez ce que fut la tendresse d'Halsmann...

— Parlez! parlez! dit Lancelot; aucune de vos paroles ne m'est indifférente, et votre cause deviendra la mienne...

Christelle reprit lentement :

— Ma mère mourut dans la fleur de sa jeunesse et de sa beauté, et mon père ne songea point à la remplacer dans sa maison... Il me consacra sa vie sans restriction... Quand je me trouvai en âge de m'intéresser aux choses d'art et de science, il se fit mon maître en clergie comme en sculpture. Il m'enseignait le latin, me donnait des notions générales sur le globe, les plantes qui l'embellissent, les animaux qui le peuplent; il plaçait dans ma main inexpérimentée l'ébauchoir et le ciseau. Afin de ne me quitter jamais, il me fit son élève; dans nos causeries d'avenir, quand il parlait de gloire, il m'associait à la sienne en me disant : « Christelle gardera près de Halsmann l'imagier la place occupée par Sabine à côté de Steinbach, l'immortel architecte du dôme de Strasbourg. »

— Quoi! demanda Lancelot Blondel, vous travailliez avec votre père?

— Oui, messire; et si d'abord je me prêtai à ces études comme une enfant séduite par un jouet nouveau, le sentiment de l'art ne tarda pas à se développer en moi... Il devint, d'ailleurs, une des formes de tendresse... le groupe que j'ébauchais se trouvait près de la statue commencée par mon père... Je recevais à la fois ses conseils et ses baisers! Conseils d'un grand maître! caresses du père le plus tendre! La douce vie! combien elle était complète pour le cœur et pour l'intelligence! Mais aussi, quel horrible réveil! Comprenez-vous, messire, ce que ce fut pour mon père de passer de cet atelier, rempli de statues que le génie faisait vivantes, dans

Christelle et Lancelot.

un cachot sans air et sans clarté?... Enfin, grâce à l'insistance du prieur de Saint-Donat, on accorda à Halsmann le droit de créer un chef-d'œuvre avant de mourir... La mort conclut une trêve d'une année. Oui, pendant douze mois, mon père attendra que le Seigneur éloigne la hache suspendue au-dessus de sa tête... Pendant une année, il devra étouffer dans sa chair l'appréhension d'un supplice horrible et garder à son cerveau la lucidité nécessaire pour enfanter une merveille, dont la vue fera dire dans plusieurs siècles : « L'homme qui rêva, exécuta cette page grandiose ne pouvait avoir la conscience troublée par le remords... »

— Vous avez raison! dit Lancelot, la postérité jugera ainsi...

— J'arrive maintenant à la faveur que je viens implorer de vous, poursuivit Christelle... Chaque matin, les gardes de la prison conduiront Halsmann au palais du Franc, où il passera la journée... Il sera interdit, dans la crainte qu'un ouvrier, un ami ne favorise un projet de fuite, de pénétrer dans cette salle... Eh bien! moi, maître Blondel, j'y veux aller, je n'en veux pas sortir!

— Vous-même l'avez dit, c'est impossible!

— Pour tous, non pour moi, si vous m'aidez...

— Mon crédit ne va pas jusqu'à faire lever un ordre aussi rigoureux.

— On ne se révolte pas contre un ordre : on l'élude.

— Que voulez-vous dire?

— Aucun étranger n'entrera dans le palais du Franc... sauf vous et vos élèves qui travaillerez dans la salle dont la décoration vous est confiée.

— Je ne pourrais y introduire une femme...

— Écoutez, messire Blondel, je tiens à mon honneur plus qu'à ma vie; mais cet honneur ne dépend, Dieu merci! ni d'un soupçon, ni d'une parole outrageante... Pour sauver, pour consoler mon père, je ferais le sacrifice de ma réputation, et, forte de mon innocence, je braverais l'opinion, s'il ne s'agissait que de moi... Mais la renommée de la fille appartient au père, et je ne me reconnais pas le droit d'entacher la mienne... Vous groupez autour de vous de nombreux jeunes gens, des apprentis jaloux d'apprendre les secrets de votre art; mettez-moi au nombre de ces derniers... Je ne serai plus Christelle, la fille du condamné, mais un orphelin confié à vos soins par sa mère mourante. Soyez tranquille! ma main taille assez bien la pierre et le marbre pour que l'on ne doute pas de la réalité de ma vocation... Je serai le plus vaillant à l'ouvrage, et, tandis que l'élève essayera de vous satisfaire, Christelle vous bénira au fond du cœur... Au bout de quelques jours, vos compagnons seront accoutumés à me voir... une liberté plus grande me sera laissée... Alors vous déclarerez vouloir occuper seul avec moi une salle où vous ne serez dérangé par personne... et, tandis qu'on nous croira employés au même labeur, je traverserai la galerie et, gagnant la vaste salle du Franc, je me trouverai dans les bras de mon père... A l'heure où les gardes devront le chercher pour le mener dans son cachot, je reviendrai vous trouver... Vous le voyez, ce moyen est bien simple... Il ne demande qu'un mot de consentement de votre part... Lancelot Blondel, laissez-vous toucher par mes prières et mes larmes... Je suis à vos genoux... Condamnée à mort par l'arrêt qui frappe mon père bien-aimé, je demande comme lui un sursis à la torture qui m'atteint.

Christelle était prosternée sur les dalles; les mains jointes et tendues vers Blondel, elle le regardait avec une expression de ferveur et d'angoisse si grandes que le sculpteur sentit son cœur profondément troublé.

— Héroïque enfant! dit-il, le courage me manque pour refuser de prendre ma part de responsabilité dans cette sainte et imprudente folie.

— Vous consentez? s'écria Christelle, dont le regard eut un éclair de joie.

— Disposez de moi.

La jeune fille se releva. Le front haut, un de ses bras dressé vers la voûte du portail peuplé de saintes figures, elle dit d'une voix haute, comme si elle les prenait à témoin de son serment :

— Anges du ciel! apôtres et martyrs! vous venez d'écouter cette promesse sacrée, souvenez-vous aussi de la mienne : à dater de ce moment, je me regarde comme la sœur de Lancelot, et je jure de sacrifier pour lui ma vie, si cette vie peut jamais lui devenir utile.

Christelle tendit ensuite les mains à Lancelot.

Le carillon s'éveilla dans le clocher, et ses notes argentines parurent, au milieu du profond silence de la nuit et dans la disposition d'esprit où se trouvaient Christelle et Blondel, une réponse descendant du ciel, une bénédiction arrivant à eux sur les ailes de l'harmonie, une parole d'espoir tombée de la bouche même de Dieu.

Tous deux l'écoutèrent graves et recueillis; puis le sculpteur prit le bras de Christelle, et, le passant sous le sien :

— Il est tard, dit-il; je vais vous reconduire jusqu'à votre logis.

— Vous me quitterez à quelque distance, messire... aucun danger ne me menace... A qui me suivrait, je dirais mon nom, comme je l'ai fait il y a une heure; et, croyez-le, si perverti que soit un homme, il n'oserait insulter la fille du condamné...

Blondel et Christelle marchèrent en silence jusqu'à ce que la jeune fille se trouvât près de la ruelle à l'angle opposé de laquelle s'élevait sa maison.

Alors elle quitta le bras de son compagnon de route et lui dit :

— Dans trois jours, chez vous, à huit heures du matin, vous verrez Troll, votre nouvel apprenti.

— J'attendrai... répondit Blondel.

Christelle gagna son logis à pas rapides, et Lancelot, pour s'éloigner, attendit que la porte massive se fût refermée sur la jeune fille.

Bien que brisée d'émotion et de fatigue, Christelle ne se coucha pas.

Elle prit dans un grand bahut sculpté une pièce de camelot, et, à la lueur de sa lampe, elle tailla et commença à coudre des chausses et un pourpoint.

A l'aube seulement, elle se jeta sur son lit et sommeilla environ trois heures.

Dès qu'elle fut habillée, Christelle se dirigea vers le grand Béguinage.

Elle connaissait dame Gudule, la supérieure, pour qui Halsmann avait jadis exécuté une madone. Après l'office, auquel la fille du condamné assista, elle fit demander une entrevue à la noble recluse.

Dame Gudule aimait cette belle et pure enfant. La voyant venir vers elle vêtue de noir, le visage marbré de larmes mal essuyées, elle crut d'abord que Christelle souhaitait obtenir une cellule dans le monastère libre fondé par la grande Begha; mais Christelle répondit à dame Gudule :

— Si le Seigneur ne fait pas grâce à mon père, s'il n'est pas assez clément pour nous retirer ensemble de ce monde, je me souviendrai de l'offre que vous me faites, noble dame; en ce moment, je vous prie seulement de protéger mon nom contre la calomnie.

Christelle raconta ses projets, la conversation que, la veille, elle avait eue avec Lancelot Blondel, et ajouta :

— Pour les gens de la ville de Bruges, Christelle passera cette année douloureuse dans le Béguinage; vous seule connaîtrez que, sous la protection de maître Lancelot, elle ne quittera pas celui dont elle fut l'unique tendresse.

— Ma fille, répondit Gudule, beaucoup de femmes dans ma situation vous diraient que vous allez peut-être au-devant d'un péril... il peut arriver qu'un acte d'héroïsme filial vous coûte votre réputation, malgré les précautions dont vous entourerez votre conduite... A votre place, j'agirais comme vous... et je ne sais que vous encourager et vous bénir... Vous voyez de cette fenêtre une maisonnette inoccupée au milieu d'un parterre; elle sera censée abriter une âme en peine, une créature brisée dans la lutte de la vie... A qui me demandera ce qu'est devenue la fille d'Halsmann, je montrerai cet asile, sur la porte duquel votre nom sera inscrit demain. Je connais Lancelot Blondel, je l'estime; je fus l'amie de sa mère, et tout enfant il joua sur mes genoux... Remettez-lui, en souvenir de moi,

L'atelier de Lancelot.

cette médaille bénite; elle lui rappellera tout ensemble ce qu'il doit au souvenir de sa mère et le serment de fraternelle amitié qu'il vous fit devant Dieu.

Christelle se jeta dans les bras de dame Gudule et la quitta le cœur plus tranquille; le ciel semblait la protéger; un dernier miracle s'accomplirait sans doute en sa faveur, puisque déjà le Seigneur daignait aplanir sa voie.

Le même jour, une image de Jésus fut placée sur la porte de la maisonnette vide du Béguinage; au-dessous fut gravé le nom de *Christelle;* et, à partir du lendemain, dame Gudule feignait d'aller quotidiennement passer une heure près de la jeune fille qui, suivant un vœu qui ne surprit personne, avait juré de ne pas quitter sa cellule avant l'expiration de l'année.

VI

L'APPRENTI DE MAITRE LANCELOT

Le lendemain, Lancelot Blondel dit à Cramp, son vieux serviteur :
— Tu t'occuperas aujourd'hui de rendre habitable la chambre voisine de la tienne.
— Ne vous souvenez-vous pas, messire, que depuis la mort de votre aïeule elle est restée vide?
— J'attends un apprenti vivement recommandé par sa famille, et je me suis engagé à le loger dans cette maison.
— Que ne lui donnez-vous la pièce contiguë à votre bibliothèque? Vous pourriez, de la sorte, mieux surveiller sa conduite.
— C'est impossible! répondit Lancelot d'une voix brève.
La chambre dans laquelle le vieillard pénétra à la suite de son maître se trouvait plongée dans une obscurité complète; quand les rideaux furent tirés, les fenêtres ouvertes, un gai soleil jeta ses rayons sur le plancher poudreux, irisa une colonne d'atomes et laissa voir dans la pénombre les paillettes d'or des cadres et de grands meubles dressés dans le fond et dans les angles de la pièce, où tout respirait à la fois un goût artistique et un luxe vrai.
Cramp ressentait une vive répugnance à voir habiter par un étranger cette chambre close depuis de longues années. Mais l'ordre bref de Lancelot ne souffrait pas de réplique, et, l'orgueil tenant place de bonne volonté, le serviteur balaya, épousseta, brossa si bien, qu'à la fin de la journée les tentures d'Arras laissaient admirer leurs personnages; les meubles étalaient les ferrures; les vases de grès à fleurs bleues s'emplissaient de

bouquets; le portrait de la mère de Lancelot, par Jean de Mabuse, rayonnait de grâce et de bonté; le plafond, peint comme le dôme d'une chapelle, permit de distinguer un groupe d'anges emportant une âme au ciel.

Lorsque tout fut prêt, le serviteur, à la fois timide et mécontent, alla chercher son maître.

— C'est bien! dit Lancelot; va, je n'ai plus besoin de toi!

Quand le vieillard fut sorti, le sculpteur alla prendre dans son atelier une aiguière précieuse qu'il plaça sur la table, mit un coffret d'argent sur la crédence, ouvrit une copie de l'*Imitation* sur le prie-Dieu, et cette fois jeta autour de lui un regard satisfait.

Il se retira ensuite dans sa bibliothèque, prit un carton, des crayons, et dessina, sans savoir ce qu'il allait faire. Ses doigts marchaient, sa pensée se perdait dans le rêve.

Quand il regarda ce qu'il venait d'esquisser, il s'étonnait lui-même : c'était le portail de la petite église qui l'avait abrité la veille pendant qu'il recevait les confidences de Christelle.

Après l'avoir contemplé, il le porta dans la chambre de l'apprenti.

La nuit de Lancelot fut agitée.

Bien avant l'heure où la jeune fille devait venir, le sculpteur s'accouda sur le bord de sa fenêtre.

Enfin, il aperçut à l'extrémité de la rue un adolescent marchant le visage baissé; le cœur de Lancelot battit. Il se précipita dans l'escalier pour ouvrir lui-même la porte à son apprenti.

Lancelot Blondel hésita une minute à le reconnaître.

Sous l'habit d'un jeune écolier, la taille de Christelle paraissait plus petite; ses cheveux courts tombant sur le cou donnaient de la mutinerie à sa tête couverte à demi d'un chaperon de velours. En se voyant l'objet de l'examen du sculpteur, Christelle rougit; mais Lancelot effaça l'impression de crainte vague traversant l'esprit plus que le cœur de la fille du condamné; et, lui tendant les deux mains avec une noble franchise :

— Dieu vous gardera sous le toit que vous honorez !

Il conduisit ensuite Christelle dans la pièce préparée pour elle.

— C'est la chambre de ma mère, dit-il; Cramp occupe cette autre à côté; il reste à vos ordres.

Les regards de Christelle parcoururent la pièce qu'elle devait habiter et tombèrent sur le dessin du portail. Vivement émue, elle tira de son sein la médaille que dame Gudule l'avait chargée de remettre au jeune homme, et la lui tendit.

— Troll, dit Lancelot, affectant d'oublier le nom et le sexe de l'apprenti et voulant prouver qu'il ne s'en souvenait qu'en redoublant de prévenances et de soins délicats, ne vous mêlez pas aujourd'hui à vos camarades d'atelier ; commencez par vous habituer aux objets au milieu desquels vous devrez vivre. Descendez au jardin ; nous nous retrouverons à midi pour le repas.

Lancelot entra dans son atelier, arracha la toile humide couvrant la statue commencée, et la regarda de l'air mécontent de l'artiste qui n'a pu réussir à fixer sa pensée dans son œuvre ; puis, gravissant l'échafaudage, il échangea en quelques instants l'expression de la tête.

Le premier de ses élèves, en ouvrant sans bruit la porte de l'atelier, resta frappé d'étonnement et fit un signe pour recommander le silence aux camarades qui le suivaient. Au bout d'une demi-heure, les douze apprentis de Lancelot se trouvaient silencieusement groupés autour de leur maître. Celui-ci poursuivait son travail avec la fougue sacrée de l'inspiration ; il s'aperçut seulement quand il eut fini que depuis longtemps il n'était plus seul.

Les applaudissements enthousiastes des jeunes gens firent palpiter son cœur de plus de joie qu'il n'en avait peut-être jamais senti.

— Maître ! s'écria Ryter, son meilleur élève, ce sera votre plus belle œuvre !

— Vous avez donc vu la Vierge en rêve, messire Lancelot, demanda un apprenti, que vous créez une si belle madone à l'aurore ?

— Travaillez à votre tour, enfants ! dit Lancelot Blondel, ma journée est finie... Ryter, ce Saint Michel met dans son geste trop de vigueur haineuse : un ange terrassant un démon le foudroie plutôt par l'esprit que par la force physique. Veille à tes feuillages, André, ils se ressemblent tous, et la nature ne créa jamais deux feuilles pareilles. Bien, très-bien, mon petit Doy, ta biche courant est d'un mouvement juste. Florus, garde-toi de mettre tes personnages dans des poses tourmentées ; la sculpture est un art calme. Je te reproche le contraire, Rogier ; tes statues sont engainées comme des idoles de thermes... Courage, à bientôt...

Lancelot gagna le jardin.

C'était un lieu frais, ombragé ; des arbres énormes en occupaient une partie et y répandaient le calme et la fraîcheur des grandes nefs. Au centre, une vasque de granit laissait pleuvoir l'eau sur une naïade lutinée par deux tritons enfants. D'un pavillon treillissé, peint de vert et d'or, s'élevaient des cris, des chants, des caquetages d'oiseaux. La volière de Lancelot était remplie d'espèces rares venues d'Amérique, et le sculpteur s'attendait à trouver Troll à côté de ses hôtes emplumés. En effet, il l'aperçut caressant un colibri farouche qui s'humanisait pourtant sous ses baisers.

— Vous habituerez-vous à cette maison? demanda Lancelot.

— Elle se fait hospitalière et trop douce, répondit Christelle.

Peu après, la cloche de midi sonna le dîner.

Le maître et l'apprenti s'assirent à une table servie avec une opulente simplicité; la nappe de Flandre était couverte de coupes, de plats, de brocs, de videcomes de genres divers. L'orfèvrerie se mêlait à la faïence et aux cristaux d'Italie. Lancelot ne se montrait pas seulement artiste dans ses œuvres : il voulait réunir autour de lui sous toutes ses formes la poésie, cette âme des choses.

Le serviteur, debout derrière le siège de maître Blondel, observait l'adolescent avec une sorte de curiosité jalouse. La contrainte régnait entre les deux jeunes gens; ils se parlaient peu; les regards de Blondel paraissaient embarrasser Troll; en le voyant si timide, Cramp se rassura. Il redoutait pour son maître les entraînements de la vie facile, et se croyait chargé de veiller sur la conduite de l'homme qu'il avait connu enfant.

Après le repas, Lancelot dit à son hôte :

— Voici la bibliothèque : vous y pouvez à votre aise lire des manuscrits ou regarder des dessins; dans les livres comme dans les cartons, vous trouverez l'explication de ma vie.

Christelle entra dans la pièce qui, après l'atelier, était le lieu préféré de Lancelot Blondel.

Les paroles qu'il venait de dire à la jeune fille l'encourageaient à observer, à chercher. Elle ouvrit un manuscrit couvert de cuivre doré et repoussé. Ce livre, commencé il y avait près d'un siècle, renfermait la relation de tous les faits survenus dans la famille. L'aïeule, dont Christelle occupait la chambre, y laissa de nombreuses pages, et le père de Lancelot y relatait de sa large écriture les moindres détails relatifs à son fils. A partir du jour de sa naissance, l'attention, l'orgueil, la tendresse de l'aïeule et du père se reportèrent sur l'enfant. Ils reconnaissaient dans son caractère des défauts d'emportement, de passion; mais quelle générosité native, quel enthousiasme pour les grandes choses, quel noble dédain de la vie quand il s'agissait de sauver un homme, ou de lutter dans l'intérêt général ! Au bout d'une heure, Christelle connaissait Lancelot mieux que si elle eût vécu de longues années près de lui. Quand elle ferma le *Mémorial de famille,* elle se sentit complétement rassurée.

Alors elle ouvrit les cartons remplis de dessins, de croquis, d'ébauches. Elle s'initia au génie de Lancelot. Il possédait à la fois la passion et la grâce. Chacune de ses œuvres portait le cachet du bon goût. Plusieurs plans détaillés de cathédrales, de maisons de ville, de châteaux et d'hospices, prouvaient combien la sculpture était pour lui l'aide, la servante de l'architecture. Les masses qu'il créait restaient élégantes. Il découpait dans l'air de si légers clochetons, multipliait tant de statues dans les niches et réunissait de si merveilleuses verrières dans ses monuments, que rien de si aérien ne s'était encore vu. Ses cathédrales étaient plus éclairées que celle de Metz ; il avait élevé une flèche plus légère que celle de Strasbourg ; le jubé, dont Christelle trouva le croquis, eût été l'une des merveilles du monde catholique, et le fameux chœur de Beauvais s'effaçait devant le chœur de sa basilique. Pas une des colonnes de ses nefs ne se ressemblait. Il les composait parfois d'un groupe de colonnettes fuselées semblables à des aiguilles de pierre ; le même chapiteau fleuri les abritait comme des troncs jumeaux couverts d'une seule couronne de feuillage. D'autres fois, il les voulait fortes et puissantes, se contentant de les creuser de cannelures profondes ; ou bien encore il les assemblait par couples. Lancelot ne voyait la sculpture qu'à l'état d'ornement : statue, feuillage, rinceau, aiguilles. L'utilité se dissimulait sous la grâce.

Christelle savait qu'il possédait à la fois un grand cœur et un grand génie.

— Quel frère ! murmura-t-elle, et quel maître !

Lorsqu'elle fut rejointe le soir par le jeune homme, elle feuilletait le dernier carton.

— Messire Lancelot, dit-elle, j'ai grand'peur de vous causer demain une déception ; je vous ai appris que je fais de la sculpture, mais elle me paraît un jeu d'enfant à côté de vos œuvres ! Je vous demande une grâce : je souhaiterais copier l'histoire de la *Chaste Suzanne,* cette jolie frise dessinée par vous.

— Vous lui ferez grand honneur, répondit Lancelot.

Le maître et l'apprenti parlèrent ensuite de Halsmann et du moyen de vaincre les difficultés capables d'entraver leur plan.

— Ah ! dit Christelle, le Seigneur me donnera la force d'arriver à mon but ; avec un frère tel que vous, je ne puis rien craindre.

La jeune fille dormit avec calme pour la première fois depuis un mois.

Le vieux Cramp la réveilla le lendemain. Elle se leva, s'étudia à donner plus de hardiesse à son allure, plus de crânerie à son geste. Sous peine de se compromettre, de se perdre, il fallait que les élèves de Blondel restassent dupes de sa métamorphose.

Elle les précéda dans l'atelier, afin de s'éviter l'embarras d'une entrée.

Suivant son désir, Lancelot avait fait disposer pour elle un bloc de marbre et le dessin du premier compartiment de la frise de *Suzanne*.

Elle commença à l'ébaucher largement.

Un quart d'heure après, le maître entrait, suivi de ses élèves. Il leur présenta Troll en quelques mots brefs, puis chacun se mit à sa besogne respective.

Cependant, pas un des élèves n'était sans distraction. Ce nouveau venu devait être ou leur égal, ou leur souffre-douleur : leur égal, s'il possédait du talent; leur victime, si son ignorance égalait son apparente faiblesse.

— Vois-tu, dit Rogier à Dov, Troll a la main trop fine pour manier nos lourds outils.

— D'ailleurs, d'où vient-il? ajouta Florus. A quelle école appartient-il? Troll, élève de qui? On ne naît pas sculpteur, on le devient.

— Sa figure est très-douce, objecta Dov.

— Douce, c'est possible; il a l'air d'une demoiselle.

— Tiens! fit Rogier, il devine qu'on parle de lui et rougit déjà.

— Il payera la bienvenue! s'écria Florus; et pour l'y préparer, vous aurez soin d'entamer une conversation vive et de fredonner vos chansons les plus galantes.

— Bon! s'écria Rogier, voilà une distraction pour le jour, en attendant que nous vidions les pots ce soir.

Tandis que ses nouveaux compagnons complotaient de la sorte, Troll travaillait sans distraction. Il ne regardait pas ses voisins, il ne les entendait pas davantage; la figure de la chaste *Suzanne* l'intéressait bien plus que les déduits des élèves de maître Lancelot.

Le petit Dov commença les escarmouches.

— Est-ce vrai, Rogier, demanda-t-il, que la belle Guislaine pleure toutes ses larmes de ton abandon?... Il serait juste et généreux de le dire; car, enfin, dans l'atelier même, elle pourrait trouver des consolations...

Guislaine est blonde comme un filon d'or, blanche comme un pétale de lis, et pas une de nos Brugeoises ne possède l'éclat de son rire. Pour embrasser Guislaine quand elle rit, je donnerais...

— L'or de ton escarcelle ou le diamant de ta toque, petit Dov! Malheureux! l'escarcelle sonne creux, et l'escarboucle est un caillou. Or, la Guislaine veut plus et mieux...

— Comptez-vous donc pour rien ma chevelure noire, un cœur brûlant, un bras nerveux et la chanson d'amour de mes vingt ans!

— Ah! la chanson d'amour de tes vingt ans! répéta Florus, chante-la donc une fois, beau *prince de la Rhétorique!*

— Silence, alors! fit Dov; et, d'une voix timbrée, tout en frappant la mesure sur un bloc de bois avec son marteau, il commença une ballade dont l'air courait les tavernes et dont les paroles devaient faire rougir une vierge.

Maître Lancelot laissa tomber son ciseau et demanda d'une voix courroucée :

— Qui se permet de chanter ici?

— Moi, répondit Dov, comme je le fais tous les jours.

— Vous avez tort : le travail exige le recueillement; ce n'est pas en répétant des chansons grossières que vous garderez une noble inspiration dans votre pensée... Quand vous voudrez redire des refrains semblables, vous irez chez les marchands de cervoise, et non dans mon atelier.

— Pardon, maître, répondit Dov avec une humilité sournoise; cette chanson m'a été apprise par la belle Guislaine, qui la tenait de vous...

L'œil de Blondel flamboya. Il se précipita du haut de son échafaudage avec une rapidité vertigineuse, saisit Dov par le haut de son pourpoint, et, le secouant à lui faire perdre pied :

— Serpent! mécréant! dit-il, plus un mot! Le premier d'entre vous qui prononce le nom d'une ribaude ou tient un discours léger, je le chasse! Il ne me convient pas que mes élèves traduisent avec le ciseau les vers de l'Arétin!

Blondel lâcha le petit Dov, qui roula au pied de son escabeau.

— Ah! maître! demanda Florus, vous garderez pourtant les traditions de l'atelier, j'imagine?

— Soit! mais je les veux dignes de moi, dignes de vous!

— Cela suffit! dirent en chœur les élèves.

Troll n'avait en apparence prêté nulle attention à cet incident; mais son beau visage, rouge de pudeur, se leva vers Lancelot pour le remercier de son intervention.

Cependant les apprentis, qui raillaient la blancheur et la petitesse de ses mains, tournaient de temps en temps la tête vers le nouveau venu. Peu à peu leur curiosité devint de l'attention; l'étonnement lui succéda;

La dispute.

enfin, les trois plus habiles : Rogier, Florus et André, s'approchèrent pour mieux voir l'ébauche de la *Suzanne*. La jalousie s'empara des deux premiers; André se montra plus juste et se contenta de louer le travail de Troll; Dov eut un meilleur sentiment et lui tendit la main :

— Troll, dit-il, j'ai été mauvais tout à l'heure : je le regrette.

— Je suis sans rancune, répondit Troll; mais rendez-moi un service, pendant que vous êtes en train de vous repentir... Que signifie cette phrase : « Garder les traditions de l'atelier » ?

— Cela veut dire que chaque nouvel élève conduit ses compagnons à la taverne et les régale ou les grise à ses frais.

— Je me conformerai aux usages, Dov, et je vous serai bon compagnon.

Au moment de quitter l'atelier, Troll dit à Blondel :

— Me permettez-vous, maître, de réunir ce soir mes camarades dans la salle à manger et de boire avec eux quelques coupes de bon vin à votre santé, à l'art flamand, à l'union des tailleurs d'images !

— J'y consens d'autant mieux que je suis surpris de l'habileté dont vous faites preuve... Allons, dans l'atelier de Lancelot, comme dans l'Évangile, les derniers seront les premiers !

A partir de ce moment, Troll eut son rang comme sculpteur et sa place dans la faveur du maître. On le respecta, ou du moins on ne chercha ni à le blesser ni à provoquer sa rougeur. Le langage s'épurait devant lui ; sa candeur, dont on avait souri d'abord, finit par s'imposer. Quelques jours plus tard, il se produisit pourtant pour Christelle un incident douloureux.

— Savez-vous qui je viens de rencontrer ? demanda un matin Rogier à Florus.

— Non, parle.

— Halsmann... les gardes le conduisaient au palais du Franc. Je l'ai trouvé fort changé, très-vieilli... Songez donc ! le meurtre d'un homme, même d'un ennemi, cela doit troubler la conscience !

— Qui ose affirmer la culpabilité d'Halsmann ? demanda Blondel, s'avançant pâle et menaçant vers Rogier ; qui est assez lâche pour insulter un homme à terre ? Rogier, je t'ai pardonné bien des fautes... Je me suis montré indulgent pour tes défauts et pour tes vices ; mais cette fois tu me trouveras inflexible ! Je te chasse ! va porter ailleurs le venin de tes paroles !

— Vous me chassez ? répéta Rogier ; qu'ai-je fait ? sinon répéter l'opinion de la majorité des Brugeois.

— Halsmann a obtenu un sursis, répliqua Lancelot, et, jusqu'à ce qu'il soit expiré, on a le droit, le devoir de le considérer comme victime d'une erreur.

— Bah ! fit Rogier ; on sait comment il fut obtenu, ce sursis... La belle Christelle est allée à Gand implorer l'empereur, et les yeux de Christelle Halsmann sont, dit-on, les plus beaux yeux du monde.

Troll tomba chancelant sur son siége.

— Sors d'ici! va-t'en! cria Blondel en faisant un geste de mépris et de colère à Rogier.

Puis, comme les apprentis et les élèves, groupés autour de leur camarade, semblaient à la fois le plaindre et l'approuver :

— Si vous êtes de son parti, ajouta Blondel, vous pouvez le suivre.

Quand tous les élèves et les apprentis furent sortis, Christelle dit, en regardant Lancelot :

— Je croyais Halsmann au-dessus de tous les hommes par le génie et par la noblesse de son âme ; je mettrai désormais sur la même ligne le nom de Lancelot Blondel.

La semaine suivante, messire Guizot de Beaugrand, investi de la confiance illimitée de l'empereur, fut chargé de hâter l'achèvement du palais du Franc. Il pria Lancelot de s'y installer au plus vite avec ses meilleurs élèves, afin de s'occuper des décorations qui lui étaient confiées.

Lancelot mit grand zèle à se conformer au souhait de messire Beaugrand. Le lendemain, il fit porter au palais les selles, les échafaudages, les terres et les blocs de marbre.

Blondel disposa un atelier spécial pour les élèves et apprentis ornemanistes, et se réserva une salle, interdite à tous, étrangers et familiers, pour s'y consacrer à la grande sculpture et y exécuter ses statues et ses bas-reliefs.

— Le maître nous garde rancune, dit Florus.

Lorsque Christelle se trouva seule dans une des salles du palais du Franc, quand elle comprit qu'une galerie, une porte la séparaient seulement de son père bien-aimé, elle se sentit défaillir et, s'appuyant des mains sur l'épaule de Lancelot, elle pleura des larmes de joie.

— Vous avez été religieusement obéie, dit Blondel : rendez de moi bon témoignage à votre père.

La jeune fille le regarda profondément, puis elle se dirigea vers la galerie qui la séparait de la salle dans laquelle Halsmann travaillait durant le jour.

Elle espérait qu'en raison de la confiance inspirée par le prisonnier elle trouverait une porte facile à ouvrir. Il n'en fut pas ainsi ; la serrure était solide, et Christelle n'en possédait pas la clef. Elle revint sur ses pas, prit l'empreinte de la serrure avec de la terre glaise, et Lancelot alla dans la soirée chez un serrurier lui commander une clef semblable à l'empreinte.

Le serrurier la lui remit à l'aube.

A sept heures, Lancelot et ses élèves entraient au palais et Christelle courait à la galerie. La jeune fille tourna la clef avec précaution ; la porte fut entr'ouverte, et Christelle regarda.

Halsmann, assis sur un siége bas, avait la tête cachée dans ses mains, et de grosses larmes filtraient entre ses doigts.

— Christelle ! murmurait-il, ma bien-aimée Christelle !

Un bond de l'enfant, un cri du père, des larmes de bonheur, des sanglots étouffés, des mots sans suite, des caresses folles se succédèrent. Halsmann ne se souvenait plus de sa captivité ni de sa condamnation. Dieu, qui lui rendait sa fille, lui rendrait bien son honneur !

VII

LA CHEMINÉE DU PALAIS DU FRANC

Quand le premier moment d'émotion fut passé, Christelle raconta à son père comment, dans la volonté de se rapprocher de lui, elle s'était adressée à Lancelot Blondel. L'innocence de la jeune fille ne lui permit pas de comprendre le regard plein d'effroi que son père jeta sur elle. Peu à peu, d'ailleurs, à mesure qu'avançait le récit, le front du condamné se rasséréna ; et, dans la bénédiction que ses baisers posèrent sur la tête de l'enfant agenouillée, la moitié fut envoyée par lui au généreux Blondel.

A l'épanchement des deux cœurs de ces êtres éprouvés succéda le réveil de deux grandes intelligences.

Halsmann s'était engagé à produire un chef-d'œuvre capable d'augmenter la gloire du pays flamand. Il voulut d'abord que sa fille, son élève, en fût juge.

La pièce immense dans laquelle travaillait le sculpteur se trouvait encombrée de blocs de pierre de touche noire et brillante, de marbre blanc, d'albâtre, de bois de chêne. On laissait au tailleur d'images toute sa fantaisie ; il pouvait créer à son gré ce testament de son génie dont un coup de hache suivrait de si près la signature.

Halsmann avait seulement commencé à dégrossir les colonnes destinées à être placées de chaque côté du foyer. Mais l'œuvre existait dans ses moindres détails, et le sculpteur, ouvrant un vaste portefeuille, montra successivement à sa fille des plans de la merveille qui n'attendait plus que son ciseau pour prendre vie.

— Vois-tu, Christelle, disait-il, la hauteur de cette cheminée sera de

La bénédiction d'un père.

dix-huit pieds; elle touchera aux caissons du plafond et s'étalera sur une largeur de trente-trois pieds. Les colonnes noires que tu regardes là-bas à terre soutiendront une frise d'albâtre; de petits génies de marbre surmonteront les colonnes de pierre de touche. La partie supérieure de la cheminée formera légèrement avant-corps. Je veux réaliser dans cette ornementation tout ce que la sculpture a de plus léger et de plus parfait. Au centre de la composition, tu vois Charles-Quint, tenant d'une main le globe impérial; de l'autre, levant son épée victorieuse. Des lions rugissent à ses pieds, et de petits génies l'entourent, formant un encadrement des écussons de sa maison deux fois royale. A gauche, je disposerai la sympathique figure de Marie de Bourgogne et celle de son époux Maximilien; à droite, la statue de Charles le Téméraire, l'héroïque vaincu de Morat, et celle de Marguerite d'York, sœur d'Édouard IV, roi d'Angleterre.

Tu verras, plus tard, ce qui s'ébauche à peine en arrière de la statue impériale, et dont je ferai merveille : les profils de Jeanne la Folle et de Philippe le Beau! Christelle, quand ces cinq statues devront la vie à Halsmann l'imagier, quand cette œuvre, unique dans sa monumentale grandeur et fine comme un reliquaire, se dressera dans la chambre du tribunal du palais du Franc, je pourrai mourir : si Dieu n'a levé l'arrêt des hommes, je serai certain de me survivre.

— Mon père! mon bien-aimé père! s'écria Christelle, vous vivrez; le Seigneur vous doit un miracle.

— Dieu t'exauce! répondit le sculpteur.

— Mais, demanda Christelle après un moment de silence et tandis qu'elle contemplait avec une admiration croissante les dessins couvrant le sol de la chambre, douze mois vous suffiront-ils?

— J'en doutais hier! répondit Halsmann, maintenant j'en suis sûr... Te souviens-tu que je répétais jadis : Tu seras la Sabine du tailleur d'images?

— J'avais raison, et l'heure est venue pour toi de te révéler. Cette œuvre n'appartiendra pas au seul Halsmann, mais aussi à sa fille. Enfantée par le cerveau du premier, elle vivra en partie sous le ciseau de l'autre. Ignorée hier et demain célèbre, je te laisserai, si je meurs, le soin de sculpter ma tombe!

— Ah! vous vivrez, mon père; vous vivrez pour jouir de la gloire qui vous est due.

Un moment après, elle ajouta :

— Pourquoi n'avez-vous pas dessiné les frises que soutiendront les colonnes de pierre de touche?

— Je ne suis point encore fixé sur le sujet, répondit Halsmann.

— Si vous le permettez, je vous apporterai demain un modèle et le commencement d'une ébauche.

Les heures passèrent vite pour les deux captifs, car désormais Christelle se trouverait presque aussi prisonnière que son père. Au moment où le soleil déclina, la jeune fille se jeta au cou de Halsmann, puis sortit rapidement par la galerie à la porte de laquelle Lancelot l'attendait.

Tout changea de face à partir de ce moment pour le malheureux condamné. Dans son cachot, il retrouvait l'image, le souvenir de sa fille ; dès que les verrous grinçaient dans leurs pênes, il se levait, impatient de l'aller rejoindre. Il cacha soigneusement son secret à tous, et masqua même encore son visage de tristesse, dans la crainte que les gardiens comprissent qu'un allégement était donné à sa douleur. Cependant il manqua de courage pour dissimuler avec le prévôt de Saint-Donat.

Celui-ci étant un soir allé le visiter dans la prison, Halsmann lui dit d'un accent plein d'émotion confiante :

— Il est un secret que je pourrais te révéler sous le sceau de la confession... En agissant de la sorte, je témoignerais de la déférence au prêtre, mais j'offenserais l'ami... Je n'ai plus besoin d'un serment pour lier ta parole... Guillaume, j'ai vu ma fille hier, je la verrai demain, je la verrai tous les jours.

Le prisonnier raconta cette touchante histoire, et le prieur se contenta de répondre :

— *Bienheureux ceux qui ont le cœur pur, car ils verront Dieu!*

Suivant le désir qu'elle avait exprimé à Lancelot, Christelle fut autorisée par lui à sculpter sur les frises de la cheminée du Franc la poétique *Histoire de Suzanne*, divisée en quatre bas-reliefs : *le Bain, l'Accusation, Daniel dévoilant la fourberie des juges, le Châtiment des calomniateurs.*

Les jours, les mois passaient, uniformes, mêlés de joies profondes, assombris par de lugubres craintes.

La lumière implorée par Halsmann ne se faisait pas.

Le jugement prononcé gardait sa valeur sinistre.

Cependant, tandis que le père et la fille continuaient leur œuvre, que Lancelot gardait la tutelle de l'apprenti Troll, le prévôt de Saint-Donat cherchait à s'éclaircir, et, au moyen de relations nombreuses, grâce à d'innombrables services rendus, il fit opérer des recherches dans les prisons, interroger des gens de sac et de corde ; il promit même une grosse récompense à qui lui fournirait un renseignement sur le meurtre de van Lipp. Malgré l'inutilité de ses recherches, il gardait la conviction de l'innocence de son ami, et l'espoir qu'il plairait au ciel de la faire éclater.

Halsmann y comptait moins. Sa fervente confiance s'épuisait. Il comptait les jours qu'il avait encore à vivre, et croyait ne rien pouvoir espérer au delà. Quand le sablier marquerait la dernière heure, nulle main ne le renverserait de nouveau pour ajouter à ses années. Plus le temps marchait, plus il s'épuisait au gigantesque travail qu'il avait entrepris. Il se levait plus tôt, se couchait plus tard. Il tremblait de n'avoir pas le loisir d'achever sa grande œuvre.

— Il nous reste à peine deux mois! disait-il.

— Nous avançons, répondit Christelle, vos statues sont terminées, j'ai fini mes frises.

Semaine par semaine, le temps s'écoulait; à mesure aussi les forces de l'imagier déclinaient. L'excès de la fatigue lui fit perdre le sommeil; son cerveau surexcité ne connut plus de repos, le tremblement agitait ses mains nerveuses. Alors le désespoir s'emparait de lui. Christelle aurait voulu pouvoir, dans ces moments de défaillance, rester assise près de lui, le consolant, le calmant, le berçant de promesses; mais ouvrier, Christelle ne pouvait abandonner sa tâche. Halsmann l'avait dit, elle leur appartenait à tous deux, et peut-être dévorerait ensemble leurs deux vies. Donc, Christelle ne se sentait pas le droit de faiblir une heure, une minute. La fièvre brûlait son sang. Elle se soutenait par une sorte de délire.

Un soir, Troll rentra si chancelant, si faible, que Lancelot, en le voyant, ne put cacher ses larmes :

— Vous voulez donc mourir? demanda-t-il.

— Nous sommes condamnés, répondit Christelle en baissant la tête.

Les forces de l'imagier allaient chaque jour s'épuisant davantage; il gardait à peine la force de tenir une heure par jour le marteau.

— Si je n'avais pas fini? se disait-il en regardant la cheminée du palais du Franc.

— Si! si! répétait Christelle, l'œuvre sera terminée; si Bruges a le cou- d'envoyer son grand artiste à la mort, au moins l'aura-t-il richement dotée avant de périr.

Bientôt ce ne furent plus les jours que l'on compta, mais les heures...
Un matin, Halsmann se dit en pénétrant dans le palais :

— Je n'y reviendrai pas demain!

Il ne restait à donner aux figures que des finesses, à achever de ciseler une branche de feuillage et un oiseau. Le père et la fille s'embrassèrent et commencèrent leur besogne.

Le sculpteur se roidissait pour triompher de sa faiblesse croissante, mais sa main alourdie ne maniait pas le ciseau avec sa dextérité ordinaire, et un moment Christelle redouta que les doigts tremblants de son père ne mutilassent au lieu de la polir une des figures d'anges.

— Reposez-vous, dit-elle, reposez-vous, je vous en conjure! Soyez sans crainte, avant le jour nous aurons fini.

Halsmann se laissa convaincre et s'étendit sur le sol, brisé, anéanti, demi-mort.

Le marteau et le ciseau de Christelle volaient. Elle dégagea sa branche de feuillage et termina l'aile de l'oiseau...

En ce moment, les quarante-sept cloches du carillon parcoururent leurs sept octaves harmonieuses... c'était presque un signal... les gardes allaient venir... Encore un coup de maillet, encore un effort! le carillon chante, le marteau frappe, le cœur de Christelle se brise... Elle croit voir une négligence dans le bras d'une des statues, pose son marchepied, travaille, travaille... Un bruit de hallebardes retentit dans la cour... Christelle étouffe ses sanglots, le carillon répète un air de fête! Oh! le gai, le charmant carillon que le carillon de Bruges! La tête de Christelle est prise de vertige; il lui semble que le battant de toutes les cloches heurte les parois de son crâne; elle a fini, le bras de la statue est irréprochable, l'œuvre est complète... Sur le sol, Halsmann s'est endormi... la chanson s'éteint dans le beffroi... Christelle descend sans voir, sans comprendre, les degrés de son échelle, puis tombe à genoux devant la merveille sortie de ses mains de vierge et des mains de ce condamné...

Deux portes s'ouvrent à la fois : celle de la galerie livre passage à Lancelot Blondel, qui soulève dans ses bras Troll évanoui ; celle de la rue, par laquelle entrent les soldats chargés de reconduire le condamné à sa prison.

Il fallut l'éveiller... Il regarda autour de lui et ne vit personne... Il leva les yeux et contempla la cheminée du palais du Franc avec un légitime orgueil; puis il cria entre deux sanglots :

— Christelle! ma Christelle!

— Heureusement, pauvre homme, dit un soldat, vous n'aurez plus beaucoup de temps à vous affliger!

— C'est pour demain? demanda Halsmann.

— On cloue les madriers, ajouta le garde.

VIII

LE FRANCISCAIN

Les soldats, dans leur brutale franchise, n'avaient pas trompé le malheureux Halsmann; sur la place, de sinistres ouvriers assemblaient la haute charpente de l'échafaud.

Rentré dans son cachot, le prisonnier tomba brisé sur sa botte de paille. Une idée fixe lui restait : le lendemain il devait mourir! Il ne redoutait pas la douleur physique, il ne craignait point de se sentir lâche devant le bourreau, mais il ne pouvait s'accoutumer à l'horrible idée de laisser à sa fille un nom déshonoré.

L'infortuné tailleur d'images, accablé par cette immense douleur, n'entendit point tirer les verrous de sa porte. En entendant prononcer son nom par une voix bien connue, il leva pourtant la tête et laissa voir au prévôt de Saint-Donat son visage inondé de larmes.

— Mon ami, mon pauvre ami! dit le vieux prêtre.

Il serra le prisonnier dans ses bras et resta longtemps sans avoir la force de rien ajouter.

Il se maîtrisa cependant, et, ce premier tribut de faiblesse payé à l'affection humaine, le prêtre se retrouva tout entier.

— Halsmann, dit-il, les hommes du prétoire t'ont condamné, comme ils condamnèrent Jésus... Innocent, prosterne-toi aux pieds de cette innocence divine... accepte de la main du Sauveur le calice qu'il épuisa lui-même... Demain, justice te sera faite dans le royaume de l'éternelle réparation.

— Dieu n'est pas juste! s'écria le sculpteur en se redressant sur sa couche de paille.

— Ne blasphème pas, je t'en conjure! dit le prévôt en s'agenouillant sur le sol et en pressant les mains enchaînées de l'imagier... Ta mort est un martyre...

— Une ignominie, voilà tout!

— Dieu lit au fond de ton âme, il connaît ta vie!

— Dieu n'est pas juste! répéta Halsmann.

Il cacha de nouveau sa tête dans ses mains, et, pendant un moment, parut ne plus entendre les consolantes paroles de son ami.

A la fin pourtant, il reprit d'une voix plus douce :

— Ce n'est pas ta faute! Laisse-moi durant toute la nuit encore repousser le calice d'amertume; demain peut-être me sentirai-je plus fort.

Le prieur s'éloigna du condamné et alla s'agenouiller dans l'angle le plus obscur du cachot.

Une heure plus tard, la porte s'ouvrit de nouveau, deux personnes en franchissaient le seuil : Lancelot et Christelle dans ses habits de jeune fille.

— Laissez la lumière, dit Lancelot au guichetier en lui glissant un ducat.

Halsmann aperçut sa fille :

— Toujours toi! dit-il.

— Jusqu'à la fin! répondit-elle.

Lancelot, adossé contre la muraille, regardait le groupe formé par le père et la fille. Christelle baisait les mains et les chaînes du prisonnier; celui-ci appuyait ses lèvres sur la blonde chevelure de l'enfant prosternée.

— Savez-vous à qui je dois le bonheur de vous voir? demanda la jeune fille.

— A Lancelot Blondel, sans doute... Quand tout sera fini... tu lui diras que ma bénédiction l'accompagne...

— Lancelot Blondel vous remercie, répondit le sculpteur en s'avançant. Il vient à cette heure suprême s'informer de vos dernières volontés et recevoir le testament de votre tendresse... En mourant, vous léguez à Dieu une âme innocente, à vos concitoyens votre mémoire à venger; Halsmann, à qui léguez-vous votre fille?

— Christelle! ma Christelle! s'écria le condamné... Ah! ma plus grande douleur est de songer que mon trépas la déshonore.

— Maître Halsmann, demanda Lancelot avec dignité et en pliant le genou devant le sculpteur chargé de fers, non, vous ne laissez pas un nom flétri pour les gens de bien, et l'avenir, je l'espère, se chargera de le prouver... Mais l'orpheline a besoin d'être protégée, aimée... que votre dernière bénédiction, celle que vous chargiez cet ange de m'apporter, soit donnée à l'époux de Christelle.

— Jamais! Lancelot, jamais! s'écria la jeune fille.

— Ah! vous me haïssez, dit Lancelot avec douleur.

— Non, dit Christelle d'un accent vibrant, non, je ne vous hais ni ne saurais vous haïr... Je serai franche avec vous, et votre générosité excuse ma hardiesse... Libre, heureuse et riche, j'aurais sur un mot placé ma main dans votre main loyale... Fille et demain orpheline d'un condamné à mort, je refuse de vous lier à ma vie de misère... Christelle Halsmann se réfugiera dans le béguinage, et, du fond de sa solitude, elle ne cessera de prier pour vous...

— Christelle, reprit Blondel, et vous, Halsmann, ne soyez pas impitoyables pour vous-mêmes et pour moi... C'est la fille du grand sculpteur victime d'un jugement inique que je veux pour femme, c'est l'orpheline que je veux soutenir et consoler, c'est de la mémoire d'un père que je veux poursuivre la réhabilitation.

Les grands yeux de Christelle brillèrent sous ses pleurs à ces mots empreints d'une générosité si grande.

Elle allait cependant refuser encore, mais elle n'en eut pas le temps : les deux mains du prévôt de Saint-Donat venaient de se poser sur les fronts inclinés de Christelle et de Lancelot, et sa voix grave fit entendre ces paroles :

— Je vous unis au nom du Dieu d'Abraham, d'Isaac et de Jacob!

— Amen! répondit l'imagier.

Les trois êtres si généreux, si éprouvés, si dignes les uns des autres, s'étreignirent avec une tendresse passionnée ; puis, voyant paraître le guichetier et gardant devant lui la pudeur de leur désespoir, ils se séparèrent :

— A demain! dirent à la fois Christelle et Lancelot.

Lorsque Halsmann se retrouva seul avec le prieur, il s'écria d'une voix plus amère que jamais :

— Le Seigneur n'est pas juste! J'aurais été si heureux de voir ma fille la compagne d'un tel homme!

Et malgré les supplications, les larmes du prieur, le chrétien refusa de s'humilier devant Dieu, le condamné à mort refusa l'absolution du prêtre.

A l'aube, on transféra Halsmann dans un autre cachot.

Trois magistrats se présentèrent et l'adjurèrent une dernière fois d'avouer s'il était coupable. Il affirma de nouveau son innocence.

— Souhaitez-vous quelque chose avant de mourir? demanda Cornélius, ému malgré lui.

— Oui, répondit Halsmann; l'année de sursis accordée par l'empereur est expirée; suivant ma promesse, je l'ai employée à créer une grande œuvre... Tout à l'heure, un sinistre cortége va venir me prendre... je demande qu'il passe devant le palais du Franc... je vous ouvrirai la porte

Le chef-d'œuvre.

de la salle où je me suis cloîtré douze mois, et je vous montrerai ce que je lègue à l'art flamand... ensuite le bourreau fera de moi ce que la loi ordonne...

— Soit, Halsmann, répondit Cornélius.

Comme le prévoyait le malheureux, le cortége se forma bientôt. Dans les églises de Bruges tintait l'office des morts : de grandes files de pénitents gris et noirs s'alignaient aux abords de la prison ; le bourreau, vêtu de rouge, un tablier en cuir aux reins, la hache luisante sur l'épaule, attendait avec ses aides.

De chaque côté du portail, Christelle et Lancelot restaient debout.

Brusquement, les battants de la porte crièrent, et Halsmann parut entre les juges et le prieur.

Ce dernier était méconnaissable : pâle, chancelant, désespéré de n'avoir pu fléchir son ami près de mourir, il pleurait sur cette âme que l'orgueil séparait du Dieu, qui l'appelait au martyre.

Christelle et Lancelot s'approchèrent, les soldats à cheval donnèrent le signal du départ, et le groupe formé par le condamné, sa famille et les magistrats s'avança lentement entre la haie des hallebardiers contenant avec peine une foule curieuse et cruelle.

Le palais du Franc se dressait au loin, découpant son portique en avant-corps formé de six arcades surbaissées.

Arrivée en face du palais du Franc, la foule dut s'arrêter. Les magistrats seuls pénétrèrent sous le portique, et le sculpteur ouvrit d'une main mal assurée la porte de la grande salle. Il redoutait plus l'opinion que l'on allait porter sur son œuvre que le coup de hache qui allait bientôt le frapper : le bourreau ne supprimerait que sa vie, le peuple de Bruges allait décider de sa gloire.

Halsmann n'attendit pas longtemps le jugement dont dépendait sa renommée ; un cri d'admiration unanime salua la merveille sortie de ses mains.

En ce moment, on oublia que le sculpteur était un condamné à mort, un accusé convaincu d'assassinat ; on ne vit plus que le grand homme, et les magistrats répétèrent :

— C'est beau ! c'est grand !

— Vous avez surpassé le grand Conrard, ajouta Cornélius.

Une noble fierté éclaira le visage du sculpteur.

La foule, impatiente, elle aussi, de juger le monument auquel ses magistrats rendaient un pareil témoignage, se poussa tumultueusement dans la salle.

Elle présentait un aspect étrange : à côté de la cheminée, qui désormais serait la merveille de Bruges, se tenait Halsmann entouré de Christelle, de Lancelot, du prieur et des juges. Les soldats et le bourreau se massaient dans un coin. Armes brillantes, buffleteries, justaucorps brodés attiraient forcément le regard; cependant, pris de honte et de regret, les hommes, représentant la loi du châtiment, tâchaient de se dissimuler dans l'ombre. La foule saluait la grande œuvre; éblouie, émerveillée, transportée de cet enthousiasme qui se communique dans les masses, elle battait des mains et répétait des formules d'admiration qui, dans ce moment, semblaient une terrible ironie.

— Los au sculpteur Halsmann!
— Gloire au grand artiste brugeois!

Le condamné saisit la main de Christelle :

— Bonnes gens, dit-il, dans une heure, le sculpteur aura cessé de vivre, mais l'œuvre restera. De cette œuvre, je ne fus pas le seul artisan, et le ciseau de ma fille en a fait la moitié... Honorez en elle le souvenir de l'imagier en attendant que la Providence vous apprenne qu'il n'avait pas mérité de mourir avec ignominie.

— Grâce! grâce! cria la foule.

Les magistrats se regardèrent... Cette grâce, ils n'avaient point le droit de l'accorder, et, dans la crainte d'un soulèvement en faveur du tailleur d'images, ils firent signe aux soldats. En un instant, le condamné se trouva entouré de hallebardiers; en un instant, la salle de la cheminée du Franc se trouva vide.

A la porte, les pénitents reprirent leur psalmodie; les cloches tintaient toujours le glas des morts.

Le cortége traversa plusieurs rues. L'agitation du peuple était extrême, l'idée que le grand Halsmann allait mourir le révoltait, et celui-ci fut obligé de s'arrêter un moment et d'adresser à la foule agitée, bouillonnante, prête à la révolte, quelques paroles empreintes d'un grand calme et de lui faire comprendre que rien ne pouvait révoquer l'arrêt.

L'échafaud drapé de noir dominait la place; l'exécuteur et ses aides se tenaient debout à côté du billot.

Arrivé au pied des degrés conduisant à la sinistre plate-forme, Halsmann reçut dans ses bras Christelle défaillante.

— Adieu, fit Halsmann en remettant Christelle à Lancelot, vous l'avez juré, vous veillerez sur ma mémoire.

— Mon ami, mon frère, dit le prévôt de Saint-Donat en s'attachant des deux mains à l'habit de Halsmann, n'as-tu pas une prière à dire, une absolution à recevoir?

— Dieu n'est pas juste! répéta sourdement le condamné.

Halsmann gravit les deux premières marches de l'escalier.

Les mains roidies du prieur se détendirent, et le vieillard, tombant brusquement en arrière, heurta du crâne le pavé qu'il rougit de son sang...

La foule poussa un long cri d'épouvante et de pitié.

Ignorant que maitre Halsmann tombait du désespoir dans le doute et le blasphème, elle comprit une seule chose : Dieu lui-même accordait sursis au condamné en lui enlevant subitement le prêtre chargé de l'absoudre.

Elle ne répéta donc plus comme au palais : Grâce! grâce! Mais la pensée de l'éternité l'emportant sur le prix de la vie humaine, elle cria comme une seule voix :

— Confession! confession!

Halsmann, qui n'avait pas vu tomber le prévôt de Saint-Donat, continuait à gravir les marches de l'échafaud.

Lancelot, appuyé contre l'un des madriers de la plate-forme, gardait Christelle serrée sur sa poitrine, pâle comme une morte et aussi immobile.

Le bourreau, interdit par l'aspect de la foule, regarda le magistrat chargé de présider à l'œuvre de justice, puis les soldats : ceux-ci, Espagnols d'origine, furent les plus zélés à crier comme le peuple :

— Confession! confession!

De l'autre extrémité de la place répondit un autre cri :

— Un moine! voici un moine!

— Faites vite, murmura Halsmann au bourreau.

Mais celui-ci, redoutant que la foule ne l'accusât, et même ne le mît en pièces, s'il refusait de se prêter à un vœu si humain et si pieux, resta la hache baissée, attentif au mouvement qui se produisait à l'autre bout de la place.

Quelques instants auparavant, un moine, brisé, fatigué d'une longue route, entrait dans la ville de Bruges.

Ayant besoin de se rendre au couvent des franciscains, il se demandait comment il se frayerait passage au milieu de la multitude, quand des phrases entrecoupées le mirent au courant de la situation, et il se trouva donc porté par le peuple du côté de l'échafaud, où son zèle apostolique l'entraînait déjà.

— Sauvons cette âme, dit-il avec ferveur.

En rouvrant les yeux à la lumière, le prieur de Saint-Donat, qu'un soldat à cheval soutenait sur sa selle, put voir un de ses frères en sacerdoce rejoindre le condamné sur la plate-forme de l'échafaud.

Le moine commença d'une voix suppliante :
— Mon frère...

Mais il n'en put dire davantage et recula, pris d'une terreur soudaine :
— Halsmann! fit-il, Halsmann!

Le moine.

Le son de cette voix parut réveiller le tailleur d'images ; il tressaillit et fit un pas en avant.

Alors le moine laissa tomber le capuchon qui lui couvrait la tête ; et Halsmann reconnut dans cet homme pieds nus, habillé de bure et ne gardant au front qu'une étroite couronne de cheveux prématurément blanchis, celui qu'on l'accusait d'avoir assassiné, puis noyé dans le canal des Marbres.

— Van Lipp! cria-t-il avec une explosion de joie, van Lipp!

— Pour quel crime es-tu condamné? demanda l'ancien ennemi de Halsmann.

— On me croyait coupable de t'avoir malement mis à mort.

Le moine saisit la main de Halsmann, puis l'embrassant devant la foule :

— Nobles de Bruges, bourgeois, soldats et manants, dit-il, Halsmann est innocent; c'est moi van Lipp qui le proclame, moi l'indigne serviteur de Dieu!

La scène qui se passa fut indescriptible. En une minute Lancelot eut porté dans ses bras tendus Christelle encore évanouie aux pieds de son père. Juges, curieux, pénitents, soldats escaladaient l'échafaud; le bourreau et ses aides venaient de s'éclipser. Et le sergent à cheval, qui avait soutenu le prieur de Saint-Donat, voyant que tout finissait heureusement, conduisit le vénérable prêtre à côté du franciscain.

La joie ressuscitait le prévôt; il ne sentait plus la douleur causée par sa blessure. La joie rayonnait dans ses yeux; en l'apercevant, Halsmann lui dit avec un sentiment de puissante ferveur :

— Pardonne-moi... Dieu est juste!

Halsmann fut ramené en triomphe à sa maison.

Quand il se trouva dans l'atelier qu'il avait cru ne jamais revoir, quand il vit autour de lui Christelle, Lancelot, les magistrats et le moine franciscain, il demanda à van Lipp :

— Comment s'accomplit le miracle auquel je dois la vie?

— Mon frère, répondit le religieux, quand je sortis de la table du banquet des tailleurs d'images, ivre de rage et rêvant au moyen de me venger de l'affront que si justement m'infligeaient Blondel, Ras et de Beaugrand, j'errais sur les bords du canal. Deux rôdeurs nocturnes, dans l'un desquels je reconnus plus tard un des reîtres qui vous avaient assailli dans le chemin creux, se précipitèrent sur moi, coupèrent les cordons de mon escarcelle et, me frappant d'un furieux coup de pommeau d'arme à la tempe, me lancèrent dans le canal... Le coup m'avait étourdi, paralysé; je crus voir seulement les meurtriers prendre la fuite en toute hâte... La fraîcheur de l'eau me ranima cependant... je tentai de nager, de regagner le rivage; mais j'aurais échoué si une barque n'était venue à passer; un rameur m'aperçut, approcha de moi l'embarcation, me plaça au fond et me sauva la vie... Quand je recouvrai l'usage de mes sens, ou plutôt quand la raison me revint, car la blessure reçue à la tête m'avait momentanément rendu fou, j'étais dans un couvent de franciscains... Il me sembla, en rentrant en possession de moi-même, avoir dépouillé le vieil homme... L'ancien van Lipp joueur, bretteur, hanteur de mauvais lieux, était mort... un autre moi, celui qui se souvenait de sa mère, de son enfance chrétienne, ressuscita sous l'influence de la bonté, de la vertu, de l'angélique piété des moines qui m'entouraient... Je leur racontai ma vie, j'abjurai mes erreurs à leurs pieds... Je les suppliai de me garder au milieu d'eux pour me défendre contre mes entraînements. Ils y consentirent... La sincérité de mes regrets, ma soif d'expiation me fut comptée par leur indulgence; je reçus l'habit, je fus ordonné prêtre...

— Mon père, dit Christelle, hier, dans sa prison, mon père et le digne prévôt de Saint-Donat m'ont donnée pour femme à Lancelot Blondel... daignerez-vous célébrer l'office d'action de grâces?

— Je n'aurais osé demander cette faveur, ma fille... Je vous remercie de me l'offrir...

LE ROI SAR

I

LA CABANE D'OLAF

La cabane du berger Olaf s'élevait à l'abri d'un bouquet de frênes et d'aunes. Une source murmurait à côté, et un amas de roches creusées par les eaux de la mer appuyait son humble demeure du côté du promontoire.

Olaf était bien vieux ; les anciens de la vallée de l'Upland qu'il habitait affirmaient qu'il avait près de cent ans ; mais il portait bien sa verte vieillesse ; ses regards brillaient encore d'une vive flamme, et sa chevelure, tombant en boucles argentées sur son cou, ajoutait à la majesté de son visage.

Il ne paraissait pas souffrir de sa misère présente, ou du moins il la supportait d'une façon stoïque, et jamais une plainte ne passait sur ses lèvres. Elles ne prononçaient que des paroles de respect pour les grands et de pitié pour les malheureux. Cependant Olaf avait été riche ; pendant sa jeunesse, monté sur un de ces vaisseaux auxquels leur forme avait fait donner le nom de *dragons*, il livra de furieux combats contre les pirates, rapporta d'opulentes dépouilles et acheta des terres qu'il entreprit de cultiver.

A partir de ce moment, il accrocha à la muraille de sa demeure son glaive à lame bleuâtre couverte des signes mystérieux de l'écriture runique ;

son bouclier surmonté d'un casque poli comme un miroir, des haches et des massues à pointes de fer formèrent une magnifique panoplie au-dessus de son chevet. Olaf garda cependant des habitudes de simplicité et de sobriété absolues; il couchait sur une fourrure d'ours noir tué par lui à la chasse et ne vidait la coupe d'hydromel qu'en compagnie de ses amis. Ils étaient nombreux : l'hospitalité d'Olaf le Viking n'était pas même surpassée par celle des jarls[1], presque aussi puissants que les rois de Norlandie.

La prospérité d'Olaf grandissait; si sa moisson sur les mers avait été fertile, ses champs lui rapportaient désormais autant que les vagues bleues. Il possédait plus de cent chevaux de pure race, à l'œil brillant, au poil doux et luisant, légers à la course et doux à la main. Ses troupeaux de moutons peuplaient la vallée. Il entassait le grain dans ses greniers, l'or rouge dans ses coffres, l'hydromel dans ses celliers. Et plus Olaf devenait riche, plus le bonheur se multipliait autour de lui.

En le voyant si généreux, si doux et si simple dans ses mœurs, les hommes libres et les esclaves le comparaient à Balder, le dieu du bien dans la mythologie scandinave.

Un seul homme devint jaloux d'Olaf le Sage, et ce fut le plus puissant de la contrée; Eystein, roi d'Upsala. Le maître d'Upland envia la fortune si loyalement acquise d'Olaf le Brave, et une partie de ses terres furent confisquées par le monarque. Olaf ne se plaignit pas, ne maudit point l'injustice du roi; il vendit une partie de ses troupeaux, n'ayant plus assez de pâturages pour les nourrir, et continua à donner l'hospitalité et à secourir les infortunés comme au temps de sa splendeur.

Ce qui lui manquait en richesse, il tenta de le compenser par le savoir. Il s'absorba dans la lecture des livres sacrés de Volu-Spa; il apprit par cœur les *sagas* (légendes) sacrées, renfermant l'histoire des peuples, les merveilles de la création, l'origine des dieux. Il s'accompagnait souvent sur la harpe comme les scaldes (*bardes scandinaves*), mais surtout il se plaisait à redire aux hommes les préceptes de la sagesse et de la justice renfermés dans le *chant suprême,* qui semble le code de l'antique morale scandinave.

Le crédit d'Olaf grandit au lieu de décroître, et des courtisans ne manquèrent pas d'en informer le roi.

Le farouche Eystein entra dans une violente colère et jura par Loki,

---

[1] Ducs.

l'esprit du mal, qu'il saurait bien détruire à jamais l'insolent bonheur de ce viking (*pirate*) au repos.

Cette menace fut suivie d'un prompt effet. Un soir, on vint au nom du roi saisir les chevaux et les poulains d'Olaf; une grosse amende lui fut imposée, et pour la solder il sacrifia la meilleure part de ses richesses. Mais la seule parole qui sortit de ses lèvres fut celle-ci :

— J'ai vu les granges des enfants des riches pleines de provisions. Ceux qui les possédaient mendient à présent. La fortune est rapide comme l'éclair. C'est le plus mobile des amis.

Puis Olaf appela près de lui Sar, son chien fidèle, et le caressa doucement.

— Tu ne quitteras jamais ton maître, lui dit-il ; que la nourriture soit abondante ou maigre, tu la partageras avec la même reconnaissance... Dans la riche demeure d'un viking ou la cabane d'un berger, tu dormiras à mes pieds sur la peau de l'ours noir que nous avons chassé ensemble... Ce jour-là, tu me sauvas la vie, te souvenant que je t'avais moi-même arraché à une mort certaine, quand de cruels esclaves voulaient te faire périr... Je ne me plaindrai point tant que tu me resteras... et les hommes de l'Upland me pourraient tous trahir, que tu me resterais fidèle.

Les amis d'Olaf ne l'abandonnèrent pas, et plusieurs payèrent même bien cher leur attachement à un homme que haïssait le roi. Eystein ne trouvait jamais assez d'or rouge dans ses coffres, de coussins bleus brodés de soie dans son palais, de colliers précieux au cou de la reine ; il leva des impôts, s'empara des patrimoines, écrasa la nation, se répandit en inutiles dépenses, tenta d'humilier les jarls, presque aussi fiers que les descendants des Ases[1], et ne tarda pas à s'attirer la haine de tout un peuple. Bien qu'il ne respectât pas les dieux dont il prétendait descendre, il *voua à Odin* un grand nombre d'hommes estimés, aimés, afin de couvrir ses condamnations du prétexte de la piété; le sang humain rougit les autels du dieu terrible, et d'opulents héritages réjouirent, sans la satisfaire, la rapacité du roi.

Le mécontentement devint général. On se plaignit tout bas, d'abord dans le secret de la famille, puis les hommes se réunirent dans la maison de l'un d'eux, et l'on maudit Eystein, plus pirate que les farouches rois de la mer. Lors de ces assemblées qui avaient lieu la nuit, les glaives frappaient sur les boucliers, et des paroles menaçantes sortaient de toutes les

---

[1] Dieux.

lèvres. L'esprit de révolte contre le tyran couronné grandissait, pareil à un incendie. Les courtisans du monarque imitaient leur maître et commettaient des déprédations sans fin. Les mécontents résolurent de consulter Olaf.

— Nul doute qu'il ne nous approuve, dirent-ils, car, de riche qu'il était, le voilà devenu presque pauvre. Ses troupeaux couvraient la colline, et il ne possède plus que quelques brebis... Il avait une maison superbe construite en troncs de jeunes sapins; autour de la salle s'allongeait la table de chêne vert... les coupes de corne noire, cerclées d'argent, s'emplissaient d'hydromel à la mousse dorée... Le rôti de porc jaune fumait, aiguisant l'appétit, et Olaf nous contait ses batailles, quand, debout à la proue de son *cheval à voiles*, il surveillait du regard le viking qu'il voulait combattre... Maintenant, plus de serviteurs empressés, plus de festins plantureux, et quand Olaf aux cheveux blancs vous tend la coupe, vous l'acceptez avec tristesse, en songeant que, le soir, il ne boira que l'eau de sa source.

Olaf doit se venger et reconquérir sa fortune volée par le pirate couronné, Eystein, roi d'Upsala!

En effet, le soir même, les conjurés se rendirent à la cabane d'Olaf.

Elle était telle qu'on l'avait décrite. Le vieillard, en ce moment, disait adieu à une mignonne enfant que ses joues roses, ses yeux bleus, sa blonde chevelure rendaient semblable à une petite elfe[1]. La fillette, après avoir baisé les mains du vieux Olaf, entoura le cou du chien de ses deux bras :

— Sar, dit-elle, tu es mon ami, tu m'aimes bien. J'ai cueilli pour ton maître un gros bouquet de fleurs qu'il aime; voici un gâteau d'avoine pour toi.

— Au revoir, Agnète, dit Olaf.

— A demain, répondit la jeune fille; c'est convenu, je mènerai vos moutons paître avec les miens, et Sar nous gardera tous ensemble.

— Que la bénédiction des dieux soit sur toi! ajouta le vieillard.

Les hommes de la vallée, au milieu desquels se trouvait un jarl puissant qui pensait que sous un manteau de renard bleu on trouverait bien un roi, entrèrent dans la cabane.

Olaf se leva, céda la place d'honneur au jarl, et attendit qu'il lui expliquât le sujet de sa visite.

[1] Fée de Scandinavie.

— Nous vénérons ta sagesse, lui dit le duc, mais nous n'avons pas ta patience. Les crimes d'Eystein attirent le courroux des dieux et la ven-

La cabane d'Olaf.

geance des hommes. Il n'est pas un de nous à qui il n'ait fait quelque outrage... pas un de nous qui n'ait proféré le serment de le châtier.

— Le châtiment appartient aux dieux, répliqua Olaf; la postérité fera justice des spoliations et des cruautés d'Eystein... car tes troupeaux meurent, tes amis meurent, toi-même tu mourras... Mais je sais une chose qui ne meurt pas, c'est le jugement que l'on porte sur les morts.

— Il m'a ruiné par d'iniques impôts, dit une voix.

— Il a fait répandre le sang de mon fils sur l'autel d'Odin[1], dit un homme dont le visage respirait une douleur profonde.

— Il m'a fait dérober la nuit mes parts de prise sur les *dragons* rouges des pirates! ajouta un guerrier.

— Mort à Eystein! crièrent toutes les voix.

— Non, répliqua Olaf d'une voix grave, vous n'avez pas le droit de tuer, parce qu'Eystein a versé le sang... Vous n'avez pas droit à la révolte, parce qu'il se montre indigne de vous commander... Le bâton a été promené dans les campagnes pour convoquer les hommes libres à l'assemblée chargée d'élire un chef... Le thing[2] a nommé Eystein. Il a été acclamé par le glaive et le bouclier... rien ne peut lui retirer son droit à la couronne... Aux dieux justes il appartient de le châtier...

— Ainsi, demanda le jarl, tu refuses de seconder notre entreprise?

— La seconder! reprit Olaf, et que pourrais-je, quand même ma conscience ne me le défendrait pas?... Le glaive tremblerait dans mes mains, le casque s'appesantirait sur ma tête blanchie...

— Tu peux, reprit le jarl, parler de guerre à notre jeunesse. Tu peux improviser un chant qui la réveille et la guide au combat.

— S'il s'agissait de combattre des ennemis de la Norlandie, je trouverais des hymnes semblables à celles de Braga, dont les lèvres sont sillonnées de runes... Mais, pour exciter contre leur prince ses sujets révoltés, je n'ai que de sages conseils et des paroles pacifiques.

Le jarl se leva en disant :

— Nous agirons seuls!

Et ses compagnons, se levant et étendant la main, répétèrent :

— Que Var, dieu des serments, enregistre nos paroles!

Olaf saisit son gobelet de corne, le remplit et le tendit au duc. Si pauvre qu'il fût devenu, il voulait encore exercer les devoirs de l'hospitalité.

Chacun effleura la coupe de ses lèvres, et, après quelques paroles d'adieu, les amis d'Olaf s'éloignèrent, laissant celui-ci triste et songeur.

---

[1] Odin, Thor et Freyer, trinité des dieux scandinaves.
[2] Assemblée générale.

Une semaine plus tard, un favori d'Eystein s'emparait des quelques moutons qui lui restaient. Le riche Olaf allait être réduit à l'aumône.

Ce dernier coup ne changea cependant rien à sa résolution.

— Certes, pensait-il, Eystein est pire que le loup Fenris[1]... Mais il n'appartient pas aux hommes de juger les rois.

Le soir, vint la petite Agnète. Elle apportait une galette d'avoine, une cruche d'hydromel, et les tendit au vieillard avec un tel sourire que celui-ci n'eut pas le courage de refuser.

— Le don du pauvre n'humilie pas le pauvre, dit-il.

Olaf embrassa les cheveux d'Agnète, qu'il appelait sa *petite elfe*, et s'endormit paisiblement sous son toit de chaume, où Sar était désormais son unique compagnon.

Tandis que la misère et la douleur accablaient le vieillard, les hommes libres de Norlandie travaillaient à l'œuvre de leur délivrance. Se trouva-t-il un traître parmi eux, ou d'indignes flatteurs, conjecturant des souffrances iniques d'Olaf qu'il devait haïr le roi Eystein, l'accusèrent-ils auprès du chef de l'Upland? l'histoire se tait sur ce point. Mais une main criminelle, profitant des ombres que Nott[2] répand sur la terre, jeta un tison enflammé sur le chaume de la cabane du vieillard. Le toit de paille, les murailles de sapin présentaient à l'incendie une proie facile... Subitement réveillé, Olaf poussa un cri de terreur en se trouvant environné de flammes et de fumée. Son pied heurte un débris. Il tombe, environné d'un brasier dont les brindilles couvrent déjà ses vêtements... Il va périr, quand Sar bondit contre la porte, s'y accroche des pattes et des dents, sans se préoccuper des morsures du feu qui enflamment sa fourrure noire et consument déjà sa chair... la porte cède, le vent pénètre dans la cabane, il active le bûcher destiné à consumer le vieux wiking... mais le chien saisit Olaf évanoui par sa tunique de peau et l'emporte sans paraître sentir le poids de ce cher fardeau.

Sar court dans la nuit à travers les pâturages, sur les roches; il court comme si jamais il ne pouvait mettre une assez grande distance entre lui et la flamme, aussi redoutable que la foudre du dieu Thor.

Quand le vaillant chien s'arrêta, il se trouvait à l'extrémité d'un promontoire baigné par l'eau de la mer. Alors il se coucha près de son maître,

---

[1] Loup enfanté par Loki, l'esprit du mal.
[2] Déesse de la nuit.

léchant les blessures qu'il ne pouvait voir et se plaignant doucement, comme s'il espérait se faire comprendre du vieillard.

Enfin, le coursier de Nott secoua son mors d'argent, et l'écume qui en découla se répandit sur la terre en douce rosée.

Sar se dressa sur ses jambes cruellement blessées, courut se tremper dans l'eau salée; puis, sans s'arrêter, sans hésiter, il se traîna vers la cabane habitée par Agnète et son aïeule.

La petite elfe plaçait dans une corbeille le gâteau d'avoine et la cruche d'hydromel destinés à Olaf, quand le fidèle chien la saisit par sa jupe et s'efforça de l'entraîner.

— Doux Balder! murmura l'enfant en découvrant les horribles brûlures de Sar, Loge, le roi du feu, t'a-t-il entraîné dans son empire?

Elle voulut panser les pattes saignantes du chien; mais celui-ci ne lui en laissa pas le loisir. Sar saisit la corbeille entre ses dents et s'élança vers la porte.

Alors la petite elfe dit à son aïeule :

— Il est arrivé malheur à Olaf.

— Va! répondit la grand'mère; béni soit ton départ et béni soit ton retour!

Alors la jeune fille et le chien rivalisèrent de vitesse. En passant près du sentier qu'elle suivait d'habitude pour se rendre à la chaumière du vieillard, Agnète vit brûler un amas de décombres.

— Les trolles[1] se sont déchaînés contre le juste! pensa-t-elle, et, posant sa petite main sur la grosse tête de Sar, elle courut de plus en plus vite.

Sar ne se trompa pas de chemin. En approchant du promontoire, il aboya d'une façon lugubre, et Agnète aperçut bientôt, étendu sur une roche, le corps immobile du wiking.

Une profonde terreur s'empara de l'enfant. Cependant elle triompha de ce sentiment, et, prenant dans un rocher creusé par la lame un peu d'eau, elle en humecta le front du blessé.

Pendant ce temps, Sar léchait les mains de son maître évanoui.

Olaf ouvrit les yeux, reconnut Agnète, son chien, et poussa un profond soupir.

— Loués soient les dieux! dit-il; je mourrai en brave.

Il s'abandonna aux soins d'Agnète, vida la coupe qu'elle lui tendait, et, se sentant ranimé, il se souleva.

---

[1] Esprits malfaisants.

Puis, s'adressant à la petite elfe :

— Agnète, dit-il, va dans la campagne, frappe à chaque seuil et dis aux hommes : « Le vieil Olaf va mourir! »

— Et puis? demanda l'enfant.

— Ils viendront me rejoindre ici, ajouta le vieillard.

A peine la petite fille eut-elle disparu avec la légèreté d'une elfe, que Olaf, flattant son chien de sa main tremblante, lui dit :

— Sar, mon fidèle compagnon, nous allons nous quitter... Tu trouveras un plus riche maître, mais non point un qui t'aimera comme je t'aimais... Rends-lui un dernier service... Va chercher dans les décombres le glaive de sa jeunesse, et rapporte-le entre tes dents... Cherche l'épée, vieux Sar, l'épée du valeureux chef qui gagnait des coffres d'or rouge sur le dragon à grandes voiles déployées.

Le chien regarde fixement le vieillard, baisse le front et semble réfléchir. Tout à coup, il dresse sa tête intelligente, pousse un long aboiement et s'élance dans la direction du bûcher.

— Il a compris! pense le vieillard.

Olaf s'absorbe dans des pensées suprêmes. Sur le point de franchir le pont céleste de Bifrost[1] formé des couleurs de l'arc-en-ciel, et d'entrer dans la lumière du palais d'Allfadar[2], il scrute sa conscience pour chercher si sa mémoire lui rappelle quelque faute. Mais il est resté brave, généreux; aucun fiel ne remplit son âme; il ne maudit pas même Eystein, et sa dernière prière aux dieux est une action de grâces.

Lentement arrivent près de lui les voisins de sa cabane; leur front est sombre; l'épée qui bat leur flanc semble avoir soif. Ils jettent des regards farouches sur le moribond couché à leurs pieds.

La foule grossit d'instants en instants. Agnète reparaît; sa mission est remplie; elle s'agenouille sur le seuil et soutient le vieillard, qui rassemble ses forces pour adresser à ses amis de suprêmes conseils :

— Ne me vengez pas, dit-il, et gardez la paix au fond de votre cœur. Que vos glaives soient rouges pendant la guerre, vos greniers pleins durant la moisson! Puissiez-vous avoir des compagnes sages comme Nanna, des fils vaillants comme Régnar! Ne vous fiez jamais à la glace de la nuit passée, à la neige du printemps, au serpent endormi! Louez le jour après

---

[1] Pont qui conduit au Valhalla.
[2] Origine de Tout, père des dieux.

le coucher du soleil, l'hydromel après le festin, les conseils après les avoir suivis.

Le vieillard parla longtemps en dépit de ses souffrances : il était calme comme Saga dans le sanctuaire de la mémoire. Tantôt sa parole était imagée comme le chant d'un scalde, tantôt elle empruntait la forme des prophéties de Vala [1].

Les hommes l'écoutaient en silence. Le jour s'avançait, et la faiblesse d'Olaf grandissait d'heure en heure.

Cependant personne n'osait prendre la parole et donner au vieillard un avis suprême. La même pensée préoccupait tous les esprits, et pas un des compagnons du viking ne se hasardait à l'exprimer.

Enfin le vieillard murmura :

— Sar ! Sar !

Comme si de son arrivée dépendait l'exécution de son dernier vœu, au même instant un bond inattendu amena le chien près de son maître. Il tenait entre ses dents le glaive du viking, ce *frère du Gelaus*, qui tant de fois avait bu le sang de l'ennemi. La vue de cette brave épée ranima les forces expirantes du vieillard. Il caressa le chien pour le remercier, fit signe à Agnète de le soutenir un peu plus haut; puis il dit d'une voix à laquelle son énergie communiquait des vibrations suprêmes :

— L'heure du trépas est venue... Un vrai Scandinave ne l'attend pas dans son lit... Qui meurt de maladie est exclu à jamais du séjour du Valhalla. Et moi, qui veux chaque soir voir sur la table du festin des immortels la chair renaissante du sanglier, moi qui veux vider les cornes d'or tendues par les Valkiries,[2] je vais mourir volontairement, comme doit tomber un guerrier...

Avant que Vidar, le dieu du silence, cloue à jamais mes lèvres refroidies, je dirai un dernier chant d'adieu à tout ce que j'aime en ce monde... Que celui d'entre vous qui possède une harpe la confie à mes mains tremblantes.

Un jeune homme tendit la sienne à Olaf, qui effleura les cordes de ses doigts et chanta d'une voix de plus en plus faible :

— Adieu, rochers sombres, patrie de Thor, pierres runiques [3], douées d'une puissance mystérieuse ; et vous, lacs bleus que je connais si bien, écueils dangereux, îles verdoyantes, adieu ! adieu !

---

[1] Sibylle.
[2] Vierges guerrières qui versent l'hydromel aux héros.
[3] Couvertes de runes, signes mystérieux.

Adieu, ô tertres funéraires, que l'onde bleue baigne sans cesse, et près desquels elle semble soupirer un chant funèbre; tumulus que les tilleuls couvrent d'une pluie de fleurs, et près desquels viennent pleurer les vierges, adieu! adieu!

Adieu, compagnons de jeunesse, guerriers dont les glaives étaient frères du mien, amis des jours heureux, témoins de ma dernière heure; l'équitable Saga jugera entre moi et le roi Eystein! Adieu! adieu!

Olaf se tait, saisit l'épée couverte de caractères runiques et en dirige la pointe contre son sein :

— Ce dernier exploit m'est facile; la mort est moins dure que la vie.

Il dit et taille courageusement dans ses bras et dans sa poitrine des runes en l'honneur d'Odin, de profondes runes de mort... Les gouttes de sang jaillissent de sa poitrine blanchie par les ans, et il tombe épuisé dans les bras d'Agnète, dont les larmes coulent sur son front.

— Tu prendras soin de Sar, lui dit-il.

Une dernière fois il tire de la harpe un son pareil à un gémissement, et ceux qui s'inclinèrent vers lui distinguèrent seuls ces paroles :

— Adieu, bocages, berceaux de verdure! adieu, vagues bleues, amis de mon enfance, qui vouliez mon bonheur, je vous reconnais encore; adieu! adieu!

Un soupir, une corde brisée, et ce fut tout.

La harpe roula à terre, la tête d'Olaf retomba. Il était mort.

Le jarl s'avança :

— Nous creuserons ici sa tombe, dit-il, afin qu'il entende encore le murmure des vagues qu'il aimait. Nous ne lui élèverons pas un monument superbe semblable à celui de Noordstan, dont chaque fenêtre est fermée avec une plaque d'argent, d'or et de cuivre; mais chacun de nous apportera, pour former le tertre, un peu de la poussière de son champ et y placera une pierre... Et ces pierres crieront contre Eystein, que nous avons voué au marteau de Thor et aux ténèbres d'Héla!

Var, le dieu des serments, recueillit de terribles paroles, et, quand ils se séparèrent, tous ces hommes étaient résolus à agir sans délai.

Sur le tertre hâtivement élevé par leurs mains restèrent seuls deux êtres faibles et désolés : Sar et Agnète. L'enfant pleurait, le chien gémissait d'une façon lugubre.

Enfin, la petite elfe appuya ses lèvres fraîches sur la tête de Sar et lui parla doucement :

— Il m'a recommandé d'avoir soin de toi, dit-elle; viens, je panserai tes blessures, et nous reviendrons tous les deux sur le tertre où il repose. J'y conduirai mes brebis, nous les garderons ensemble; et si les hommes oublient, l'enfant et le chien se souviendront.

Sar suivit la petite elfe, et l'on n'entendit bientôt plus sur le promontoire que le bruit du ressac des flots, battant la roche noire couverte des runes des premiers âges du monde.

II

LA RÉVOLTE

Une centaine d'hommes se trouvaient réunis dans la grande salle de la demeure du jarl Orin. Cette pièce était jonchée de branchages et de roseaux. Au centre s'élevait le foyer, composé de larges pierres, et sur ce foyer brûlait un feu atteignant les proportions d'un bûcher. Une ouverture circulaire pratiquée sous la toiture permettait à la fumée de monter dans l'air. Le long des murailles pendaient des armes de toute forme et de toute provenance. Qui eût raconté leur histoire eût en même temps célébré les hauts faits des ancêtres du duc Orin, un des plus vaillants hommes de l'Upland.

En ce moment, le jarl, assis à l'extrémité de la salle entre les deux plus âgés des guerriers, attendait pour prendre la parole que les blondes jeunes filles eussent cessé de verser l'hydromel dans les gobelets de corne noire. Son visage, largement modelé, respirait en ce moment la colère et la menace, et les paroles de défi se pressaient sur ses lèvres frémissantes. Non loin de lui, assis sur un siége d'honneur, le scalde se tenait immobile. Sa harpe reposait entre ses bras, bouclier vivant contre la douleur; elle charmait sa vieillesse isolée; arme terrible, quand elle élevait sa voix d'airain, les fibres du cœur des hommes lui répondaient. En Scandinavie, il n'y avait ni festin, ni bataille, ni assemblée où un scalde ne fût appelé. Les enfants du Nord aimaient les nobles rhythmes de la poésie et y puisaient des inspirations de courage et de vertu.

Quand les coupes vides furent posées sur les tables, le jarl se leva :

— Compagnons, dit-il, l'homme libre peut se soumettre au pouvoir d'un autre homme, jamais à celui d'un tyran. Si vous voyez autour de vous des demeures en ruine, il n'est pas besoin de demander : « Quelle main y porta la dévastation? » Cette main est celle d'Eystein. Si vous voyez pleurer une mère, ne la questionnez pas sur le sort de ses enfants... Eystein les lui a ravis. Si dans le bois de pins, le long du rivage, dans les

La mort d'Olaf.

rochers qu'habite l'ours des glaces, vous découvrez d'infortunés proscrits, ne les interrogez point sur leurs malheurs... Eystein les a causés. Où le sang coule, où l'on verra des larmes, ce roi a passé!

Chacun des auditeurs du jarl frappa le bouclier de son épée.

Orin continua :

— Me voulez-vous pour chef tant que durera la guerre contre Eystein? Car, j'en fais le serment par Odin, Thor et Freyer, jamais ma brave épée ne se reposera qu'elle n'ait achevé sa tâche!

— Nous le voulons! crièrent cent voix.

— A partir de cette heure, poursuivit Orin, que chacun de vous arme ses fidèles; vos esclaves mêmes doivent combattre pour cette cause; lorsque Nott traversera les cieux, pour la quinzième fois, dans son char traîné par des chevaux noirs, trouvez-vous dans les bois voisins d'Upsala.

— Nous y serons! dirent encore les hôtes d'Orin.

Le scalde se leva. Il chanta les justes représailles des peuples, les combats des héros; il prédit que les glaives des libérateurs auraient la force du glaive de Sigurd, et quand il se tut, tous les regards brillaient de courage.

Quinze fois le char doré du jour a roulé dans les cieux, et pour la quinzième fois la nuit redescend calme et mystérieuse. Elle cache dans ses ombres les hommes du jarl Orin, les combattants viennent à la suite des comtes, les braves suivent les hommes libres, et avant que, dans la forêt, chante le beau coq rouge que l'on appelle *Fialar,* le signal est donné, les conjurés marchent en colonne serrée et s'avancent du côté d'Upsala, sans que nul bruit ait trahi leur présence.

Ils poursuivent leur route, calmes, résolus, muets, implacables, comme des messagers des Nornes [1].

Tout à coup, un grand cri s'élève de la plate-forme du palais d'Upsala.

— Aux armes! aux armes! répète la sentinelle.

Elle ne peut prononcer un autre mot et roule à terre, la gorge transpercée d'un javelot aigu.

Au même moment, les épées résonnent sur les boucliers d'airain poli avec un bruit formidable. La garde du palais s'éveille, s'arme à la hâte. Eystein se précipite hors de sa couche, tremblant, effaré, comme les tyrans, dont la lâcheté égale la cruauté raffinée.

Un de ses serviteurs lui présente son casque, sa cuirasse et son épée; mais Eystein songe plus à ses trésors et à sa vie qu'à son honneur de roi et à sa renommée de guerrier.

— Luttez, dit-il à ses gardes, luttez jusqu'à la fin, jusqu'à la mort.

Pour lui, loin de revêtir son armure, il se couvre de vêtements grossiers, il saisit une lourde cassette remplie d'or rouge, de perles et de pierreries; il descend de sa chambre élevée, traverse comme un fantôme la cour, à l'entrée de laquelle se battent pour le défendre ses fidèles soldats.

---

[1] Parques scandinaves.

Il se glisse dans l'écurie, où cent chevaux de pure race mangent l'avoine dans des auges précieuses; puis il regarde le blanc, il regarde le gris, il selle le meilleur de tous.

Une minute plus tard, un cavalier fuyait à travers la campagne.

Pendant ce temps, le sang coulait, les corbeaux et les aigles criaient de joie au plus haut du ciel, le jarl brisait les boucliers de sa masse d'armes et de son glaive fouillait les casques. Le sang des chaudes blessures détrempait la terre. Les flèches volaient, les morts jonchaient le sol; au milieu du fracas des épées, les hommes tombaient les uns sur les autres, préparant une ample pâture aux loups.

Quand le soleil brilla dans le ciel, la garde du roi Eystein était vaincue, désarmée. Le jarl et ses valeureux compagnons pénétrèrent dans le palais, cherchant le kong[1] barbare, dont le pouvoir leur avait été si lourd... ils ne trouvèrent dans sa chambre que son armure vide, son glaive inutile et de l'or et des perles répandues sur les fourrures dans la précipitation du départ. Ils coururent à l'écurie : un cheval manquait, non pas le noir, non pas le gris, mais le meilleur de tous.

Alors le jarl comprit :

— Il a eu peur de nos épées, le roi Eystein, et il s'est enfui!

Le soir, dans la grande salle du palais, le jarl Orin s'assit à la place du roi; la belle jeune reine d'Eystein, Ingeborg la Blonde, versa l'hydromel aux vainqueurs, et le vieux scalde, réjoui moins encore par la liqueur à la mousse dorée que par la victoire des siens, ajouta une corde d'airain à sa harpe et chanta :

— Nous avons frappé de l'épée, et les portes du palais d'Upsala se sont ouvertes, et les gardes qui le défendaient ont roulé sur la bruyère; maintenant leurs pâles cadavres reposent sur l'écueil, et le vautour se réjouit. Les fils libres de la Scandinavie sont débarrassés de leur oppresseur.

Nous avons frappé de l'épée, et soudain l'orphelin a compris qu'il avait un protecteur; la veuve, qu'on lui restituerait son douaire; l'homme libre, qu'on respecterait ses droits; et la trinité des dieux scandinaves, Thor, Freyer et Odin, regarde avec faveur les braves de la Norlandie, les hardis Uplandais.

En entendant ces mots, la jeune reine, dont les boucliers polis des guerriers reflétaient la pâleur, tomba de toute sa hauteur, comme une fleur dont la tige est tranchée.

---

[1] Roi.

— Qu'elle soit la servante du jarl! dit une voix.

— Non, répondit celui-ci, l'humiliation d'être la compagne d'Eystein suffit; qu'elle soit libre.

Des esclaves enlevèrent la jeune reine, la transportèrent dans son appartement, et le festin continua.

Le lendemain, le jarl reçut en audience tous ceux qui avaient à se plaindre du roi Eystein. On leur partagea ses trésors, ses armes; les bornes des champs, les parts d'héritages, les patrimoines furent rétablis et restitués. Les domaines du vieil Olaf furent consacrés à soutenir les femmes des derniers combattants morts pour la liberté de l'Upland.

La tranquillité régna enfin dans le royaume. Les sacrifices offerts aux dieux furent conformes à l'humanité. L'autel de Balder, le dieu du bien, reçut les plus nombreuses offrandes. Les esclaves sentaient moins le poids de leur chaîne.

En souvenir d'Olaf, le jarl envoya des secours à l'aïeule d'Agnète.

Les os des vaincus blanchissaient sur les rochers. On se souvenait à peine des mauvais jours : l'homme en bannit vite la mémoire pour s'abandonner aux charmes de l'espérance. On parlait d'Eystein comme d'un être des temps anciens; les enfants oubliaient son nom.

Tout à coup, une terrible nouvelle fut apportée à Upsala.

Goë, un jeune pêcheur qui s'était avancé loin dans la mer, affirmait avoir vu une flotte nombreuse faisant voile vers la côte.

— Je n'étais pas sous l'empire d'un songe, dit-il au jarl qui l'avait mandé; les trolles malfaisants n'abusaient point mes yeux. J'ai vu, semblable à un vol de vautours, une flotte de vaisseaux d'aspect sinistre... L'apparition du *Naglfar*[1], dont la coque est formée des ongles des morts, m'aurait moins épouvanté... Et, j'en jure par Odin! les dragons rouges qui cinglent vers nous sont, comme le *Naglfar*, remplis des ennemis des dieux !

En un instant, la nouvelle du retour d'Eystein se répandit dans Upsala. Les détails donnés par Goë ne permettaient plus le doute. La description du navire royal était exacte et minutieuse.

— Il s'étendait comme un serpent sur les eaux, disait le pêcheur; sa tête de dragon dominait la proue, sa gueule semblait étincelante; ses flancs étaient tachetés d'or et d'azur. Au-dessus de la poupe, sa queue redoutable formait un anneau couvert d'écailles d'argent. Il avait des ailes

---

[1] Vaisseau fantastique qui a pour passagers les ennemis des dieux.

noires bordées de rouge. Quand il les déployait, il égalait la vitesse de la tempête et devançait le vol de l'aigle. On croyait contempler une forteresse flottant sur les eaux, à le voir rempli de guerriers en armes.

Le jour même, des messagers partirent dans toutes les directions de l'Upland. Il s'agissait de recevoir Eystein et ses combattants au moment où ils poseraient le pied sur le territoire scandinave. Il s'agissait pour chaque Uplandais, non pas seulement de ses biens, mais de sa vie; car le sanguinaire Eystein ne pardonnerait jamais la révolte dont il venait tirer vengeance.

Les vieillards eux-mêmes reprirent leurs armes, les femmes laçèrent les cuirasses et fourbirent les casques luisants; les enfants saisirent à deux mains des arcs et des flèches, et promirent d'agir comme des fils de héros.

L'armée courut vers le rivage au moment où les dragons rouges vomissaient de leurs flancs les soldats d'aventure recrutés par Eystein. C'étaient, non pas les hardis rois de la mer, sillonnant les vagues bleues avec fierté, imposant des rançons aux rois et des droits de péage aux marchands, mais des pirates souillés de crimes, prêts à l'assassinat, au vol, au parjure; l'écume des flots qu'ils souillaient par leur présence et dont l'alliance seule était un déshonneur. Quel prince, quel kong, quel jarl ou comte eût offert son appui à Eystein? Il avait recruté des bandits de l'onde et leur promettait pour trois jours le pillage de l'Upland.

La convoitise au cœur, le fer à la main, repoussants sous leurs habits de peau et leurs armures rouillées de sang, ils se précipitèrent sur le rivage, semblables à une bande de loups voraces.

Leur cri de guerre ressemblait à des rugissements de bêtes fauves. Au lieu de manier l'épée en guerriers habitués aux jeux du glaive, ils se servaient de masses énormes, plus lourdes que le marteau de Thor, et de pieux de fer qui trouaient largement les poitrines. Leurs bonds ressemblaient à ceux de la bête sauvage sortant du fourré d'où la débusquent les chasseurs.

Ils sortent des flancs des navires d'Eystein plus nombreux que les mouches venimeuses d'un cadavre. On croit voir au complet cette armée formidable, mais les dragons rouges en enfantent toujours.

Jamais l'histoire, grave comme la justice, ni les Sagas, mémoire des peuples, ni les chants des scaldes, souvenirs des époques valeureuses, ne rediront dans toute son horreur cette lutte inégale.

Les hommes libres de l'Upland se battent un contre trois sans se décourager, sans défaillir; ils s'offrent aux lances, aux glaives, aux massues. Le jarl cherche Eystein dans la mêlée, croit le reconnaître à son casque d'or rouge habilement ciselé. Il l'attaque, le presse, l'entoure des fulgurants éclairs de son glaive, menace la tête, touche la poitrine, abat presque le poignet d'un revers de son épée; enfin, d'un coup furieux, il plonge son arme à travers les trous du casque et pense l'avoir aveuglé. Son adversaire chancelle, roule sur le sol. Le jarl lui pose un genou sur la poitrine, arrache le casque et reconnaît un esclave. Eystein, lâche pour la seconde fois, attend dans la cale d'un de ses vaisseaux que la victoire se soit décidée pour les siens.

Odin et les dieux justes suivent du regard avec une faveur marquée les nobles enfants de l'Upland ; mais Loki, l'esprit du mal, et les trolles placés sous sa domination, se déclarent pour Eystein.

Le jarl, blessé à la cuisse, ne peut plus combattre qu'en s'appuyant sur l'épaule du noble comte Agir; le scalde, sa harpe sur le cœur, a roulé du faîte des roches dans les abîmes de la mer, et les habitants mystérieux des ondes jouent avec les cordes de l'instrument de Braga.

Ils tombent, les vaillants! ils rougissent le sol de leur sang; ils tombent frappés en face, à la poitrine ou au visage, et les pirates d'Eystein enchaînent les derniers combattants.

Le roi, vainqueur des Uplandais, ce roi qui ramasse dans le plus pur du sang scandinave sa couronne déshonorée, passe à bord de l'*Oren* la nuit suivante, et tandis que les pirates dépouillent les morts héroïques, il s'endort au milieu de l'orgie.

Trois jours plus tard, le bâton qui convoque les hommes en assemblée générale, proche du palais d'Upsala, est promené dans les campagnes. Pas un n'a le droit ou le vouloir de manquer à cet appel. Sans nul doute, Eystein, rétabli par la violence, veut rendre plus lourd que jamais le joug qu'il fait peser sur le cou de son peuple. Mais mieux vaut connaître l'horreur de son sort que de rester dans l'incertitude.

A côté d'Upsala est une colline consacrée par de nombreux tumulus.

Dans un espace tracé en forme de cercle sont placés des blocs de pierre destinés aux chefs de la nation. Les nuages du ciel servent de dais à l'assemblée.

Les jarls, humiliés de leur défaite, arrivent le front penché, puis les comtes, les hommes libres de haute lignée. A côté d'eux se tient assis le *logman*, l'homme de la loi, chargé de soutenir, même contre le souverain, les droits méconnus du peuple.

En arrière des siéges de granit, les laboureurs, les bergers, les pêcheurs de la côte se pressent en tumulte.

Pas un homme libre qui n'ait un bouclier au bras, un glaive au flanc ; ce que dit la langue, l'épée doit toujours être prête à le soutenir.

Une profonde angoisse dévore les âmes. On peut tout attendre d'Eystein, hors la miséricorde et la justice.

Sur les derniers échelons de la colline, des veuves, des vierges, des enfants attendent ce qui va se passer : les unes avec une stupeur résignée, les autres avec la curiosité naturelle à leur âge.

L'Althing était au complet.

Eystein parut.

A côté de lui se trouvaient deux hommes, le chef des pirates, auquel il devait la victoire, et Faxe, l'un de ses esclaves.

Le roi monta sur la pierre formant le siége royal ; toutes les bouches se turent, et tous les cœurs battirent.

Eystein rappela d'une façon brève, mais orgueilleuse, la splendeur de sa race et les premiers exploits de son règne. Il osa soutenir à ceux qu'il avait opprimés, spoliés, enchaînés, massacrés, qu'il n'avait rien fait que d'équitable. Il peignait sous les plus noires couleurs le jarl Orin, tombé pour la liberté, et le vieil Olaf, dont les dernières paroles avaient été des conseils pacifiques.

Alors il s'arrêta. Il espérait que la crainte arracherait aux vaincus un applaudissement à ce discours hypocrite. Il se trompait. Les mains serrèrent la poignée des glaives, mais le fer ne résonna pas sur les boucliers.

Alors Eystein reprit :

— Vous croyez, hommes du Nord, que je reviens au milieu de vous pour vous imposer ma volonté et vous traiter en esclaves... Je vous hais trop pour reprendre mon trône à Upsala. Mais je vous ai humiliés, vaincus, foulés aux pieds, et, dédaignant de rester votre maître, j'entends, du moins, vous en imposer un.

Chacun respira. C'était déjà un bonheur si grand d'être débarrassé d'Eystein !

— Mais, poursuivit le roi, vous n'êtes pas dignes d'avoir pour vous gouverner un noble fils des Ases... La plus vile des créatures suffit pour mener un si vil troupeau. Je laisserai parmi vous des soldats chargés de faire respecter mes ordres et le monarque qui devra vous donner des lois. Dans deux jours, mes chevaux à voile sillonneront de nouveau les mers, et je vous abandonnerai à la misère, à la honte, au désespoir.

Eystein promena un farouche regard sur l'Althing et ajouta d'une voix où vibraient à la fois le mépris et la haine :

— Choisissez donc pour chef un être misérable, dégradé comme vous-mêmes, Faxe, mon esclave...

A ce nom, un rumeur s'éleva du sein de la foule.

A cette époque, les esclaves étaient tenus dans un tel mépris que la bête elle-même avait sur eux des droits de préséance.

On refusait à ce malheureux l'entrée du Valhalla, à moins qu'il ne fût mort pour son maître, et les scaldes répétaient dans leurs chants : « Störkodder, dangereusement blessé dans une bataille, préféra mourir plutôt que de recevoir les soins de son esclave. »

Faxe, qui se trouvait en ce moment près du roi, tourna sur la foule des yeux voilés de larmes ; il avait assez souffert pour comprendre la douleur ; il se fût senti heureux de soulager celle des hommes.

Tout à coup, un long aboiement se fit entendre, puis un cri d'enfant, et brusquement un dogue, qu'une mignonne petite fille s'efforçait de retenir par le cou, bondit au milieu de l'assemblée.

— Sar ! Sar ! répétait Agnète, honteuse, épouvantée.

— Sar ! dit une voix, le fidèle chien d'Olaf !

Agnète continuait d'inutiles efforts pour entraîner son compagnon ; l'animal tournait autour de lui ses grands yeux calmes, remplis de bonté et d'intelligence.

Eystein éleva de nouveau la voix :

— Eh bien, reprit-il, vaillants Uplandais, choisissez donc, pour vous gouverner, ou Faxe, mon esclave, ou Sar, que vous semblez connaître.

— Sar ! Sar ! dirent cent voix.

— Vive le chien ! ami des hommes !

Faxe cacha son front humilié dans ses mains.

— Mieux vaut cette noble bête que Ganir, le chien d'enfer, dit un comte.

— Au pavois ! au pavois ! dit le jarl.

En même temps, en dépit des efforts d'Agnète, Sar fut élevé sur un large bouclier, porté par un groupe de guerriers, et on lui fit faire de la sorte le tour de l'Althing.

— Et maintenant, fit Eystein en descendant de son siége, maintenant que vous l'avez élu par le glaive et le bouclier, je lance sur la mer mes chevaux à voile, je m'allie aux vikings les plus farouches, et, vous vouant, vous et vos fils, au dieu Loki et au loup Fenris, sorti de ses entrailles, je m'éloigne du château d'Upsala pour n'y revenir jamais!

Eystein quitta immédiatement l'assemblée.

Alors, les officiers chargés par lui de conserver à la cour de Sar Ier le cérémonial ordinaire des monarques, formèrent la haie, et le chien d'Olaf

Le couronnement de Sar.

marcha paisiblement au milieu, après s'être assuré qu'il était suivi par la petite elfe.

Quand celle-ci se trouva sur le seuil du palais, elle s'agenouilla, prit dans ses bras la tête de Sar, l'embrassa doucement sur son front tacheté d'une étoile blanche, et lui dit en le caressant :

— Tu étais jadis mon hôte, mon compagnon, mon ami. Te voilà devenu mon maître... M'aimeras-tu toujours, Sar, mon cher Sar?

Le dogue leva sur Agnète ses regards expressifs, et lécha doucement la petite main qui l'avait nourri.

III

SA MAJESTÉ SAR Iᵉʳ.

A peine l'ancien compagnon du vieil Olaf eut-il traversé la grande salle des gardes du palais, qu'on l'introduisit dans une pièce garnie de riches tentures, sur lesquelles brillaient des armes de prix. Un siége d'or s'élevait au centre d'une estrade : c'était le trône d'Eystein avant qu'il eût abdiqué en faveur du fidèle chien.

Comme ce nouveau monarque regardait avec une sorte d'étonnement les objets nouveaux pour lui, un officier ploya le genou devant le chien, et, déployant un manteau rouge merveilleusement brodé de fils d'or et de perles, voulut l'agrafer au cou de Sar.

Celui-ci fit un brusque mouvement en arrière pour se soustraire à un honneur que, dans sa simplicité débonnaire, il regardait peut-être comme un outrage.

Un second officier essaya de placer sur la tête de Sar la couronne héréditaire des fils des Ases; mais Sar secoua en signe de refus son front couvert de touffes frisées. Le sceptre, placé à ses pieds, parut lui plaire davantage, et, le considérant comme un jouet, il le roula entre ses pattes, ainsi que la couronne, et, tranquillement assis sur le manteau royal, il regarda d'un air affectueux ceux qui se pressaient autour de lui.

Sar ne devait pas tarder à reconnaître que la royauté, si elle offre certaines satisfactions pour l'orgueil, entraîne avec elle de nombreux ennuis.

A peine le pacifique souverain fut-il en possession du pouvoir, qu'il apprit à connaître une race dangereuse, dont jusqu'alors sa pauvreté l'avait toujours défendu.

On régla pour lui le cérémonial de la cour, et il fut arrêté que les savants, les guerriers, les nobles et les peuples harangueraient le roi par le ministère de leurs représentants.

En raison du peu de goût de Sar pour les signes distinctifs du pouvoir qui l'auraient fait, pensait-il dans sa cervelle de bouledogue, ressembler à quelque baladin comme sa race en fournit parfois, on plaça la couronne, le manteau rouge et le sceptre, comme un ornement nouveau, le long des murs de la salle du trône, et Sar s'installa commodément sur l'estrade, couverte d'une peau d'ours dont il semblait affectionner la chaude fourrure. Donc, le lendemain de son élection, les hommes habiles dans la guérison des blessures et initiés aux secrets de la nature, ayant pour représentant le digne Foroé, parurent les premiers dans la salle des royales audiences. Foroé s'inclina gravement devant le roi Sar, et commença son discours.

Il est d'usage, en semblable cas, que l'orateur, au lieu de parler simplement au roi des vœux formés pour sa félicité et d'exposer les humbles requêtes des mandataires de la science, remonte au plus haut des âges et souvent même jusqu'à l'origine des choses, le but des hommes versés dans des connaissances profondes étant, avant tout, de témoigner de leur érudition.

Foroé cita donc les runes les plus antiques déchiffrées par lui sur les roches du rivage et les sépultures des temps héroïques. Il raconta la mort du doux Balder, le plus aimable, le plus aimé des dieux.

— Balder, dit Foroé, le meilleur fils de Frigga et d'Odin, fut menacé par les oracles de la Vala d'une mort cruelle et prématurée. Dans le Valhalla, tous les dieux s'émurent. Ils décidèrent qu'on enverrait à tous les êtres vivants un message, afin de les prier de ne pas nuire à Balder. Tous les êtres en prirent l'engagement, et Frigga reçut leurs promesses. Mais le père suprême, craignant une perfidie et redoutant que les vierges du bonheur ne s'éloignassent, appela les dieux au conseil, et il y eut de longs entretiens.

Odin, le maître du monde, se lève, selle son cheval Sleipner et descend dans le royaume de la mort... Un chien se dresse devant lui...

En ce moment, Sar fit entendre un hurlement plaintif, et l'assemblée, prenant cet aboiement pour la satisfaction que ressentait le roi en écoutant parler de quelqu'un de sa race, applaudit avec enthousiasme.

Foroé s'inclina modestement et poursuivit :

— C'était Gamr, le chien de la mort... Odin évoque une prophétesse, un fantôme se dresse devant lui et lui révèle que l'on prépare la bière de Balder...

Sar, voyant que le savant ne racontait point des choses intéressantes sur les chiens, s'arrangea en rond sur sa peau d'ours et somnola doucement pendant que Foroé racontait comment les dieux ayant oublié de nommer une plante dans la prière adressée par eux à tout ce qui existe sur la terre, le dieu du mal, Loki, la mit dans les mains d'un aveugle, qui, en frappant Balder, lui donna la mort.

Un murmure flatteur accueillit la fin de son discours, et Sar allongea ses pattes pour les étirer.

Il espérait avoir acquis le droit de se lever, de courir; mais un savant non moins solennel que Foroé s'avança. Il avait nom Gor et enseignait à la jeunesse les principes, puis les beautés de la langue scandinave. Il entreprit de prouver dans son discours que Sar avait le droit de commander aux Upsalais, et qu'il prononçait distinctement trois mots de norvégien. Comme il aboyait suffisamment le quatrième, et qu'un roi n'a pas besoin de parler beaucoup, les discours des rois ayant souvent pour but de lever des impôts et de commander la guerre, il conclut que jamais l'Upland n'avait eu monarque plus propre à réaliser sa félicité.

Cette fois Sar n'y tint plus; il se dressa sur ses pattes et poussa une plainte prolongée.

Sa Majesté avait faim.

Immédiatement, on apporta devant Sar une vaste écuelle d'or remplie de mets succulents. Il les goûta et les trouva fades. Sar, en dépit de son titre et des honneurs qu'on lui rendait, restait chien de berger, chien du pauvre, et il regrettait la galette d'avoine de la petite Agnète.

Il regardait si, dans la foule, il ne voyait point paraître la petite elfe.

Celle-ci s'était présentée à l'entrée du palais, non pour complimenter le roi, mais pour embrasser son ami; seulement, la pauvre robe de wademer gris n'inspira aucune confiance, aucune sympathie aux gardes du palais, accoutumés par le tyran Eystein à ne bien accueillir que les gens richement vêtus; ils repoussèrent dédaigneusement l'orpheline, qui s'assit sur une pierre à quelque distance et murmura:

— Oh! si S. M. le roi Sar le savait!

Mais Sar, comme bien d'autres souverains, n'entendit pas, en ce moment du moins, la plainte de la petite Agnète.

Lorsqu'elle eut perdu l'espoir de le voir, elle rassembla ses moutons en grande hâte et rentra dans la cabane où son aïeule l'attendait. Le poids des ans la courbait. Des douleurs de plus en plus vives tourmentaient ses membres endoloris. Elle avait eu grand'peine ce jour-là à pétrir les gâteaux d'avoine, et elle se désolait en songeant à la petite Agnète. La douce enfant raconta à son aïeule les tristesses de la journée, s'effraya de la solitude du lendemain, et s'endormit du sommeil des enfants, profond et pur.

Au matin, elle se leva, rassembla son troupeau et le conduisit, non plus dans la vallée, mais à l'extrémité du promontoire où s'élevait le tertre du vieil Olaf.

Sar, roi.

L'herbe le couvrait, haute et drue; de petites fleurs bleues l'étoilaient. En bas, sur le sable brillant de mica argenté et de coquilles roses, la mer bleue se plaignait doucement. Les aunes et les frênes, les plus anciens arbres du monde, se balançaient comme des panaches verts. Agnète s'assit sur le tertre, tandis que ses moutons broutaient sans bruit. La petite elfe se rappelait le temps où le vieil Olaf lui contait les histoires effrayantes des trolles, ou les enchantements des nains mystérieux. On eût dit une Saga vivante, à entendre ses récits des vieux âges. Elle se souvenait aussi des courses folles dans la bruyère en compagnie de Sar, qui l'entourait de bonds joyeux. Et le nom de son compagnon la rendit tout à coup pensive.

Soudain un aboiement connu se fait entendre. Agnète craint de s'être trompée, se lève, place ses mains sur ses yeux, regarde; c'est Sar, c'est bien Sar, son dernier ami !

Voici ce qui s'était passé :

Lorsque, vers l'heure où disparaît le char du jour, les courtisans du roi d'Upsala se furent respectueusement inclinés devant lui pour la dernière fois; quand les gardes eurent fermé les portes des vastes salles, Sar s'allongea sur sa peau d'ours et ferma ses yeux rayonnant de sentiments si humains et si doux. Il s'endormit ; mais, sans nul doute, il rêva, car un des guerriers placés à la porte affirma que, durant la nuit, le kong[1] avait aboyé comme jadis quand il guidait les moutons de son maître. Au matin, lorsqu'on lui servit son repas, il dédaigna d'y toucher, et, posant ses pattes puissantes sur les bords de la fenêtre, il regarda dans la campagne.

Puis il se tourna avec un air de supplication vers un des comtes qui ne le quittaient guère.

Alors le comte appela à haute voix et dit :

— L'escorte du roi !

Un moment après, Sar sortait entre deux haies de soldats. Il traversa de la sorte Upsala, l'antique cité. Plus d'une fois on le vit remuer la queue d'une façon affable en passant à côté de pauvres gens, ce qui était sa façon de leur faire accueil. On lui présenta des parchemins couverts de signes indéchiffrables pour lui. Sar les prit, les remit à un des nobles seigneurs qui l'accompagnaient, et se retourna vers ceux qui mettaient en lui leur confiance, comme pour leur assurer qu'elle était bien placée.

Pendant qu'il fut entre les demeures bordant les larges voies, Sar marcha paisiblement, moins résigné que satisfait; mais, dès qu'il se trouva en pleine campagne, l'air pur, la vue des arbres, les nuages blancs fuyant sur le ciel bleu, l'odeur lointaine des algues lui causèrent un frémissement de

---

[1] Roi.

joie, une sorte d'ivresse, et, bondissant au milieu de ses gardes surpris, il les dépassa bientôt, courant avec la rapidité du vent impétueux, aboyant avec une joie expansive, et allant, allant tout droit devant lui, vers un but que lui seul connaissait.

Il courait à travers les taillis de frênes, les amas de roches, toujours bondissant, toujours joyeux.

Les gardes le suivaient, sans souffle, sans haleine, s'espaçant dans la campagne à mesure qu'ils sentaient leurs forces les trahir.

S'il se fût retourné peu après, Sar n'en aurait plus découvert à sa suite; mais il ne se retournait pas; il courait, courait toujours, et ne s'arrêta qu'au moment où la petite Agnète lui tendit les bras.

Alors l'enfant et le chien s'assirent sur l'herbe, l'herbe verte couvrant le corps du vieux sage. La petite elfe parla longuement et doucement à la créature muette. Muette? L'était-elle donc? Sar regardait Agnète avec des yeux brillants, et semblait lui dire, quand la petite elfe le remerciait de ne pas l'avoir oubliée :

— Qu'ai-je fait de si étrange? Je me suis montré reconnaissant et sans orgueil! Cela surprend donc les hommes?

Ce jour-là, ce fut Agnète qui ramena Sar à la porte de son palais.

Le cœur plein de joie, elle raconta ces événements à son aïeule durant la veillée, et celle-ci, à son tour, en ayant fait l'objet de longs récits aux pêcheurs de la côte et aux bergers, la popularité de Sar fut bientôt établie.

Quelque temps après, comme les malheureux se rangeaient sur le passage du roi à l'heure habituelle de sa promenade, les grands de sa cour trouvèrent plus simple de déterminer ses heures d'audience.

Il était touchant de voir l'accueil fait par le roi à ses pauvres sujets.

Il les aimait, et, tandis qu'il passait indifférent près des jarls et des comtes vêtus de soie, il s'approchait des misérables couverts de haillons avec un empressement affectueux. Plus d'une fois, dans des moments de colère, il montra à des guerriers couverts d'étincelantes armures deux rangées de dents redoutables; mais, plus souvent encore, il se laissait caresser par les petits enfants.

De même que Sar préférait aux riches les vieillards, les malheureux, les délaissés, il avait l'instinct de deviner le caractère de ceux qui l'approchaient.

Les humilités serviles, les abaissements le touchaient peu.

Il voulait que l'homme gardât sa dignité d'homme, lui qui ne perdait jamais le rang que les dieux lui avaient assigné dans la création.

Chaque jour Sar prit l'habitude de se rendre près du tertre d'Olaf. Il y trouvait Agnète gardant ses brebis, et caressé par elle, il oubliait les ennuis de son royal esclavage.

La petite elfe trouvait dans la société de Sar le seul adoucissement à ses regrets. Il était, avec Goé le pécheur, qui souvent lui apportait des coquilles, l'unique distraction de sa vie monotone.

D'abord Sar témoigna quelque jalousie en voyant que la petite elfe écoutait, attentive et charmée, les sagas racontées par Goé. Mais lui aussi s'accoutuma vite à la gaieté de ce caractère vaillant. Il se réjouissait de voir le jeune garçon apporter à Agnète des poissons au ventre argenté, qui formaient le soir le repas de l'aïeule.

Les gardes, les officiers du palais tentèrent d'adresser à Sar de respectueuses observations sur la préférence accordée par lui aux gens de condition inférieure. Le roi secoua la tête d'un air mécontent. Alors les seigneurs puissants, les guerriers fameux changèrent de tactique. Ils flattèrent la petite elfe, et, malgré sa robe de wademer gris, Agnète franchit enfin le seuil du palais.

Dès lors, Sar s'accoutuma à la consulter. Quoique la pauvre enfant ne fût guère savante, elle lisait les runes ordinaires, et Sar s'en rapporta bientôt à elle du soin de lire les messages, les requêtes qu'on lui adressait. Quand il s'agissait d'une injustice à redresser, du soulagement d'une noble misère, Agnète prenait le sceau royal en désignant la demande, puis le signe du pouvoir suprême. Sar saisissait le sceau couvert de runes sacrées, l'apposait sur la supplique, et Agnète battait des mains en répétant :

— Cela est bon et noble, généreux et grand ! Ah ! Sar, les peuples garderont plus longtemps ton souvenir que celui de l'orgueilleux Eystein, descendant des Ases.

Quand le colossal bouledogue entendait parler ainsi la petite Agnète, il posait sa grosse tête sur les genoux de l'enfant et paraissait savourer un contentement complet.

On s'accoutuma bientôt dans Upsala à ne jamais voir le roi Sar sans la petite elfe. Les pauvres les confondaient ensemble dans une même gratitude, et leur affection pour Agnète allait jusqu'au respect.

Forte de l'attachement du maître de l'Upland, elle aurait pu en profiter pour s'enrichir ; mais elle continuait à porter son modeste costume, et, dans la belle saison, des fleurs seules paraient ses cheveux d'or.

Un jour, Sar se rendit vainement au promontoire, Agnète ne s'y trouvait pas. Le chien se coucha sur le tertre d'Olaf, la face tournée vers la mer, et il aboya d'une façon plaintive, appelant à la fois le maître entré dans les joies guerrières du Valhalla et l'enfant à qui il l'avait légué.

Les ombres de Nott descendirent, les nymphes de la mer commencèrent leur dangereuse chanson ; les trolls, esclaves de Loki, se répandirent dans les campagnes pour jouer de méchants tours aux voyageurs attardés : Sar restait toujours là. Goé, le jeune pêcheur, vint sur la tombe ; mais il eut beau appeler Agnète, Agnète ne répondit pas.

Les gardes du roi ramenèrent au palais Sar la tête basse, le regard morne. On lui servit un repas succulent ; il ne le flaira même pas. Mais, quand il fut seul, quand il comprit, avec son merveilleux instinct, que nul ne le surveillait plus, il saisit entre ses dents la corbeille renfermant son repas du soir, franchit l'appui de la fenêtre et prit sa course à travers Upsala silencieuse. Sans hésiter, il se dirigea vers la demeure d'Agnète.

Hélas ! on n'y dormait pas.

Une branche de sapin, placée entre deux bras de fer, jetait une lueur rougeâtre dans l'intérieur de la cabane. L'aïeule se plaignait doucement, et Agnète sanglotait. Sar posa la corbeille à terre, et, avec une adresse dont il avait vingt fois donné des preuves, il ouvrit la porte de bois, entra dans la salle et déposa les provisions aux pieds d'Agnète.

— Mère ! mère ! dit l'enfant d'une voix touchante, tu vas revivre, tu ne peux pas descendre encore dans la demeure sombre d'Héla, mère ! Sar ne nous a pas oubliées.

L'aïeule se souleva ; sa main décharnée se promena sur le front étoilé du bouledogue ; elle murmura une bénédiction au dieu Freyer qui avait donné un si bon monarque à l'Upland.

La femme ridée et âgée comme une saga des temps antiques se mourait, autant de besoin que de vieillesse. Les vivres de Sar la ranimèrent, et le maître de l'Upland mangea dans la main de la petite elfe, qui riait et pleurait à la fois.

C'est que la maladie avait amené la misère. Les provisions de *kakebroë*, ces pains nourrissants de seigle et d'avoine, que l'on suspend d'ordinaire au plafond, avaient pris fin. L'aïeule, rassemblant de misérables restes de farine, avait suppléé à leur insuffisance au moyen d'écorces de bouleau macérées et pilées ; mais ce pain amer avait suffi pour quelques jours seulement, et la disette et la maladie brisèrent à la fois l'aïeule. Après deux heures de caresses dans la cabane d'Agnète, Sar reprit la route du palais d'Upsala.

Chaque nuit, il recommença le voyage jusqu'à ce que la mort frappât la vieille femme et que son âme quittât son enveloppe. Elle fut ensevelie non loin d'Olaf, et quand la petite Agnète se trouva ainsi seule au monde, Sar saisit entre ses dents sa pauvre robe de wademer gris et l'entraîna vers le palais.

L'enfant s'habilla de deuil, mais ne quitta plus son compagnon.

Un an se passa, puis un an. Goé, le pêcheur, était allé sur les mers lointaines afin de gagner de l'or rouge pour l'apporter à la petite Agnète en lui disant : « Sois ma fiancée. » Les aigles qui avaient vu son navire en volant bien haut dans les cieux, les grandes baleines qui l'avaient frôlé de leurs puissantes nageoires, ne pouvaient dire à Agnète ce qu'il était devenu, et la petite elfe devenait triste.

Un an se passa, puis un an. La taille de la jeune fille avait la grâce des prêles de marais ; ses yeux bleus, la profondeur de la mer ; sa peau était blanche comme la neige fraîchement tombée ; ses cheveux d'or fin, la grâce de son visage faisaient songer à Nanna, la femme du doux Balder. Il n'était point de plus belle jeune fille dans tout l'Upland, et pas un guerrier, pas un jarl ne voyait la blonde enfant sans avoir le cœur ému.

L'un deux, le farouche jarl Andrachyr, lui offrit l'anneau d'or des noces ; mais la petite elfe le refusa en répondant :

— J'attendrai le retour de Goé.

— Et si Goé ne revient pas ?

— Il m'a donné sa parole, il reviendra.

— Les esprits des eaux peuvent l'entraîner dans des abîmes, et le serpent qui fait le tour de la terre le dévorer sous les vagues Si Goé le pêcheur t'aimait et te souhaitait pour femme, pourquoi est-il parti ?

— Il est allé chercher de l'or rouge et du cuivre, des peaux d'ours et du satin bleu : de l'or rouge pour mes colliers, du cuivre pour l'ornement de sa demeure, des peaux d'ours pour son lit et du satin bleu pour ma robe de fiançailles.

— Si tu veux oublier le pêcheur, je te ferai la femme d'Andrachyr, le puissant jarl ; j'aurais les perles de la mer pour orner tes cheveux déliés ;

tu habiterais un palais presque aussi beau que le palais d'Odin lui-même, et tu serais couronnée d'or comme une reine.

— Puisse Var, le dieu des serments, me châtier si j'oubliais Goé le pêcheur, qui songe à moi depuis son enfance !

Le jarl se retira la colère au cœur, l'écume aux lèvres.

La petite elfe fut tellement effrayée de l'expression de son visage qu'il lui sembla voir une apparition du loup Fenris engendré par Loki.

Les mois de Jul, de Thor et de Gœje passèrent, le riant mois des fleurs revint, mais sans ramener Goé le pêcheur. Et chaque mois, chaque jour, chaque heure augmentait dans le cœur d'Andrachyr l'envie et la haine qu'il appelait du nom de tendresse et de volonté.

Certes, dans tout l'Upland, Andrachyr était le seul homme qui ne s'estimait pas heureux.

Pour se figurer aujourd'hui de quelle importance géographique était le royaume, il faudrait tracer une ligne comprenant une partie du gouvernement de *Stockholm campagne*, le gouvernement de *Stockholm ville* et celui d'*Upsal*, situé à l'ouest du précédent, et qui a pour chef-lieu Upsal, l'antique cité d'Upsala. C'était surtout cette ville, si antique que sa fondation remontait aux époques nébuleuses où Odin, Thor et Freyer touchaient de leurs pieds divins la terre fleurie, qui formait l'importance de l'Upland. De tous les points du royaume scandinave, on accourait aux merveilleux temples, dont vingt baies formaient l'entrée, et dont les murs, dorés à l'extérieur, brillaient au soleil levant comme des boucliers de pur métal.

Là ruisselait jadis le sang des taureaux et des béliers. Parfois même, des victimes humaines acceptaient d'être offertes en sacrifice. Mais depuis la déchéance d'Eystein pas un homme n'était tombé sous le couteau des prêtres, et ceux-ci, privés des gros revenus que leur rapportaient les béliers et les boucs immolés, se plaignaient seuls de l'extrême douceur du roi Sar.

Un soir, Vog, le viking, qui possédait sur la mer des chevaux à voiles, raconta que le roi Eystein s'était fait roi de la mer et rançonnait sur les flots ses sujets occupés de négoce.

— Pourvu, s'écria l'auditeur du viking, que le navire d'Eystein navigue aussi longtemps que le *Naglfar* qui promène sur les vagues les ennemis des Ases!

Nul ne le souhaitait plus qu'Agnète, la petite elfe.

Le jarl Andrachyr ne lui dissimula point qu'il comptait sur la prochaine intervention d'Eystein pour la décider à devenir sa femme.

— L'indigne tyran qui nous a trop longtemps gouvernés s'accoutume à la vie des pirates, répondit Agnète; la mer, qu'il rougit du sang des hommes, lui convient mieux que cette terre paisible, dont il réalisa le bonheur en lui donnant Sar pour roi.

Le jarl ne répliqua rien, mais il résolut d'arracher à Agnète, même au prix d'un crime, le consentement qu'elle refusait. Pour endormir la défiance de la jeune fille, il feignit de ne plus la chercher dans les réunions de la cour et de se résigner à son sort.

La petite elfe commençait à se croire débarrassée de son persécuteur. Elle s'en réjouissait et pensait à Goé avec une satisfaction plus grande, car elle ne redoutait plus pour lui la jalousie et la vengeance d'Andrachyr.

Un matin, un mendiant vêtu de haillons sordides vint la trouver. On savait à la cour d'Upsala que Sar et Agnète donnaient toujours audience aux pauvres.

— Fille blonde aussi douce que Freya, la déesse aux larmes d'or, une femme âgée comme les Nornes est mourante; elle ne possède pas même une galette de seigle et d'écorce de bouleau, et te supplie de la venir voir.

Agnète regarda le mendiant avec une sorte de crainte, et Sar, qui d'ordinaire flattait les malheureux, gronda sourdement en flairant celui-ci.

Le misérable s'aperçut de l'hésitation de la jeune fille.

— Du temps où Agnète s'habillait de wademer gris, dit-il, quand le roi ne l'avait pas choisie pour gardienne, elle courait sans peur dans la campagne; sous la lumière de Nott aux noirs coursiers, elle eût franchi les ténèbres d'Héla pour secourir une infortune; mais aujourd'hui...

Comme s'il eût compris cette réticence dangereuse, Sar dressa les oreilles et découvrit ses dents blanches.

— Paix, mon roi, mon ami fidèle! dit Agnète en flattant le bouledogue de sa petite main blanche; les reproches de cet homme sont justes.

Agnète se tourna vers le mendiant.

— La chaumière de cette femme est éloignée?

— Je vous servirai de guide.

Agnète s'enveloppa de sa cape, embrassa le roi Sar sur l'étoile blanche de son front et quitta le palais.

La nuit était sombre en ce moment; de grands nuages noirs couvraient la lune. Les bouleaux dessinaient dans le ciel une silhouette indécise; on eût dit de sveltes walkiries errant dans l'espace.

Le mendiant marchait sans tourner la tête, sans parler; la petite elfe le suivait, silencieuse, jetant de temps à autre autour d'elle un regard inquiet.

Un moment, il lui sembla entendre le hennissement d'un cheval; elle

Agnète et Andrachyr.

s'arrêta, fouilla du regard les sombres profondeurs qui l'environnaient, et frissonna de crainte sans savoir pourquoi.

Agnète rejoignit son guide, et, lui effleurant le bras :

— Sommes-nous bientôt arrivés?

Le mendiant ne répondit pas; il se contenta d'étendre en avant sa main décharnée.

— Marchons plus vite, alors, dit Agnète; j'ai froid. Elle n'osa pas ajouter : J'ai peur.

Au bout de dix minutes, une masse plus noire frappa les yeux de la jeune fille, et bientôt une cabane environnée de bouleaux lui fut désignée.

— C'est là, dit le mendiant.

Et, sans attendre la réponse d'Agnète, sans lui ouvrir la porte, il s'enfonça dans les ténèbres.

Agnète heurta à la porte, qui s'ouvrit et se referma rapidement. Presque au même instant un cri de détresse fendit l'air ; ce cri avait été poussé par la petite elfe.

IV

LA COLLINE DE LA DOULEUR

Tandis que le mendiant entraînait Agnète vers la cabine isolée sous prétexte d'y secourir une grande misère, un grand jeune homme, portant le costume des marins, traversait la campagne en chantant un refrain joyeux. Il ne semblait point gêné par l'obscurité pour trouver son chemin à travers les petits sentiers et les prairies, et il arriva promptement aux maisons qui formaient en quelque sorte le faubourg d'Upsala. Il s'arrêta un moment, ému et tremblant, devant la plus pauvre d'entre elles, celle qui avait abrité autrefois Agnète enfant et sa digne aïeule, puis il courut plus vite vers le palais.

Le premier soldat uplandais qu'il rencontra dans la grande cour voulut lui interdire le passage ; mais le jeune homme le regarda à la lumière d'une grosse torche et lui demanda en souriant :

— Ne reconnais-tu donc plus ton ancien camarade?

— Goé le pêcheur?

— Oui, Goé le pêcheur, devenu Goé le maître de navire, et qui vient apporter ici une parure de noces.

— Passe, dit le soldat, et que Freya te tienne en joie.

Goé arriva dans une salle remplie de guerriers couverts d'armures. Ils jouaient aux dés et semblaient contents.

— Compagnons, leur dit-il, je voudrais voir Agnète.

— Il me semble, répondit l'un d'eux, qu'elle est sortie il y a peu de temps.

— Sortie, à cette heure, au milieu des ténèbres!

— Je ne saurais l'affirmer, mais je le crois; s'il vous plaît l'attendre ici, nous boirons de l'hydromel ensemble.

— Non! répondit le jeune homme avec agitation, je souhaite m'assurer de ce que vous dites et aller à sa rencontre, si elle est véritablement absente du palais.

En ce moment, une jeune fille parut, un grand broc d'argent à la main.

— Valbog, dit un des soldats, ce jeune homme demande Agnète.

La jeune fille sourit à Goé, car Goé était jeune et beau; puis elle le conduisit à l'appartement d'Agnète.

— C'est tout ce que je puis, dit-elle; je ne suis point attachée au service de la jeune elfe.

Goé heurta à la chambre d'attente, et une chambrière parut.

— Je m'appelle Goé, dit le jeune maître; je viens voir Agnète, ma fiancée.

— Un mendiant est venu, et il l'a emmenée.

— De quel côté?

— Nous l'ignorons toutes.

— Pourquoi? Dans quel but?

— Il s'agissait d'une vieille femme à secourir.

— Il s'agissait de tendre un piége à une enfant innocente! s'écria Goé avec une explosion de douleur. Agnète! Agnète! Où peut-on l'avoir entraînée? Qui me le dira? qui me conduira?

En ce moment, un aboiement prolongé se fit entendre.

— Sar, le roi Sar! dit Goé, c'est le salut.

Puis, se retournant vers la jeune fille :

— Je veux voir le roi, dit-il.

— Impossible à cette heure; ses gardes ne vous le permettront pas.

— Et si le roi lui-même...

On eût dit que Sar comprenait de quelle importance il était qu'il vît sur l'heure l'ami d'Agnète.

En reconnaissant la voix du fiancé de sa petite amie, il quitta la peau d'ours sur laquelle il était allongé dans l'attitude de l'attention et de la crainte, et se dressa contre la porte, dont il fit sauter le loquet d'un coup de sa patte velue.

Alors il s'élança vers Goé, le flairant, léchant ses mains, criant, agitant sa queue musclée.

Goé, tout ému, répondit à ses caresses; puis, regardant le chien fixement, il lui demanda :

— Agnète?

Le roi Sar baissa la tête avec tristesse.

Goé répéta avec l'accent d'une poignante angoisse :

— Agnète? ma blonde et douce Agnète?

Le chien releva le front et poussa un aboi bref, équivalant à une question nettement formulée.

— On l'a trompée, égarée; on la menace peut-être... Sar, toi qui fus l'ami d'Olaf le Sage, toi qui mangeais dans la main de la petite elfe, aide-moi à la retrouver.

Le chien saisit dans ses dents le vêtement de Goé et parut lui dire :

— Allons!

— Oh! s'écria Goé, je savais bien que tu m'aiderais. Si un misérable a essayé de la perdre, un chien la sauvera. A la piste, Sar! cherche, cherche!

Puis, tirant de son sein un mouchoir de soie bleue, Goé l'agita devant le bouledogue, qui en aspira les parfums légers.

Les gardes hésitèrent un moment.

Sar les regarda avec des yeux rouges comme de la braise.

— Nous partons, dit Goé, et nous allons courir. Nous suivra qui voudra.

L'homme et le chien s'élancèrent hors du palais d'Upsala. En un instant, dix guerriers pénétrèrent dans l'écurie royale. Ils regardent les chevaux noirs, les chevaux bruns, les chevaux gris, sellent les meilleurs, et d'un bond se trouvent sur leur dos.

Dans la campagne, on voit passer comme une apparition Goé, le jeune maître de navire, et Sar, qui pousse des aboiements de quête.

La lune, dégagée des nuages qui lui faisaient un linceul, resplendit au zénith des cieux. Des mors d'argent de ses coursiers tombe une lumière pâle, mais égale. Jamais elle ne parut plus radieuse et plus belle.

Goé court avec la rapidité de la flèche sur les traces de Sar. Un moment celui-ci s'arrête; il hésite entre deux routes : celle qui mène au tumulus d'Olaf, que la petite elfe visita pendant la journée, et celle qui aboutit à la cabane où l'a conduite le faux mendiant.

— Cherche! cherche! répète Goé, dont une sueur froide mouille les tempes.

Tout à coup, Sar aboya à plein gosier; puis, sans se retourner, impétueux comme le vent du nord, il franchit d'un bond une distance énorme.

La poursuite.

— Il tient la piste, dit Goé.

Alors commença une course folle.

Les habitants des bords de la mer Baltique, qui se racontent le soir à la veillée qu'ils ont vu passer Grondette, le fantastique chasseur, suivi de sa meute furieuse, ne se représentent pas le cerf ou le sanglier poursuivi d'une façon plus impétueuse que l'on ne vit Goé et Sar bondir à travers la campagne pour retrouver la petite elfe.

Tandis qu'ils courent, un cri de désespoir parvient à leurs oreilles.

Ni le chien ni le jeune homme ne s'arrêtent; tous deux ont reconnu la voix chérie qui l'a poussé.

— Agnète! Agnète! répète le pêcheur.

Le chien aboie; il court, il vole.

La distance s'abrége. Goé voit la cabane; il va en toucher le seuil quand, pour la dernière fois, un sanglot fend l'air, suivi d'un cri de rage, puis d'un hennissement de douleur, et le jeune chef de navire voit passer, semblable au personnage d'une saga, un cavalier noir monté sur un coursier noir aussi.

En travers de la selle, une forme humaine est couchée. Un voile léger semble s'agiter autour d'elle; c'est sa longue chevelure qui l'enveloppe et la caresse, soulevée par la brise des vents.

— Par le marteau de Thor, s'écrie Goé, il me semble reconnaître le jarl Andrachyr.

Le cheval fuit dans la campagne, aiguillonné par les éperons d'acier du jarl. Sur leurs traces s'élancent Sar et Goé, emportés par le vent de la colère; et loin, bien loin, retentit le galop rhythmé des gardes d'Upsala, qui cherchent à la fois leur maître et la petite elfe.

Andrachyr croit entendre un bruit de pas; il se retourne, il reconnaît le noble chien acharné à sa poursuite. Il pousse une exclamation de fureur et presse davantage la course de son cheval; mais on dirait que celui-ci, d'habitude si léger, a conscience du crime qu'il aide à commettre. Il ralentit sa marche en dépit des excitations de son maître, et malgré la douleur causée par l'éperon sanglant qui laboure sa chair, Andrachyr distingue déjà la course haletante de Sar et les appels désespérés de Goé.

Hélas! la petite elfe ne peut les entendre.

Quand elle pénétra dans la cabane où l'avait attirée un traître, au lieu d'y voir une vieille femme réduite à la misère, et implorant à la fois une aumône et des consolations, elle se vit en face d'un homme qui la regardait avec une insultante raillerie.

Il ne la supplia point cette fois d'accepter son anneau d'or, mais il lui déclara, de la voix d'un bourreau annonçant à la victime qu'elle va subir le dernier supplice, qu'elle devait se résigner à le suivre dans sa demeure pour y être sa servante, puisqu'elle dédaignait de devenir son épouse.

Agnète comprit le danger qu'elle courait.

Elle pria, elle supplia le jarl d'avoir pitié d'elle. La douce et pure enfant tenta de le fléchir; tout fut inutile, et le misérable demeura froid comme son glaive.

— Viens, lui dit-il, les hommes t'abandonnent.

— J'ai les dieux pour moi, répliqua Agnète.

Elle lutta. Le jarl meurtrit ses minces poignets de son gantelet de fer; elle cria, les sanglots se brisèrent dans sa gorge. Elle se traîna sur les genoux; elle voulut même, dans son désespoir, trouver la mort plutôt que l'ignominie, et, s'élançant contre l'une des parois de la chambre, elle tomba au pied de la muraille, étourdie et privée de sentiment.

Ce fut alors qu'Andrachyr, la soutenant dans ses bras robustes, s'élança sur son cheval et la plaça en travers de la selle.

Goé s'approchait, s'approchait encore.

Sar, plus rapide que lui, saute aux naseaux du cheval, moins pour le déchirer que pour arrêter sa course. Le coursier plie sur ses jarrets et reste immobile. En même temps, Andrachyr, soulevant Agnète d'un de ses bras, tire de l'autre son glaive et en menace Goé le pêcheur.

Celui-ci n'avait pour arme qu'un court poignard. Mais la bonté de sa cause doublait son courage; la vue d'Agnète évanouie exaltait sa douleur et centuplait ses forces.

Tandis qu'il évitait la pointe acérée du glaive d'Andrachyr, il essayait de frapper la main armée de l'épée menaçante, et criait à Sar:

— Mords! déchire! tue!

Le chien comprend. Il lâche les naseaux du cheval et s'élance sur sa croupe; alors, ses deux grosses pattes velues appliquées sur l'épaule du jarl, il le mord cruellement.

Andrachyr étouffe une imprécation et lâche le corps d'Agnète, qui glisse sur les flancs du cheval. Goé l'enlève dans ses bras, la dépose à terre, et, tandis que le chien et l'homme luttent avec acharnement, il s'assure que le cœur de la petite elfe bat encore dans sa poitrine.

A demi paralysé par les pattes de Sar, déchiré de morsures, le jarl se défend presque au hasard; les jambes du coursier fléchissent, et l'homme, le chien et le cheval roulent ensemble à terre et ne forment plus qu'un groupe pantelant, saignant et mutilé.

Le jarl a la moitié du visage enlevée par les redoutables dents du molosse; mais au même instant l'épée d'Andrachyr a pénétré dans le corps de Sar, qui laisse échapper un cri plaintif.

Goé se reproche alors son égoïste tendresse; il arrive au secours du chien, mais trop tard pour le sauver, hélas! Sar tourne des prunelles mourantes du côté d'Agnète, se traîne sur le sol où elle reste étendue, et, oubliant ses propres souffrances, il la ranime sous ses caresses suprêmes.

La jeune fille ouvre les yeux, reconnaît Sar, entoure son cou de ses bras et prononce son nom d'une voix faible.

Elle ne se rend pas compte de ce qui se passe, elle ne comprend pas où elle est; dans l'ombre où il se dérobe, elle ne distingue pas Goé... Goé qui bénit Balder de l'avoir sauvée.

Le galop de plusieurs chevaux éveille la terreur de la petite elfe.

Les gardes du palais d'Upsala rejoignent enfin le roi, le pêcheur et la jeune fille.

A la pâle clarté de la lune, ils entrevoient un épouvantable spectacle. Le jarl Andrachyr se débat au milieu des transes d'une horrible agonie; le cheval blessé respire à peine; Agnète tient serré contre elle le chien, qui râle péniblement.

Goé prosterné, Goé impuissant à soulager le pauvre Sar, verse des larmes sur le sort de son généreux ami.

Les gardes coupent des branches de bouleaux, les entrelacent, couchent sur cette civière la petite elfe et le roi, tandis qu'ils abandonnent aux vautours affamés le jarl Andrachyr, qui va bientôt leur servir de pâture.

Le cortége funèbre prend la route du palais d'Upsala. A peine Agnète, Sar et Goé sont-ils entrés au palais, que la funeste nouvelle se répand.

— Le roi Sar est blessé, le roi Sar va mourir!

A l'aube, les habitants de la ville assiégèrent l'entrée du palais; chacun vantait les vertus du souverain que la main des Nornes leur enlevait.

— Il aimait les pauvres, disait un mendiant.

— Jamais il n'augmenta les impôts, ajoutait un négociant.

— Le luxe de sa cour ne faisait pas d'envieux.

— Il rendait la justice sans tenir compte du rang des plaideurs.

— Sar ne fit jamais de proclamations.

— Sous son règne, on ne décréta point de guerres inutiles et sanglantes.

— Sar était le modèle des rois.

On avait couché le monarque expirant sur la peau d'ours qui lui servait de lit ordinaire. A ses pieds, Agnète et Goé, la main dans la main, le regardaient à travers leurs larmes.

Mais en vain la main légère d'Agnète avait pansé la blessure faite par le glaive d'Andrachyr; la vie du roi s'épuisait; ses paupières retombaient plus lourdes sur ses yeux ses pattes tremblaient quand il les tendait affectueusement à ses familiers; il gardait à peine la force de remuer doucement la queue en signe de joie quand il reconnaissait des visages aimés. Agnète et Goé pleuraient.

Tout le jour Sar souffrit des douleurs cruelles; vers le soir, il sembla retrouver quelque vigueur et se souleva. Agnète courut à lui, le prit dans

Le châtiment.

ses bras; le chien lécha lentement son visage, puis il retomba en arrière...

L'Upland venait de perdre son maître.

Pour témoigner de ses regrets, le peuple résolut de faire au roi, qui lui fut désigné par raillerie pour gouverner le royaume, de magnifiques funérailles. On prépara un caveau de pierre solidement muré. On y déposa le corps du roi Sar au milieu des lamentations de tout le peuple; puis on éleva un tumulus sur l'emplacement de la sépulture, et ce lieu fut nommé *la Colline de la Douleur*.

Alors les scaldes accordèrent leur harpe, ils chantèrent le règne de cette créature formée par les Ases pour le bonheur du peuple uplandais. Ils les supplièrent de ne point laisser dans des demeures obscures l'être dont l'instinct s'était presque élevé au niveau de l'âme humaine.

Puis ils racontèrent la mort de Sar, dont la vie avait été offerte en échange de celle d'Agnète, la douce enfant qu'il avait aimée.

Le soir de ce même jour, la petite elfe et Goé, assis sur le promontoire qui dominait la tombe du vieil Olaf, fixaient le jour de leur mariage.

A l'heure où les prêtres de Freya le célébraient, Eystein tombait frappé mortellement dans un combat livré à de puissants vikings.

Goé et la petite elfe plantèrent des bouleaux sur la colline où reposait le roi Sar, et aujourd'hui encore les paysans uplandais montrent aux voyageurs curieux l'emplacement de sa sépulture.

FIN

TABLE DES MATIÈRES

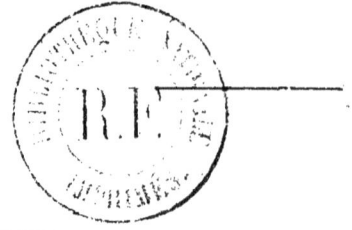

Sabine de Steinbach....................	1
Giannino, roi de France.................	59
La Ménestrelle du roi...................	155
La Fille de l'imagier....................	235
Le Roi Sar............................	305

www.ingramcontent.com/pod-product-compliance
Lightning Source LLC
Chambersburg PA
CBHW070905170426
43202CB00012B/2205